기독교 커뮤니케이션

KB208666

모든 인간은 하나님의 형상을 닮은 존엄한 존재입니다. 전 세계의 모든 사람들은 인종, 민족, 피부색, 문화, 언어에 관계없이 존귀합니다. 예영커뮤니케이션은 이러한 정신에 근거해 모든 인간이 존귀한 삶을 사는 데 필요한 지식과 문화를 예수 그리스도의 사랑으로 보급함으로써 우리가 속한 사회에 기여하고자 합니다.

문화선교연구신서 ③

기독교 커뮤니케이션

초판 1쇄 펴낸 날 · 2004년 6월 10일 | **초판 3쇄 펴낸 날** · 2013년 3월 30일
엮은이 · 기독교 커뮤니케이션 포럼 | **펴낸이** · 김승태
등록번호 · 제2-1349호(1992. 3. 31) | **펴낸 곳** · 예영커뮤니케이션
주소 · (136-825) 서울시 성북구 성북1동 179-56 | **홈페이지** www.jeyoung.com
출판사업부 · T. (02)766-8931 F. (02)766-8934 e-mail : jeyoung@chol.com
출판유통사업부 · T. (02)766-7912 F. (02)766-8934 e-mail : jeyoung@chol.com

Copyright ⓒ 2004, 문화선교연구원
ISBN 978-89-8350-316-9 (03230)

값 13,000원

문화선교연구신서③

기독교 커뮤니케이션
An Introduction to Christian Communication

기독교 커뮤니케이션 포럼 엮음

예영커뮤니케이션

글쓴이들

임성빈
문화선교연구원 원장 · 장로회신학대학교 기독교와 문화 교수

김기태
호남대학교 신문방송학 교수

김세광
서울장로회신학대학교 실천신학 교수

박상진
장로회신학대학교 기독교교육학 교수

김도일
장로회신학대학교 기독교교육학 교수

이장을
아세아연합신학대학교 선교학 교수

이의용
교회문화연구소장 · 국민대 겸임교수

박영근
아담재 대표, 언론학 박사

강형철
숙명여자대학교 언론정보학 교수

김보현
기독공보 편집부장

전혁률
기독교방송 교계뉴스팀장

천영철
한국생명학연구원 연구원
세계기독교커뮤니케이션협의회(WACC) 아시아지역 중앙위원

차 례

제3부 | 교회와 매스커뮤니케이션

서 문

21세기로 상징되는 새로운 세대의 도래는 한국 교회에 '새로운' 과제들을 부과하고 있다. 그 중 하나가 새로운 세대를 향한 교회 커뮤니케이션 강화라는 과제이다. 위기에 처한 한국 교회의 현실 속에서 무엇보다도 주목되는 것은 교회와 사회의 커뮤니케이션 단절 현상이다. 적지 않은 사회인들에게 오늘날 교회는 사회 속의 섬과 같은 게토(ghetto)적 인상을 주고 있다. 그렇다고 교회 안에서의 커뮤니케이션이 원활한 것도 아니다. 목회자와 회중들, 목회자와 장로/제직들, 장년과 청년, 그리고 청소년들 간의 커뮤니케이션에도 많은 문제가 노출되고 있다. 디지털 문화의 도래라고 하는 새로운 상황 속에서 교회는 이제 교회와 사회, 교회 안에 존재하는 다양한 직분들과 세대들 간의 커뮤니케이션에 집중적인 관심을 기울여야 한다.

물론 21세기에도 교회가 가장 우선적인 관심을 기울여야 할 분야는 하나님과의 커뮤니케이션이다. 수직적인 커뮤니케이션에 바탕한 수평적인 커뮤니케이션의 원활한 소통과 조화를 통하여 교회는 '하나님 사랑'과 '이웃 사랑'을 더욱 구체화할 수 있기 때문이다. 바로 이

8

러한 비전을 함께 하는 이들이 모여 지난 2년여 동안 함께 공부한 열매가 이 책이다. 우리 중 어떤 이들은 일반 대학에서 커뮤니케이션을 강의하고 있으며, 어떤 이들은 방송국과 신문사와 일반 기업에서 커뮤니케이션 생산에 종사하고 있고, 어떤 이들은 연구원에서 커뮤니케이션에 대한 에큐메니컬 연대를 위하여 일하고 있으며, 또 어떤 이들은 신학교에서 예배설교학, 기독교교육학, 선교학과 기독교와 문화를 가르치고 있기도 하다. 매달 모여 '커뮤니케이션' 이라는 주제를 통하여 우리 교회를 구체적으로 섬기자는 것이 우리 모임의 동기이자 목적이었다.

제1부에서 김기태 교수는 커뮤니케이션에 대한 개관을 그 분야의 전문가이자 신앙인의 입장에서 제시하였다. 김 교수는 교회가 커뮤니케이션에 대해 주목해야 할 이유는 기독교가 곧 하나님과 인간, 인간과 인간 간의 관계성을 중심으로 존재하는 종교이기 때문임을 명확하게 설파한다. 그러므로 모든 커뮤니케이션 행위가 바람직한 관계성을 회복하는 데 기여하는 방향으로 이루어질 때 올바른 교회와 그리스도인상이 정립될 수 있다는 것이다. 이러한 관점에서 그는 오늘날 기독교가 직면하고 있는 다양한 문제들 중 많은 부분이 커뮤니케이션의 왜곡이나 실패 또는 부재 등에서 비롯되고 있음을 밝히면서, 그 구체적인 대안을 제시한다.

임성빈 교수는 커뮤니케이션이라는 관점에서 보았을 때, 이해를 추구하는 신앙으로서 신학은 성경을 통하여 하나님께서 당신 자신을 보여 주시는 계시와 삼위일체적 역사, 성부 하나님의 결정적 자기 커뮤니케이션으로서 예수 그리스도, 지혜와 은사를 주시는 성령님과 그리스도의 몸으로서 교회 등과 같이 커뮤니케이션과 매우 밀접하게 관계된 주제들로 구성되고 있음을 주장한다. 이와 함께 우리가 주목하여야 할 것은 커뮤니케이션 기술의 놀라운 발전과 그것에 대한 신학적 평가와 교회에서의 채용임을 밝히고 있다. 결론적으로 임 교수는 복음의 영향력의 확대와 기독교 문화로의 변혁을 위하여 커뮤니케이션의 발달에 더욱 주목하여야 한다는 점을 강조하였다.

제2부에서는 더욱 구체적으로 교회와 커뮤니케이션의 유기적 관계와 그 내용을 논하였다. 먼저 김세광 교수는 예배 설교학자로서 커뮤니케이션과 설교의 관계에 대하여 매우 진지한 논의를 나누었다. 김 교수는 커뮤니케이션의 정의에 대한 다양한 이해들은 각기 설교와 직간접으로 관련이 있다는 점을 지적한다. 그러나 더욱 본격적으로 설교와 커뮤니케이션의 관계를 논하려면 역사적 이해뿐만 아니라 신학적 이해의 과정을 반드시 거쳐야 함을 강조하였다. 특별히 주목하여야 할 것은 김 교수가 커뮤니케이션으로서 설교와 커뮤니케이션을 넘어서는 초월적 차원으로서의 설교를 동시에 주장하였다는 점이다.

기독교교육학자로서 박상진 교수는 커뮤니케이션을 교육적 관점에서 논하였다. 박 교수는 교육을 커뮤니케이션의 관점에서 이해할 때 교육의 새로운 의미를 파악할 수 있다고 주장한다. 일방적으로 한 쪽은 주고 한 쪽은 받는 것이 아닌, 쌍방적 커뮤니케이션의 한 현상으로서 교육에 대한 이해가 그것이다. 이러한 관점에서 박 교수는 교육의 다양한 요소들을 커뮤니케이션 용어로 설명하고, 커뮤니케이션의 역사적 발달에 따라 교육의 패러다임이 어떻게 변화되고 있는지를 분석하였다. 이러한 논의를 통하여 더욱 온전한 교육의 모델을 제시하였다는 점을 주목하여야 할 것이다.

김도일 교수는 더욱 실제적인 기독교 교육적 관점에서 커뮤니케이션과 교육의 관계를 살펴보았다. 김 교수는 "교육은 커뮤니케이션에 의존한다.”는 류얼 하위(Reuel L. Howe)의 생각에 동의하면서, 기독교 교육이 독백에서 대화로 바뀌어야 함을 주장하였다. 또한 헨리 나우웬의 현대 교육에 대한 통렬한 비판을 소개하면서, 이러한 병적인 현상을 경험하며 사는 현대인들을 돕기 위하여 커뮤니케이션에 대한 연구가 필요함을 설득력 있게 호소하였다. 김 교수는 기독교 교육적 시각을 갖고 구체적인 삶의 현장에서 어떻게 효과적으로 커뮤니케이션을 할 수 있을지에 대한 실례와 지침을 구체적으로 제시하였다.

선교학자인 이장호 교수는 ‘종교를 알리고 펼치는 제반 활동’으로서의 ‘선교(宣敎)’라는 자구적 의미 소개를 통하여 선교와 커뮤니케이션의 유기적 관계를 소개하였다. 이 교수는 무엇을 알려야 할지, 어디까지 알려야 할지, 또한 어떻게 전달해야 할지 등이 선교학에서 매우 주요한 주제라는 사실 자체가 곧 선교를 하나의 커뮤니케이션으로 이해해야 함을 잘 설명해 준다고 주장하였다. 이러한 관점에서 그는 선교 사명과 관련되어 사용될 수 있는 가장 적합한 단어는 다름 아닌 ‘커뮤니케이션’임을 선교 현장에 대한 구체적 소개를 통하여 설명하여 주었다.

기업과 시민사회에서 커뮤니케이션을 실천하고 있는 이의용 교수는, 오늘날 교회들의 문제점은 예수 그리스도의 공동체인 교회가 그리스도의 몸으로서 생명력을 잃고, 공동체에서 조직체로 전락하고 있다는 점에 주목하였다. 그는 이러한 문제가 교회의 규모나 교회 지도자들의 리더십 스타일, 교회를 둘러싼 환경과 관련이 있다는 점을 설파한다. 이 교수는 글을 통하여 어떻게 하면 교회를 생명력이 넘치는 창조적인 공동체로 회복시킬 것인가가 모든 교회와 그리스도인들의 관심사이자 풀어나가야 할 과제임을 역설한다.

언론학 전공자인 박영근 박사는 한국 교회의 건강성 회복의 핵심에 커뮤니케이션이 자리함을 역설한다. 그는 교회 안의 조직과 구성원들 사이에 존재하는 수많은 높은 벽들이 교회의 주인 되신 예수님의 말씀을 가로막고 있음이 우리 교회를 병들게 하는 근본 요인임을 명확하게 지적하였다. 그는 그 벽들을 허물어, 말 통하는 교회를 만들기 위한 과제를 제시한다. 박 박사는 교인 한 사람, 한 사람 사이의 원활한 커뮤니케이션은 자신의 행복뿐만 아니라 건강한 교회의 성장을 위해 필수적인 일임을 주장한다.

제3부에서는 교회와 매스커뮤니케이션과의 관계를 폭넓은 논의를 시도하였다.

언론학 전공자인 강형철 교수는 매스커뮤니케이션에 관한 일반적 이론들을 폭넓게 소개하여 주었다. 그는 매스미디어의 영향력과 파괴력에 주목한다. 특별히 그는 매스미디어가 사회와 맺는 관계를 통해 매스커뮤니케이션 현상이 우리에게 의미하는 바가 무엇인지 알아보고, 이를 통해 교회가 매스커뮤니케이션 현상에 대해 어떠한 시각을 지녀야 하는지에 대한 논의를 시도하였다. 강 교수는 상업 문화의 범람과 세계관의 전도 현상에 대한 경계를 촉구하면서도, 신앙인들이 적극적으로 매스미디어를 활용하여 기독 세계관을 전파하는 데 이용할 수 있어야 함도 설득한다.

현역 기자인 김보현 목사는 기독교의 선교적 매체로써뿐만 아니라 공적인 기능을 갖는 언론 매체로써 기독교 신문이 다시 한 번 우리 사회와 교회 앞에 거듭나야 함의 필요성을 역설한다. 그러한 거듭남을 위해서는 무엇보다 기독교 신문에 대한 보다 객관적인 검증과 함께 지난 역사와 현실에 대한 정확한 이해와 분석이 필요한 시점임을 지적하였다. 김 목사는 기독교 신문에 관한 선행 연구들을 소개하면서 한국 기독교 신문의 역사와 현황과 비전을 펼친다.

현역 방송인인 권혁률 기자는 독특한 한국 종교 방송의 역사와 성격을 명료하게 소개하여 준다. 그는 선교 방송에 대한 기독교 커뮤니케이션 학자들의 이론적 논의를 살펴보고, 우리나라 기독교 계통 방송 선교의 역사와 현황을 잘 정리하여 주었다. 특별히 최근 들어 일각에서 대형 교회 목회자 위주의 설교 방송을 중점 편성하는 경향이 나타나기 시작한 것은 미국 사회 내에서 지난 20년간 진행된 '텔레반젤리즘'의 폐해에 대한 논의를 간과한 측면이 있다는 지적은 주목할 만하다. 권 기자는 방송 선교의 역할은 개인적 축복의 보조 도구로서가 아니라 더욱 통전적인 선교적 관점에서 평가되어야 할 것임을 주장한다.

에큐메니컬 관점에서 커뮤니케이션에 종사하고 있는 천영철 목사는 인터넷이 가져오는 근본적인 변화의 바람 앞에 교회도 예외일 수는 없다는 점을 강조한다. 이제 교회는 인터넷이 가져오는 사회의 근본적 변화가 신학과 선교, 목회에 어떤 영향을 미치는지 진지하게 연구하고 대응해야 할 시점에 놓여 있음을 그는 주장하였다. 천 목사는 커뮤니케이션의 관점에서 인터넷이 가져오는 변화의 쟁점들을 살펴보고 한국 교회의 인터넷 미디어와 교회의 웹 사이트 운영 지침과 평가 방법, 그리고 정보 사회에서의 한국 교회의 신학적, 윤리적 과제 등을 다루었다.

이 책의 마지막은 오늘의 교회가 커뮤니케이션의 회복을 위해서 실천하여야 할 첫 발걸음이 미디어 교육임을 구체적으로 제시하고 있다. 김기태 교수는 오늘날 신앙인들은 교회에서의 여러 가르침 못지않게 다양한 미디어로부터 많은 내용을 학습 받고 있는 현실을 상기시켜 준다. 그러므로 이제 다양한 미디어의 막강한 영향력으로부터 심각한 도전을 받고 있는 교회와 신앙인들을 위한 미디어 교육이 절박함을 호소한다. 그는 미디어에 대한 비판적인 수용뿐만 아니라, 교회의 복음적 가치관을 각종 미디어를 통해 적극적으로 전파할 수 있다면 매우 유용한 선교 도구가 될 것이라는 적극적 대안까지 제시하고 있다.

디지털 세대라고 불리는 새로운 세대에서 교회의 커뮤니케이션 강화라는 '새로운' 과제는 그 중요성과 시급성에도 불구하고 교회 내부에서 활발하게 논의되지 못하고 있다. 이 책을 통해 우리는 교회가 당면한 '새로운' 과제들을 점검하고 앞으로 무엇을 더 연구하고 실천해 나가야 할지를 모색하였다. 아직은 독자들과 우리의 연구 열매들을 나누기에는 부족한 점이 너무나 많음을 우리 자신이 잘 알고 있다. 그러나 21세기 정보사회를 맞아 한국 기독교회가 당면한 '새로운' 과제를 점검하고 이에 응답하기 위한 연구와 노력이 더욱 풍성해지기를 바라는 마음에서 부끄러움을 무릅쓰고 그간의 연구를 출간하기로 하였음을 널리 이해하기 바란다. 부디 더욱 다양한 분야에서, 더욱 심도 깊은 논의와 실천의 열매가 맺히기를 간절히 기도한다.

필자들을 대신하여 김 기태, 임 성빈

제 1 부

기독교와 커뮤니케이션

제1장 커뮤니케이션의 이해

김기태 (호남대학교 신문방송학과 교수)

1. 서론 : 기독교와 커뮤니케이션

교회가 커뮤니케이션에 대해 주목해야 할 이유는 기독교가 곧 하나님과 인간, 인간과 인간 간의 관계성을 중심으로 존재하는 종교이기 때문이다. 따라서 모든 커뮤니케이션 행위가 바람직한 관계성을 회복하는 데 기여하는 방향으로 이루어질 때 올바른 교회와 그리스도인 상이 정립될 수 있다. 뿐만 아니라 '커뮤니케이션(communication)'이란 용어는 그 어원적 정의 자체만으로도 올바른 인간관계를 지향하는 가치 규범적 의미를 담고 있다. 물론 최근에는 커뮤니케이션의 도구인 미디어(media)의 기능과 역할 그리고 그 효과에 주목하는 현실적 요구 때문에 커뮤니케이션 관련 논의나 연구가 주로 수단적이고 도구적인 기능에 초점을 맞추는 경향이 있으나 본시 커뮤니케이션은 인간 내면의 끊임없는 대화 그리고 인간과 인간, 인간과 사회 사이의 올바른 관계 형성에 필수적인 인간 생존 조건 중 하나이다.

오늘날 기독교가 직면하고 있는 다양한 문제들 중 많은 부분이 커뮤니케이션의 왜곡이나 실패 또는 부재 등에서 비롯되고 있다는 진단이 나오는 이유도 바로 여기에 있다.

설교, 교육, 선교와 같은 교회의 가장 기본적인 활동들이 모두 커뮤니케이션 행위나 활동이란 차원에서 점검되고 분석되고 평가될 수 있을 것이다. 단순히 분석되고 논의되는 연구 수단으로서뿐 아니라 오늘날 커뮤니케이션은 성공적인 목회 활동을 위해 필수적으로 이해되고 활용되어야 할 매우 전략적인 개념이라는 데 특히 유의할 필요가 있다.

아울러 그리스도인 개개인의 영적 신앙생활을 비롯하여 교회 내 신자와 신자, 목회자와 신자 그리고 교회와 신자, 교회와 사회와의 관계 등 신앙생활의 대부분이 모두 커뮤니케이션이란 개념을 중심으로 논의될 수 있다. 예컨대 어떤 생각으로 세상을 살아가고 어떤 자세로 다른 사람들과 만나야 하는가를 비롯하여 어떤 표정을 짓고 어떤 의상이 상대방에게 나의 마음을 전하는 데 알맞을까? 교회 안에서는 어떤 언어와 말투를 사용하는 게 좋을까? 교회의 주보와 인터넷 홈페이지는 어떤 형태로 제작되고 운영되는 것이 바람직할까? 우리 교회의 열린 예배는 과연 올바르게 드려지고 있는가? 등 교회 안에서 이루어지는 대부분의 활동이 바로 커뮤니케이션 행위 그 자체이기 때문이다.

한편 각종 미디어는 원활한 커뮤니케이션을 위해 인간이 만든 도구일 뿐이다. 따라서 미디어는 인간의 필요에 의해 적절히 사용될 때에만 제 역할을 다하는 중립적 존재이다. 오늘날 미디어의 영향력이 막강해져서 오히려 인간을 지배하고 조종하며 나아가서는 파괴까지 하게 된 상황은 분명 왜곡된 커뮤니케이션 질서와 다름아니다. 따라서 교회의 미디어 대책은 왜곡된 커뮤니케이션 질서를 회복하는 일이기도 하다. 오늘날 인터넷, 텔레비전, 영화, 신문, 잡지 등 각종 미디어는 잘 사용하면 예배와 선교 그리고 친교를 위해 더없이 훌륭한 도구이지만 잘못 사용하면 인간과 사회 그리고 교회를 파괴하는 무서운 흉기로 돌변할 수 있는 양면적 존재라는 사실에 주목할 필요가 있다.

2. 커뮤니케이션의 이해

(1) 커뮤니케이션의 정의

커뮤니케이션(communication)이란 용어는 다양한 정의가 가능하지만, 다음과 같이 크게 세 가지의 관점으로 수많은 정의들을 묶을 수 있다.

첫째, 구조적 관점(기술적 차원)으로, 커뮤니케이션을 하나의 메시지 전달 과정 즉, 송-수신(sender-receiver) 과정으로 보고 신속, 정확한 전달에 초점을 맞추는 관점이다. 이 관점에 의하면 커뮤니케이션이란 송신자가 어떤 정보나 의미를 가능한 한 잡음(noise) 없이 수신자에게 원래의 정보 그대로 전달하는 데 주목한다. 마치 전자공학에서의 회로처럼 커뮤니케이션 과정을 기술적으로 이해하는 입장이다.

둘째는 의미적 관점(기능적 차원)으로, 커뮤니케이션을 부호(상징, 심벌)를 이용한 의미 창출 과정으로 보고 메시지의 부호화-해독화(incoding-decoding)에 초점을 맞추는 관점이다. 이 관점에 의하면 커뮤니케이션이란 단순한 정보 전달이 중요한 것이 아니고 전달하고자 하는 의미의 중요성을 강조하는 입장이다. 따라서 의미적 관점의 주요 관심사는 어떤 부호를 사용하는 것이 전하고자 하는 의미를 가장 잘 전달할 수 있을까에 있다.

셋째는, 커뮤니케이션을 의도적 관점(효과적 차원)으로 보는 입장으로 상대방에 대한 설득을 위한 의도적 행위로 이해하고 얼마나 효과적으로 설득할 수 있는가에 초점을 맞추는 관점이다. 오늘날 가장 중요하게 생각하는 기능적 커뮤니케이션 정의라고 할 수 있겠는데 상품 광고, 정치 선전 과정에서의 커뮤니케이션 전략 연구 등이 여기에 해당된다.

이상과 같은 세 가지 관점을 모두 합해서 일반적인 정의를 내려 보면, '커뮤니케이션이란 유기체들이 설득을 목적으로 부호(상징)를 이용하여 메시지를 주고받는 행위이다.'라고 할 수 있겠다.

그러나 커뮤니케이션이란 용어의 본래 어원적 정의는 '공유' '공통' '공통성을 이룩하다' '나누어 갖다' 등으로, 일방적인 공략을 통한 굴복 또는 지배의 의미가 강한 설득과는 차별화되는 의미로 쌍방향적 관계를 지향하고 있다. 따라서 참다운 인간관계는 바로 이러한 어원적 의미에서의 커뮤니케이션 질서 회복으로부터 비롯된다는 점에 유의할 필요가 있다. 이것이 바로 우리가 기독교 커뮤니케이션이라는 주제에 주목하는 이유인 셈이다.

(2) 커뮤니케이션의 종류

한편 커뮤니케이션은 인간과 집단 그리고 사회라는 세 가지 중심축을 중심으로 나누어 볼 때 다음과 같은 종류로 구분할 수 있다.

먼저, 자아 커뮤니케이션(Intrapersonal Communication)으로 인간 내면에서의 커뮤니케이션이다. 인간의 마음을 연구하는 많은 학문 분야가 관심을 가지는 연구 영역으로 철학, 심리학, 의학, 신학 등에서의 연구 결과를 중심으로 논의가 이루어질 수 있을 것이다. 예컨대 감성적 자아와 이성적 자아와의 대화라는 차원에서 인간 내면의 커뮤니케이션 활동을 탐구하는 경우도 여기에 해당하고 직접 대면하지 않은 수많은 타자와의 내적 대화도 모두 자아 커뮤니케이션의 범주에 포함할 수 있다. 하나님과의 기도를 통한 만남이나 이상과 현실에 대한 괴리 사이에서 고민하는 젊은이의 고민도 모두 인간의 내적 커뮤니케이션 행위라고 할 수 있다.

다음으로는 인간과 인간 사이의 대인 커뮤니케이션(Interpersonal Communication)으로, 면대면(face-to-face) 커뮤니케이션이라고도 부른다. 즉 별다른 매개체를 사용하지 않고 직접 사람과 사람이 만나서 이루어지는 커뮤니케이션을 이르는데 친구 간, 교인 간, 가족 간에 이루어지는 직접적 대면 커뮤니케이션은 모두 여기에 해당한다.

다음은 집단과 조직 커뮤니케이션인데, 이 경우에는 개인과 집단, 집단 내에서의 개인과 집단 또는 집단과 집단 사이의 커뮤니케이션을 모두 포함한다. 집단의 규모를 기준으로 소집단 커뮤니케이션(Small Group Communication)과 조직 커뮤니케이션(Organiza-tional Communication)으로 구분하기도 하는데, 소집단 커뮤니케이션은 동아리 조직 내에서의 커뮤니케이션이나 삼각관계 또는 교회 학교 안에서의 친구 관계 등 상대적으로 소규모 집단을 중심으로 이루어지는 커뮤니케이션을 일컫는다. 한편 조직 커뮤니케이션의 경우는 보다 큰 규모의 집단 커뮤니케이션으로 군대 조직, 학교 조직, 기업 조직 등 거대한 조직 내에서의 개인과 개인, 조직과 개인, 조직과 조직 간 커뮤니케이션을 포함한다. 예컨대 대기업이 신입사원 교육을 통해 조직 구성원으로서의 일체감과 사명감을 갖도록 하고 이를 토대로 종국에는 회사에 충성하도록 만드는 프로그램 등이 바로 조직 커뮤니케이션의 좋은 예라고 할 수 있겠다. 물론 군에서의 국가에 대한 충성심 고취 프로그램이나 대학의 신입생 오리엔테이션도 마찬가지이다. 물론 커뮤니케이션 양태로만 보면 교회 내 커뮤니케이션도 조직 커뮤니케이션의 범주에 포함시킬 수 있다.

또한 특정 사회 내 대중매체에 의해 이루어지는 커뮤니케이션이라고 할 수 있는 사회 커뮤니케이션(Social Communication)이나 국가와 국가 사이의 관계를 중심으로 이루어지는 국제 커뮤니케이션(International Communication) 그리고 문화 간 커뮤니케이션(Intercultural Communication)이 있다. 미디어가 인간에게 미치는 다양한 영향력에 주목하는 사회 커뮤니케이션은 오늘날 가장 중요한 커뮤니케이션 연구 영역이라고 할 수 있겠고, 국제화·세계화 시대 일본 대중문화 개방과 우리 문화 정체성 논란, 이슬람 문화권과 기독교 문화권과의 충돌과 전쟁·테러 등이 모두 국가 간, 문화 간 커뮤니케이션 연구 영역인 셈이다.

이외에도 동물의 세계에서 이루어지고 있는 동물 커뮤니케이션, 인간의 자연 환경에 대한 탐구를 주 내용으로 하는 환경 커뮤니케이션, 인터넷으로 인해 새롭게 만들어진 공간에서의 다양한 관계 유형에 주목하는 사이버 커뮤니케이션 등 다양한 커뮤니케이션 영역이 존재한다.

(3) 커뮤니케이션 연구

커뮤니케이션에 대한 이론은 여러 학문적 경향과 전통에 따라 다양하게 이루어져 왔다. 즉, 커뮤니케이션 현상에 접근하는 입장이나 학문적 특성에 따라 연구의 영역 및 대상 그리고 방법 등이 다양하게 탐구되었기 때문이다. 예컨대 커뮤니케이션의 도구인 미디어의 영향력, 그 중에서도 개인에게 미치는 영향에 관심을 가진 초기 연구자들이 심리학자들이었고 이들 개별 효과가 개인뿐 아니라 집단 및 사회의 다양한 매개 변인에 의해 중개되는 방식에 관심을 가진 연구자들이 바로 사회심리학자들이었다. 미디어의 정치적 영향력이나 미디어를 통한 정치 행위에 대해 관심을 가진 연구자들은 당연히 정치학자들이었고 미디어 텍스트 생산의 경제적 비용과 미디어 시장에 주로 연구의 초점을 맞춘 사람들이 바로 경제학자들이었다. 이렇듯 커뮤니케이션 연구는 인문사회과학 전반의 연구자들에게 다양한 접근을 허용하는 학문의 십자로 같은 성격을 지니고 있다. 이런 커뮤니케이션 학문의 초기 교차로적 성격은 점차 커뮤니케이션 연구 영역의 정체성을 찾아 가면서 다양한 커뮤니케이션 현상을 설명하고 이론화하는 과정에서 보다 설득력 있는 연구 결과를 생산해 낼 수 있는 바람직한 여건으로 작용하였다.

역사적으로 커뮤니케이션 연구에 대한 전통은 크게 두 가지 즉, 경험적 연구를 기반으로 하는 실증주의적 연구 전통과 유럽의 마르크스주의에 토대를 둔 비판적 연구 전통으로 나뉜다.[1]

실증주의적 전통의 커뮤니케이션 연구는 효과 중심의 연구와 기능 중심의 연구로 구분할 수 있는데, 대중매체가 인간에게 어떤 영향을 미치는가에 관한 연구로서의 효과 연구에는 탄환이론(bullet theory), 논제설정이론(agenda setting theory), 계발이론(cultivation theory), 지식격차가설(knowledge gap theory), 침묵의 나선이론(spiral of silence theory), 미디어 수용자 연구(media audience studies) 등이 포함된다. 반면 미디어가 수용자들에게 무엇을 하는가에 초점을 맞춘 기능 중심의 실증주의적 연구에는 커뮤니케이션 매체 연구, 이용과 충족 이론(uses and gratification theory), 언론의 4이론 등이 있다.

한편 비판적 전통의 커뮤니케이션 연구는 기본적으로 모든 사회적 관계와 커뮤니케이션 관계를 동시에 권력 관계로 보는 비판적 패러

---

1) 이에 대한 상세한 논의는 이 책의 제2부 '대중매체와 사회'에서 상세히 다루고 있음.

다임을 중심으로 이루어지는데, 대표적인 연구로는 프랑크푸르트학파의 비판이론적 연구를 비롯하여 정치 · 경제학적 연구, 구조주의적 연구, 문화주의적 연구 등이 있다.

3. 매스커뮤니케이션의 이해

(1) 매스커뮤니케이션의 정의와 특성

매스커뮤니케이션(mass communication)이란, 다량의 메시지를 다수의 사람에게 신속하고 정확하게 전달하고자 하는 목적으로 이루어지는 커뮤니케이션이다. 그런데 앞에서도 언급했듯이 커뮤니케이션이란 본시 그 어원이 '함께(com) 나누는 것(unicate)'으로, 어원적 의미에서 보면 두 사람 이상이 유형무형의 어떤 대상물-말, 글, 생각, 사상, 의미 등-을 함께 공유하기 위한 의사소통 행위로 정의할 수 있다. 즉, 커뮤니케이션은 의사소통의 대상이자 참여자인 송신자와 수신자가 서로 메시지를 주고받는 의사 전달 행위를 의미한다.[2]

모든 커뮤니케이션 현상은 송신자와 수신자, 채널, 메시지 등의 기본 요소를 포함하고 있다. 여기서 송신자와 수신자는 서로 커뮤니케이션 행위를 주고받는 주체들이며, 채널은 커뮤니케이션의 전달 도구, 메시지는 커뮤니케이션의 내용 및 목적으로 이해할 수 있다. 일반적으로 송신자와 수신자는 채널(매체)을 통해 서로 메시지를 주고받으면서 상호 반응을 하게 된다. 즉, 커뮤니케이션은 일방적인 관계

---

2) 최창섭 외 공저, 『세상에서 가장 쉬운 매스미디어 101문 101답』(커뮤니케이션북스: 서울, 2001) p. 14.

가 아닌 상호적인 관계이다.

　그러나 매스커뮤니케이션은 송신자와 수신자가 서로 상호 소통하는 관계가 아니고 송신자가 일방적으로 수신자에게 메시지를 전달하는 일방적인 형태로 이루어진다. 따라서 메시지 전달 방식이 획일적으로 이루어지는 경우가 많으며 메시지를 전하는 송신자가 복잡하면서도 규모가 큰 조직의 형태를 띠고 있다는 특성이 있다. 이 복잡하면서도 규모가 큰 조직이 바로 매체사(언론사)인 셈인데 이들 조직은 예외 없이 경제적, 정치적, 사회적 통제 아래 놓이게 된다.

　이 중 경제적 통제는 소유에 의한 통제와 광고 통제로 나누어 볼 수 있는데 국영, 공영, 사영 등의 구분이 바로 매체에 대한 경제적 통제 중 소유에 의한 통제 유형들인 셈이다.

　과거 권위주의 정부 아래에서는 갖가지 정치적, 법적 통제가 매체를 통제하는 주요 수단이었다면 최근에는 경제적 통제가 보다 강력한 통제로 받아들여지고 있다. 이런 매체에 대한 경제적 통제는 곧 매체의 상업성으로 연결되며 지나친 상업주의는 매체 내용의 선정주의라는 폐해를 야기하기도 한다.

　또한 매스커뮤니케이션은 다수의 이질적인 수용자 즉 불특정 다수를 대상으로 하는 커뮤니케이션이라는 특성도 가지고 있다. 이런 수용자 특성은 곧 매스커뮤니케이션이 최대 다수의 최대 수용자 만족 지향으로 전개될 수밖에 없도록 만드는 요인으로 작용하기도 한다. 가능하면 폭넓은 시청자들을 만족시킬 수 있는 단순하면서도 자극적인 내용들로 채워지는 구조인 셈이다.

　한편 매스커뮤니케이션이라는 용어는 일본식 약자인 매스컴이라는 용어로 불리기도 하는데 이 용어는 현재 정확히 말하면 매스미디어 즉 대중매체를 지칭하는 용어로도 사용되고 있다. 따라서 매스컴은 신문, 텔레비전, 라디오, 잡지 등 대중매체를 가리키는 용어로 쓰이기도 하는 것이다.

대중매체는 다시 출판, 신문, 사진, 만화 등 인쇄 매체와 라디오, 음반 등 음성 매체, 그리고 영화, 텔레비전 등 영상 매체와 다양한 뉴미디어 등을 포함하고 있다.

(2) 대중매체의 특성과 영향력

한편 현대사회에서 대중매체가 차지하고 있는 비중이나 영향력에 대해서는 재론의 여지가 없을 만큼 막강하다. 아침에 눈을 떠서 잠자리에 들기까지 하루 생활 동안 텔레비전, 라디오, 신문, 잡지, 광고 등 각종 대중매체는 끊임없이 우리의 주변을 맴돌고 있다. 보다 길게 보면, 현대인의 전 생애도 대중매체와 함께 이어져 가고 있다 해도 과언이 아닐 정도로 가까이서 함께 생활하고 있는 셈이다. 새삼스레 수치를 열거하지 않아도 대중매체의 접촉도는 놀랄 만한 증가를 계속해 왔고 이젠 언제 어디서건 대중매체에 접할 수 있는 이른바 대중매체의 숲에 둘러싸이게 되었다. 대중매체의 숲에 둘러싸인 인간은 자연스럽게 대중매체가 전해 주는 정보에 의존하게 되며 그러는 사이에 서서히 대중매체의 가치와 규범 그리고 사상에 길들여지게 되는 것이다. 정치, 경제, 사회, 문화 등 모든 영역의 정보와 쟁점 사항을 철저하게 대중매체에 의존할 수밖에 없도록 된 현대사회에서의 인간은 참으로 나약한 수동적 존재로 전락해 가고 있다.

인간이 보다 편리한 삶을 영위하기 위해 창조해 놓은 커뮤니케이션 테크놀로지에 불과한 대중매체가 오히려 인간과 인간의 삶을 지배하는 존재로 뒤바뀌게 된 셈이다.

그런데도 대중매체에 관한 대부분의 논의는 여전히 보다 강력한 대중매체의 힘을 어떻게 발휘할 수 있을까 라든가 대중매체는 어떤 효과를 어떤 유형으로 어떤 수용자에게 나타내 보이고 있는지 등과 같은 대중매체 중심으로 이루어지고 있다. 부분적으로 대중매체보다는 수용자에 초점을 맞춘 연구나 논의들이 이루어지고는 있으나, 이 경우에도 대부분은 보다 세련된 대중매체의 설득 방안을 추출하고자 하는 의도를 가지고 있다는 점에서 크게 다르지 않다고 할 수 있다.

예컨대, 정치와 언론과의 관계에 대한 연구의 대부분은 보다 효과적으로 대중매체를 이용하려는 목적을 가지고 국민을 상대로 하는 연설, 메시지, 이미지 등에 대해 주목하고 동시에 설득 효과를 측정하는 데 집중하고 있다. 마찬가지로 드라마에 관한 연구는 광고 수입의 증대에 결정적 영향을 미치는 시청률 조사에 관련된 논의가 지배하고 있다.

이러한 대중매체 중심의 관심과 논의는 갈수록 대중매체와 수용자 간의 불균형을 확대시키며 막강한 대중매체와 나약한 수용자라는 기존 형세를 보다 강화시키고 있는 것이다. 이러한 대중매체에 의한 인간 지배 경향은 대중매체를 누가 소유하는가의 문제에 이르고 보면 참으로 심각한 사회 문제를 야기한다. 정치, 경제, 사회적 권력 집단에 의해 소유된 대중매체는 자연적으로 자신들의 지배 논리를 영속화하기 위해 노력할 것이기 때문이다. 대부분 대중매체를 소유하고 운영하기 위해 엄청난 자금이 필요한 현실에서는 대중매체가 사회 내 특정 지배 계층을 대변하는 지배 이데올로기를 강화하는 내용으로 채워질 수밖에 없게 되어 있다.

결과적으로 현대사회의 대중매체는 일반 수용자보다는 매체를 소유하거나 조종하고 있는 소수 특권 계층을 대변하는 속성을 지니고 있으며, 매체 자체의 특성상 수용자의 주체적 인식보다는 매체에 종속적인 수동형 인간을 만들고 있다고 할 수 있다. 대중매체의 강력한 힘에 비해 상대적으로 나약할 수밖에 없는 이러한 수용자의 구조적 위상은 갈수록 대중매체와 수용자 사이의 거리를 넓혀 놓고 있다. 아울러 급기야는 문명의 이기로 만들어 놓은 대중매체가 인간의 가치와 규범을 마음대로 훼손하는 문명의 흉기로 돌변하는 일까지 벌어지고 있다.

4. 미디어의 이해

(1) 미디어의 양면성

미디어는 근본적으로 두 얼굴을 지닌 존재이다.

잘 활용할 경우 복음적 가치관을 효율적으로 전파할 수 있는 좋은 선교 도구가 될 수 있지만 무분별하게 남용 또는 오용할 경우 교회의 가르침에 정면으로 도전하는 무서운 악의 세력이 될 수 있기 때문이다. 미디어가 지속적으로 산출해 내고 있는 이른바 미디어 가치관의 문제점과 교회에서 강조하고 있는 복음적 가치관과의 차별성을 점검하고 바람직한 수용 방안을 마련해야 하는 이유도 여기에 있다.

현대인 특히 기독교인에게 미디어는 어떤 존재일까?

기독교인다운 경건한 생활을 돕는 도구일까 아니면 경건한 삶을 파괴하는 흉기일까? '미디어의 숲'에 둘러싸여 살아간다고 해도 과언이 아닌 현대 기독교인들에게는 매우 중요한 질문이 아닐 수 없다.

우선 미디어는 인간에게 꿈과 희망을 주기도 하지만 좌절과 절망이란 상처를 입히기도 한다. 때론 따뜻한 위로자가 되어 용기를 되찾게 하는 활력소가 될 때도 있지만 의욕을 꺾는 파괴자로서의 칼날을 휘두르기도 한다. 간혹 각종 미디어 내용은 삶에 찌든 현대인의 피로와 스트레스를 풀어 주는 휴식처이기도 하지만 오히려 더 큰 고통과 불안을 불러일으키는 갈등의 샘이기도 하다. 이렇듯 미디어는 두 얼굴을 가진 양면적 존재이다.

따라서 미디어는 그것 자체보다 이를 활용하는 사람에 따라 문명의 이기로 쓰일 수도 있고 흉기로 돌변할 수도 있는 양면성을 지닌 존재라는 점에 주목할 필요가 있다.

(2) 미디어 유용론

먼저, 미디어는 잘 활용만 하면 매우 유용한 도구이다. 막강한 힘을 지니고 있을 뿐 아니라 수용자들의 활용 여하에 따라서는 다양한 활용 가능성이 있기 때문이다.

첫째, 미디어는 훌륭한 선교사의 역할을 할 수 있다.

각종 미디어를 통해서 다양한 수준의 선교를 할 수 있기 때문이다. 현대사회에서 미디어는 다양한 차원에서의 설득적 기능을 하고 있는데 이를 복음을 전하는 일에 사용한다면 훌륭한 선교 사역 도구로 활용할 수 있을 것이다. 이른바 미디어 세대로 불리는 오늘날 많은 젊은 세대들은 '미디어로 생각하고 미디어로 말하며 미디어로 듣는 세대'들이라는 점에서 보면 미디어를 이용한 복음 전파는 시대적 과제라고 할 수 있을 정도이다.

아예 선교를 목적으로 하는 라디오 방송과 인터넷 또는 위성방송과 케이블TV와 같은 직접적인 선교 기능을 담당하는 미디어뿐 아니라 일반 미디어의 내용 중에서도 사실상 넓은 의미에서의 선교 기능을 담당하는 많은 프로그램이나 콘텐츠들이 바로 이런 미디어의 선교적 기능을 수행하고 있는 사례인 셈이다.

둘째, 오늘날 미디어는 부모, 초·중등 학교 교사, 교회학교 교사 이상으로 청소년들에게 교육적 영향을 주는 좋은 선생님이 될 수 있다.

물론 이러한 교사로서의 역할은 성인들에 있어서도 예외가 아니다.

오늘날 미디어는 가장 영향력 있는 사회 교육 교사로서의 역할을 하고 있기 때문에 미디어 속에서 나타내고 있는 수많은 유용한 내용의 메시지들은 수용자들에게 올바른 삶을 살아가는 지표의 역할을 할 수 있다. 특히 가정이나 학교에서의 교육에 의존하던 과거에 비해 오늘날에는 각종 미디어를 통한 교육이 상대적으로 훨씬 많은 비중을 차지하고 있기 때문에 미디어의 교육적 기능이 보다 강조되고 있는 실정이다.

셋째, 미디어는 좋은 친구이다.

미디어는 전통적인 의미에서의 참다운 친구가 갈수록 사라져 가고 있는 현대인의 공허함을 메워 줄 수 있는 좋은 친구의 역할을 할 수도 있다. 진정한 친구란 외로울 때 동반자가 되어 주고 슬플 때 위로자가 되어 주는 존재인데 이를 미디어가 대신해 줄 수 있기 때문이다. 그래서 좋은 인터넷 컨텐츠나 TV 프로그램은 진정한 친구가 없는 현대사회의 많은 그리스도인들에게 따뜻한 친구의 역할을 대신할 수 있다.

좋은 음악 프로그램을 들으면서 아름다운 꿈을 키운다거나 감동적인 드라마나 다큐멘터리 프로그램을 통해 깊은 내면의 교감을 하는 경우 TV는 다른 어떤 친구보다도 좋은 친구의 역할을 하는 셈이다.

또한 실제 생활 속의 친구 관계에서도 화제를 제공해 주고 동일한 화제 속으로 대화를 끌고 가도록 만드는 역할을 할 때도 있다.

넷째, 미디어는 세상을 살아가는 데 필요한 정보를 얻는 창구이다.

오늘날 미디어는 신속하고, 정확하게 정보를 전달해 주는 일차적 기능을 수행하고 있다. 따라서 각종 미디어를 통해 우리들은 세상을 살아가는 데 필요한 각종 소식을 접할 수 있다. 그런 만큼 공정성, 정확성, 신속성, 균형성을 모두 갖춘 미디어 속의 수많은 정보들은 수용자의 필요에 따라 제대로 취사선택할 경우 매우 유용한 지식과 지침을 제공하는 기능을 한다.

특히 수많은 정보가 난무하는 정보 과잉 시대에 미디어는 이를 적절히 선택할 수 있도록 도와주고 올바르게 이해할 수 있도록 안내하는 역할을 수행하기도 한다는 점에서 유용성이 높다.

다섯째, 미디어는 직접 경험해 보기 어려운 다양한 사회적 관계를 경험하게 하고 일깨워 주는 좋은 인간관계의 장(場)이다.

현대사회는 다양한 형태의 사람과 관계들이 얽혀 돌아가는 복잡성이 특성이기 때문에 이에 대한 적절한 대비나 교육이 없이는 올바른 사회생활을 기대할 수 없다. 따라서 각종 미디어 속에 등장하는 여러 가지 인간형과 인간관계 유형을 통해 우리는 올바른 사회관계의 방향과 실천 과제를 익힐 수 있다. 간혹 사회관계나 인간관계에 있어서 원활치 못한 기독교인들의 경우는 오히려 좋은 미디어 내용이 이를 극복할 수 있는 안내자가 될 수도 있을 것이다.

여섯째, 미디어는 올바른 정치적 판단을 할 수 있도록 도와주는 역할을 하기 때문에 올바른 민주 시민으로서의 자질과 안목을 기르는 데 도움을 줄 수도 있다.

전자민주주의라는 말이 나올 만큼 오늘날 정치는 각종 뉴미디어를 비롯한 미디어를 이용해 이루어지고 있다. 미디어를 잘 활용할 경우 참다운 민주주의를 실현할 수 있을 것이기 때문이다. 오늘날에는 각종 선거 시 미디어를 통해 입후보자들의 면면을 미리 파악한다든지 평소 미디어를 통해 갖가지 정치적 이슈들에 대한 정보를 얻을 수 있기 때문에 미디어는 수용자들에게 올바른 정치적 입장과 이념을 정립하는 데 도움을 주는 통로라고 할 수 있을 것이다.

일곱째, 미디어는 복잡한 일상 속에서 정신적, 육체적으로 고통 받는 현대인들에게 휴식을 취할 수 있도록 도와주는 오락 기능을 한다.

소득 수준이 높아지고 생활 여건이 향상되면서 점차 전통적인 의미에서의 노동 개념과 휴식 또는 놀이, 레저 개념이 바뀌고 있다. 즉, 어떻게든 많은 일을 해서 소득을 높여야 한다는 절대적 노동 가치 개념이 실질적인 삶의 질 즉 진실한 행복을 찾는 형태로 바뀌면서 '노는 것'이 죄악이 아니고 오히려 잘 노는 게 필요하다는 새로운 인식이 대두된 셈이다.

이런 놀이나 휴식에 대한 보다 적극적이고 능동적인 인식의 토대 위에서 미디어의 오락 기능은 다른 어떤 역할에 비해서도 중요한 기능으로 받아들여지고 있다. 예컨대 TV 속의 주요 프로그램들인 쇼, 코미디, 드라마, 스포츠가 사실은 모두 오락 프로그램이라는 사실이 이를 잘 말해 주고 있는 셈이다. 따라서 어쩌면 현대인에게 미디어는 오락 매체로서의 유용성을 가장 잘 제공하고 있다고 볼 수도 있을 것이다.

이런 점에서 보면 TV의 오락 프로그램을 단지 오락물이라는 이유만으로 좋지 않은 프로그램의 범주에 포함시키는 것은 올바른 태도가 아니다.

이상에서 살펴본 바와 같이 미디어는 잘 활용할 경우 얼마든지 문명의 이기로 쓰일 수 있는 여지가 충분한 존재이다.

(3) 미디어 유해론

기본적으로 미디어의 세계는 실제 현실 세계와는 다를 뿐 아니라 개인의 내면 세계를 비롯하여 갖가지 대인관계 그리고 복잡한 사회 관계를 매개해 주는 과정에서 허구적 사실을 마치 진실인 것처럼 조작하고 위장한다는 점에서 현대인에게 매우 위험한 존재이다. 특히 기독교인들에게 미디어는 복음적 가치관에 반(反)하는 반 기독교적 미디어 가치관을 지속적으로 심어 준다는 면에서 경계와 선별 등 적극적인 수용 자세를 갖추지 못할 경우 경건한 신앙생활을 저해하는 장애물이 될 수밖에 없다.

결국 미디어는 무엇보다도 참된 진리와 정의 그리고 평등, 평화 등 복음적 가치관을 구현하려 하기보다는 갖가지 비기독교적 미디어 가치관에 매달릴 수밖에 없다는 한계가 미디어 유해론의 첫번째 근거이다. 물론 여기서 일컫는 비기독교적 미디어 가치관이란 곧 정의롭지 못하고 비인간적인 가치관이란 점에서 반드시 신앙적인 면에서의 개념에 국한되는 의미가 아닌 포괄적인 용어이다.

예컨대 복음적 가치관에서 가장 중요시하고 있는 '참된 사랑'에 관한 가치관에 있어서도 미디어는 일반적으로 쟁취하기 위해 속이고 빼앗는 그리고 그 과정에서 파괴되고 슬퍼하는 비뚤어진 사랑의 모습을 주로 다룬다. 다시 말하면 교회가 가르치는 여러 가지 복음적 가치관에 비해서 미디어는 현대 자본주의 사회에서 미디어가 지니고 있는 구조적 한계 때문에 반 기독교적 가치관을 보다 즐겨 다루고 이를 마치 현대인이 중시해야 할 가치관인 것처럼 강조하는 경향이 있다.

둘째, 미디어는 시청률이나 구독률 또는 이용률 경쟁으로 대변되는 치열한 경쟁성의 소용돌이 속에서 다양한 흥밋거리를 양산하는 데 몰두하게 되는데, 이 중 가장 큰 두 가지의 문제가 바로 선정성과 폭력성이다.

거의 맹목적이라 할 정도로 미디어 오락물은 선정성과 폭력성을 강조하고 있는데, 미디어가 경건한 그리스도인의 삶뿐 아니라 건전한 평균적 시민의 생활까지도 위협하는 존재라는 지적을 지속적으로 받는 것도 바로 이 때문이다. 특히 오늘날 인터넷이나 TV의 선정성은 성(性)을 상품화하고 쾌락을 쫓는 탐닉의 대상으로만 즐겨 다룸으로써 건강한 가정 또는 건전한 성 문화를 파괴하는 주범으로 취급받기도 한

다. 이런 왜곡된 성적 표현들은 특히 청소년 시청자들에게 잘못된 성
의식을 내면화시키고 경우에 따라서는 성적 욕구를 해소하기 위한 범
죄까지도 저지를 수 있다는 점에서 심각한 문제가 아닐 수 없다.

또한 미디어 속에서 그리고 있는 각종 신체적, 언어적, 심리적 폭력
장면이나 내용은 수용자들로 하여금 폭력 행위를 일상화시키고 어린
청소년들에게는 폭력성을 배양시킬 수 있다는 점에서 예상되는 폐해
가 크다. 더욱이 이런 과도한 미디어 폭력물은 수용자들에게 폭력을
통한 문제 해결 의식을 심어 준다는 점에서도 문제가 있다.

셋째, 미디어는 지나친 소비주의와 잘못된 소비 관행을 부추기고
일부 특수층의 과소비나 파행적 소비 패턴을 일반화시킨다.

예컨대 TV광고를 비롯한 대부분의 TV프로그램은 결국 시청자들
을 소비시장으로 끌어들여서 많은 소비를 하도록 유혹하는 것을 목
적으로 삼고 있다. 과대, 과장, 허위광고 시비가 그치지 않고 TV 화
면에 비친 갖가지 의상, 가구, 노래, 장식품들이 쉬지 않고 유행을 창
조하여 결국 판매고를 높이는 등의 순환 과정을 거치고 있다는 사실
이 이를 잘 설명해 주고 있다.

넷째, 미디어 특히 TV와 같은 영상 매체는 계획적인 생활 리듬을
깨뜨리고 과도한 TV 시청과 몰입 시청을 하도록 유혹하기 때문에 대
부분의 시청자들을 즉흥적이고, 감각적인 생활을 하도록 유도한다는
점에서 경계가 필요하다.

사실상 TV수상기를 켤 때 어떤 프로그램을 시청하겠다는 계획 아
래 선택하는 시청자는 별로 없다. 대부분 이리저리 스위치를 돌려 대
다가 눈에 띄는 화면에 이끌려 채널을 고정시키기 때문에 전혀 계획
적인 시청이 이루어질 수 없다. 즉흥적인 채널 선택과 무계획적인
TV 시청 습관이 일반화되었기 때문이다. 이럴 경우 스스로 계획한
여러 가지 다른 일들이 지장을 받게 되는데 학생들의 경우는 학습 활

동에 그리고 주부의 경우는 집안일을 하는 데 특히 기독교인들의 경우는 성경 말씀을 읽는다거나 묵상 시간을 갖는 등의 계획들이 수포로 돌아가는 경우가 허다하다.

최근에는 종일방송을 하는 케이블TV나 위성TV를 밤새 시청해서 다음날 일과에 지장을 받는 경우까지도 생겨나고 있다.

그리고 TV시청에의 몰입은 독서행위 등 생각하는 시간을 빼앗아 가기 때문에 독서 능력 자체를 저하시킬 뿐 아니라 즉흥적이고 감각적인 자극에만 익숙하도록 만드는 폐해까지도 유발하고 있다.

주일예배 시 목사님의 말씀을 차분히 들으면서 묵상하기보다는 자꾸 지난밤에 시청한 TV나 인터넷의 야한 장면들이 어른거린다거나, 주일학교 선생님과의 공과공부 시간에 선생님이 자꾸 TV에서의 인물과 겹쳐지는 혼란을 겪는다는 청소년들의 고백도 모두 TV의 이런 속성 때문이다.

다섯째, 미디어는 수용자들에게 찰나주의, 한탕주의, 물질주의, 편이주의 등 현대 자본주의 사회 자체가 지니고 있는 각종 문제들을 지속적으로 그릴 뿐 아니라 이를 수용자들이 따르도록 유도하고 있다.

마치 큰 노력도 없이 하루아침에 스타가 될 수 있는 것처럼 청소년들은 현혹할 뿐 아니라 아직 어린 연예인들을 방송국의 스타 제조 시스템에 맞추어 만들어 냄으로써 잘못된 스타관을 유포하고 있다.

여섯째, 오늘날 미디어는 전통적이고 민족적인 요소보다는 이국적이고 세계적인 요소들을 주로 강조하기 때문에 지나치게 외래 지향적이고 심지어는 사대주의적인 요소까지도 나타내는 경향이 있다.

광고에 외국인 모델이 나오는 것은 이제 당연시되고 있을 뿐 아니라 매일 TV 화면을 뜨겁게 달구고 있는 프로 운동 경기장에도 외국인 용병 선수들이 활개를 치고 있다. TV광고의 상품명을 비롯해서 가수들의 이름에 이르기까지 어느 나라 말인지를 분간하기 어려울

만큼 혼란스런 언어가 쓰이고 있는 것도 지적되고 있다.

일곱째, 미디어는 기본 속성상 경제적으로나 권력 면에서 우월한 자 즉 지배 권력의 입장을 대변하고 이를 미화하는 데 적극적이다. 즉, 미디어는 가난하고 소외받으며 살아가는 사람들을 외면할 뿐 아니라 심지어는 이들을 짓밟는 행위까지도 서슴지 않는 지배 권력 지향성을 지니고 있다.

낮은 자의 편에서 그들의 아픔과 슬픔을 어루만져 주라고 가르치시는 그리스도의 가르침과는 사뭇 다른 가치관이라는 점에 주목할 필요가 있다.

5. 결언 : 기독교 커뮤니케이션의 연구 영역 및 과제

기독교 커뮤니케이션의 연구 영역 및 과제를 전통적인 커뮤니케이션 과정 모델인 S-M-C-R-E모델[3]로 나누어 살펴보기로 하자.

먼저 송신자론으로, 교회 내 다양한 커뮤니케이션 중 송신자에 관련된 부분의 연구 영역이다. 즉, 송신자의 신뢰도에 영향을 미치는 요인인 커뮤니케이션 기능(skill), 태도, 지적 능력, 시스템 내에서의 위치 등으로 나누어 살펴보면 다음과 같은 연구 과제들이 추출될 수 있다. 예컨대 교회학교에서의 교사, 예배 중의 설교자나 사회자 등 송신자들의 신뢰도에 영향을 주는 요인으로서의 커뮤니케이션 능력과 태도 그리고 지적 능력 등에 관한 연구를 들 수 있겠다. 남선교회나 여전도회 또는 각급 자치 단체 활동에서의 송신자들이 효율적인 의사소통을 하기 위한 실천 방안 마련 과제 등이 모두 여기에 해당되

---

3) S(Source:송신자)-M(Message:메시지)-C(Channel:채널)-R(Receiver:수신자)-E(Effect:효과)

는 연구 영역들이다.

　다음으로는 수신자론으로, 설교를 듣거나 교육을 받는 사람들에 관한 연구이다. 교회 내 각종 커뮤니케이션이 이루어지는 상황에서 수신자의 위치에 서 있는 사람들에 관련된 연구 영역으로 경청의 자세, 듣는 태도, 이해하는 능력에 관련된 연구 과제들이 여기에 해당된다. 예를 들면, 주보를 읽는 교인들의 이해 정도나 반응에 관한 연구를 비롯하여 열린 예배에 대한 교인들의 반응과 효과 그리고 교회 홈페이지 이용 행태 연구 등이다. 교회 밖으로 연구 영역을 확대하면 교회 언론 수용자 즉, 교계 신문 독자나 교계 방송 시청자 연구 등이 여기에 포함된다.

　메시지론은, 메시지를 구성하는 형식(form)과 메시지가 담고 있는 의미(mean)에 관한 연구 영역인데, 기독교 커뮤니케이션 연구에서는 주로 전자 즉, 메시지 형식에 관한 연구를 가리킨다고 볼 수 있겠다.[4] 즉, 어떻게 메시지를 구성하여 효율적인 커뮤니케이션을 할 것인가에 관한 연구 과제이다. 구체적으로 연구 영역을 설정해 보면 언어적 메시지와 비언어적 메시지에 관한 연구로 나누어 볼 수도 있다. 즉, 교회 안에서의 효율적인 언어 사용에 관한 연구나 각종 비언어적 메시지에 관한 연구들에 여기에 해당된다. 어떤 호칭과 용어를 사용할 것인가를 비롯하여 어떤 의상과 화장 그리고 제스처가 보다 효율성을 높일 수 있는 메시지로서의 표현 방식일까 등을 연구하는 영역이다.

　채널론은, 교회 안에서 어떤 통로를 이용하여 커뮤니케이션하는 것이 효율적일까에 관한 연구 영역이다. 가까이는 어떤 마이크를 몇 개나 어떤 상황에서 사용할 것인가를 비롯하여 TV 화면을 통한 예배의 효용성 또는 주보나 회지를 통한 커뮤니케이션의 효용성 연구 등이

---

4) 메시지의 의미(mean)에 관한 연구는 신학의 연구 영역에 가깝다.

여기에 포함된다. 한편 라디오를 통한 선교와 TV를 통한 선교 그리고 인터넷을 이용한 선교와 신문·잡지나 책을 통한 선교의 비교 등도 모두 채널론에서 다룰 연구들이다.

마지막으로 효과론은 교회 안에서 이루어지고 있는 다양한 커뮤니케이션이 결과적으로 어떤 성과를 나타내고 있는지를 관찰하고 분석하는 연구 영역이다. 따라서 메시지를 주목하고 이해하는 정도와 같은 수준의 효과 연구도 이루어질 수 있고 궁극적으로는 교회 안에서 이루어지고 있는 각종 커뮤니케이션이 영적 성장에 어떤 효과를 나타내고 있는지를 찾아내는 연구 등이 여기에 해당된다고 하겠다.

물론 이외에도 보다 근본적인 연구 영역으로는 커뮤니케이션에 관한 신학적 해석과 분석 그리고 커뮤니케이션과 신앙 성장의 관계에 관한 연구 등이 이루어질 수 있겠고, 교회의 미디어나 문화적 활용에 관한 지침을 주는 교회 미디어 교육과 문화 선교 관련 연구 등이 포함될 수 있을 것이다.

참고 문헌 및 자료

강길호, 김현주. 『커뮤니케이션과 인간』. 서울 : 한나래, 1995.

강상현 · 채백 외 공저. 『대중매체의 이해와 활용』. 서울 : 한나래, 2002.

강현두 외 공저. 『매스미디어와 사회』. 서울 : 나남, 1990.

김우룡 편. 『커뮤니케이션 기본 이론』. 서울 : 나남, 1992.

김정탁. 『미디어와 인간』. 서울 : 커뮤니케이션북스, 1998.

나은영. 『사회심리학적 관점에서 본 인간 커뮤니케이션과 미디어』. 서울 : 한나래, 2002.

박기순. 『대인커뮤니케이션』. 서울 : 세영사, 1998.

설기문. 『인간관계와 정신건강』. 서울 : 학지사, 1997.

성동규 · 라도삼. 『인터넷과 커뮤니케이션』. 서울 : 한울, 2000.

이강수. 『수용자론』. 서울 : 한울, 2001.

임태섭. 『스피치 커뮤니케이션』. 서울 : 연암사, 1997.

임태섭 편저. 『정, 체면, 연줄 그리고 한국인의 인간관계』. 서울 : 한나래, 1995.

최창섭. 『자아 커뮤니케이션』. 서울 : 범우사, 1994.

최창섭 외 공저. 『세상에서 가장 쉬운 매스미디어 101문 101답』. 커뮤니케이션북스, 2001.

한국사회언론연구회 편. 『현대사회와 매스커뮤니케이션』. 서울 : 한울, 1990.

홍기선. 『인간 커뮤니케이션』. 서울 : 나남, 2002.

McLuhan, Marshall. *Understanding media: The extensions of man*. New York: McGraw-Hill, 1964.

Rubin, Brent D. *Communication and human behavior* (2nd Ed.). New York: Macmillan, 1988.

제2장 커뮤니케이션 신학

임성빈 (장로회신학대학교 교수, 문화선교연구원장)

1. 들어가는 말 : 교회와 커뮤니케이션 그리고 신학

기독교는 커뮤니케이션의 종교이다. 왜냐 하면 하나님은 우리에게 계속하여 말씀하시고, 우리는 그 말씀의 의미를 이해하기 위해 지속적인 노력을 기울여야 하기 때문이다. 다음의 히브리서 말씀은 이러한 사실을 우리에게 매우 명료하게 상기시켜 준다. "옛적에 선지자들과 여러 부분과 여러 모양으로 우리 조상들에게 말씀하신 하나님이 이 모든 날 마지막에 아들로 우리에게 말씀하셨으니 이 아들을 만유의 후사로 세우시고 또 저로 말미암아 모든 세계를 지으셨느니라"(히 1:1-2)

신학은 이해를 추구하는 신앙을 의미한다. 그러므로 신학은 성경을 통하여 하나님께서 당신 자신을 보여 주시는 계시와 사도적 전승, 삼위일체적 역사, 성부 하나님의 결정적 자기 커뮤니케이션으로서의 예수 그리스도, 지혜와 은사를 주시는 성령님과 그리스도의 몸으로서의 교회 등의 커뮤니케이션과·관계된 주제들로 구성된다. 이뿐만 아니라 신학은 유비, 화해, 기도, 교제, 공동체 등과 같이 커뮤니케이션의 차원을 가진 개념들을 다뤄야 한다는 의미에서 신학과 커뮤니케이션의 관계는 매우 유기적이라고 볼 수 있다. 그러므로 커뮤니케이션 신학의 역사는 초대 교회에까지 올라간다. 물론 현대의 많은 신학자들도 커뮤니케이션에 관심을 기울이고 있다.[1]

물론 기독교 커뮤니케이션의 기본적인 자료는 성경이다. 성경을 통하여 우리는 자기 정체성을 확인함으로써 자기 커뮤니케이션의 단초를 마련한다. 우리가 주목하여야 할 것은 커뮤니케이션 신학과 교회 또는 교회론과의 관계성이다. 교회는 인류와 하나님과의 하나 됨을 모색하는 전 세계적인 커뮤니케이션 연결망이다. 말씀과 성례전을 통한 커뮤니케이션을 통하여 교회는 그리스도의 신비에로 나아간다. 그러므로 커뮤니케이션은 교회의 필수적인 기능이다. 그러한 커뮤니케이션은 우리들을 하나님나라의 온전한 실현에로 나아가는 순례 여정에서 지탱케 하여 주는 역할을 한다.

교회는 커뮤니케이션과 관련하여 이중적인 사명을 가진다. 즉 '교회는 모으고 보낸다.' 예컨대 교회는 먼저 사람들을 공동체의 구성원으로 모은다. 이것은 교회가 말씀을 선포하고, 교육하며 성례전을 집행하며 어려운 이들을 섬김을 의미한다. 또한 교회는 예비 기독인들에게, 또한 가난한 이들에게, 그들의 삶의 참된 의미와 진리를 추구

---

1) 덜레스(Avery Dulles), 자크 엘룰(Jacques Ellul), 버나드 로네르간(Bernard Lonergan), 칼 라너(Karl Rahner) 등이 이들에 속한다. 주목되는 것은 이들 대부분이 가톨릭 전통에 가까운 학자들이라는 것이다. 물론 개신교 전통에 속한 이들 중에도 로버트 슐츠(Robert Schultz), 세스 하멜린크(Cess Hamelink)와 같은 이들이 있지만 가톨릭에 비하면 열악한 형편이다.

하는 이들에게 그 메시지를 보낸다. 이러한 의미에서 애브리 덜레스 (Avery Dulles)는 "커뮤니케이션은 교회의 교회 됨의 핵심이다. 교회는 사람들이 서로 공동체를 이루도록 인도하기 위하여 존재한다."고 주장하였다.[2]

또한 우리가 주목하여야 할 것은 커뮤니케이션 기술의 놀라운 발전과 그것에 대한 신학적 평가와 교회에서의 채용이다. 무엇보다도 먼저 우리는 그러한 기술들의 부작용만을 지적하기보다는 복음의 영향력의 확대와 기독교 문화로의 변혁을 위하여 커뮤니케이션의 발달에 더욱 주목하여야 한다.

2. 커뮤니케이션 신학의 과제는 무엇인가?

눈에 안 보이는 신앙을 어떻게 전달할 수 있을 것인가? 과연 신앙이 인간적인 커뮤니케이션의 방법으로 전달될 수 있는 것인가? 초월적인 것이 이 세상적인 것을 통하여 전달될 때 과연 그 진리성이 담보될 수 있을 것인가? 우리가 커뮤니케이션에 대하여 신학적인 관점에서 관심할 때 제기되는 질문들이다. 그러므로 우리가 커뮤니케이션 신학을 이야기할 때는 적어도 위에서 제기된 질문들에 대한 성경적, 신학적 응답이 요청된다.

그러나 위에서 제기된 질문들은 소극적인 것들이다. 이보다는 더욱 적극적인 관점에서 커뮤니케이션과 신학의 접목을 시도할 수 있을 것이다. '어떻게 하여야 기독교의 신앙과 진리를 다양한 문화적 정황

---

2) Patrick Granfield, "The Theology of the Church and Communication," p.5, *The Church and Communication*, edited by Patrick Granfield (Sheed & Ward, 1994).

의 차이에도 불구하고 더욱 효과적으로 영향력 있게 전달하고 교육할 수 있을 것인가?' 이러한 문제의식이야말로 이른바 정보화 시대, 포스트모던 시대를 살아가는 신앙인들에게는 더욱 절실한 것이라고할 수 있다. 그러나 이러한 적극적 관심도 앞에서 제기되었던 다소소극적이지만, 그러나 근본적인 의문을 제기하는 질문들에 대한 답을 전제로 한다는 것을 우리는 기억하여야 한다. 만약 전자에 대한의식 없이 영향력, 효율성만을 추구하다 보면 복음의 진리성이 커뮤니케이션의 수단 속에 매몰 내지는 혼재되어 버릴 가능성이 있기 때문이다. 이와는 대조적으로 만약 후자가 추구하는 현대 커뮤니케이션에 대한 적극적 참여 없이 전자의 질문 만에 머물러 있다면 교회와신앙인들은 더욱 게토(ghetto)화되어 갈 것이며 그 선교적 사명을 다하지 못하는 매우 비복음적인 삶을 살아가게 될 것이기 때문이다.

그러므로 우리는 먼저 커뮤니케이션에 대한 신학적 기초를 먼저 분명히 세워야 한다. 그 후에는 급변하는 커뮤니케이션 환경 변화 속에서도 복음의 영향력을 충분히 발휘할 수 있는 신학적 수용과 변혁의방법론을 적극적으로 모색하여야 할 것이다.

3. 커뮤니케이션의 신학적 기초 : 커뮤니케이션 신학의 전형으로서의 삼위일체

기본적으로 커뮤니케이션은 신학적인 관점에서 다음과 같은 근거를 가진다. 그 첫째는 하나님이 존재하시기 때문에 커뮤니케이션이존재한다는 것이다. 우리의 하나님에 대한 고백은 하나님의 삼위일체적 존재 양식에 대한 찬양을 의미한다. 하나님의 삼위일체적 존재는 하나님 자신의 존재 자체가 커뮤니케이션적임을 나타내며, 그것은 곧 하나님은 그 존재 자체로서 커뮤니케이션 원리를 수립하신다. 두 번째로 우리는 삼위일체 되신 하나님께서 삼위일체적으로 역사하신다는 사실이다. 하나님은 이러한 성부, 성자, 성령 사이의 삼위일체적인 방식으로 이 세상을 창조하셨다. 따라서 세상은 그 창조주를 반영하는 것이며 그렇기 때문에 커뮤니케이션은 중요한 것이 된다. 세상에 대한 하나님의 커뮤니케이션은 시간과 공간과 역사 안에서와 마찬가지로 자연을 통해서 일어난다. 이러한 관점에서 우리는 다음과 같이 커뮤니케이션에 대한 신학적 기초를 모색할 수 있을 것이다.

(1) 하나님 안에서의 삼위일체적 커뮤니케이션

우리는 성경으로부터 커뮤니케이션의 근본적 원형을 발견할 수 있다. 그것은 이른바 성부, 성자, 성령 삼위간의 삼위일체적 커뮤니케이션이다. 성경은 삼위, 즉 하나님의 위격들 사이에 있는 나와 너(I-thou)의 관계를 증거한다. 예컨대 성부께서는 "내 사랑하는 아들이요, 내 기뻐하는 자"(마 17:5)라 하며, 성자께서는 "내가 아버지께로 나와서 세상에 왔고 다시 세상을 떠나 아버지께로 가노라"(요 16:13)고 한다. 또한 예수 그리스도께서는 "그가 자의로 말하지 않고 오직 듣는 것을 말하시며 장래 일을 너희에게 알리시리라"(요 16:13)고 성령님에 관하여 증거한다.

이러한 삼위일체적 커뮤니케이션은 사랑의 관계 안에서 전개됨에 우리는 주목하여야 한다. 예수님은 그의 제자들에게 "아버지께서 아들을 사랑하사 만물을 다 그 손에 주셨다"(요 3:35)고 말씀하셨다. 또한 아버지에 대한 그의 사랑에 관해서 "내가 아버지의 계명을 지켜 그의사랑 안에 거하는 것…"(요 15:10)이라고 증거하고 있다. "그가 내 영광을 나타내리니 내 것을 가지고 너희에게 알리겠음이니라"(요

16:14)라는 증거로부터 성령님 역시 이러한 사랑의 관계 안에서 활동하고 있음을 추론할 수 있다.[3]

삼위일체적 커뮤니케이션은 성자 예수 그리스도의 성부께 대한 기도로부터 확증된다. 예수님은 동산에서 "아버지여 창세전에 내가 아버지와 함께 가졌던 영화로써 지금도 아버지와 함께 나를 영화롭게 하옵소서"(요 17:5)라고 기도하셨다. 또한 제자들에게 "내가 아버지께 구하겠으니 그가 또 다른 보혜사를 너희에게 주사 영원토록 너희와 함께 있게 하리니"(요 14:16)라고 말씀하셨다. 이상의 성경적 전거들은 우리들에게 우리의 하나님은 삼위일체로서 서로 관계하시는 하나님이며, 그 본질상 커뮤니케이션으로서 특징 지워질 수 있는 분임을 증거하고 있다. 하나님의 삼위일체적 존재하심의 방식으로부터 추론되는 삼위일체적 커뮤니케이션을 통하여 우리는 하나님 안에서의 커뮤니케이션이 인격적이고 관계적임을 알 수 있다. 즉 성부와 성자와 성령은 서로 다른 위격으로부터 소외되었거나 '외부에' 존재하는 것처럼 소통하지 않는다. 삼위일체의 위격들은 서로를 멀리하지 않으며, 인격적이고 관계적인 방법으로 친밀한 사이를 유지함으로써, 공통적인 신적 성격을 충분히 공유하고 있는 것이다. 또한 삼위일체적 커뮤니케이션은 항상 사랑 안에서, 사랑을 통해서 표현된다는 사실이 강조되어야 할 것이다. 사랑은 좋은 관계의 기초이다. 따라서 진정한 커뮤니케이션이 일어나는 배경이 되는 것이다.

(2) 세상과 관계하시는 하나님의 삼위일체적 커뮤니케이션

삼위로서 일체 되신 하나님 안에서의 내부적 커뮤니케이션이 성부,

---

3) 로버트 웨버 지음, 정장복 옮김, 『그리스도교 커뮤니케이션』(대한기독교출판사, 1985), p. 65.

성자, 성령 사이의 관계성을 상징한다면, 하나님의 피조 세계, 즉 세상에 대하여 관계하심은 외부적 커뮤니케이션을 뜻한다. 그런데 삼위일체 교리에 정통한 학자들에 따르면 하나님의 외부적 커뮤니케이션은 내부적 커뮤니케이션을 반영한다. 즉 하나님의 세상 안에서의 역사하심은 하나님 안에서의 내부적 커뮤니케이션의 내용을 반영한다는 것이다. 예컨대 베드로는 삼위일체 하나님의 삼중적인 외적 활동을 하나님의 구속 역사로 설명하였다. "하나님 아버지의 미리 아심을 따라 성령의 거룩하게 하심으로 순종함과 예수 그리스도의 피 뿌림을 얻기 위하여 택하심을 얻은 자들…"(벧전 1:2)이라고 기독교인들을 표현하였다.[4]

사실 피조물들에게 있어서 가장 중요한 것은 창조주이신 하나님의 뜻을 아는 것이다. 그러므로 피조물들은 삼위일체 되신 하나님의 내부적 커뮤니케이션에 관심이 클 수밖에 없다. 이때 문제가 되는 것은 피조물의 유한성과 죄성이다. 피조물들은 유한성과 죄성으로 인하여 도저히 거룩하신 하나님의 내부적 커뮤니케이션에 참여할 수 없는 것이다. 이제 남은 가능성은 오로지 하나님의 은혜이다. 피조물의 소망은 창조주와의 온전한 커뮤니케이션에 있다. 그러한 소망의 성취는 오로지 하나님의 은혜로만 가능한 것이다.

우리는 하나님의 은혜로서의 커뮤니케이션이 역사와 언어와 환상을 통하여 이루어짐을 성경으로부터 발견한다. 무엇보다도 먼저 우리가 주목하여야 할 사실은 하나님은 역사 안에서 당신을 소통하신다는 것이다. 이것은 우리가 이 세상의 역사와 인간의 삶에 대하여 관심을 가져야 함을 의미한다. 또한 하나님은 언어를 통해서 커뮤니케이션하신다. 그러므로 우리는 언어와 그 언어를 둘러싼 개인의 경

---

4) 위의 책, p. 68.

험과 문화에 관심하여야 한다. 이와 함께 우리는 하나님은 환상을 통해서도 커뮤니케이션하신다는 사실을 기억하여야 한다. 이것은 곧 의미와 주체성이 이미지와 그림, 또한 기념의식 등을 통하여 전수되며, 시각적 영상의 중요성도 의미한다.[5]

그러나 은혜로서의 성육신이야말로 우리에게 진정한 커뮤니케이션을 가능케 하는 결정적 통로가 되는 것이다. 인간과 하나님의 커뮤니케이션의 초점은 성육신 사건이다. 하나님이 인간으로 이 땅에 오신 성육신 사건은 하나님이 사용하신 커뮤니케이션의 전형이다. 즉 예수님은 커뮤니케이션의 모델이시다.

4. 역사적으로 보는 커뮤니케이션과 신학 : 커뮤니케이션의 방법과 수단을 중심으로

그러나 실제로 신앙 공동체가 커뮤니케이션의 방법과 수단을 선택하는 것은 그렇게 단순한 결단으로 이루어지는 것이 아니다. 예컨대 교회는 불가시적 신앙을 가시적 이미지들로 연결하는 것을 금기시하는 유대적 전통과 교육적 목적에서 가시적 이미지들을 활용하여야 한다는 현실적 요청 사이에서 역사적인 갈등 정황을 도출해 왔다. 가시적 이미지를 사용하는 것에 가장 거부감을 보인 것은 종교개혁자들이었다. 특별히 21세기 초반부를 이른바 이미지의 시대로서 맞고 있는 종교개혁의 후손들에게 있어서 이미지에 대한 신학적 재점검은 무엇보다도 우선적인 과제라고 볼 수 있다. 그런 의미에서 우리는 커뮤니케이션과 교회의 관계를 이미지에 대한 신학적 혹은 교회의 채

---

5) 위의 책, pp. 102-103.

용 문제를 둘러싼 역사에 대한 개관을 통해 파악하면서, 이른바 이미지 시대에 걸맞은 커뮤니케이션 신학의 가능성과 과제를 모색할 것이다.

(1) 초대 기독교의 이미지 배척

사도들이 활동하였던 그레코-로만 세계는 각종 이미지들이 대중 커뮤니케이션의 기본적인 형태로 범람하던 시기였다. 이방인들에게 있어서 십계명의 제2 계명은 너무도 거리가 먼 것이었다. 그러나 이와는 대조적으로 그들의 유대 조상들과 마찬가지로 사도들에게 신들과 영웅들의 이미지들은 하나님이 지배하는 세계관과는 전혀 조화를 이룰 수가 없는 것이었다. 그것들은 결국 우상에 불과한 것이었다. 더욱이 사도 바울이 활동하던 당시는 메시아의 임박한 재림사상이 충만하던 시대였다는 점과 그의 '오직 믿음만으로' 의 사상을 감안한다면 당시 기독교인들의 이미지 중심의 대중문화에 대한 부정적 평가를 어렵지 않게 이해할 수 있을 것이다. 예컨대 터툴리안(Tertulian) 같은 사람은 기독교인들이 이미지를 만드는 것을 금지하였으며, 이미지를 그리는 화가들을 창기와 주정꾼들과 배우들과 같은 사람들로 취급하였다. 이러한 경향은 알렉산드리아의 교부들인 클레멘트(Clement)와 오리겐(Origen)에게도 공통적으로 발견된다. 비록 그들은 희랍의 학문을 공부하여, 그 철학을 기독교적인 것으로 변혁하였으나 희랍 문화의 가시적 미학은 거절하였다.[6]

그러나 이러한 일반적인 부정적 분위기에도 불구하고 회화는 초대

---

6) Gregor Goethals, "Visible Image and Invisible Faith," p. 39, *Media, Culture and Catholicism.* edited by Paul A. Soukup (Sheed & Ward, Kansas City, 1996), p. 39.

기독교의 예전에 등장하기 시작하였다. 학자들은 이미지들의 사용을 제재하려는 경향이 있는데, 이와는 대조적으로 점차 증가하는 교회 내에서의 이미지들의 중요성이라는 모순적 정황에 주목하였다. 이러한 모순적 정황은 다음과 같이 분석되었다. 즉 교육받은 신학자들은 고대 세계의 철학적 전통을 수용하면서 비판적으로 변혁시키려 하였지만 그들이 교육시키고 개종시키려 하였던 대상인 일반인들은 성스러운 이야기들을 보는 것, 즉 이미지들에 너무도 익숙하여 있었다. 그러므로 선교적인 의도와 목적을 가졌던 선교사들과 변증가들은 이러한 정황 속에서 당시 사람들에게 익숙하였던 이미지들을 이용하게 되었던 것이다. 놀라의 주교(Bishop of Nola)였던 파울리누스(Paulinus)는 이교 문화에 젖어 있던 사람들을 개종시킴에 있어 이러한 이미지들의 사용이 중요함을 인식한 최초의 지도자들 중 한 사람이었다. 이러한 입장은 터툴리안의 입장과는 매우 대조적인 것이었다.[7] 이러한 이미지 사용에 대한 대조적인 신학적 관점들 사이의 긴장은 종교개혁에 이르기까지 지속적으로 진행되어 왔다.

(2) 성상 미학(Iconic Aesthetics)의 시대

콘스탄틴 황제 이전 시대, 즉 2~3세기에 존재하였던 로마의 카타콤이나 세례를 행하던 장소 등에서는 형식과 기능과 상징 등의 측면에서 당시의 그림들과는 확연히 차이가 나는 벽화들이 발견된다. 당시 신앙 공동체의 우선적인 관심은 그 표현 기법에 있어서의 기술적 숙련도에 있는 것이 아니었다. 그보다는 그림이 상징하는 표현의 의미와 중요성에 있었다. 당시의 기독교 예술가들은 인간의 형상과 그

---

7) 위의 책, p. 40.

움직임과 표현 방법들과 행위들을 통하여 기본적인 언어를 이끌어내었다. 그러므로 그 표현 방법은 거칠었지만 그러한 형상적 재현을 통하여 기독교적인 신앙과 소망이 '이야기되었'던 것이다. 기술적인 기교에는 관심을 기울이지 아니하고, 대신 영혼과 영을 암시하는 인간의 행위를 더욱 생동감 있고 사실적으로 묘사하려는 노력이 당시 기독교인들의 상징적 관심이었다. 이것은 인간 경험의 비물질적이면서도 초월적인 측면을 강조하기 위한 노력의 소산이었다는 점을 우리는 기억할 필요가 있다.[8]

초대 교회 교부들의 이미지에 대한 비판에도 불구하고 전반적으로 보아 기독교인들은 그들의 의식을 행하던 장소에서 그 이미지들을 사용하였다. 그러나 카타콤 등의 장소에서 발견되는 이미지들을 통하여 우리는 기독교인들이 당시에 유행하던 풍조를 그대로 따르지 않고 나름대로의 목적과 의도로 변형하여 사용하였다는 것을 확인할 수 있다. 그 후 콘스탄틴 이후 시기부터 교회의 건물과 장식물들에는 수많은 이미지들이 등장하게 됨으로써 그 이전 시대와는 전혀 다른 양상을 띠게 되었다. 6세기에 이르러서는 전체 기독교 세계에 걸쳐 이미지의 사용이 보편화되기에 이르렀다. 결국에는 그레고리 대왕에 이르러서는 이미지가 서술적 역할(narrative role)을 하는 것을 공식적으로 허가하게 되었다. 이러한 이미지 사용의 보편화는 부작용을 동반하게 되었다. 그리하여 결국에는 이미지를 숭배하는 것은 금지하고, 단지 이미지를 사용하여 교육하는 것을 허가한다는 사실을 분명히 하게 되었다. 그레고리에 의한 이미지 사용의 차별성, 즉 숭배를 위한 사용과 교육적 목적을 위한 사용의 차별성은 이야기하기(story-telling)와 서술적 역할로서의 가시적 이미지를 사용한다는 기본적 원

---

8) 위의 책, p. 41.

칙을 회복할 뿐만 아니라 제도화하였다는 의미를 가진다. 당시의 이미지들은 오늘날 우리가 이야기하는 예술과는 다소 구별된다. 즉 당시 교회에서 발견되는 그림들과 조각들은 예전(liturgy)을 돕기 위한 것이었거나, 경건한 행위를 돕기 위한 보조적 수단이었을 뿐이었다. 그러나 여전히 몇몇 신학자들은 예배 장소에 그러한 이미지들이 존재하는 것에 불편함을 갖고 있었던 것도 사실이다.[9]

(3) 중세의 발전

12세기에 이르러 가시적 예술에 대하여 매우 상반적인 입장을 주장하는 두 명의 신학자가 등장하였다. 성 데니스의 대수도원장이었던 슈거(Suger, the Abbot of St. Dennis)는 신앙을 일깨우고 표현함에 있어서 예술의 중요성을 강조한 대변인격인 역할을 하였다. 이와는 대조적으로 클레보의 버나드(Bernard of Clairvaux)는 이미지에 대한 비판과 함께 심미적인 단순성을 강조하여 시스테리안 수도회(the Cisterian order)를 이끌었다. 물론 이른바 시스테리안식의 건축물에는 어떠한 이미지도 채용되지 않았지만 그 건물 자체는 매우 중요한 가시적 요소들을 내포하고 있었다.

그러므로 우리는 슈거뿐만 아니라 버나드도 상징주의자로 볼 수 있다. 단지 그들의 상이한 행동 양식과 태도가 기독교 심미학에 있어서 대조적인 양식을 산출하게 된 것이다. 특별히 그들은 예전을 위한 장소의 장식에 있어서 형상을 사용하여 표현하는 예술을 수용함에 대해 매우 다른 견해를 나타내었다. 슈거의 심미학은 긍정의 방법론(via affirmativa)의 철학을 대변한다. 물질적인 대상은 그것이 자연적인 것

---

9) 위의 책, p. 44.

이든 사람의 손을 거친 인공적인 것이든 상관없이 경건함을 고취함으로써, 혹은 명상을 도움으로써 한 영혼을 초월의 경험에로 이끄는 데에 일정한 역할을 할 수 있다는 것이다. 이와는 대조적으로 버나드는 금욕주의를 강조하며 종교 커뮤니케이션에 있어서의 말씀의 우선성에 관심을 갖는다. 그러나 이러한 그의 관심은 특별히 수도원에서 가시적 이미지를 사용하는 것을 비판하도록 하였다. 버나드의 이러한 생각은 가시적 예술에 대한 신학적 관점에 있어서 이른바 부정의 방법론(via negativa)의 초석을 놓았다고 평가된다. 그는 영적 추구에 있어서 이미지를 사용하는 것에 반대하였다. 고대와 중세의 몇몇 사상가들에도 나타나는 이러한 경향은 20세기에 이르러 초월적 실재를 추구하는 예술가들에 의하여 다시 전면에 부상하게 되었다.[10)

버나드 역시 교육받지 못한 사람들의 신앙 교육을 위하여 이미지들을 사용하는 것은 용납하였다. 그러나 그는 특별히 수도원에서 예배와 명상을 위하여 이미지들을 사용하는 것은 결코 용납할 수 없었다. 예배와 명상은 오로지 하나님의 말씀을 중심으로 행해져야 했다. 버나드의 이미지에 대한 비판은 당시 교회들의 사치스러운 장식물에 대한 집착을 비판하는 것과 연결되어 윤리적인 의미도 가지게 되었다는 점을 우리는 주목하여야 한다.[11) 버나드는 예술은 불필요한 사치이며 신앙인들은 무엇보다도 먼저 가난한 이들에게 관심을 쏟아야 한다고 확신하였던 것이다. 가시적인 예술의 사용에 있어서는 매우 비판적인 버나드였지만 저술과 설교의 기술을 발전시킴에 있어서는 전력을 기울였다는 점 역시 매우 주목할 만하다. 그러므로 버나드 역시 복음의 커뮤니케이션을 위하여서는 매우 큰 관심을 가지고 노력

---

10) 위의 책, p. 45.
11) 위의 책, p. 47.

하였다는 점을 우리는 확인할 수 있다. 버나드와는 대조적으로 슈거
는 고귀한 물건들이나 이미지들이 예전에 도움이 된다고 주장하였
다. 그러나 두 사람의 공통점은 모두가 예전(liturgy)에 큰 관심을 가지
고 있다는 것이었다. 그것은 예전을 통하여 하나님을 배우게 되고
열망하게 되고 또한 그분과의 온전한 화해를 이룰 수 있다는 확신 때
문이었다.[12]

　버나드는 분명 중세를 대표하는 신학자였다. 그러나 그의 영향력은
수도원에 한정된 것이었다. 일반적으로 당시 교회와 사회는 그레고
리가 천명하였던 원칙을 따르고 또한 확장시키고 있었다고 볼 수 있
다. 구약과 신약성경이 교육받은 이들을 신앙으로 이끌었다면, 성경
의 역사와 종교적 가르침들을 교육받지 못한 사람들에게는 이미지가
주요한 전달 수단으로서 널리 사용되었다. 이러한 입장은 파울리누
스와 그레고리와 토마스 아퀴나스로 이어져 내려왔다. 그러나 이들
보다도 더욱 적극적으로 이미지의 사용을 주창하는 이들도 있었다.
그들은 초월적 실재를 상징하고 그것에 접근함에 있어서 인간은 항
상 도구의 도움을 필요로 한다는 점을 강조하였다. 물론 그들도 표현
의 도구로서의 물질과 그 표현물이 상징하는 바의 초월성을 구별하
려고 하였지만, 실제로 대중적인 현실에서는 그 둘 사이의 구별이 분
명하였다고 볼 수는 없을 것이다.[13]

(4) 프로테스탄트의 도전

　중세 가톨릭 문화의 사치와 방종함이 극에 달하자 16세기 개혁자들
이 등장하게 되었다. 개혁자들은 버나드와 시스테리안 수도회보다

---

12) 위의 책, p. 51.
13) 위의 책, pp. 51-52.

더욱 광범위하며 근본적인 의미에서 개혁적이었다. 사실 버나드와 시스테리안 수도회의 이미지 사용에 대한 반대는 후기 고딕 예술과 건축물들의 장엄함의 현실 앞에 무력화되었다. 그러므로 프로테스탄트 종교개혁은 성당에서 이미지와 함께 성상 심미학(icon aesthetic)도 파괴하였던 것이다.

종교개혁자 중 마르틴 루터(Martin Luther)는 커뮤니케이션 수단의 채택에 있어서 비교적 관용적인 태도를 취하였다. 그는 교육과 경건 생활에 도움이 된다는 의미에서 예술의 중요성을 인정하였다는 점이 다른 개혁자들과는 구별되었다. 예컨대 그의 동료였던 칼슈타트(Calstadt)는 교회 음악과 종교적 이미지들은 불필요한 것으로 간주하였다.

사실 가장 광범위한 영역에서의 근본적인 개혁은 쟝 칼뱅(John Calvin)과 츠빙글리(Zwingli)의 영향에 의하여 시도되었다. 칼뱅은 심지어 십자가의 성상도 거부하고(단순히 십자가만을 허용함), 경건 생활을 위한 도움으로서의 이미지 사용도 배척하였다. 비록 그는 회중들이 시편을 부르는 것은 허용하였지만 성경만이 경건 생활의 우선적인 도움이자 안내자임을 강조하였다. 츠빙글리는 음악과 이미지 모두를 배척하였으며, 결국 예전에서 음악을 배제하였다.

특별히 츠빙글리에게 있어서 물질을 통한 신앙 표현의 길은 온전히 봉쇄됨으로써 심지어 부정의 방법론을 통한 어떠한 출발점도 부정되었다. 나아가 이러한 이성 중심적이며 이미지를 부정하는 예전은 모든 믿는 이들에게 요구되었다. 후에 음악이 취리히 교회에도 다시 도입되었지만 이러한 스위스 개혁 교회의 신학과 예전은 개혁 교회의 예술가들과 교회에 극적인 영향을 미치게 되었다.

그러나 개혁 교회가 가시적 이미지들에 대하여 더욱 적극적으로 반대할 수 있었던 배경을 우리는 주목하여야 한다. 당시에 보급된 인쇄술의 발달로 인하여 사람들은 이전과는 매우 다른 커뮤니케이션 방법이 가능하게 되었던 것이다. 이제는 개인들이 성경을 읽을 수 있게 됨으로써 이미지에 절대적으로 의존하던 문화에서 탈피하게 되었다. 이러한 커뮤니케이션 수단의 전환은 권위에 대한 생각들을 바꾸어 놓았다. 이것은 문화사적으로 매우 획기적인 전환이었다. 이제 사람들은 나이 든 이들이나, 교사들이나 목회자들의 지식에 의존하지 않고 개인적으로 지식을 취득할 수 있는 통로를 확보하게 되었다. 특별히 교인들은 누구나 성경을 접할 수 있게 되었고, 따라서 누구나 성경에 대한 직접적인 경험을 할 수 있게 되었다. 이것이 바로 개신교가 만인사제설을 주장할 수 있었던 배경이었다.[14)]

지금까지 우리는 우상을 반대하는 유대적 전통과 성상이 익숙한 고대 세계의 전통이 기독교의 전통 안에서 긴장 관계를 조성함으로써 야기된 교회와 커뮤니케이션의 도구 수용에 있어서의 문제점을 살펴보았다. 시기마다 강조점의 변화는 있었지만 분명한 것은 통시적으로 보았을 때 기독교회는 이미지들과 물질적인 도구들을 기독교적인 방법으로 채용하려 노력하였음을 우리는 확인하였다. 그러나 종교개혁자들에 의하여 제기된 가시적 예술들의 역할에 대한 부정적 경계는 이후 미국의 청교도들을 거쳐 오늘날의 우리에게 큰 영향을 미치고 있음을 우리는 기억할 필요가 있다.

---

14) 위의 책, p. 59.

5. 21세기 디지털사회와 커뮤니케이션, 그리고 교회

사회의 구조와 문화가 급격하게 변화함에 있어서 가장 큰 영향력을 미치는 원인은 커뮤니케이션 기술의 혁명적인 발전이다. 오늘날 커뮤니케이션을 주도하는 매개체인 미디어는 수단 이상의 존재가 되어 가고 있다. 사실 각 시대는 지배적인 매체에 의해서 새로운 문화가 창출되었고 그러한 문화와 언어를 향유할 줄 아는 새로운 인간들이 등장하여 왔다.

이러한 관점에서 보았을 때 21세기 전반기의 사회 변동을 주도하는 매체는 멀티미디어라고 할 수 있을 것이다. 또한 멀티미디어는 디지털 기술의 발전으로서 가능하여진 것이기에 멀티미디어로 인하여 창출, 형성되는 사회의 성격을 디지털사회라고 부를 수 있을 것이다.[15] 그러므로 우리의 21세기 커뮤니케이션에 대한 신학적 성찰은 디지털사회를 배경으로 하게 된다.

우리가 관심 가져야 할 것은 디지털사회로 상징되는 새로운 문화적 변동 안에서의 교회와 그리스도인들의 책임적 역할과 그것을 위한 바람직한 커뮤니케이션 신학의 정립이다. 또한 디지털사회에서 책임적 삶과 역할을 감당하기 위하여 교회는 커뮤니케이션의 관점에서 어떠한 준비를 하여야 할 것인가에 대한 논의도 필요하다.

---

15) 전석호,『정보사회론: 커뮤니케이션 혁명과 뉴미디어』(서울:나남출판사, 1996), p. 8. 이와 유사한 맥락에서 많은 사람들은 21세기 사회의 기본적인 성격을 정보사회로서 규정하고 있다. 정보사회라는 단어는 '제반 사회 경제 차원의 구조적 변화와 개인 및 조직 차원의 인지와 행위의 변모를 포괄하는 광의의 개념'을 뜻한다.

(1) 디지털사회란 어떠한 사회인가?

1) 정보사회로서의 디지털사회

급속한 정보기술의 혁신적 발전으로 정치·경제·문화 등의 사회 전반에 걸쳐 정보와 지식의 가치가 높아지는 사회 현상을 우리는 정보사회라 한다.[16] 정보사회라는 용어는 1960년대 중반에 일본의 연구자들에 의해 처음으로 사용되었고 다니엘 벨(Daniel Bell)로 대표되는 미국의 학자들은 '후기산업사회' 라는 용어를 사용한 바 있다. 물질과 에너지라는 유형 자원에 가치 부여를 집중하였던 산업사회에 비하여 후기산업사회, 즉 정보사회에서는 정보라는 무형 자원으로 그 가치가 전가되어 가며, 이러한 현상을 '사회의 정보화' 라 한다.[17]

정보사회가 출현하게 된 사회문화적 요인으로는 '사회적 수용의 변화'를 먼저 지적할 수 있다. "생활수준의 향상과 더불어 사회 구성원들의 가치관이 다양화되었기 때문에 수용자들이 점점 전문화된 정보를 원하게 되었다."[18] 또 다른 측면에서 본다면 20세기 중반부터는 이전까지의 '필요의 정보' 개념으로부터 사회 조직의 변화를 야기하는 '원인의 정보' 로 역조되는 과정이 나타나게 되었으며, 바로 이러한 정보화의 과정은 '산업의 정보화' 뿐만이 아닌 '정보의 사회화' 가 아울러 현실화됨을 의미하는 이른바 정보사회의 출현으로 구체화되었다고 볼 수 있다.[19]

그러나 우리는 정보사회의 출현을 구조적인 관점에서 다음과 같이 분석하여 볼 수도 있다. 베니거(Beniger)에 의하면 산업혁명 이래로

16) 위의 책, p. 27.
17) 위의 책, p. 24.
18) 김영석, "정보화사회와 뉴미디어", 『정보화사회와 우리』 (서울:소화, 1995), p. 37.
19) 전석호, 위의 책, p. 31.

강조되어 왔던 생산성의 극대화는 결국 사회적 분업 현상을 초래하였고, 결국에는 이렇게 분업화된 사회 각 분야에 대한 통제의 필요성을 야기하였다. 일찍이 막스 베버가 관료화의 요인으로서 기술 통제의 개념을 제시하였듯이 베니거는 정보사회의 근간을 이루는 "정보기술의 개발은 19세기 후반 이후에 나타난 사회분화 현상을 극복하고 사회통합을 이루기 위해서" [20] 이루어졌다고 주장한다. 그러므로 "문명론적 의미에서 본 정보화의 본질은 인간 커뮤니케이션의 확장"인 것이다. [21]

우리는 사회문화적 측면의 관찰로부터 정보사회란 중립적이거나 정태적인 개념이 아니라는 것을 감지할 수 있다. 예컨대 사회 통합을 이루기 원하는 주체 세력과 정보화의 주도권이 일치한다면 그곳에는 힘의 수렴 현상이 발생할 것이다. 또한 인간 커뮤니케이션의 확장으로서의 정보화를 논할 때에도 그곳에는 운명론적이 아닌 역동적인 인간의 욕구와 노력이 담보되어 있음을 엿볼 수 있다. 그러나 이러한 인간의 욕구나 희망이 결코 형이상학적인 가설로부터 자연히 현실화되는 것은 아니다. 뉴미디어의 등장을 가능케 한 디지털 기술이라는 혁신적인 정보 기술의 발달이 그러한 욕구와 희망을 현실화시켜 주게 된 것이다. 이러한 의미에서 정보사회를 디지털사회로 일컬을 수도 있을 것이다.

2) 디지털사회의 사회 문화적 특징

디지털사회를 선도하였던 뉴미디어[22]란 "기존의 미디어에 새로운

---

20) 위의 책, p. 160.
21) 위의 책, p. 208.
22) 혹자는 뉴미디어와 멀티미디어를 대화성의 강화라는 측면에서 구분하기도 한다. 그러나 본 글에서는 그 차이를 절대적인 의미에서 구별하지 않았음을 밝힌다.

컴퓨터 및 통신 기술이 결합됨으로써 과거와는 전혀 다른 새로운 형태의 정보 수집, 처리와 가공, 전송, 분배와 이용을 가능케 하는 미디어"[23]이다. 사실 정보처리 기술의 급격한 발전은 반도체 기술과 컴퓨터의 발전으로 가능하여졌다. 또한 통신위성과 광섬유 등의 광범위한 활용으로 정보전송 기술 역시 획기적인 도약을 이룩하였다. 그런데 이러한 정보처리 기술과 전송 기술의 발전을 가능케 하였던 중요한 기술적 개념들은 곧 사회문화적 양상으로 가시화되기 시작하였다. 예컨대 디지털화(digitalization)[24]는 가 사회문화적 현상으로서의 디지털화[25] 및 종합화(integration)[26]와 융합화(convergency)[27]로 구체화되며, 다른 기술적 요인들과 어우러져 쌍방향성(interactivity), 영상화(visualization), 탈대중화(demassification) 및 비동시성(asynchronocity)[28]이라는 문화적 양상으로서의 영향력을 나타내고 있다.

디지털 기술로 상징되는 멀티미디어의 등장, 그로 인한 인터넷의

---

23) 김영석, 위의 책, p. 26.

24) 위의 책, pp. 59-60. 디지털화는 아날로그 방식과의 대조를 통하여 그 특성을 간결하게 설명하여 볼 수 있을 것이다. "아날로그 방식은 신호를 전기적인 신호로 변조하여 전송하는 방식을 말한다. …하지만 전기적인 강약 신호를 이용하기 때문에 원래 신호가 전기 신호로 변환되는 과정에서, 그리고 변환된 신호가 전파나 유선망과 같은 전송로를 이동하는 과정에서 여러 가지 잡음의 영향을 받게 된다. 그 결과 정보의 왜곡이나 변형이 심하다는 단점을 가지고 있다." 이에 반하여 디지털 신호는 "원 정보의 재생 능력"과 "다양한 정보 간의 상호호환성"이라는 측면에서 획기적인 장점을 가진다.

25) 디지털화된 정보는 아무리 여러 번 복사하여도 화질이나 음질이 떨어지는 열화(劣化) 현상이 생기지 않는다.

26) 종래에는 문자, 음성, 그림, 영상이 각기 다른 전용 장치로만 이용할 수 있었다. 그러나 멀티미디어는 하나의 소프트웨어, 하나의 프로그램, 하나의 기기로 네 가지 종류의 정보를 동시에 기억하고 조작할 수 있게 되었다.

27) 과거에는 신문과 라디오와 텔레비전과 전화는 각각 독립적으로 사용되었다. 그러나 이제 멀티미디어의 등장으로 각 미디어 간의 구분이 허물어져서 결국은 하나로 융합하게 되었다.

28) 예컨대 전자우편(e-mail), 전자게시판 및 자동응답기 등이 이러한 문화를 현상적으로 나타내 주고 있다.

등장은 사회 문화에 있어서 놀랄 만한 변화를 초래하고 있다. 인터넷을 통하여 세계와 개인적이며 주체적이며 쌍방향적인 관계를 맺으며 성장한 이른바 디지털 세대는 철저한 개인주의 문화와 감성에 바탕을 둔 지적 개방성을 그 문화적 특징으로 갖는다. 또한 인터넷을 통한 세계내의 다양성을 체험함으로 가능해진 포용성의 확대와 함께 쌍방향적 관계성 안에서의 교육 및 대화를 통한 자유로운 자기표현과 강한 자기주장, 혁신을 추구하는 문화, 성숙성에 대한 집착, 탐구적 문화, 성급하기까지 한 신속성 추구, 끊임없는 사실 확인을 통한 신뢰 추구 등이 디지털사회의 대표적인 문화적 특징들로 지적된다.

이러한 디지털 세대의 개체적 특징들은 조직 문화에 있어서도 다음과 같은 문화로 표현되고 있다. 즉 철저한 개인주의 문화는 조직 안에서 분자화를 추구할 것이며, 감성적 지적 개방성은 개방적인 조직 문화를 요구할 것이다. 또한 자기와 다른 것들에 대하여 수용적인 개인 문화는 수평적인 조직 문화를, 자유로운 자기표현과 강한 자기주장을 강조하는 문화는 유기적인 네트워크 근무환경을, 성숙성에 대한 집착은 능력 위주의 평가를, 또한 끊임없는 사실 확인을 통한 신뢰는 사실성에 바탕을 둔 신뢰와 신용을 우선적으로 요구하는 조직 문화를 창출하며 또한 요구한다.[29]

(2) 디지털사회의 등장과 교회 커뮤니케이션의 위기

1) 제도적 종교에 대한 회의 및 비판

인터넷의 활용을 통한 디지털 문화의 일상화는 제도적 종교에 대한 회의와 비판을 가속화시키고 있다. 이것은 디지털 문화가 동반하는 개인화와 강한 자기주장이 권위적인 제도적 종교와 충돌하기 때문이

---

29) 돈 텝스콧, 『N 세대의 무서운 아이들』 (서울:물푸레, 2000), pp. 354-345.

다. 또한 세계의 다양성을 접하게 된 디지털 세대는 자신들만의 주장
을 절대화하려는 시도들에 대하여 부정적인 경향을 가지게 된다. 특
별히 감성적인 바탕 위에 지적 개방성을 추구하는 디지털 세대의 문
화적 특징은 제도적 종교를 폐쇄적이며 권위적인 집단으로 비판하게
된다. 사실 멀티미디어의 등장은 전통적으로 존재하던 국경, 문화,
계층, 연령 등에 있어서의 경계선을 무너뜨리고 있다. 이러한 상황에
미디어 언어 특유의 과감성과 폭력성은 기성 종교에 대하여 매우 호
전적인 비판을 가하게 된다.

2) 개인적 경험의 추구

그렇다고 디지털 세대가 종교에 관심이 없다고 단정할 수는 없다.
사실 제도적 종교에 대하여 비판을 한다는 것 자체가 나름대로의 기
대와 관심이 있다는 반증이 될 수도 있기 때문이다. 이와 함께 디지
털 세대는 개인적으로 인간의 경험을 초월한 신비한 경험을 추구하
고 있음을 우리는 주목하여야 한다. 예컨대 배를 내어놓는 행위와 배
꼽에 피어싱을 하는 것도 나름대로의 육체적 경험을 강조하고자 하
는 의도에서 비롯된 것으로 해석할 수 있다. 이러한 행위는 자아의
중심이자 생산의 상징(욥 40:16; 잠 3:8)을 노출함으로써 사회적으로
은폐되었던 성을 노출함을 의미하기도 한다. 또한 사이버 공간에서
인간의 한계를 절감하면서도 시간과 공간의 제약을 속도로써 극복하
여 영원한 현재를 경험할 수 있는 4차원의 세계까지 엿보고 있는 사
실에서 초월적인 것에 대한 디지털 세대의 갈구를 오늘의 교회는 파
악할 수 있어야 한다.[30] 그러나 문자 세대에 익숙한 기성 세대들이 주
도하는 오늘의 교회는 이러한 갈구가 부호화된 문화적 메시지를 해

30) Tom Beaudoin, Virtual Faith: The Irreverent Spiritual Quest of Generation X (Jossey-Bass

석하는 데에, 즉 디지털 세대와 문화와의 커뮤니케이션에 큰 어려움
을 겪고 있음이 현실이다.

3) 모호성의 범람

사이버 공간에서 직면하는 상대주의와 배타주의로 인한 충격은 디
지털 세대에게 자신들만의 정통성을 주장하는 모든 주장들에 대하여
회의적인 시선을 보내게 한다. 이보다 치명적인 것은 하이퍼텍스트
의 등장으로 인한 성서의 무오성에 대한 도전이다. 하이퍼텍스트의
등장은 교회가 의도하는 바와는 다른 다양한 관점에서의 성서 해석
들에 평신도들을 노출시킴으로써 목회자의 성서 해석에 의존하였던
기존의 교회에 근본적인 도전을 할 것이다. 예컨대 동성애 등의 문제
에 대하여서도 특정 교역자의 주장이나 가르침보다는 훨씬 다양한
성서 해석에 입각한 주장들을 손쉽게 대하게 될 것이다.

대체적으로 다원주의적 환경에서 성장한 디지털 세대는 자신의 종
교적 확신에 대하여 과감한 주장을 펴지 못하게 되기 쉽다. 또한 사
이버 공간에서 가능한 복수의 가상 인격은 다중 인격의 등장을 가능
케 함으로써 나의 '실제' 인격에 불안감을 줄 수 있다. 결국 디지털사
회는 한계의 위기(a crisis of limits)로서 교회에 도전하고 있다.

(3) 디지털사회에서 교회 커뮤니케이션의 과제[31]

1) '정보과잉(information overflow)'의 문제

혁명적인 정보 수집, 처리, 보존, 전송 기술의 발전은 정보의 홍수
현상을 초래하게 된다. 이러한 정보의 과잉 현상은 곧 정보 처리의

Pub., 1988).

31) 이 부분은 필자의 "정보사회와 윤리", 『21세기의 도전과 기독교문화』(서울:예영커뮤니케

장애 현상을 낳게 된다. 이것은 개인적일 뿐만 아니라 사회적으로도 문제를 발생케 한다. 개인적인 차원으로는 각 개인들이 전체 미디어 노출량이 획기적으로 증가됨에 따라 각 미디어에 대한 집중도가 오히려 저하되며, 동시에 새로운 미디어에 대한 노출에 대하여 심리적 저항감이 높아지는 현상이 발생하게 된다.[32)]

이러한 정보 과잉의 문제는 사회적인 측면에서 더욱 심각한 문제들을 유발한다. 미디어가 제공하는 새로운 정보에 대한 개인적인 심리적 저항감과 정보의 상업화를 본질로 하는 정보사회로서의 디지털사회의 속성은 심각하게 충돌할 수밖에 없기 때문이다. 이러한 충돌의 다소 긍정적인 현상으로는 정보사회의 특징적 문화 현상 중 하나인 '미디어 시장의 분화 현상'을 들 수 있으며 이는 '탈대중화'를 뜻한다. 그러나 이러한 현상도 '수용자의 극화 현상(audience polarization)'이라는 부정적인 양상을 동반한다.

이보다 더욱 문제가 되는 것은 정보의 산업화라는 측면에서의 '미디어 산업 간의 무한 경쟁 상황 유발'이다.[33)] 이러한 무한 경쟁 상황은 정보 상품의 소비 결과에 대하여 윤리적인 책임을 경시하는 현상을 초래한다. 즉 공급된 정보의 오용이나 악용에 대한 사회적 문제를 심각하게 고려하지 않게 된다. 결국 정보의 상업화가 전제하는 기업의 이윤 극대화는 최대 다수의 수용자를 찾는 경제 체제에 그 초점을 맞추게 됨으로써 경제성이 없는 소수의 수요자가 무시될 수 있으며[34)], 그 정보 생산품은 영상화·오락화·탈의식화에 치우친 소비 지향적 문화상품으로 일관될 가능성이 크다.[35)]

이선, 1998) 중 pp. 285-290을 수정, 보완한 것이다.

32) 김영석, 위의 책, p. 163.

33) 위의 책, pp. 166-168.

34) 전석호, 위의 책 p. 142.

'정보 과잉'이 촉발하는 이러한 현실은 디지털사회의 구성원들의 자기 규정성, 선택성을 담보하는 인간으로서의 자기정체성(self-identity)과 동시에 정보 구매력이 없는 이들까지도 포함되는 인류 공동체의 공동체성을 위협한다는 점에 있어서 근본적인 문제를 제기한다. 그러므로 좀 더 주체적인 인간으로서의 자기 정체성과 인류의 공동체성을 폭넓게 의식하는 '결정적 다수'[36]의 형성이 우리에게 부과되는 구체적인 과제임이 더욱 명확해진다.

2) 정보 격차에 대한 문제

정보사회로서의 디지털사회가 아직 완성 단계에 이르고 있지 못하고 있는 오늘임을 감안하더라도 전체 인구의 소수만이 정보를 소유, 또한 이용하고 있으면서 다수는 수동적인 정보 환경의 거주자에 불과하다는 사실은 '사회 집단 간의 분열 효과(diverse effect)'를 초래한다는 점에서 우려할 만하다.[37] 그런데 더욱 문제가 되는 것은 이러한 정보 격차가 개인의 의식적 선택성에 따라 좌우되는 것만은 아니라는 사실이다.[38]

사실 "정보사회의 모든 정보는 이를 이용하기 위해서 상응하는 금

---

35) 위의 책, p. 203.
36) 결정적 다수란 개념은 "하나의 개혁이 그 사회에 자리 잡기 위해서 필요한 최소한의 이용 자수"를 뜻한다.
37) 위의 책, p. 391.
38) 위의 책, p. 389. 마이클(Michael)에 의하면 정보사회의 참여 형태로 다음의 4가지 유형이 있다고 한다. 그 첫째 유형은, '포용자 집단'으로서 이들은 미래지향적인 세계관과 개방적인 태도를 유지한다. 그러나 이들은 보수 집단의 자기보호적 현상 유지를 지지하는 집단으로서, 사실상 이들이 정보기술 및 산업의 확장에 선도적인 역할을 감당하고 있다. 두 번째의 유형은 '거부자 집단'으로서 교육과 소득수준이 높다는 점에서는 포용자 집단과 구별되지 아니하지만, 기본적으로 기술 혁신에 대해서 비판적 시각을 가지고 있는 이들로서 집단에의 참여도가 낮은 이들이다. 세 번째로는 이른바 '무관자 집단'을 들 수 있다. 사회경제적으로는 중산층에 속한 이들은 뚜렷한 이념적 전제를 갖고 있지 않으면서 필요

전적 혹은 비금전적 비용을 지불해야 한다." 예컨대 정보 기기의 구입 비용, 정보 이용료, 정보 활용 지식을 얻기 위한 비용 등이 그러하다.[39] 이러한 현실은 'Mattew 효과'로 상징되는 지식 격차설과 상응하는 "정보 격차설"[40]을 가능케 한다.

정보 격차의 문제는 개인적인 관계에서뿐만 아니라 집단 간의, 특별히 국가 간의 관계에 있어서 더욱 심각한 문제점을 야기한다. 이미 정보사회에 대한 비관적 전망에서 지적한 바와 같은 정보 수입국의 '문화 단절' 현상과 정보 폐쇄 및 단절국의 신식민지화 내지는 피폐화 현상이 그 구체적인 예들이다. 심각한 정보 격차 문제의 근원은 기존의 사회경제적 구조에 의하여 결정된 이른바 '정보 접근 기회'의 불평등 구조에 연유한다고 볼 수 있을 것이다.

그렇다면 정보사회가 온전히 도래한다고 하더라도 현재의 사회경제적 구조에는 변동이 없다는 비관적인 예측의 개연성이 더욱 지지받게 되는 것인가? 단언하기는 어려우나 우리는 이 질문에 자신 있게 아니라고 답할 수 없을 것이다. 그러나 정보사회의 불가피성을 전제할 때, 우리의 응답은 현실에 대한 감정적인 부정이 아닌 보다 책임 있는 대안 제시이다. 예컨대, 보통 사람들에게도 '정보의 접근성과 선택성'을 높여 줄 수 있는 '문화 수용력의 배양'[41]을 위한 노력과 연대가 그것들이다. 앞으로는 정치성이 내포된 문화 자주성이나 주체성의 구호적 주장은 설득력을 잃게 될 뿐만 아니라 궁극적으로 반사

에 의하여 수동적으로 정보기술을 받아들인다. 사실상 이들은 정보기술에 대한 사회적 영향력을 실감하지 못하고 있는 집단이라고 할 수 있다. 마지막으로는 사회경제적으로나 문화적으로 정보사회에 적응하기에는 능력이 결여된 개인들을 지칭하는 '무기력 집단'을 들 수 있다.

39) 김영석, 위의 책, p. 169.
40) 위의 책. p. 170.
41) 전석호, 위의 책, p. 207.

회적, 반민족적이라고까지 볼 수 있을 것이다. 그보다는 문화적 생산과 소비의 주체가 일치하도록 문화 창조력의 능력을 배양함에 힘써야 할 것이다. 우리가 모색하는 '결정적 다수'는 시민운동 및 NGO 활동을 포괄하는 국내·외의 시민운동의 참여를 통하여 보다 폭넓은 정의와 자유와 평화를 추구하여야 한다. 또한 이제부터의 나눔 운동의 객체에는 자신이 가진 유형의 물질만이 아닌 무형의 재화인 정보가 포함되어야 할 것이다.

3) 디지털사회와 인권의 문제에 대하여

디지털사회에 있어서의 기본적인 인권의 문제는 프라이버시 상실의 문제이다.[42] 번햄에 의하면 프라이버시는 현대 기술사회의 가장 심각한 문제로서 이것의 배후에는 각 개인과 직·간접으로 관련된 수많은 공·사적 조직의 관료화 체계의 극대화가 자리하고 있다.[43] 1960년대에는 정부 기관이 국민 개개인의 정보를 대량 관리함으로써 프라이버시의 문제가 주로 발생하였지만, 1980년대에는 쌍방향 미디어의 등장으로 사생활의 침해 가능성이 그 어느 때보다도 증가하였다.[44] 예컨대 케이블 TV의 등장과 개인용 컴퓨터를 통한 통신 서비스의 출현은 개인이 어떠한 선택을 하고 있으며 어떠한 자료들을 선택하고 있는가를 완전히 노출시키고 있다. 또한 참여민주주의를 가능케 한다고 주장되는 전자투표는 오히려 기존의 투표 형태에서 보장되었던 비밀보장을 파괴하는 결과를 낳게 된다.

이러한 시점에서 우리가 지향하는 '결정적 다수'는 정보사회 안에서 개인의 기본권을 보호하기 위한 노력을 총체적으로 경주하여야

---

42) 전석호, 위의 책, p. 383.
43) 위의 책, pp. 374-375.
44) 김영석, 위의 책, p. 174.

한다는 시대적 도전을 받는다. 총체적인 노력이라 함은 정보의 수집 단계에서의 정보 주체의 사전 동의를 담보하는 것으로부터, 관리 단계에서는 개인 정보의 안전성, 정확성, 최신성, 적절성을 확보, 정보 주체의 열람권, 틀린 정보에 대한 정정 청구권의 보장과, 사용 단계에서는 합법적인 정보 보유 기관의 활용 범위의 규정과 위반 시의 처벌 규정을 명시화하는 입법의 노력을 의미한다.[45] 또 한편으로는 이러한 정보를 관리하는 이들의 대 사회적 책임성을 고양시킬 수 있는 윤리성의 교육이 절실히 요청된다고 하겠다.

6. 디지털 시대의 커뮤니케이션을 위한 준비

가장 먼저 노력하여야 할 것은 더욱더 섬기며 겸손한 교회가 되어야 한다는 것이다. N세대로 상징되는 디지털 세대가 기성 종교에 대해서 비판하고 회의하는 이유들을 들어 보면 기존의 교회가 수용해야 할 점들이 없지 않다. 그러나 만약 이러한 비판에 대해서 전통적이며, 장유유서적인 관점에서 권위만을 내세우면 충돌이 불가피할 것이다. 따라서 교회가 디지털 세대에게 접근할 때는 더욱더 사랑으로 섬기며 공감하며 함께 행동하는 여유가 필요할 것이다.

둘째, 사이버 영역을 선교의 영역으로 인식해야 한다. 사이버 공간은 새로운 선교지이다. 먼저 선점하는 세력이 이 공간의 영향력을 행사할 수 있을 것이다. 그 자유로움과 새로움과 다양함으로 인해서 기존의 교회들이 쉽게 영역을 확보하기 어려운 점도 있지만, 사이버 영역은 결코 포기할 수는 없는 마지막 '땅 끝'인 셈이다. 그 영역은 권

---

45) 위의 책, p. 176.

위와 전통으로 접근하기보다는 기독교가 가진 우수한 가치관과 문화로 채워야 할 것이다. 기독교를 반대하는 사이트에 대해서도 연구하고 적극적인 변증을 할 수 있어야 한다.

셋째, 통전적 영성, 즉 몸과 영혼, 세상과 교회와 같은 이원론적 도식을 극복하는 온전한 성경적 영성을 보급하고, 그에 따른 구체적인 영성 훈련의 프로그램이 제시되어야 하며, 전 교회가 이를 중심으로 (문화적) 삶의 갱신이 있어야 한다. 육과 영혼에 대해 분리된 채 독립적으로 관심을 표명하는 풍조를 하나님이 원하시는 보다 더 통전적이고 성경적인 영성으로 바로 가져갈 수 있도록 하나님 사랑과 이웃 사랑으로 성령의 체험을 통해 통합해야 한다.

넷째, 개혁 교회는 항상 개혁되어야 한다(ecclesia reformata semper reformanda)는 지표에 현대 교회는 더욱 민감하게 대처해야 한다. 디지털 세대, 이른바 N세대는 변화를 원하고 기존의 구태의연하고 비합리적이고 비현실적인 것들에 동의하지 않는다. 그러므로 갱신을 추구할 때 특별히 디지털 세대가 갖는 갱신의 방향과 접촉점을 이루려고 노력해야 한다. 그러나 교회가 디지털 세대의 입장에 일방적으로 편입되거나 일방적으로 수용하려는 입장도 바르지 않다. 교회는 항상 복음을 보수하되, 새롭게 해석하고 현실에 맞게 세우는 모습을 보여 주는 방법이 가장 합당하고 효과적일 것이다.

7. 디지털사회를 준비하는 커뮤니케이션 신학의 실천을 모색하며

원칙적인 의미에서 디지털사회의 도래는 이제 우리의 선택성을 넘어서 불가피한 현실로 받아들여져야 한다. 그러나 도래하는 정보사회의 구체적인 성격과 내용은 불가피한 것이 아니고 아직도 선택적이다. 물론 그 선택은 가치중립적인 진공 상태 속에서의 선택이 아니며, 이미 상업화와 그로 인한 소비문화가 범람하는 현실 안에서의 선택이기에 벅찬 도전이다. 우리가 지향하는 선택은 '그리스도인으로서의 정체성'과 '신앙의 대사회적 책임성'을 동시에 담보하는 기독교 윤리적 기준을 가진다. 그러므로 우리는 여기에서 다시 한 번 디지털사회가 성숙하여도 변치 않을 우리의 신앙적 삶의 푯대를 확인할 필요가 있다.

신학은 이해를 추구하는 신앙이다. 그러므로 커뮤니케이션 신학은 21세기 디지털사회를 살아가는 신앙인들의 푯대를 향한 노정을 밝혀 줌으로써 그 발걸음을 부축하며 재촉하는 사랑의 섬김이 되어야 한다. 지금 우리의 성도들은 디지털 세대라고 하는 맥락 안에서 그 발걸음이 느려지고 있고, 때로는 방향성을 상실하여 그 발걸음이 다른 곳으로 향하기도 한다. 너무나도 다양한 유혹들이 그들의 주위를 에워싸고 강력하게 유혹하고 있기 때문이다. 그러므로 우리의 섬김은 더욱 강한 영향력을 가져야 한다. 다양한 유혹들을 물리치고 성도들을 인도할 수 있는 더욱 분명한 영향력을 확보하기 위하여 이제 커뮤니케이션 신학은 우리 한국 교회가 '더욱 겸손하며' '더욱 과감하며' '더욱 높고, 깊고, 넓은 사역'에로의 비전을 구체화할 수 있도록 그 길을 밝히는 역할을 하여야 할 것이다.

참고 문헌

Eugene A. Nida. *Religion Across Cultures*. California: The William Carey Library. 1968.

F.W.Dillistone. *Christianity and Communication*. London: St James's Place. 1956.

Gregor Goethals. "Visible Image and Invisible Faith," *Media, Culture and Catholicism*. edited by Paul A. Soukup. Sheed & Ward. 1996.

Hendrik Kraemer. *The Communication of the Christian Faith*. Philadelphia: The Westminster Press.

Maxwell V. Perrow. *Effective Christian Communication*. Richmond: John Knox Press. 1969.

Morton Kelsey. *Can Christians Be Educated?*. Birmingham: Religious Education Press. 1977.

Patrick Granfield. "The Theology of the Church and Communication," *The Church and Communication*. Sheed & Ward. 1994.

Tom Beaudoin. *Virtual Faith: The Irreverent Spiritual Quest of Generation X*. Jossey-Bass Pub. 1988.

돈 텝스콧. 『N 세대의 무서운 아이들』. 서울: 물푸레. 2000.

피에르 바뱅. 『종교 커뮤니케이션의 새 시대』. 유영난 역. 서울: 분도출판사. 1993.

로버트 E. 웨버. 『그리스도교 커뮤니케이션』. 정장복 역. 서울: 대한기독교출판사. 1985.

C. 페닝톤, M.R. 차티어. 『말씀의 커뮤니케이션』. 정장복 역. 서울: 대한기독교서회. 1990.

김영석. "정보화사회와 뉴미디어", 『정보화사회와 우리』. 서울: 소화. 1995.

임성빈. "정보사회와 윤리", 『21세기의 도전과 기독교문화』. 서울: 예영커뮤니케이션. 1998.

전석호. 『정보사회론』. 서울: 나남출판. 1999.

최창섭. 『교회와 커뮤니케이션 총론』. 서울: 성바오로출판사. 1978.

최한구. 『교회와 커뮤니케이션』. 서울: 성광문화사. 1994.

제 2 부

교회와 커뮤니케이션

제1장

설교 커뮤니케이션
급변하는 문화의 요구

김세광 (서울장신대 교수, 예배와 설교)

1. 서 론

오늘날 현대인은 어느 때보다 적극적인 커뮤니케이션 연구라는 과제에 직면해 있다. 미디어의 발달, 정보의 전달, 통신의 급속한 발달은 하루가 다르게 변화하고 있다. 특히, 인터넷의 활용과 확산은 지역 간의 벽을 넘어서 세계의 모든 이들과의 커뮤니케이션을 가능케했다. 이런 새로운 커뮤니케이션의 등장은 교회에도 영향을 미치고 있는데, 이전에 볼 수 없었던 커뮤니케이션에 매우 민감한 설교의 회중들을 새롭게 형성하고 있는 것이다. 이 회중들은 자신도 모르게 포스트모더니즘 시대의 급진적인 문화 양식에 적응해 가고 있다. 따라서 설교자에게 있어서 포스트모더니즘 시대를 반영한 커뮤니케이션에 대한 이해와 연구는 매우 시급한 과제다. 한 예로 인터넷과 핸드폰의 문자 메시지가 만들어낸 젊은이들 사이에 통용하는 소위 외계

어의 등장은 기존의 커뮤니케이션을 무의식적으로 답습하고 유지하
려는 기성 세대들을 당혹케 하는 많은 현상 중의 하나에 불과하다.
현재 설득력 있는 설교가로 알려져 있는 분들이라면 하루가 다르게
끊임없이 진화하는 커뮤니케이션에 직면하여 낯선 이방인 대하듯이
무표정하거나, 무관심하는 대신, 손님을 맞듯이 정중하게 대하면서,
그것의 본질과 성격들을 진지하게 탐구해 가는 학습자의 자세를 가
지고 있을 것이다. 복잡한 커뮤니케이션의 이론 속으로 깊이 들어가
지 않는다 하더라도, 커뮤니케이션에 대한 지속적인 관심을 갖는 것
만으로도 희망이 있다.

커뮤니케이션의 말뜻은 사람끼리 말이나 글자·음성·몸짓, 화상
등으로 사상·감정을 전달하는 일이란 뜻이다. 본래 어원은 라틴어
의 '나누다'를 의미하는 'communicare'인데, 신(神)이 자신의 덕
(德)을 인간에게 나누어 준다는 뜻을 담고 있다. 이 말은 설교적 성격
을 띠고 있어서 설교 연구의 중요한 주제가 된다. 현대 커뮤니케이션
의 중요성은 캐나다의 미디어이론가 허버트 마셜 맥루한(Herbert
Marshal Mcluhan)이 말한 "미디어가 곧 메시지(Medium is the message)"
라는 유명한 이 한 문장으로 표현된다. 미디어 곧 커뮤니케이션이 메
시지의 수단이 아니라, 메시지 자체가 된다는 말이다. 어떻게 전달하
느냐에 따라 메시지가 달라진다는 말일 수 있고, 전달 자체가 메시지
로 하여금 메시지 될 수 있게 한다는 말로도 해석된다.

커뮤니케이션의 연구의 주제와 범위는 복잡하고 광범위하나, 대부
분은 이미 모든 설교자가 알고 있고, 나름대로 노력하고 있다. 그럼
에도 이러한 주제들을 체계적으로 언급함으로써 중요성을 인식하고,
커뮤니케이션이라는 틀에서 새롭게 정리해 볼 가치가 분명히 있다.

먼저, 포스트모던 시대의 커뮤니케이션의 특징을 정리하면, 이 시
대의 커뮤니케이션은 주해적(exposition)이기보다 이야기체(narrative)

이다. 또한 문어체(literacy)보다 구어체(orality)이고, 단조로운 스피치 (monological)보다 첨단기술적(technological)이고, 교육적(educational) 이기보다 사건적(event)이고, 교훈적이기보다 흥미를 갖게 하고 (entertainment), 확신 있는(confident) 자세보다 겸손한(humble) 자세의 스피치가 더 호소력을 갖는다는 점이다.[1] 이것에 대한 하나하나의 관찰과 연구가 필요하다. 커뮤니케이션의 연구는 나아가 커뮤니케이션의 구성 요소, 즉, 청중, 메시지, 설교자, 사건, 하나님에 대해서 이루어져야 한다. 청중 중심의 커뮤니케이션, 메시지 중심의 커뮤니케이션, 설교자 중심의 커뮤니케이션, 사건 중심의 커뮤니케이션, 하나님 중심의 커뮤니케이션의 성격과 의미를 찾고, 이들의 실제적 적용에 대한 시도가 필요하다.

설교 커뮤니케이션 연구는 일 대 일(interpersonal) 커뮤니케이션, 내면적(intrapersonal) 커뮤니케이션, 조직 간(organizational) 커뮤니케이션과는 다른 대중(mass) 커뮤니케이션에 대한 것이므로 비언어적 (nonverbal) 요소에 대한 이해 또한 중요하다. 즉, 음성, 몸의 체형, 시선, 신체 언어, 옷과 화장, 나아가서, 시간과 공간의 감각이 연구 대상이다. 보이지도 들리지도 않지만, 설교자에게 요구되는 것은 자아의식, 신뢰감, 연대감, 회중의 확신을 위한 시도, 주도적인 계획이다. 설교 커뮤니케이션은 설교하는 동안뿐만 아니라, 설교를 준비하는 때부터, 설교가 끝난 후에도 계속된다.

---

1) Kenton C. Anderson. "Communication for Postrmodern Times."
   www.passievoorpreken.nl/home.tpl?ribroel=3&artikel=48

2. 커뮤니케이션으로서의 설교 이해

커뮤니케이션의 정의에 대한 다양한 이해들은 각기 설교와 직접 간접으로 관련이 있다. 즉, 정보 전달로서의 커뮤니케이션, 영향력을 행사하는 매개체로서 커뮤니케이션, 청중의 응답의 촉발자로서 커뮤니케이션, 의미와 가치 체계를 이루는 커뮤니케이션 등이다. 이러한 설교적 커뮤니케이션에 대한 연구는 역사적 이해와 신학적 이해를 통해 가능하다.

(1) 역사적 이해

기독교 수사학의 연구는 수사학 교사였던 어거스틴에서부터 시작되는데, 최초의 기독교수사학의 교과서로 알려진 『기독교 교리에 대하여』(*On Christian Doctrine*) 제4권은 설교의 내용과 형식을 작성하는 법을 가르치는 목적으로 쓰였다. 어거스틴 이 책에서 말하기를 "성서를 대하는 데 있어서 가져야 할 필수적인 두 가지 사항이 있다. 즉, 이해되어야 할 본문을 발견하는 법과 우리가 깨달은 것을 다른 이들에게 표현하는 법이다."[2] 그의 책 1권에서 3권까지는 전자를, 제4권은 후자를 다루고 있다.

기독교수사학은 어거스틴뿐 아니라, 그에게 영향을 준 고대의 수사학자들로 거슬러 올라가는데, 대부분의 학자들은 수사학의 전통에서 가장 중요한 영향을 끼친 인물로 그리스의 아리스토텔레스와 로마의 키케로, 퀸틸리아누스를 든다.[3] 1834년에서 1954년까지 설교학에

2) Augustin, *On Christian Doctrine* (New York: Liberal Arts Press), p. 407.

3) Myrion R. Chartier, *Preaching as Communication* (Nashville: Abingdon Press, 1981), p. 15.

관한 68권의 책을 분석한 로이드 페리는 그 책들에서 설교학이 고전
수사학의 인물을 몇 번 인용했는지를 조사했다. 키케로가 205회, 아
리스토텔레스가 103회, 퀸틸리아누스가 101회, 페네롱이 53회, 플라
톤이 50회 등이다.[4] 지난 세기 설교 커뮤니케이션적 연구가 본격화
되기 이전까지 이들에 의해 발전된 수사학적 모델 외에 설교의 작성
과 전달에 지대한 영향을 미친 이렇다 할 커뮤니케이션적 모델들을
찾을 수 없다.

　아리스토텔레스의 작품 『수사학』에서 제시된 커뮤니케이션의 세
가지 요소 즉 화자, 연설, 청중은 현대 커뮤니케이션에도 변치 않는
요소로 다루어지고 있다. 화자의 발음, 목소리, 설득력은 물론 청중
에 대한 분석도 요구하는데, 화자의 청중 설득에 초점을 둔 이 모델
을 '활과 화살(bow and arrow) 모델'이라고 부르는 학자가 있는데[5],
다시 말하면 독백으로서의 설교를 말한다. 청중은 메시지의 목표로
서 이해하는 것이다. 여기서, 현대 커뮤니케이션과의 차이가 있다.
현대 커뮤니케이션은 키르케고르와 그의 제자 카를 야스퍼스에 의해
시작된 것으로 보는 견해가 지배적이다.[6] 실존주의 철학의 아버지로
불리는 키르케고르는 커뮤니케이션의 중심에 청중도 포함시켜, 화자
와 동일한 지위에 놓았고, 청중이라는 말을 능동적인 단어로 보았을
뿐 아니라, 청중이 메시지를 해석할 때에야 비로소 커뮤니케이션이
발생하는 것으로 이해하였다.[7] 키르케고르는 그런 입장에서 청중들

4) David J. Hesselgrave, "'Gold from Egypt': The Contribution of Rhetoric to Cross-Cultural
　Communication," *Missiology* 4. 01, p. 90.
5) H. J. C. Pieterse, *Communicative Preaching* (University of South Africa Pretoria, 1987). 『커
　뮤니케이션으로서 설교』(총신대학교출판부), p. 59.
6) 같은 책, p. 62.
7) 같은 책, p. 61.

을 수동자로 만드는 매스커뮤니케이션의 위험성을 경계하였다. 카를 야스퍼스는 키르케고르의 영향을 더욱 발전시켰는데, 그에 의하면 커뮤니케이션은 인간 존재의 중심에 있고, 커뮤니케이션을 함으로 인간은 진리 속에서 자랄 수 있고, 진리 자체도 커뮤니케이션을 통해서 자란다고 한다. 여기서 중요한 것은 진리는 일방적인 전달이 아니라, 대화의 형식 속에서 되고, 자라며, 드러난다는 점이다.[8] 야스퍼스의 이러한 강조가 실제 설교 영역에 적용이 될 수 있을지 의구심이 들 수 있는데, 이것에 대해 피터스 교수는 대화로서의 설교의 가능성에 확신하면서 설교자가 설교를 해석하지만, 회중도 역시 피드백과 대화를 통해서 자신들의 해석을 제시할 수 있다는 주장에 귀를 기울일 필요가 있다.

(2) 신학적 이해

설교 커뮤니케이션의 신학적 개념은 성서 전체에 드리워져 있다. 하나님과 인간의 만남의 사건, 하나님과 그의 백성 사이의 계약, 약속의 장소로서의 성전, 약속의 증서로서의 성서, 약속의 메신저로서 선지자와 제사장 등은 모두 커뮤니케이션적 성격을 지니고 있다. 커뮤니케이션 측면에서 보면 성서의 형성 과정, 성서 속의 모든 사건과 내용 모두가 커뮤니케이션적인 틀 안에서 해석될 수 있다. 이 중에서 설교와 관계하여 커뮤니케이션의 신학적 성격을 극적으로 드러내는 것을 든다면, 다음 네 가지다. 즉, 성육신 모델, 성례전 모델, 산상수훈 모델, 바울의 선교 모델 등이 있다.

① 성육신 모델: 성서의 커뮤니케이션적 성격의 사건 중에서 가장

---

8) 같은 책, p. 63.

극적이고 그 성격이 가장 드러나는 것은 그리스도의 성육신이다. 설교 커뮤니케이션을 연구하는 대부분의 학자들은 그들의 연구에서 신학적 이해를 위해서 성육신 사건에서부터 시작한다. 성육신 사건이야말로 하나님의 깊고 오묘한 섭리와 의와 진리와 사랑을 전하기 위해 하나님이 택하신 커뮤니케이션이기 때문이다.

② 성례전 모델: 성육신 사건이 신적 커뮤니케이션의 시작이라면, 성례전 사건은 클라이맥스다. 성례전 사건은 신적 신비를 전하기 위해서 물, 떡, 포도주라는 피조 세계의 기초 물질들을 재료로 하고, 제스처와 상징적 언어를 사용하는 커뮤니케이션의 현장이다.

③ 산상수훈 모델: 산상수훈의 현장은 성육신 사건의 내용을 선포하는 곳으로 언어적 커뮤니케이션이 분명히 드러나 있다. 이 중에서 천국과 천국의 비밀, 가치관을 전하기 위해 실물적 비유를 통해 선포되는 내용들은 예수께서 커뮤니케이션을 효율적으로 사용하고 있는 것으로 평가할 수 있다.

④ 바울의 선교 모델: 바울의 선교적 방법은 커뮤니케이션의 중요한 원리들을 적절히 포함하고 있다. 그것은 바울이 말한 "비천에 처할 줄도 알고, 풍부에 처할 줄도 알아 모든 일에 배부르며 배고픔과 풍부와 궁핍에도 일체의 비결을 배웠노라"(빌4:12)라는 구절에서 잘 나타나 있다. 또, 아테네에서 선교할 때, 아테네 시민들의 종교성, 인종적 분포, 취향 등을 고려하여 설교(행 17:22-34)하는 것은 청중의 관심, 화자의 확신, 메시지의 단순성 등 커뮤니케이션의 3요소를 적절히 고려하고 있음을 알 수 있다.

(3) 설교에서 커뮤니케이션의 목적

고전적 수사학의 영향을 받은 어거스틴은 설교자의 목적에 대하여

세 가지 임무 즉, 가르치고(지), 기쁘게 하고(정), 영향을 주는 일(의)
로 이해하고, 이 임무를 위해 어떻게 설교할 것인지를 설명한다. 즉,
억제하는 형식, 적절한 형식, 장엄한 형식의 설교를 할 수 있는데, 이
세 가지 양식은 각각 자기 목적을 가지며, 이들의 목적은 웅변의 목
적과 일치한다고 한다. 즉, 지적으로, 기꺼이, 그리고 순순히 받아들
일 수 있도록 하기 위함이다.[9]

　이러한 수사학적 설교의 세 가지 목적은 현대 커뮤니케이션의 목적
과 궤를 같이한다. 즉, 첫째는 알리는 것(inform)인데, 사람의 마음
(mind)에 이성적, 논리적으로 호소한다. 둘째는 기쁘게 하는(entertain)
것이고, 셋째는 설득하는(persuade) 것으로, 사람의 영혼(soul)에 감정
적이고 비합리적으로 호소한다.[10]

(4) 설교에서 커뮤니케이션의 한계

　설교에서 커뮤니케이션은 기독교의 본질의 이해와 전달에서 필수
적인 것임을 역사적 문헌이나 신학적 관점에서 살펴보았다. 다른 한
편으로 설교에는 일반 커뮤니케이션의 이론과 실제에서 다룰 수 없
는 부분들이 있음을 알아야 한다. 커뮤니케이션 연구를 행함에 있어
서 유념해야 하는 것은 커뮤니케이션의 중요성을 강조하다가 설교만
이 가진 고유의 성격과 목적을 상실할 위험이 있다는 것이다. 그런
의미에서 독일의 실천신학자 루돌프 보렌이 커뮤니케이션 연구의 정
당성을 말하면서도, 설교의 사건을 커뮤니케이션 모델에 의하여 표
현하는 것을 거부하면서 지적한 커뮤니케이션의 한계에 귀를 기울일

9) 브릴리오스, 『설교사』, p. 74.

10) David J. Hesselgrave, "'Gold from Egypt' : The Contribution of Rhetoric to Cross-Cultural
　　Communication," *Missiology* 4. 01, p. 92.

필요가 있다. 그는 설교자가 설교를 커뮤니케이션적 틀에서 완벽하게 준비했더라도 대비하지 못하는 두 가지가 있는데, 첫째는 청중이 하나님과 함께 가지는 그 선택과 장래의 비밀한 뜻, 즉 신앙과 불신앙, 선택과 완고함이고, 둘째는 성령으로 임하시는 그리스도의 임재의 신비라고 말한다.[11] 사실, 청중에 대해 커뮤니케이션적 지식과 경험으로 예측하고 준비해도 설교를 듣고 있는 청중이 가진 미지의 것까지 준비할 수 없다. 같은 청중이라도 설교의 경우는 사회생활에서의 다른 커뮤니케이션 때와는 다른 신앙적 차원의 설명이 더 중요하다. 다시 말하면, 설교에는 커뮤니케이션으로 설명할 수 없는 설교적 이론과 실제의 분야가 있다고 보아야 할 것이다. 이보다 커뮤니케이션의 한계를 더 명확히 하는 것은 설교 때의 그리스도의 임재의 신비다. 그리스도의 임재는 커뮤니케이션 연구로는 설명할 수 없는 신비로운 부분이다. 이것에 대해 보렌은 커뮤니케이션이 예수 이름으로 두세 사람이 모인 것의 역학 구조, 심리적 상황, 신학적 의미, 나아가 예수의 이름과 그 임재하심에 봉사할 수는 있지만, 임재하심을 만들어낼 수 없다고 말한다. 다시 말해서, 하나의 문헌학이 나사렛 예수를 보이는 생생한 존재로 나타낼 수 없는 것처럼, 하나의 커뮤니케이션 모델이 예수의 임재하심의 기적을 만들어낼 수는 없다는 것이다.[12]

커뮤니케이션의 한계가 이처럼 명확하다면, 설교자가 유념해야 할 것은 설교에서 커뮤니케이션이 실행하는 것은 설교가 본래 목적하는 영적인 것을 일으키고 발생하게 하는 것이 아니라, 그 목적에 봉사하는 것뿐이라는 사실이다. 이것이 중요한 이유는 설교 행위는 커뮤니

11) 루돌프 보렌, 『설교학 원론』(대한기독교출판사, 1979), pp. 199-200.
12) 같은 책, p. 200.

케이션처럼 인간의 노력과 지혜와 연구를 넘어서는 신비로운 차원이 있음을 상기시키는 것이기 때문이다. 어떤 진보한 커뮤니케이션 이론과 실천도 설교에서의 하나님의 작정하심과 간섭하심을 일으키거나 가속화할 수 없고, 청중의 신앙을 제어하고 촉진시킬 수 없음은 분명하다. 하지만 설교에서 커뮤니케이션 연구가 불필요하고 위험하다는 것을 말하는 것이 아니다.

커뮤니케이션의 한계는 설교와 커뮤니케이션의 차이를 명확히 하고, 서로의 성격과 역할을 확인시켜 준다. 설교 준비와 커뮤니케이션 연구에는 차이가 있고, 때론 변증법적 관계로 형성되어 있다는 사실을 인식하는 것이 중요하다. 다시 말하면, 모든 설교를 커뮤니케이션 관점으로 평가하여 성공과 실패를 말해서도 안 되고, 그렇다고 커뮤니케이션적 노력을 소홀히 하거나 거절해서도 안 된다. 예수의 십자가상의 말씀은 커뮤니케이션적 관점에서는 분명히 실패로 평가되겠지만, 역사상 가장 훌륭하고 감동적인 설교이기 때문이다. 설교의 위기가 커뮤니케이션의 위기도 아니고, 그렇다고 커뮤니케이션의 결핍이 설교의 위기도 아니다. 커뮤니케이션의 한계는 설교가 설교를 구성하는 여러 요소 중의 한 분야로서 설교에 위치하되, 설교의 주인으로서가 아니라, 설교에 봉사하는 자리에 있음을 말해 준다.

그러므로 참된 설교를 위해서는 커뮤니케이션 이론과 실제를 존중하면서도, 그것을 기준으로 함부로 설교를 대하지 않고, 설교가 가진 신앙적 차원과 신비적 요소에 대해 겸허한 자세를 취해야 할 것이다.

3. 포스트모던 시대의 설교와 커뮤니케이션

포스트모더니즘은 제2차 세계 대전 후 미국과 프랑스를 중심으로 학생운동, 여성운동, 흑인민권운동, 제3 세계 운동 등의 사회운동과 전위예술, 그리고 해체(Deconstruction) 혹은 후기 구조주의 사상으로 시작되었는데, 권위주의적인 모더니즘에 대한 반발과 합리주의 이성론에 대한 회의를 기조로 하고 있으며, 문화운동이면서 정치 · 경제 · 사회의 모든 영역과 관련되는 한 시대의 이념이 되었다. 인간의 이성에 대한 믿음을 강조했던 18세기 계몽주의는 합리적 사고를 중시했으나 지나친 객관성의 주장으로 20세기에 들어서면서 도전받기 시작하였다[13]. 개성, 자율성, 다양성, 대중성을 중시한 포스트모더니즘은 모방과 풍자, 자기반영성, 상호텍스트성, 장르의 통합, 서술의 파괴, 향수영화, 허구와 사실의 혼동, 관객의 참여 등의 아주 다양한 형태로 나타나고 있다.

로널드 알렌은 "포스트모던 시대적 설교의 과제는 다차원적"이라고 한다.[14]

다차원적 설교: 포스트모던 시대의 설교가는 모던 시대의 설교가가 합리주의적 틀에 의한 설교를 한 것과 달리, 목적이나 설교의 장르에서 다원적이다. 즉, 각 공동체마다 지니고 있는 특수한 환경, 사고방식, 윤리의식, 커뮤니케이션 형식을 지니고 있는데, 공동체별로 맞는 타이프의 설교를 할 것이 아니라, 할 수 있는 다양한 형태의 설교를 한다.

경험적이고 상상력 있는 성향의 회중들은 논리적이고 지적인 설교

---

13) 니체, 하이데거의 실존주의를 거친 후 포스트모던 시대는 J. 데리다, M. 푸코, J. 라캉, J. 리오타르에 이르러 시작된다.

14) Ronald J. Allen, "Preaching and Postmodernism," *Interpretation* 2001 Jan, p. 44.

가 필요할 수 있고, 사회적 이슈에 강하고 분명한 입장을 취하는 성향의 회중들에게 귀납법적이고 미완성적 답변의 설교를 함께 하는 것이다. 설교가가 회중 공동체를 자칫 회중의 한몸 의식을 강조한 나머지 생각과 취향과 목적이 같은 한 개인에게 하듯 설교하는 것이 아니라, 공동체이지만 그 안의 각각의 개인들의 서로 다른 삶의 방식과 가치관, 신앙 형식 등을 간파하고 그것을 표현해 주는 것이다. 장르의 벽을 넘어선 포스트모던적 설교는 설교에 시적 요소를 가미하든지, 아니면 아예 설교를 시의 형식으로 한다. 또는 비디오 클립이나 여러 사람의 목소리로 외침, 그룹의 등장과 같은 다양한 형식의 설교를 한다.[15] 이 시대의 설교가는 비록 회중이 낯설어한다고 하더라도, 그 회중에 매일 것이 아니라, 한 설교에 다양한 형식의 접근을 시도할 필요가 있다고 한다.

로널드 알렌은 다차원적 설교 외에도 포스모던 시대의 설교적 과제로 '해석으로서의 설교' '해체로서의 설교' '만남으로서 설교' '변증으로서의 설교'[16] 등을 지적했다. 이러한 설교적 과제들에 대한 깊은 이해는 더 효과적인 커뮤니케이션을 위해 필요한 작업임에 틀림없다.

4. 효과적인 설교를 위한 커뮤니케이션의 실제

설교라는 정보가 누군가에게 전달된다는 면을 학문적으로 다루기 위하여서는 커뮤니케이션과 함께 정보이론[17], 사이버네틱스

---

15) 같은 책, p. 46.
16) 같은 책, pp. 39-46.
17) 정보이론(Information Theory)은 정보를 전달자가 이해하고 이해시키는 과정, 수신자가 받아들이는 것, 그리고 재전달의 과정을 다루는 분야로 보도이론이라고 부르기도 한다.

(cybernetics)[18]도 연구 대상이 되겠지만, 직접적인 것은 커뮤니케이션 연구다. 설교자에게 커뮤니케이션 연구가 필요한 이유를 알기 위해서 다음의 경우를 생각해 보자. 요한복음 3장 16절을 본문으로 한 설교를 각각 주일 낮예배, 교회학교 초등부, 노인대학, 장례예배에서 한다고 생각할 때, 설교자는 회중에 따라 다른 형식의 설교를 전해야 할 것이다. 그러기 위해서는 회중의 삶의 자리와 관심과 이해력을 고려해야 하는데, 이러한 작업이 곧 커뮤니케이션 연구에 해당할 것이다. 회중을 연구하지 않을 때, 보렌이 말한 "인식의 불협화음"이 생긴다.[19]

(1) 설교에서 커뮤니케이션 효과의 필수적 요소

고대 수사학에서 웅변술의 네 요소는 착상(invention), 구성(disposition), 웅변술(elocution), 양식 또는 표현법(style)이었으나, 현대 커뮤니케이션에서는 메시지(content), 매개체(medium), 그리고 전달(delivery)의 삼 요소를 말한다. 메시지는 전하려는 내용, 증거, 예 등을 일컫는 것이고, 매개체는 설교자에 해당하고, 전달은 메시지를 전하는 방법을 말하는 것으로, 음성, 억양, 제스처, 표정 등에 관한 것이다. 그런데, 여기서 효과적인 커뮤니케이션이 일어나기 위해서는 무엇보다도 설교자와 회중의 자기 노출(self-disclosure)이 필요하다. 따라서 설교 커뮤니케이션의 요소는 말하기, 듣기, 메시지의 명확성, 자기노출 등으로 정리된다.

---

18) 사이버네틱스(cybernetics)란 기계 · 동물 · 사회 등에 나타난 제어와 통신의 유사성을 발견하고, 그것의 제어와 통신에 관한 학문으로, 인공두뇌의 실현과 오토메이션의 개량을 가하는 일로서, 기술과 기술 이외의 영역 간의 정보 구조의 학문으로 이해되기도 한다.
19) 루돌프 보렌, 위의 책, p. 198.

① 말하기와 듣기

설교에서 '말하기'는 설교자의 몫이고, '듣기'는 청중의 임무로 이해하는 것은 잘못이다. 커뮤니케이션적 이해에서 보면, '말하기'나 '듣기'는 설교자와 청중이 함께 행해야 할 과제다. 건강한 청중이란 수동적으로 듣기만 하는 자가 아니라, 피드백 등을 통해서 말을 거는 자인 것처럼, 훌륭한 설교자는 청중의 필요나 형편과 관심에 귀를 기울인다. 설교자와 청중은 이처럼 서로의 소리를 들어야 하는데, 이보다 더 중요한 것은 각자의 위치에서 하나님의 말씀을 듣는 일이다.

'듣기'의 능력을 증가시키기 위해서는 먼저 '듣기'의 장애가 되는 것들에 대한 인식이 필요하다. 차티어(Myron R. Chartier)는 듣기의 장애물로서 구체적으로 25가지를 들어 설명하는데, 이 내용을 크게 나누어 정리하면 다음과 같다. 말하는 내용에 대한 오해와 편견, 말하기와 듣기의 메커니즘에서 오는 혼란, 청취자의 집중력, 심적, 환경적 상태, 그리고 설교가 행해지는 외부적 환경 등이다.[20] 이러한 장애물들을 관찰 분석하고 그것에 대해 대비하는 것이 필요하다.

다른 한편으로는 '듣기'를 잘하기 위한 준비가 필요한데, 제일 중요한 것은 청취에 대한 의욕을 갖는 것이다. 청취에 대한 의욕을 갖기 위해서는 청취의 이유나 목적을 생각하는 것이 좋을 것이다. 바람직한 설교 커뮤니케이션을 위해서 설교자는 청중의 이야기와 삶의 상황을 고려해야 한다. 마찬가지로 청중은 왜 설교를 들어야 하는지를 스스로 물으며 들을 때, '듣기'의 발전을 이룰 수 있을 것이다.

② 메시지의 명확성

설교자나 청중의 과제는 어떻게 메시지를 명확히 전달하고, 그것을 명확히 깨닫는데 있을 것이다. 따라서 어떻게 명확히 커뮤니케이션

20) Myron R. Chartier, *Preaching as Communication* (Abingdon, 1981), pp. 52-55.

을 행하는가에 대한 연구가 필요한데, 차티어는 이것을 위해서 메시지의 전달과 수신, 커뮤니케이션 내용, 메시지의 기호화, 커뮤니케이션 채널 등의 요소들을 고려해야 할 것을 지적한다.[21]

첫째, 메시지의 전달과 수신을 잘하기 위해서는 커뮤니케이션의 목표가 뚜렷해야 하고, 전달자와 수신자의 자세가 중요하다. 또한 전달자의 말하기 기술과 수신자의 청취 기술 같은 커뮤니케이션 기술이 전달자와 수신자 모두에게 요구된다. 둘째, 메시지를 전달에 적합한 메시지로 기호화(encoding)하기 위해서 차티어가 제시한 7가지 원칙을 살펴보면 다음과 같다. 즉, 메시지와 청중과의 관련성(relevance), 단순성, 난해한 개념의 설명, 체계적인 단계의 구성, 메시지의 중요 개념을 반복, 은유 같은 수사법으로 비교 또는 대조하는 것, 그리고 클라이맥스를 강조할 것 등이다.[22] 셋째, 커뮤니케이션적 설교는 오직 하나의 채널만을 가진 문어적 커뮤니케이션과는 달리 다양한 채널이 있기에 이러한 커뮤니케이션 채널을 파악하여 사용할 필요가 있다. 즉, 언어의 사용뿐 아니라, 비언어적 채널, 또한 영상 채널, 때로는 침묵이라는 채널도 있다. 또한 피드백(feedback)도 메시지의 의미를 명확히 하는 데 중요한 역할을 한다.

③ 설교자와 청중의 자기노출(self-disclosure)과 피드백(feedback)

자기를 개방할 수 있다는 것은 육체적 건강과 정신적 건강을 위해 필수적 요소다. 또한 자기 이해를 위해서나 성장 발달을 위해서, 또한 인간관계 개선에 매우 중요한 자세다. 이러한 자기노출(self-disclosure)의 자세가 효과적인 커뮤니케이션을 이루기 위해 선행되어야 할 조건이 된다. 차티어는 자기노출이 신뢰감을 형성해 주고 상호

21) 같은 책, p. 62.
22) 같은 책, pp. 66-71.

간의 헌신을 이끌어낸다고 말한다. 자기개방에 대한 단계별 이해는
인간관계 인식의 모델인 '조하리 윈도우(Johari Window)'로부터 얻을
수 있다. 이 모델에 의하면, 인간상호 이해는 네 단계, 즉 개방된 부
분(open area), 안 보이는 부분(blind area), 숨겨진 부분(hidden area), 알
려지지 않은 부분(unknown area)으로 나뉜다. 여기서 개방된 부분
(open area)은 서로에 대해 서로가 알고 있는 부분을 말하고, 안 보이
는 부분(blind area)은 나에 대해 나는 모르지만 너는 알고 있는 측면을
말하며, 숨겨진 부분(hidden area)은 나에 대해 내가 알고 있지만, 너에
게는 알리지 않은 부분을 말한다. 또한 알려지지 않은 부분(unknown
area)은 나에 대해 나를 포함해 누구도 알지 못한 부분을 말한다.[23] 차
티어는 이러한 모델에서 두 가지 중요한 결론을 내리는데, 설교자와
청중의 신뢰감이 높을수록 숨겨진 부분(hidden area)이 줄어들고, 피드
백이 있을수록 안 보이는 부분(blind area)이 줄어든다고 한다.

　자기노출이 효과적으로 이루어지기 위해서는 자기노출을 방해하는
장애물들에 대한 대비가 있어야 한다. 장애물에는 세속적인 가치관,
불우한 가정환경, 왜곡된 신앙 교육, 커뮤니케이션 기술의 부재와 같
은 외부적 문제뿐만 아니라, 친밀감에 대한 두려움, 변화에 대한 두
려움, 거절에 대한 두려움, 자기로부터의 도피, 죄의식의 문제 등을
들 수 있을 것이다. 이러한 장애물을 극복하기란 쉽지 않겠지만, 효
과적인 커뮤니케이션을 위해서 지속적으로 관찰하고 해결을 모색하
는 노력이 있어야 한다. 자기노출을 적극적으로 하는 공동체라면 건
강하고 활발한 커뮤니케이션이 행해질 것은 두말할 나위 없다. 그러
면, 어떻게 적극적이고 적절한 자기노출을 꾀할 수 있을까? 차티어는
자기노출은 공동체의 상황, 설교자의 인격, 설교자와 청중의 인격적

23) 같은 책, pp. 30-31.

관계에 달려 있다고 말하면서, 다음과 같이 구체적인 가이드라인을 제시한다.

가. 목회 사역 전반에 걸쳐 자기노출을 실습하는 것이다.

나. 설교 목적을 이루기 위해서만 자기노출을 하는 것이다. 과시적이거나 따분한 것이어서는 안 되고, 커뮤니케이션의 강력한 매개체로서 역할을 할 때만 자기노출인 것이다.

다. 인격적인 관계가 있는 청중에게 설교할 때만 자기노출을 훈련한다.

라. 개방된 커뮤니케이션의 영향력을 예측해서 사용해야 한다.

마. 자기노출의 시기, 깊이와 정서적 톤을 평가하라.

바. 관계에 위기가 왔을 때, 오히려 자기노출의 속도를 가속화하라.

사. 과거는 물론 현재의 자기 모습도 균형 있게 노출하라.

아. 자기노출의 반응을 기대하고 추구하라.[24]

(2) 언어적 커뮤니케이션(Verbal Communication)의 형식

논리적 설교이나 문학적 형식의 설교와 같은 설교의 형식도 커뮤니케이션의 효과에 영향을 미친다. 피터스(H. J. C. Pieterse)는 루돌프 보렌이나 크래독 같은 학자들의 인용을 통해서 설교의 형식은 확실한 커뮤니케이션적 가치를 지니고 있다고 확신한다.[25] 즉, 성경의 문학 장르가 설교자들로 하여금 설교의 형식을 정하는 데 고려되어야 한다는 점이다. 전통적인 설교의 대다수가 주제별 설교인 것은 설교 형식을 성경의 형식과는 별개로 생각한 데 비롯된 것임을 나타낸 것이

24) 같은 책, pp. 39-43.
25) Pieterse, 위의 책, p. 262.

다. 성경의 문학 장르인 담화, 시, 내러티브 등의 형식은 커뮤니케이션적 설교의 형식을 결정짓는 매우 중요한 형식이다. 설교의 형식을 결정하기 위해서 고려해야 하는 것으로는 첫째는 성경 본문의 구조적이고 문학적 성격이다. 무엇보다도 이 중에서 본문의 성격이 우선적으로 존중되어야 한다.[26) 여기서는 전통적 설교 형식인 주제별 설교나 교훈적 설교 외에 포스트모던 시대에 적절한 형식으로 평가되는 이야기체 설교와 시적 설교에 대해 논한다.

① 이야기체 설교(Narrative Preaching)

커뮤니케이션적 설교로 가장 먼저 제시할 수 있는 설교는 이야기체 설교(narrative preaching)다. 이야기체 설교가 중요한 것은 무엇보다도 설교의 텍스트인 성서의 이야기체적인 성격 때문이다. 성서는 창조의 사건부터 구약시대의 이스라엘 역사는 물론, 신약의 예수의 생애와 제자들의 사역, 그리고 교회의 시작과 발전 등 전체 내용이 이야기로 구성되어 있는 이야기책이다. 게다가, 출애굽, 십자가와 부활, 그리고 예수의 비유에서 보듯이 성서의 중심적 진리에 대한 설명 또한 이야기 형식으로 된 것은 설교의 형식이 어떠해야 할 것을 잘 말해 준다. 따라서 설교의 역사에서 시대를 걸쳐 이야기 형식의 설교가 언급되었고, 20세기에 들어오면서 활발해지다가 20세기 후반부에 들어오면서 현대 교회 설교의 유일한 대안으로서 여길 정도로 강조되고 있다.

그렇다면, 이야기 형식으로 말한다는 것이 어떤 힘이 있는 것인가? 첫째, 청중들의 현실을 실감나게 한다. 피터스는 이야기가 과거 사건

---

26) 같은 책, p. 267. 뮬러(J.C. Muller)는 말하기를 "설교 형식을 결정할 때 본문의 성격이 결정적인 요인이다. 설교자가 어떤 동떨어진 종류, 그의 생각에 보편적으로 적용되는 설교 형식을 사용하기 시작하는 순간, 그는 본문을 조작하고 있는 것이다. 채석장에서 자신의 취향에 맞는 돌을 골라 돌을 깎듯이 성경 본문에 접근해서는 안 된다."

에 대한 설명이나 서술로 되어 있다고 해서 과거 역사에 매여 있는 것이 아니라 역사적 설명 이상의 것이라고 하면서, 이야기가 특정 장소, 시간, 인물들을 제시함으로서 실제 삶의 경험을 강화시켜 준다고 말한다.[27] 다시 말하면, 이야기는 과거의 사건으로 현재를 생동감 있게 해 주는 힘이 있다는 것이다. 둘째, 청중을 진리를 중심으로 하나로 모이게 하고, 각 자의 삶에 적용하게 하는 힘이 있다. 이야기 방식으로 전해지는 성서의 진리를 들을 때 청중은 이야기 속의 인물과 동일화되면서 그 가치관에 통합하고자 하는 마음이 생기는 것이다. 셋째, 이야기는 청중을 참여시키는 힘이 있다. 이것에 대해 피터스는 이야기가 경험을 불러일으키고 사건을 일으킨다고 말하면서, 청중은 긴장과 슬픔, 기쁨과 경이를 가진 청중으로 되살아난다고 역설한다.[28]

이러한 이야기를 전개하는 다양한 형태들을 정리해 보면 다음과 같다.

가. 성경 본문을 재진술하기

나. 당대 역사의 원형으로서의 성경 역사로부터 성경 본문을 재진술하기

다. 성경 본문을 설명하지만 그것을 부정적인 측면으로 제시하기

라. 성경의 속편으로서의 새로운 이야기

마. 성경 이야기를 현대에 일어난 사건으로 전환시키기

바. 설교의 서론 부분에서 이야기를 제시한 다음 잘 다듬기

사. 경험을 재진술하기

아. 소설적인 이야기[29]

---

27) 같은 책, p. 314.
28) 같은 책, pp. 319-320.

또한, 설교에서 행해지는 이야기의 내용과 범위에 대해 보렌은 설교에서의 이야기는 구약과 신약을 총괄하는 보고 형태의 이야기 형식, 수난 이야기, 매일 사건으로서의 이야기, 전통적이며 전설적인 신앙 이야기, 교훈적인 이야기여야 한다고 한다.[30]

② 시적 설교

시는 다양한 문학 장르 중에서 인간 존재의 깊은 내면을 가장 잘 말해 주는 동시에 깊은 감동이나 삶의 경험을 전달하는 문학 형식이다. 따라서 시적 형식의 설교는 교훈적 설교나 주제별 설교 등에서는 맛볼 수 없는 내면적이면서 우주적인 분위기를 담고 있다. 시적 설교란 설교가 긴 시로 구성되어야 한다는 의미가 아니다. 설교가 시적인 기질이나 감각이 있어야 하겠지만, 반드시 시인이 될 필요는 없다. 피터스는 시적인 설교를 위해 설교자가 갖추어야 할 자세를 다음과 같이 강조한다. 첫째, 무엇보다도 언어 창작의 임무를 지녔다는 점이다. 시적 감각이 있는 설교자는 물론 평범한 설교자도 시적인 설교가 가능한 것은 성경이 시적인 언어로 가득하기 때문에 성경 본문의 성격을 충실히 따라가노라면, 자연히 시적인 설교를 할 수 있게 된다. 둘째, 설교의 언어 속에 자기 자신을 담아야 한다. 설교에는 설교자의 인격과 주관성이 들어가게 되어 있기에, 설교자는 자기 주변 세계와 경험, 예술과 과학, 사건, 일상의 삶에 항상 열려 있어야 한다. 셋째, 심미적 언어를 준비한다. 심미적 언어는 마음을 움직이고 결국은 세상을 변화시키게 되기 때문이다.[31]

---

29) 같은 책, p. 323.
30) 보렌, 위의 책, pp. 221-234
31) Pieterse, 위의 책, pp. 349-351.

(3) 비언어적 커뮤니케이션

비언어적 커뮤니케이션은 설교의 커뮤니케이션적 성격의 이해와 연구에 있어서 고려해야 할 또 하나의 분야다.

비언어적 커뮤니케이션의 정의와 가치에 대해서 학자 간의 이견들[32]이 있으나, 설교와 관련할 때는 대개 목소리와 제스처, 표정 같은 비언어적 행동을 의미하는 것으로 이해해도 좋을 것 같다.

① 비언어적 커뮤니케이션의 요소

설교와 관련된 비언어적 커뮤니케이션의 요소로는 음성, 몸짓, 복장, 환경을 들 수 있다.

가. 목소리 : 목소리는 음질(voice qualities), 어조(vocal qualities), 절어(vocal segregate), 음색(vocal characterizers) 등으로 구분되는데, 음질은 음성의 고저, 강약, 리듬을 의미하고, 어조는 말하는 속도와 탄력성을, 절어는 말의 흐름을 부드럽게 이어 주는 말들을, 음색은 목소리의 명암, 고함소리, 웃음, 울음을 의미한다.

나. 몸짓 : 인간의 몸은 사람의 생각과 감정을 전달하는 역할을 한다. 감정을 가장 잘 전달하는 몸짓으로는 제일 먼저 표정을 들 수 있는데, 표정은 언어나 목소리보다 감정을 더욱 효과적으로 전달하는

---

32) Chartier, 위의 책, pp. 77-80. 비언어적 커뮤니케이션을 다음과 같은 대상, 즉 초감각, 외계 생물체와의 커뮤니케이션, 자기인식, TV 광고, 가두시위 등에 적용시키기도 하는데, 그 정의에 대하여 다양한 견해가 있다. 즉, 언어를 사용하지 않은 모든 커뮤니케이션을 의미한다든지, 의도성이 있는 것에 한해야 한다는 주장과, 이것에 반발하여 오히려 의도성이 없이 자신도 모르는 사이에 의미들이 전달되는 것이 더 많다고 주장하는 학자도 있다. 또, 다른 사람의 행동에 영향을 주는 모든 행동양식이라고 하는 이도 있고, 어떤 학자는 일반적인 가치와 이해를 가져다주는 것을 커뮤니케이션적 비언어라고 하고, 정신과 의사처럼 관찰력이 예민한 사람만이 판독할 수 있는 것을 정보적 비언어로 구분하여 이해하는 학자도 있다.

커뮤니케이션 매체다. 청중은 설교자의 표정에서 메시지에 대한 설교자의 감정적 상태를 살피게 되고, 설교자 또한 청중들의 표정에서 전달된 메시지에 대한 회중들의 반응을 살필 수 있다. 따라서 표정을 제대로 사용하지 못하는 설교자는 기쁨과 슬픔, 분노와 결단의 감정을 효과적으로 전하기 힘들다. 몸짓에서 다음으로 중요한 것은 시선이다. 시선은 커뮤니케이션 당사자의 관심을 가장 분명히 보여 주는 커뮤니케이션 매체다. 시선을 주지 못한다는 것은 관심의 결여로 여겨지게 되고, 커뮤니케이션에서 요구하는 인격적인 관계를 이루는 데 가장 큰 장애물이 된다. 손과 몸 전체를 사용하는 제스처도 언어적 커뮤니케이션의 내용을 명확히 하고 강조하는 데 중요한 매체가 된다.

다. 외모와 복장 : 옷을 입는 방식도 메시지 전달에 영향을 준다. 음악 연주자들이 입는 연미복만으로도 음악 청중들에게 연주될 곡에 대한 성격과 분위기를 느끼게 해 주듯이 설교자의 복장과 스타일은 메시지의 성격과 분위기를 나타내 준다. 이런 면에서 남성 설교자에 익숙해 있는 한국 교회에서 여성 설교자의 경우는 그의 옷차림이나 화장의 정도가 청중들에게 더욱 영향을 줄 것이라는 것을 고려해야 할 것이다.

라. 환경 : 커뮤니케이션에 가장 크게 영향을 주는 외적인 요소를 든다면 시간과 공간이다. 메시지의 내용의 시기 적절성은 설교자가 최우선적으로 고려해야 하는 요소다. 때와 상황에 맞는 메시지를 전하는 설교자에게 청중은 집중하게 되고, 그 내용에 더욱 깊이 공감할 수 있다. 가끔 복음적인 교회에서 접하게 되는 교회력과 시대 상황을 초월한 천편일률적인 구원 전도 메시지에 흥미를 잃게 되는 경우가 있는데, 때와 계절에 무감각한 메시지일 때 그런 상황이 올 수 있다. 공간 또한 시간처럼 메시지 전달에 중요한 변수가 되는데, 공간의 위치, 분

위기, 크기, 조명, 배치도, 실내 디자인 방식, 건축 양식에 따라 커뮤니케이션의 효과가 달라진다는 점이 충분히 고려되어야 할 것이다.

② 비언어적 커뮤니케이션의 역할

설교에서 효과적인 커뮤니케이션이 이루어지기 위해서는 언어적 커뮤니케이션과 함께 비언어적 커뮤니케이션을 적절히 활용해야 하는데, 훌륭한 설교자는 마크 냅(Mark Knapp)이 지적하는 비언어적 커뮤니케이션으로 설교에서 발생할 수 있는 6가지 현상을 알고 있어야 한다. 즉, 메시지의 음성적 언어를 반복하는 효과, 음성적 언어의 내용과 모순되는 비언어적 커뮤니케이션, 음성적 언어 대신 표현해 주는 것, 음성으로는 표현할 수 없는 것을 보충해 주는 것, 문자에 밑줄 긋는 것과 같이 음성적 언어를 강조하는 비언어적 커뮤니케이션, 설교자와 청중 상호 간의 관계를 형성해 주고 조정해 주는 비언어적 커뮤니케이션 등이다.[33]

5. 향후 연구 과제

설교 분야에서 커뮤니케이션 연구의 중요성은 점점 강조될 것이다. 설교 커뮤니케이션 연구의 깊이를 더하기 위해 관심을 가질 분야는 청중에 대한 사회적 이해이다. 정치적 환경과 변수, 경제적 위치, 사회적 신분, 교육적 배경 등, 이러한 사회적 요소들을 살핌으로써 그만큼 더 청중에게 다가갈 수 있을 것이다. 그 다음으로는 청중에 대한 심리적 이해가 필요하다. 일반심리학, 종교심리학, 정신분석학,

---

33) Mark L. Knapp, *Nonverbal Communication in Human Interaction* (New York: Holt, Rinehart & Winston, 1972), pp. 8-11, cited in Chatier, op. cit. pp. 87-88.

상담학의 관점에서 청중은 물론 설교자를 관찰하고 분석하고 정리해 보는 것이다. 세 번째는, 설교의 메커니즘을 무대 예술적 관점에서 이해해 보는 것이다. 연극, 시 발표회, 음악회 등의 성패를 결정하는 중요한 요소들과의 만남은 포스트모던 시대의 청중들의 관심을 모을 수 있는 여지를 제공해 줄 것이다. 마지막으로 설교 커뮤니케이션을 과학적 입장에서 들여다볼 필요성이 더해지고 있다. 멀티미디어와 영상은 신세대에서는 필수적인 설교 언어가 될 것이다. 기술의 발전과 변화를 주시하고, 그것에 진지하게 대응하는 지혜와 적극적인 시도가 설득력을 얻을 것이 분명하다. 이러한 분야들과의 만남과 연구와 노력이 있을 때, 더 효과적인 커뮤니케이션을 위한 가능성은 그만큼 더 열려질 것이다.

참고 문헌

Boren, Rudolf. 『설교학원론』. 대한기독교출판사, 1979.

Boren, Rudolf. 『설교학실천론』. 대한기독교출판사, 1980.

Chartier, Myron R. *Preaching as Communication: An Interpersonal Perspective.*
  Nashville: Abongdon Press, 1981.

Reid, Clyde. *The Empty Pulpit.* New York: Harper & Row, 1967.

Nichols, J. Randall. *The Restoring Word: Preaching as Pastoral Communication.*
  New York: Harper & Row, 1987.

Peterson Thomas D. *Wittgenstein For Preaching: A Model for Communication.*
  University Press of America.

Pieterse, H. J. C. *Communicative Preaching* (University of South Africa Pretoria,
  1987). 『커뮤니케이션으로서 설교』(총신대학교출판부).

McQuail, D and Windahl S. 『커뮤니케이션 모델』. 나남, 1987.

제2장 교육 커뮤니케이션의 이론

박상진 (장로회신학대학교 교수, 기독교교육학)

1. 문제 제기

교육을 커뮤니케이션의 관점에서 이해할 때 교육의 새로운 의미를 파악할 수 있다. 전통적으로 교육은 가르침(teaching)으로 이해되어 왔다. 가르침은 이미 지식을 알고 있는 교사가 아직 그 지식을 알지 못하는 학생들을 깨우치는 행위라고 할 수 있다. 이 가르침의 구조 안에서는 교사와 학생의 만남이 전제되어 있지만 교사는 '주는 사람' 으로서, 학생은 '받는 사람' 으로서 인식되는데, 이러한 가르침은 학교라는 제도를 통해서 강화되어 왔다. 오늘날 교육의 보편적인 구조로 인식되고 있는 학교 체제(schooling system)는 교사와 학생을 각각 교육자와 피교육자로 규정하는 경향이 있다. 이 체제 안에서 교육은 교사가 교단에 서서 교실(classroom) 안에 질서정연하게 앉아 있는 학생들에게 '위에서 아래로' 지식을 전수하는 행위로 간주된다.

그런데 이러한 전통적인 교육 이해에 대해 많은 질문을 던질 수 있다. 과연 교육은 가르침과 동일한 것인가? 교육은 오직 지식을 전수하는 행위인가? 교사는 '주는 사람'이고 학생은 '받는 사람'이라는 인식이 옳은 것인가? 교육은 학교에서 일어나는 일로써 국한되는가? 이와 같은 질문에 답하는 데 있어서 커뮤니케이션의 관점은 교육을 새롭게 이해하도록 도움을 준다. 여기에서는 교육을 커뮤니케이션의 한 현상으로 이해하고, 먼저 교육의 다양한 요소들을 커뮤니케이션 용어로 설명하고, 커뮤니케이션의 역사적 발달에 따라 교육의 패러다임이 어떻게 변화되고 있는지를 분석하려고 한다. 이러한 작업은 그 동안 교육의 어느 한 측면만 강조해 온 편향적 이해를 극복하고 보다 온전한 교육이 무엇인지를 파악할 수 있도록 할 것이다.

2. 커뮤니케이션으로서 교육

커뮤니케이션을 다양하게 정의할 수 있겠지만, 일반적으로 "기호를 통해서 의미를 전달하는 현상"[1]이라고 정의할 수 있다. 이 정의에서 '기호(sign)'는 전달하는 내용을 나타내는 수단으로서 언어는 물론 비언어적 수단도 포함하는 개념이다. 또한 '의미(meaning)'는 그 기호가 지시하는 바가 무엇인지를 깨닫는 체계라고 할 수 있다. 이런 점에서 커뮤니케이션을 '메시지의 부호화(encoding)와 해독화(decoding)'로 이해하기도 한다. 이러한 커뮤니케이션 이해는 바로 교육 현상을 설명해 주는 원리와 동일시될 수 있다. 교육 현상은 다름 아닌 '기호를 통해서 의미를 전달하는 현상'이다. 다르게 표현해서

---

1) 홍기선, 『인간커뮤니케이션』(서울: 나남출판사, 2002), p. 16.

교육은 '메시지의 부호화와 해독화의 과정'이라고 정의 내릴 수도 있다. 좀 더 구체적으로 교육과 커뮤니케이션의 관계를 커뮤니케이션의 관점에서 설명해 보자. 이것은 일종의 번역 작업이라고도 할 수 있는데, 교육 현상을 교육학적으로만 설명하는 것이 아니고 커뮤니케이션의 용어로 번역하는 것으로서 간학문적 접근(interdisciplinary approach)이라고 할 수 있다. 이는 교육학으로 교육을 이해할 때 미처 파악하지 못했던 교육 현상을 드러내 줄 수 있다.

교육 현상이 커뮤니케이션 현상이라면 교육의 다양한 요소들은 커뮤니케이션의 다양한 요소들로 설명될 수 있다. 일반적으로 교육의 구성 요소를 교사, 학생, 교재(교육 내용), 환경 등으로 들 수 있고, 좀 더 세분하자면 교육 내용을 교육 목표, 교육 과정, 교육 방법, 교육 평가 등으로 분류할 수 있다. 또한 교육 방법을 기능적으로 세분하자면 교육 상담, 교육 행정, 교수 방법으로 재분류할 수 있다.

커뮤니케이션의 구성 요소는 접근 방식에 따라 다양하게 분류할 수 있지만, 일반적으로 ① 커뮤니케이션 과정의 참여자로서 송신자와 수신자, ② 커뮤니케이션 과정의 내용물로서 메시지(message), ③ 커뮤니케이션 내용물을 실어 나르는 용기로서 미디어(media), ④ 메시지에 대한 반응으로서 피드백을 들 수 있다.[2] 앞의 교육의 구성 요소를 이러한 커뮤니케이션 요소로 해석하면 다음과 같은 설명이 가능하다.

(1) 교사와 학생 : 송신자와 수신자

교육에 있어서 가장 필수적인 요소이며 교육의 중심 요소가 교사와

---

2) 김정탁, 『미디어와 인간』 (서울: 커뮤니케이션북스, 1998), p. 100.

학생이다. 교육은 이 두 종류의 사람의 만남을 통해 이루어진다. 교육을 '인간 행동의 계획적인 변화'라고 정의 내릴 때, 교사는 의도적으로 이러한 변화를 추구하는 사람으로, 학생은 이러한 변화를 경험하는 사람으로 인식된다. 전통적인 교육에서는 교사가 교육의 주체이고 학생은 교육의 객체인 셈이다. 원인과 결과의 관계로 볼 때, 교사는 원인 제공자이고, 학생은 그 결과의 수혜자로서 목적적인 존재가 되는 것이다.

커뮤니케이션의 관점에서 볼 때, 교육은 송신자(sender)와 수신자(receiver)와의 상호작용으로 이해된다. 커뮤니케이션 과정에서 가장 중요한 구성 요소는 어떤 메시지를 전달하고자 하는 송신자와 그 메시지를 받는 수신자이다. 전통적인 교육에서는 당연히 교사가 송신자가 되고, 학생이 수신자가 되는 것으로 이해한다. 교사가 가르치는 내용으로서 메시지를 가지고 있고, 학생은 그 메시지를 받아들여야 하는 존재인 것이다. 그러나 커뮤니케이션은 그 어원적 의미가 말해주듯이 '공유'하는 쌍방향적 관계를 지향하고 있다. 어느 한 쪽은 영향을 주기만 하고 다른 한 쪽은 일방적으로 영향을 받기만 하는 관계가 아니라 상호 영향을 주고받는 과정이라고 할 수 있다. 이런 점에서 교사만 송신자가 아니고 학생도 송신자가 될 수 있고 또한 되어야 하며, 교사는 송신자일 뿐만 아니라 수신자가 될 수 있어야 한다.

(2) 교육 내용 : 메시지

교육은 교육 내용을 수반한다. 일반적으로 교육의 3요소를 말하자면 교사, 학생, 교육 내용을 들 정도로 교육 내용은 교육의 필수 요소이다. 교사에게 있어서는 가르칠 내용이며, 학생에게 있어서는 배울 내용이다. 전통적인 교육에서는 이 교육 내용은 '교과서'로 상징되었

으며, 그것은 지식(knowledge)을 의미하였다. 이 지식은 언어로 구성
되며 논리적인 특징을 지닌다. 해방 교육론자인 프레이리가 비판한
것도 바로 이러한 전통적인 교육의 '은행 저축식 교육(banking
education)'으로서, 교육을 학생들의 머리에 지식을 집어넣어 주는 것
으로 이해하는 관점이었던 것이다. 그러나 교육 내용은 지식만을 의
미하지는 않는다. 지, 정, 의가 포함되며 가치와 행동적 요소를 제외
해서는 안 된다.

　커뮤니케이션의 관점에서 볼 때 교육 내용은 메시지이다. 메시지는
단지 언어적 내용만이 아니라 비언어적 내용도 포함한다. 앞에서 언
급하였듯이 '기호(sign)'로서 표현될 수 있는데 이는 부호(code), 신호
(signal), 상징(symbol)을 모두 포함하는 개념이다.[3] 이것은 인간의 감
각 가운데 시각이나 청각에 의해서만 파악될 수 있도록 제한되는 것
이 아니라 오감(시각, 청각, 후각, 미각, 촉각) 모두를 포용하는 내용이
다. 지, 정, 의를 포함하며 진, 선, 미를 포함한다. 우리가 장미가 무
엇인지를 가르치는 것은 장미에 관한 식물학적 지식만이 아니라 장
미의 아름다움을 느낄 수 있도록 하고, 장미가 지니는 다양한 상징들
을 이해할 수 있도록 하는 것을 포함한다. 교육 내용을 보다 체계적
으로 의미하는 개념으로 교육 과정(curriculum)을 들 수 있는데, 이런
커뮤니케이션의 관점에서 볼 때 공식적 교육 과정(formal curriculum)
만이 아니라 비형식적 교육 과정(informal curriculum), 또는 잠재적 교
육 과정(hidden curriculum)이 중요하게 인식된다. 그리고 인쇄된 자료
(printed materials)만이 아니라 다양한 만남들과 활동들, 느낌들이 포함
된다. 이런 의미에서 메시지로서 교육 내용은 개념(concept)보다는 개
념을 포함하는 이미지(image)로 이해하는 것이 바람직할 것이다.

3) 홍기선, 『인간커뮤니케이션』, p. 15.

(3) 교육 방법 : 미디어

교육이 일어나는 통로가 교육 방법(educational method)이다. 교육 방법은 교수 방법(teaching method)보다 넓은 개념이다. 이것은 교육 (education)이 교수(teaching)를 포함하는 개념인 것과 마찬가지이다. 그러나 전통적으로 교육 방법은 교수 방법으로 축소되어 이해되어 왔다. 교수 방법 중에서도 특히 지적인 설득을 위주로 하는 수업 (instruction)을 강조하는 경향이 있어 왔고, 이로 인해 강의가 주된 교수 방법으로 정착하게 되었다. 반면에 강의가 아닌 것, 수업이 아닌 것, 교수가 아닌 것은 상대적으로 덜 중요하게 인식되었는데, 언어로 전달하는 말하기(speaking)가 아닌 교사의 표정, 제스처, 눈맞춤, 미소, 침묵 등이 소홀히 다루어졌고, 교사와 학생의 만남, 교사의 삶과 영성, 수업시간 외의 다양한 상호작용 등이 무시되는 경향이 있어 왔다.

커뮤니케이션의 관점에서 볼 때 교육 방법은 미디어(media)이다. 미디어는 일종의 채널로서 신호를 전달하는 수단 또는 용기라고 할 수 있다. 여기에는 언어적 수단은 물론 비언어적 수단도 포함된다. 우리의 목소리, 얼굴 표정, 몸짓 등을 비롯해 책, 그림, 사진 등과 라디오, 영화, TV, 컴퓨터 등 다양한 미디어가 포함된다. 미디어는 그 미디어가 전달할 수 있는 코드의 범위나 전달될 수 있는 영역에 따라 세 가지 범주로 분류될 수 있다. 첫째는 표현적 미디어(the presentational media)로서 송신자와 수신자가 한 장소에서 주고받는 목소리, 얼굴, 표정, 몸짓 등이 해당되며, 둘째는 구상적 미디어(the representational media)로서 서적류, 그림, 사진, 편지 등 표현되는 메시지를 저장할 수 있는 미디어이다. 그리고 마지막으로 기계적 미디어(the mechanical media)를 들 수 있는데 메시지를 전달하는 전달 매개로서의 미디어로

전화, 라디오, TV, 팩스, 컴퓨터 통신 등이 해당된다.[4] 이러한 분류
에 비추어 볼 때 주된 교수 방법으로 인식되어 온 강의는 수많은 미
디어의 종류 중 극히 한 부분일 뿐이라는 것을 알 수 있다. 앞에서 언
급한 교육 내용이 오감을 모두 포함하는 것이라면 교육 방법은 오관
을 통해 오감을 경험할 수 있도록 다양한 감각 기관을 이용한 미디어
들을 포함하는 것이다.

(4) 교육 평가 : 피드백

교육 평가는 교육의 필수 요소이며, 의도한 교육 목표가 달성되었
는지의 여부를 파악하는 교육의 종착점일 뿐만 아니라 새로운 교육
을 시작하는 출발점이 된다. 랠프 타일러(Ralph W. Tyler)의 유명한
'타일러 논리(Tyler Rationale)'라고 불리는 교육 과정과 수업의 네 가
지 원리도 교육 목표 설정, 교육 내용 선정, 교육 내용 조직(교육 방
법), 교육 평가인데, 교육은 이 네 가지가 계속 순환됨으로써 이루어
진다고 보았다.[5] 교육 평가에는 학습자의 준비도(readiness)를 확인하
는 진단 평가, 학습의 과정이 제대로 이루어지는지를 평가하는 형성
평가, 학습의 결과가 목표대로 성취되었는지를 평가하는 총괄 평가
로 분류할 수 있는데 이 모든 평가는 학생들의 반응을 파악하는 것이
다. 교수 행위가 교사 중심의 행동이라면 교육 평가 행위에서는 학습
자의 행동이 중요하다.

커뮤니케이션에서 피드백은 전달된 메시지에 대해서 수신자가 송
신자에게 보내는 반응을 의미한다.[6] 수신자가 송신자에게 반응을 할

---

4) 김정탁, 『미디어와 인간』, pp. 101-102.
5) Ralph W. Tyler, *Basic Principles of Curriculum and Instruction* (Chicago: The University of
  Chicago Press, 1949), pp. 1-2.

때에는 이미 수신자가 송신자가 되고 송신자가 수신자가 된다. 즉, 피드백을 통해서 커뮤니케이션은 명실상부한 커뮤니케이션 (communication)이 되고 일방적 의사전달이 아닌 쌍방적 의사소통이 되는 것이다. 만약 피드백을 상실한 커뮤니케이션이라면 그것은 상대방의 참여를 불러일으키지 못한 채 일방적인 강요나 허공에 맴도는 메아리가 되고 만다. 전통적인 교육에서 교육 평가가 완전히 무시된 것은 아니었다. 소위 시험(examination)을 통해 학업 성취를 평가하고 이를 통해 학생을 구분(screening)하기도 하고 선발(selection)하기도 하며, 교육 목표의 달성 여부를 판단한다. 그러나 교육의 모든 과정, 특히 미시적 과정에서 교육 평가를 통해 피드백을 받는 것의 중요성을 소홀히 다루는 경향이 있다. 모든 교육이 일방적 커뮤니케이션(one-way communication)이 아닌 쌍방적 커뮤니케이션(two-ways communication)임을 인식하는 것이 중요하다. 또한 지적인 영역의 평가만이 아닌 감정적, 의지적, 행동적, 가치적 영역의 평가도 중요하며, 공식적 반응만이 아닌 비공식적, 잠재적 반응을 포함하는 간접적 커뮤니케이션(indirect communication)도 중요함을 인정해야 할 것이다.

3. 커뮤니케이션으로 본 교육의 변천사

교육이 일종의 커뮤니케이션임을 인식할 때, 커뮤니케이션의 패러다임의 변화와 교육의 패러다임의 변화는 매우 밀접한 상호 연관성이 있음을 알 수 있다. 역사적으로 성찰해 볼 때 원시사회로부터 오

---

6) 김정탁, 『미디어와 인간』, p. 102.

늘날에 이르기까지 커뮤니케이션의 형태가 변화함에 따라 교육의 방식이 변화해 왔다. 이는 현재의 커뮤니케이션 형태도 지속적으로 변화되고 있으며 향후 더욱 급변할 것을 예측하게 될 때, 교육의 형태도 변할 수밖에 없고 또 변해야 함을 예견할 수 있다. 최근 한국 교육이 경험하고 있는 '교실 붕괴' '학교 붕괴' '교육 붕괴' 현상도 일면 오늘날 커뮤니케이션 패러다임의 변화에 교육이 새롭게 대처하지 못한 채 과거의 낡은 교육적 패러다임을 고집하고 있었기 때문에 오는 일종의 문화 지체 현상(cultural lag), 또는 학교 지체 현상(school lag)이라고 할 수 있을 것이다.

커뮤니케이션의 역사를 시대 구분하는 다양한 입장과 방식이 있지만 커뮤니케이션의 패러다임의 변화라는 관점에서 볼 때 크게 세 단계로 시대 구분할 수 있을 것이다. 문자가 발명되기 전의 구두 커뮤니케이션 시대와 문자 커뮤니케이션 시대, 그리고 뉴미디어로 불리는 전자미디어 커뮤니케이션 시대 등이다. 그런데 문자 커뮤니케이션 시대를 다시 세분하여 인쇄술이 발명되어 문자의 대중적인 보급이 가능한 시기 이전과 이후를 구분한다면 필기문화 시기와 인쇄활자 시기로 나눌 수 있다. 또한 전자미디어 커뮤니케이션 시대를 다시 시청각 커뮤니케이션 시기와 멀티미디어 커뮤니케이션 시기로 분류할 수 있다.[7] 이 글에서는 이렇듯 세분화된 다섯 단계로 커뮤니케이션 역사를 시대 구분하면서 이에 따라 교육의 패러다임이 어떻게 변화되었는지를 살펴보려고 한다.

---

7) 맥루한도 인류의 역사를 커뮤니케이션의 발달에 따라 다음과 같이 시대 구분하고 있다. ① 문자 이전 시대: 언어에만 의존하던 구두 커뮤니케이션 시대, ② 문자 사용 시대: 음소문자(알파벳)와 표음문자(한자)를 언어와 함께 사용하던 시대, ③ 활자 시대: 인쇄기 발명에 따라 개인주의가 발달하는 시대, ④ 전자미디어 시대: 전보로부터 시작된 전자미디어가 주요 커뮤니케이션으로 등장한 신 부족 시대. 맥루한은 각 시대별로 커뮤니케이션 양

(1) 구두 커뮤니케이션 시대: 교육의 원 역사

문자가 발명되기 이전의 원시사회에서는 구두로 커뮤니케이션이 이루어졌다. 구두 커뮤니케이션은 '만남의 커뮤니케이션'이다. 화자와 청자가 같은 장소에서 존재하고 면 대 면을 통해 의사소통이 이루어진다. 같은 장소에서 소리를 전하고 듣고 이내 그 소리는 사라진다는 점에서 구두 커뮤니케이션은 공간 구속적(space-bound)이고 시간 구속적(time-bound)인 형태를 지니고 있다.[8] 이러한 커뮤니케이션 패러다임에 있어서는 메시지가 오랜 기간 저장될 수 없고 공간적으로 떨어져 있는 사람들과의 커뮤니케이션이 이루어질 수 없다는 한계점이 있지만, 반면 화자(송신자)의 얼굴 표정, 의상, 제스처 등 비언어적 요소들이 목소리의 크기와 억양 등 언어적 요소와 함께 통전적으로 커뮤니케이션이 일어난다는 강점이 있다. 맥루한은 인간이 언어만 의존하던 이러한 구두 커뮤니케이션 시대에는 소리에 의해서는 청각을, 제스처에 의해서는 시각을 각각 활용함으로 감각의 균형을 이룰 수 있었다고 말한다. 이런 점에서 맥루한은 원시사회의 인류 조상들

식을 아래의 도표와 같이 비교, 분석하고 있다.(김정탁, 『미디어와 인간』, p. 165)

시대별 커뮤니케이션 양식의 특성

시대 구분 테크놀로지 문법	커뮤니케이션 특성	커뮤니케이션 감각 비율	커뮤니케이션	집단의 특성
문자 이전 시대	구어 형식	복수 감각형	균형적	부족화
문자 사용 시대	시각 단일형	다소 균형적		
활자 시대	인쇄 형식	시각 단일형	불균형적	탈부족화
전자미디어 시대	전자 형식	복수 감각형	다소 균형적	재부족화

8) 위의 책, p. 113.

을 가리켜 오감의 조화로운 균형을 이루었던 '고결한 원시인(noble primitives)'이라고 표현하였다.[9)]

구두 커뮤니케이션 시대의 교육의 가장 큰 특징은 '앎(knowing)'이 '삶(living)'으로부터 분리되지 않는다는 점이다. 교육의 장면은 일상적인 삶의 장면과 분리되지 않고, 삶 속에서 이루어지는 커뮤니케이션이 바로 교육적 기능을 수행하였다고 할 수 있다. 앎과 삶이 분리되지 않았다고 하는 것은 지식과 감성이 분리되지 않았음을 의미하기도 한다. 수신자는 송신자의 말만 듣는 것이 아니라 표정과 몸짓을 함께 보게 됨으로 지식과 감성이 나누어지지 않는 보다 통전적 커뮤니케이션이 가능하였다.[10)] 모든 앎은 생활 속에서 일어나며, 송신자가 전달하는 메시지는 그의 삶과 어우러져 수신자에게 전달된다. 이때의 커뮤니케이션은 공간 구속적이고 시간 구속적이기에 '나와 그것(I-it)'의 관계가 아닌 '나와 너(I-You)'의 관계로 이루어진다. 이것은 오늘날 학교 체제가 야기하는 비인간화의 현장과는 사뭇 다른 장면이라고 할 수 있다. 또한 인간의 오감이 모두 커뮤니케이션에서 사용되기에 소위 '멀티미디어 교육(multimedia education)'이 이루어졌고, 청각이나 시각 어느 하나만을 의존하는 교육 방식이 아닌 통전적 교육이 가능하였다. 좀 더 철학적으로 설명하면 이 시대의 앎은 일종의 '인격적 앎(personal knowledge)'이며 송신자의 존재적 삶이 앎과 분리되지 않는다는 점에서 인식론(epistemology)은 존재론(ontology)과 분리되지 않으며, 더 나아가 교수론(pedagogy)과 분리되지 않는다고 할 수 있다.

---

9) 위의 책, p. 167.

10) "지식을 입으로 전하는 데는 감정이 지성과 합해진다"[Pierre Babin, *The New Era in Religious Communication*, 유영난 역, 『종교 커뮤니케이션의 새 시대』(왜관: 분도출판사, 1993), p. 38.]

(2) 문자 커뮤니케이션 시대: 비인격적 교육의 시작

구두 커뮤니케이션 시대에서 문자를 사용하는 문자 커뮤니케이션 시대로의 전이는 커뮤니케이션에 있어서 청각보다 시각을 강조하게 되었다. 이때의 시각은 화자의 얼굴 표정이나 몸짓을 보는 시각과도 다르다. 화자로부터 분리되어 존재하는 '글'을 보게 된다. 문자는 시간 구속적 한계를 지닌 구두 커뮤니케이션을 필기를 통해 말을 저장함으로 그 한계를 극복하게 되었다. 그러나 동시에 말과 글의 분리라는 심각한 현상을 초래하게 되었고, 언어가 문자로 고착되면서 비언어적인 다양한 요소들이 제거되고 경시되는 경향성을 지니게 되었다. '나와 너'의 만남의 커뮤니케이션은 문자를 매개로 함으로 '나와 그것'의 관계로 커뮤니케이션의 패러다임이 변하게 되었다. 그러나 구텐베르크에 의해서 인쇄술이 발명되기 전까지는 소위 '필기 문화 시기'로서 말을 글로 옮기는 사람의 열정과 태도가 글씨체를 통해 어느 정도 느껴질 수 있었다. 무엇보다 이러한 '글'이 여전히 사람들에게 구두로 읽히되 소리 내어 낭독하는 형식이 혼용됨으로 구두 커뮤니케이션 시대의 특징을 함유하고 있었다고 볼 수 있다.

문자 커뮤니케이션 시대는 교육의 확장이라는 긍정적인 측면과 비인격적 교육의 시작이라는 부정적인 면을 동시에 지니고 있다. 문자의 발명으로 필기가 가능해진 것은 교육이 하나의 '일상적인 삶과는 구분된 영역'으로 정착될 수 있는 길을 열어 주었다. 말을 글로써 저장할 수 있게 됨으로 교육 내용으로서 메시지를 장기간 확보할 수 있게 되었다. 이는 교재의 개발로 이어지며, 구두 커뮤니케이션과는 달리 필자와 독자가 같은 시간과 공간에 존재하지 않아도 커뮤니케이션이 가능하게 되었고 이는 별도의 교육의 영역을 확립하게 되는 것을 의미한다.

(3) 인쇄활자 커뮤니케이션 시대

구텐베르크(Johannes Gutenberg)에 의해서 1453년 발명된 인쇄술은 커뮤니케이션 역사의 새로운 분기점이 되었다. 인쇄술이 발명되기 전인 필기 문화 시기에도 문자는 수기(handwriting)를 통해 사용되었지만 그 문자를 읽고 해독할 수 있는 사람은 매우 제한되었으며, 문자를 손으로 기록하는 데에는 많은 시간과 노력이 소모되기 때문에 여전히 커뮤니케이션에 있어서 공간적 제한을 지니고 있었다. 그러나 인쇄술이 발달하면서 '책'은 가장 강력한 미디어로서 한 사람의 생각을 수많은 사람들에게, 그리고 지역의 한계를 넘어 수많은 지역으로 전파가 용이하게 되었다. 종교개혁이 가능하게 된 것도 이러한 책의 보급, 특히 라틴어 성경이 아닌 독일어 번역 성경의 보급과, 개혁 사상을 담은 글들의 보급으로 인한 것이었다고 해도 과언이 아닐 것이다. 이런 점에서 루터는 인쇄기를 '신의 창조물 중 최고의 것'으로 지칭하고 있다.

인쇄술의 발명으로 대중교육이 가능하게 되었다. 필기 문화 시기에는 귀족들이나 특권 계층을 위한 학교들에 국한되었다면, 인쇄활자 커뮤니케이션 시대에는 민중들에게도 교육의 기회가 주어지는 대중교육이 가능하게 되었다. 대학들의 설립과 수많은 학교들이 세워지게 된 것은 이러한 커뮤니케이션의 패러다임의 변화에 의한 것이라고 할 수 있다. 대중 교육의 확립 외에도 인쇄활자 커뮤니케이션은 교육의 영역에 다양한 영향을 미치게 되었다. 구두 커뮤니케이션 시대와 비교해 볼 때 보다 더 지성을 감성으로부터 구분하는 경향을 지니게 되었다. 인쇄된 활자는 정교하며, 선형(linear)적으로 조직되어 있고, 질서정연하게 나열되어 있기에 보다 논리(logic)와 추상적 사고를 강조하는 특징을 지닌다. 또한 메시지의 생산자와 수용자의 분리가 극대화됨으로 처음 글을 쓴 필자의 삶의 정황과 존재론적 상황 (context)과의 연계성을 상실한 '객관적' 내용이 형성되게 된다. 이런 점에서 인쇄활자 커뮤니케이션 시대의 지식은 탈맥락적 (decontextualized) 지식이요 비인격적(impersonal) 지식이라고 할 수 있다. 또한 활자는 그것을 대하는 개인이 혼자 독해하며, 메시지의 생산자나 그 공동체로부터 분리되어 있다는 점에서 개인주의적 성향을 지닌다. 대중을 대상으로 하는 매스커뮤니케이션을 가능케 하였지만, 공동체성은 오히려 약해지는 경향을 지니는 것이다.[11] 가장 심각한 영향 중의 하나는 지적 영역이 교육 내용의 중심을 차지하게 되었다는 점이다. 인쇄술의 발달은 이성과 합리적, 과학적 사고를 가장 중요시하는 계몽주의의 등장과 함께 교육에 심대한 영향을 미치게 되었는데, 다양한 인간의 능력 중 지적 능력이 가장 중요시되었으며, 다양한 인간의 감각기관 중 시각이 중요시되었으며, 다양한 인간의 지능 중 언어적 지능이 가장 중요시되었다. 학교의 발달은 앎의 삶으로부터의 분리를 가속화시켰으며, 인간의 어느 한 영역이나 능력, 기능만을 강조하는 편향적인 교육이 이루어짐으로써 통전적인 교육으로부터 멀어지게 되었다.

(4) 시청각 커뮤니케이션 시대

제2차 세계 대전 이후 확산된 텔레비전은 커뮤니케이션 체제에 큰 영향을 미치게 된다. 무엇보다 텔레비전은 라디오와는 달리 시각과

---

11) 집단(collective)과 공동체(community)를 구별하여야 한다. 집단 안에서는 여전히 개인주의(individualism)가 팽배하지만, 공동체 안에서는 개인주의와는 다른 인격주의(personalism)가 가능하다. [Maria Harris, *Fashion Me A People*, 고용수 역, 『교육목회 커리큘럼』 (서울: 장로교출판사, 1997), pp. 33-34. 참조]

청각을 재결합시킨다. 시청각 커뮤니케이션 이전 시대에는 시각과 청각이 분리되었다. 구전이 강조되는 시대에는 청각이, 문자 커뮤니케이션 시대에는 문자를 보면서 읽는 시각이 중요한 역할을 수행하였다. 그런데 뉴미디어의 등장으로 시각과 청각과 분리되지 않음으로 보다 원시사회의 인간적 커뮤니케이션으로 회귀할 수 있는 가능성을 보여 주었다.

피에르 바뱅은 시청각 매체에 대한 이해를 세 단계로 나누고 있다. 첫째는 '가르침의 보조 수단'으로 시청각의 힘을 깨닫는 것이다. 둘째는 시청각 자료를 단순히 '보조' 수단이 아니라 그 자체가 하나의 '언어'라는 사실을 인정하는 것이다. 셋째는 시청각 매체가 새롭고 포괄적인 '문화'를 함께 가지고 온다는 것을 이해하는 것이다. 전통적으로 교육에서 시청각은 중요시되어 왔는데 이는 효과적인 교육의 수단으로서의 인식이었다. 에드가 데일(Edgar Dale)은 소위 '경험의 삼각뿔(Cone of Experience)'을 통해서 시청각교육의 중요성을 강조하고 있다.[12] 이는 언어적 상징(verbal symbols)이 경험의 강도가 가장 약한 것으로 이해하고, 시각적 상징(visual symbols), 정지된 그림(still pictures), 활동사진(motion pictures), 전시(exhibits), 현장학습(field trips), 시범(demonstration), 극적인 참여(dramatic participation), 고안된 경험들(contrived experiences), 그리고 직접적이고 목적이 분명한 경험들(directed, purposeful experiences)로 갈수록 경험의 강도가 강해지기 때문에 시청각 자료나 활동을 통해 보다 효과적인 교육을 할 수 있다는 주장이다.

그러나 피에르 바뱅은 시청각을 단지 가르침의 보조 수단으로 사용

---

12) Edgar Dale, *Audio-Visual Methods in Teaching* (New York: Ohil Univ. Dryden Press, 1950).

하는 것은 충분치 않다고 말하며, 전통적인 교수법에 시청각 방법을 가미시키는 것은 마치 알약을 삼키기 쉽게 알약 표면에 설탕을 바르는 것과 같다고 비판한다.[13] 시청각 매체는 교육의 보조 수단이 아니라 교육의 언어이며, 더 나아가 전혀 새로운 교육의 패러다임을 요청하고 있다.

(5) 멀티미디어 커뮤니케이션 시대

멀티미디어(multi-media)는 뉴미디어(new media)와는 구별되어야 한다. 사실 뉴미디어는 올드미디어(old media)와 대조되는 상대적 개념이다. 구전에 비해서 문자는 뉴미디어이며, 인쇄미디어(printed media) 시대에 있어서 정보를 전파로 전달하는 라디오가 등장했을 때 라디오는 뉴미디어가 되는 것이다. 현재는 텔레비전과 라디오는 방송미디어(broadcasting media)로서 이미 올드미디어가 되어 가고 있다. 결국 뉴미디어는 상대적인 개념에 불과하며 완성적인 의미를 담을 수 없다. 인간이 가지고 있는 모든 감각을 다 동원하여 경험할 수 있고, 인간과 인간이 만나 직접 커뮤니케이션하는 것과 같은 것은 멀티미디어를 통해 커뮤니케이션하는 것이다.[14]

---

13) Pierre Babin, 『종교 커뮤니케이션의 새 시대』, p. 18.
14) "뉴미디어는 어느 한 시기에만 존재하는 절대적인 의미의 미디어를 뜻하는 것이 아니라 미디어 발전 단계에 따라서 모든 시기에 존재하는 상대적인 의미의 미디어를 의미한다. 결국 현재 우리가 뉴미디어라고 일컫는 미디어들은 일종의 멀티미디어인 셈이다. … 따라서 다양한 미디어들이 새로운 커뮤니케이션 기술에 의해서 통합된 미디어를 일반적으로 일컫는 뉴미디어라는 용어는 이제는 반드시 멀티미디어라는 용어로 대체되어야 마땅하다." 김정탁, 『미디어와 인간』, p. 57)

4. 멀티미디어 커뮤니케이션 시대의 교육의 경향들

커뮤니케이션의 패러다임의 변화는 인식의 패러다임의 변화를 의미하고, 이는 바로 교육의 패러다임을 의미한다. 언어나 문자를 매개로 한 커뮤니케이션에서의 인식은 개념 중심의 논리적 인식이다. 그리고 이러한 형태의 커뮤니케이션에서의 교육은 강의와 판서를 중심으로 한 교수 방법을 통해 이루어진다. 그러나 멀티미디어 커뮤니케이션에서의 인식은 모든 감각기관이 작용하여 이미지를 획득하는 통전적 인식이라고 할 수 있다. 이러한 멀티미디어 커뮤니케이션에서의 교육은 다양한 매체를 사용하여 오감의 반응을 일으키는 방식으로 이루어진다. 이런 점에서 멀티미디어 커뮤니케이션 시대는 전통적인 교육이 지녔던 '논리 중심의 인식' '언어 중심의 인식' '개념 중심의 인식'을 넘어서는 새로운 통전적 교육인식론을 요청하고 있다. 최근 교육학의 새로운 동향들은 이러한 커뮤니케이션 패러다임의 변화와 맞물려 통전적 교육인식론에 대한 중요한 통찰을 주고 있다.

(1) 다중지능론(MI 이론)

교육 영역에서 최근 가장 영향력 있는 이론 중의 하나가 하버드대학의 교육학과 교수이면서 보스턴의과대학의 신경정신과 교수이기도 한 하워드 가드너의 다중지능론일 것이다. 그는 기존의 IQ 중심의 지능이론에 반대하면서 지능에는 다양한 요소들이 있다고 주장하면서 9가지 지능을 소개하고 있다. 처음 이 이론을 발표할 때에는 7가지 지능을 소개하였지만, 최근의 저서에서는 자연관찰 지능과 실존지능을 추가한다. 9가지의 다중지능을 열거하면 언어지능(linguistic intelligence), 논리수리적 지능(logical-mathematical intelligence), 공간지능(spatial intelligence), 신체운동적 지능(bodily-kinesthetic intelligence), 음악지능(musical intelligence), 대인관계 지능(interpersonal intelligence), 내면성찰 지능(intrapersonal intelligence), 자연탐구 지능(naturalist intelligence), 실존지능(existential intelligence) 등이다.[15]

하워드 가드너의 다중 지능 이론에 의하면 종래까지의 근대 교육은 다양한 지능들 중 첫번째와 두 번째, 즉 언어지능과 논리수리적 지능만을 지나치게 강조했다는 것이다. 그러나 그 외의 여러 지능들이 있으며 이는 상호독립적으로 존재함으로써 한 지능이 높은 사람이 모든 지능이 높은 것을 의미하는 것은 아니라는 것이다. 다른 말로 표현하면, 종래의 교육은 언어, 논리적 커뮤니케이션만을 중요시하는 경향이 있었는데, 이제는 다양한 종류의 커뮤니케이션이 중요한 기능을 수행하고 있음을 입증하고 있는 것이다. 이러한 다중지능의 발견은 그 동안 교육에서의 커뮤니케이션 방식과 인식의 방식이 매우 편협했음을 드러내고 다시금 통전적인 교육 커뮤니케이션으로 회복하는 데에 의미 있는 공헌을 하고 있다.

(2) 교육적 상상력

최근 일반 교육에서 두드러지게 나타나고 있는 또 하나의 현상은 '상상'을 강조하는 경향을 들 수 있다. 특별히 교육에 있어서 상상의 중요성을 강조하는 교육학자 중의 한 사람으로 엘리엇 아이즈너(Elliot Eisner)를 들 수 있는데 그의 『교육적 상상력』(The Educational Imagination)이라는 책은 이를 분명히 보여 준다. 이 책에서 그는 교육

---

15) 하워드 가드너가 1983년에 출판한 Frames of Mind: The Theory of Multiple Intelligence에서는 7가지 지능을 소개하지만, 그가 1996년에 출판한 Intelligence: Multiple Perspectives에서는 9가지 지능을 열거하고 있다.

에 있어서 상상의 중요성을 강조하면서, 인지다원주의(Cognitive Pluralism)에 근거해서 지나치게 기술공학적 모델이라고 할 수 있는 전통적인 타일러식 교육 과정을 비판했다.[16] 인지다원주의는 지식의 다원성을 강조하는데, 시각적(visual), 미각적(gustatory), 후각적(olfactory), 촉각적(tactile), 청각적(auditory) 형태 등 다양한 인지적 형태가 있음을 강조한다.

이러한 아이즈너의 인지다원주의는 교육 인식의 다양성을 주장하는 것이며, 동시에 교육이 다양한 커뮤니케이션 방식에 의해서 이루어질 수 있음을 의미한다. 전통적인 교육 방식이 다양한 인식의 형태 중 어느 한 부분만을 강조하는 경향이 있어 왔고, 이러한 경향이 일부 주지 교과만을 강조하는 경향과 연계되었는데, 아이즈너는 다양한 커뮤니케이션 방식을 통한 다양한 인식이 가능하고, 상상을 통한 커뮤니케이션을 강조하는 음악이나 미술 등의 예술 과목의 가치를 회복시키고 있다. 아이즈너의 인지에 있어서의 상상의 강조는 근대주의 교육의 편협한 인지관을 극복하는 것으로서 다중지능이론이 언어, 논리-수리 지능만을 강조해 온 경향에서부터 통전적인 지능 이해를 가능케 했던 것처럼 보다 통전적인 교육인식론을 가능케 하는 단초를 제공하고 있다고 할 수 있다.

(3) 인격적 지식론

근대 인식론은 한마디로 '객관적 인식론'이라고 할 수 있다. 모든 지식은 그것에 해당되는 사실(fact)이 있다는 주장이며, 탐구하는 사

---

16) Elliot W. Eisner, *The Educational Imagination*, 2d ed. (New York: Macmillan, 1985), pp. 61-86.

람이 순수 객관적으로 관찰함으로써 그 지식을 파악할 수 있다고 주장하는 것이다. 여기에서 소위 가치중립적인 지식이 가능하다는 주장이 나오는데 이러한 인식론이 근대 과학의 기초를 이루고 있다. 그러나 마이클 폴라니(Michael Polanyi)는 그의 책 『인격적 지식론』(*Personal Knowledge*)에서 관찰을 통해 순수하게 객관적인 지식을 획득할 수 있다고 보는 서구 근대인식론을 비판한다.[17] 폴라니는 모든 앎에는 아는 주체의 인격적 요소가 개입되어 있다고 주장한다. 무엇보다 그의 인격적 지식론은 그의 이론의 핵심 개념 중 하나인 '암묵적 요소(tacit dimension)'로 설명될 수 있다. 폴라니는 모든 앎은 암묵적 요소를 갖는다고 주장한다. "우리는 말할 수 있는 것보다 더 많이 알 수 있다(We can know more than we can tell.)"는 그의 유명한 경구가 이를 설명해 준다.[18] 그는 망치와 못의 예를 통해서 '암묵적 요소'의 의미를 설명한다. 즉, 우리가 못을 박기 위해 망치를 사용할 때, 못에 초점을 두고 바라보지만 그 이면에 손바닥으로 못의 위치를 느끼며 조절하는 암묵적 요소가 개입되어 있다. 못을 망치로 때리는 것이 초점을 두는 인식(focal awareness)이라면 손바닥에서 이를 느끼며 방향을 조절하는 것 등은 보조적 인식(subsidiary awareness)이라고 할 수 있다.[19] 폴라니는 모든 앎에는 이런 초점적 인식만이 아닌 암묵적 인식이 있다고 주장한다.

폴라니의 인식론은 종래의 교육이 지나치게 객관주의적 경향이 있었고, 초점적 인식만을 중요시하는 경향이 있었음을 반성케 한다. 교육은 주로 형식적 교육 과정(formal curriculum)을 통해 이루어지는 것

---

17) Michael Polanyi, *Personal Knowledge: Towards a Post-Critical Philosophy* (Chicago: The University of Chicago Press, 1974), p. 16.

18) Michael Polanyi, *The Tacit Dimension* (Garden City, New York: Doubleday, 1966), p. 4.

19) Polanyi, *Personal Knowledge*, p. 55.

만을 의미하였고, 잠재적 교육 과정(hidden curriculum)의 차원과 암묵
적 인식의 영역의 중요성을 무시하는 경향이 있었다. 그러나 폴라니
의 인식론은 커뮤니케이션에 있어서 주된 메시지로 이해되어 온 객
관적 내용으로서 문자나 언어 외에 몸짓이나 표정 등 비언어적 커뮤
니케이션의 중요성을 일깨워 주고 있는 것이다. 교육은 이러한 초점
적 인식과 보조적 인식을 포함하는 통전적 인식을 통해 이루어져 있
고, 인식자를 인식 대상으로부터 분리할 수 없듯이 교육에 있어서 전
달 매체와 전달 내용은 분리될 수 없음을 밝히고 있다. 이러한 폴라
니의 인격적 인식론은 멀티미디어 커뮤니케이션을 통한 통전적 교육
인식론에 대한 통찰을 주고 있다.

(4) 뉴미디어 교육인식론

뉴미디어 시대의 도래는 교육에 있어서 멀티미디어를 효과적으로
사용하려는 교육공학적인 변화만이 아니라 사물을 지각하고 인식하
는 '인식론'에 있어서의 변화와 커뮤니케이션 체제의 변화를 가져오
고 있다.[20] 피에르 바뱅(Pierre Babin)은 그의 책 『디지털 시대의 종교』
에서 미디어의 변화가 이런 점에서 인류의 삶에 엄청난 영향을 미칠
것을 말하고 있다. 그에 의하면 영상문화 속에서의 시각적이고 이미
지 중심의 커뮤니케이션 방식이 기존의 문자적이고 논리적인 사고가
지배적이었던 커뮤니케이션 방식을 대체하고 있다. 바뱅은 미디어를

---

20) 뉴미디어는 마샬 맥루한(Marshall McLuhan)이 기존의 정치적, 미학적 질서를 전복하는
두 가지 기술 혁명으로 본, 15세기 중반에 이루어진 활판 인쇄술의 발명과 19세기 후반에
나타난 전기의 새로운 이용 방식들(전신, 전화, 텔레비전, 컴퓨터 등) 중 후자를 지칭하는
것으로 기존의 문자(인쇄) 미디어와 대비되는 개념이라고 할 수 있다. [Marshall McLuhan,
Understanding Media, 김성기·이한우 역, 『미디어 이해』(서울: 민음사, 2002), p. 8. 참조]

제대로 이해하려면 바탕(ground)과 형상(figure)을 구별하여야 한다고 주장한다. 이는 뉴미디어 인식론에 대한 기초 이해이며 커뮤니케이션 원리에 대한 새로운 이해인데, 뉴미디어는 형상만이 아닌 바탕의 중요성을 일깨워 주고 있다. 형상은 무엇인가를 인식할 때 주의력이 모아지는 곳을 뜻하는데 종이에 있는 활자라든지 사진이나 텔레비전 화면에 나오는 사람들이나 행위를 뜻한다.[21] 바탕은 잡지의 종이, 흰 여백, 사진의 배경, 영화나 텔레비전에서의 조명, 카메라의 위치, 침묵과 소리의 대조 등인데 이 바탕이야말로 명시된 형상을 틀에 넣어 주고 문맥 안에 넣어 주는 것으로서 매개된 메시지의 결정적인 요소라는 것이다.[22] 미디어 언어에서 바탕은 시선이 가게 되는 초점보다 더 중요하고 근본적이다. 이것이 가르침에서 왜 시선이나 몸짓, 목소리의 변화가 중요한지를 깨닫게 한다.[23] 잡지에 있어서 내용보다 더 중요한 것은 레이아웃이다. 음악에서 중요한 것은 가사보다 진동이다. 뉴미디어는 이런 바탕의 언어가 형상의 언어보다 중요함을 말해 주는데 이는 교육에 있어서도 잠재적 교육 과정이 공식적 교육 과정보다 더 영향력이 있음을 시사한다. 또한 기독교 교육의 핵심도 "복음이 수용될 수 있는 바탕을 만드는 일"임을 암시한다.[24]

이러한 뉴미디어의 도전은 교육을 전통적인 관점인 '가르침(teaching)'으로서보다 '커뮤니케이션(communication)'으로 이해할 것

---

21) Pierre Babin, *The New Era in Religious Communication*, 유영난 역, 『종교 커뮤니케이션의 새 시대』(왜관: 분도출판사, 1993), p. 25.

22) *Ibid.*, pp. 25-26.

23) 바뱅의 '형상' 개념은 폴라니의 '초점적 인식(focal awareness)'과 통하고, 바뱅의 '바탕' 개념은 폴라니의 '보조적 인식(subsidiary awareness)' 또는 '암묵적 요소(tacit dimension)'와 매우 밀접한 연관성을 지닌다. 이는 뉴미디어 인식론과 인격적 지식론이 연계되어 포스트모던 인식론을 형성할 수 있는 가능성을 보여 준다.

24) Babin, 『디지털 시대의 종교』, p. 108.

을 촉구하고 있다. 가르침은 가르치는 내용을 전달하는 데에 관심이 있다. 그러나 학생들은 그 가르치는 내용으로서의 형상만이 아닌 더 많은 것에 영향(influence)을 받는다. 영향을 주는 요소에는 바탕이 포함되는데 형상 이상으로 중요한 역할을 수행한다.[25] 바뱅은 지금까지 학교와 교회가 가르침을 통해 합리적이고 효과적으로 설명하고 전달하는 데 주력해 왔지만 신앙의 전달은 교리 교육으로 제한될 수 없다고 주장한다.[26] 바뱅은 오늘날 복음을 세상에 전달하기 위해서는 형상보다 바탕을 만들어 나가는 데 더 많은 시간을 쏟으라고 권고하는 이유가 여기에 있다. 예전에는 단어를 먼저 규정짓고 그에 따른 삽화나 설명을 덧붙이는 식이었는데, 오늘날에는 이미지나 음악에서 시작하여 문자로 요약 설명하는 방식으로 나가야 한다는 것이다. 바뱅은 이를 오히려 복음이 쓰이던 초대 교회 시대의 커뮤니케이션 형태를 회복하는 것으로까지 보았다.[27] 커뮤니케이션의 관점에서 교육을 새롭게 바라보면 그 동안 그 중요성을 간과했던 다양한 바탕의 교육적 의미를 깨달을 수 있고 이는 보다 중심을 움직이고, 지적인 설복만이 아닌 마음의 감동을 불러일으킬 수 있는 교육으로의 회복이 가능할 것이다.

---

25) 바뱅은 "훌륭한 교육학을 통해 형상을 강화함으로써 문제 해결을 기대할 것인가? 그것은 환상이다."라고까지 말한다.(Babin, 『디지털 시대의 종교』, p. 134) 바탕의 중요성을 강조한 그의 입장에는 공감하지만 교육학 자체를 형상의 범주와 동일시함으로써, 교육학이 형상과 바탕을 함께 강조할 수 있는 가능성을 배제한 것은 동의할 수 없다. 왜냐 하면 전통적인 교육학은 교수학에 머무르는 한계를 지녀 형상만을 강조하는 경향을 지녔지만 진정한 교육학은 학생들에게 일어나는 모든 변화를 설명할 수 있어야 하고, 이런 점에서 형상과 바탕을 포함하기 때문이다.

26) *Ibid.*, p. 202.

27) *Ibid.*, p. 112.

(5) 공동체 이론

일반 교육과 기독교 교육에서 공히 발견되는 또 하나의 경향은 '공동체'의 중요성을 새롭게 인식하고 있다는 것이다. 기독교 교육 분야에서는 존 웨스트호프(John Westerhoff)나 엘리스 넬슨(Ellis Nelson) 같은 학자들이 소위 '신앙 공동체 이론'을 주장하였다. 이는 신앙은 교수-학습을 통해 이루어지기보다는 신앙 공동체에 참여하여 경험함으로써 사회화되고 문화화되기 때문에 신앙을 논리적으로 변증하고 설득하는 것 이상으로 공동체 생활이 중요하다는 것이다. 웨스트호프는 오늘날 기독교 교육이 기초부터 흔들리고 있다고 보면서 그러한 위기의 이유를 교육적 패러다임의 문제에서 찾고 있다. 그에 의하면 기존의 교회 교육이 학교 수업이라는 '학교식-교수 패러다임(Schooling-instruction paradigm)'에 근거하고 있는데 이러한 의도적인 수업으로는 신앙이 형성될 수 없음을 주장하고 있다.[28] 전통적 학교식-교수 패러다임은 의도적인 지식 전달은 강조했지만 잠재적 교육과정이라고 할 수 있는 종교적 사회화(religious socialization)의 과정에는 관심을 기울이지 못하는 한계를 지니고 있다. 웨스트호프에 의하면 학교식-교수 패러다임에서는 종교에 관해서(about) 가르칠 수는 있지만 신앙을 가르칠 수는 없으며 결국 가르쳐지는 것은 지식으로서의 기독교 내용뿐이다.[29] 그는 이런 패러다임의 대안으로서 '신앙 공동체-문화화 패러다임(a community of faith-enculturation paradigm)'을 제안하고 있다.[30] 웨스트호프는 기독교 교육의 자리를 학교 교실

---

28) John H. Westerhoff III, *Will Our Children Have Faith?*, 정웅섭 역, 『교회의 신앙 교육』(서울: 대한기독교서회, 1983), p. 32.

29) *Ibid.*, p. 51.

30) *Ibid.*, p. 87.

로부터 신앙 공동체로 옮길 것을 주장하고 있는데, 신앙 공동체 안에 참여함을 통해 한 인간이 공동체 안에서 문화를 내면화하듯이 일종의 문화로서의 신앙을 형성하게 된다는 것이다.

이러한 공동체에 대한 웨스트호프의 강조는 커뮤니케이션으로서 교육을 강조하고 있다고 볼 수 있는데, 커뮤니케이션(communication)이란 단어 속에 이미 공동체(community) 개념이 들어 있다는 점에서 공동체적 나눔을 교육의 핵심으로 이해하고 있는 것이다. 그래서 웨스트호프가 의식(ritual), 경험(experience), 활동들(activities)에의 참여를 강조하는 것과, 강의나 설교만이 아닌 예전(liturgy)의 중요성을 회복해야 한다는 주장은 전통적인 교수를 통한 교육보다 공동체 안에서의 커뮤니케이션을 통해 신앙이 형성될 수 있음을 의미하는 것이다.[31] 얼마나 잘 가르치느냐도 중요하지만 어떤 역동적 공동체에 속해 있느냐가 신앙 형성에 관건인 것이다. 학교식 체제(schooling system) 속에서 수업(instruction)을 통해 교사가 인지적 내용을 거의 일방적으로 가르쳤던 것이 근대주의 교육의 전형적인 모습이었다면, 신앙 공동체(faith community) 안에 구성원들이 함께 참여하고 상호작용하는 공동체적 커뮤니케이션을 통해 신앙을 형성하게 되는 교육의 모델을 제시하고 있다.

(6) 영성에 대한 강조

최근 교육의 동향 중에서 발견할 수 있는 또 다른 특징은 '영성에 대한 강조' 이다. 특히 파커 팔머(Parker Palmer)의 책 『가르침과 배움의 영성』(*To know as we are known*)이나 『가르치는 자의 용기』(*The*

---

31) *Ibid.*, pp. 93-122.

courage to teach) 등은 교육자들에게 놀라운 통찰을 준다. 팔머는 그 동안 교육이 한 쪽 눈에 해당하는 지성(mind)의 눈만을 강조하는 경향이 있었는데 마음(heart)의 눈을 함께 떠서 온전한 시각(wholesight)을 가질 것을 주장한다.[32] 팔머는 그 동안의 교육이 마음(heart)으로부터 머리(head)를 분리시켰으며, 느낌(feelings)으로부터 사실(facts)을 분리시켰고, 실천(practice)으로부터 이론(theory)을, 배움(learning)으로부터 가르침(teaching)을 분리시켰다고 지적하며, 서로 상반된 것들을 통합하고 세상을 통전적으로 바라볼 수 있는 관점을 지녀야 할 것을 주장한다.[33]

팔머는 교육을 '영적 형성(spiritual formation)'으로 보았는데, 가르침을 "진리에 대한 순종이 실천되는 공간을 창조하는 것"(To teach is to create a space in which obedience to truth is practiced.)으로 정의내리고 있다.[34] 근대교육은 가르치는 것을 '채우는 것'으로 이해하는 경향이 있어 왔다. 머리에 지식을 넣어 주고 채워 주는 것이라고 생각하는 경향마저 있었다. 그러나 팔머는 공간을 만드는 것이고 오히려 비우는 것이야말로 진정한 가르침이라는 것이다. 그래서 그는 교육의 가장 중요한 요소로 '침묵'을 들고 있다. 또 공간을 만드는 요소로서 '환대'를 들고 있다. 무엇보다 '기도'야말로 가르침에 있어서 진리에 대한 순종이 실천되는 공간 창조의 방법으로 보았다. 이러한 요소들은 종전의 교육에서는 '교육'이라고 생각지 못했던 요소들인데, 교육에 있어서 영성적 차원과 영성적 커뮤니케이션의 중요성을 강조한

---

32) Parker Palmer, *To Know As We Are Known: Education as a Spiritual Journey* (San Francisco: Harper SanFrancisco, 1993), XXiii.

33) Parker J. Palmer, *The Courage to Teach: Exploring the Inner Landscape of a Teacher's Life* (San Francisco: Jossey-Bass Publishers, 1998), p. 66.

34) *Ibid.*, p. 69.

다. 침묵, 환대, 기도야말로 적극적 커뮤니케이션의 형태이고 교육의
방법이다.

　이상과 같이 최근 교육에 있어서 나타나고 있는 새로운 경향은 다
중지능론의 등장, 상상에 대한 강조, 인격적 지식론과 뉴미디어 교육
인식론의 출현, 공동체 및 영성에 대한 강조 등으로 요약될 수 있다.
이러한 교육의 경향들은 서로 연관되어 있으며 그 동안 팽배했던 편
협한 근대주의적 교육에 도전을 주고 있으며 통전적 커뮤니케이션을
통한 통전적 교육으로의 변화를 촉구하고 있는 것이다.

5. 통전적 기독교 교육 커뮤니케이션

　앞에서 열거한 최근 교육인식론의 경향들은 기독교 교육이 새롭게
변화될 것을 요청하고 있는데, 원래의 통전적 복음을 회복하는 통전
적 기독교 교육 커뮤니케이션을 제안하고 있다. 통전적 기독교 교육
을 가능케 하는 통전적 기독교 교육 커뮤니케이션은 다음의 네 가지
특징을 필요로 하고 있다. 이는 근대 교육이 뿌리박고 있는 근대적
교육 인식론의 한계를 극복하는 교육 커뮤니케이션이기도 하다.
　첫째는, 통전적 기독교 교육 커뮤니케이션은 인격적(personal)이다.
앎의 주체가 객체로부터 분리될 수 없으며, 앎(knowing)은 존재(being)
로부터 완전히 독립될 수는 없다. 이런 점에서 앎은 '나-그것'의 관
계라기보다는 '나-너'의 관계이며 순수하게 객관적인 진리란 존재하
지 않는다. 객관주의적 인식론에 터한 근대 교육에서는 교사와 교육
내용의 분리라는 심각한 현상이 발생하였다. 교사의 인격적인 요소
나 영성, 그의 삶과는 전혀 분리되어 있는 '독립되어 존재하는 지식'

을 가르칠 수 있을 것이라고 전제하였다. 그러나 인격적 지식론이나 뉴미디어 인식론에서 말하고 있듯이 암묵적 요소가 개입되며 형상보다 바탕이 영향을 미치게 되는 것이다. 팔머가 지적했듯이 예수님은 "내가 곧 진리다"라고 말함으로써 예수님의 인격과 지식을 분리시키지 않았다.[35]

둘째, 통전적 기독교 교육 커뮤니케이션은 공동체적(communal)이다. 앎의 주체로서 자율적 개인을 강조하는 서구 근대 인식론과는 달리, 신앙적 앎은 공동체에 뿌리박혀 있다. 모든 지식은 공동체 및 사회 문화적 상황과 분리될 수 없으며, 모든 앎은 함께 알고 있는 사람들(co-knowers)이 있음을 전제하는 공동체적 성격을 지닌다. 개인주의적 인식론에 기초한 근대 교육에서는 학생과 학생 사이가 분리된다. 서로가 경쟁자로 인식되는 경향이 있다. 그러나 신앙 공동체 이론이 주장하듯이 공동체 자체가 교육한다. 성부, 성자, 성령이 삼위일체 되심은 이미 하나님께서 공동체적으로 존재하심을 의미하기에, 공동체 안에서 가장 하나님을 잘 알게 된다.

셋째, 통전적 기독교 교육 커뮤니케이션은 상상적(imaginative)이다. 상상을 앎에서 제외시키는 경향이 있는 객관주의적 인식론과는 달리 새로운 교육인식론은 모든 앎에 상상적 요소가 있음을 강조한다. 동시에 지식을 감정과 의지로부터 독립된 좁은 의미의 인지(cognition)에 국한시키지 않고 전인(whole being)을 포함하는 것으로 이해한다. 합리주의와 실증주의에 근거한 근대 교육은 상상과 감성, 비유와 상징을 비과학적인 요소로 무시하는 경향이 있었다. 이러한 주지주의적인 경향은 IQ만을 중시하는 왜곡된 지능관을 낳았고, 음악, 미술, 체육, 그리고 다양한 지능들을 소홀히 여기게 되었다. 그러나 다중지능론과

---

35) Palmer, p. 47.

상상과 영성에 대한 강조는 다시금 통전적 기독교 교육으로 회복될 수 있는 기회를 제공하고 있다. 기독교 교육은 단지 인지적인 변화만을 추구하는 것이 아니라, 지, 정, 의가 포함된 충실한 상상을 불러일으킴으로 통전적인 삶의 변화를 추구하는 것이다.

넷째, 통전적 기독교 교육 커뮤니케이션은 참여적(participatory)이다. 객관주의적 인식론이 '관객적 의식(the onlooker consciousness)'을 강조하는 반면, 새로운 인식론은 앎의 주체가 지식에 참여하고 있음을 강조하는데, 모든 앎에는 앎의 주체의 앎에 대한 헌신이 있음을 주장한다. 근대 교육의 학교 체제는 관객주의적 인식을 강화하는 경향이 있어 왔다. 교실이 공연장이라면 학생들을 관객석에 앉아서 교사가 무대에서 펼치는 연기를 구경하는 구조이다. 또한 학교 자체가 사회와 격리된 채 현장 속에 참여하지 않는 경향을 지니고 있다. 교사나 학생 모두가 추상화되고 관념화된 지식을 현장과 괴리된 공간 안에서 배우고 있는 셈이다. 그러나 앎의 주체가 앎의 객체에 이미 참여하고 있음을 강조하는 인격적 지식론과 공동체에의 참여를 강조하는 새로운 교육의 경향은 기독교 교육이 보다 참여적인 구조로 변화될 수 있는 기회를 주고 있다.

5. 결언

교육은 커뮤니케이션이다. 커뮤니케이션의 관점으로 교육을 볼 때 교육의 지평은 보다 확대되고 종래의 교육이 소홀히 다루었던 비언어적 커뮤니케이션의 중요성을 재발견하게 된다. 또한 교사 주도의 주입식 교육인 일방적 커뮤니케이션의 한계를 극복하여 교사와 학생, 학생과 학생의 만남과 대화를 강조하는 쌍방적 커뮤니케이션을 지향할 수 있게 된다. 단지 가르침으로만 이해되어 왔던 교육 현상을 인간 삶의 변화에 영향을 주는 모든 커뮤니케이션 현상을 교육적으로 이해함으로 교육의 총체적 이해를 가능하게 하였다. 무엇보다 근대주의 교육의 한계, 특히 학교 체제(schooling system)의 한계를 뛰어넘어 포스트모던 시대, 특히 멀티미디어 시대에 걸맞은 통전적 커뮤니케이션을 통한 통전적 교육(holistic education)을 회복할 수 있는 가능성을 보여 준다. 이러한 문자 및 인쇄활자 커뮤니케이션의 제한성을 극복하는 통전적 커뮤니케이션이야말로 진정한 상상을 가능케 하여 지, 정, 의를 통합하는 신앙을 매개하는 기독교 교육적 통로가 될 수 있다.

추천 도서

임종달. 『커뮤니케이션과 기독교 교육』. 서울: 서울서적, 1993.
- 커뮤니케이션의 기본 개념을 소개하고 이를 기독교 교육에 접목시키려고 시도한 책이다. 그러나 전체 책이 커뮤니케이션과 기독교 교육에 관한 책이 아니고 다른 여러 글들을 편집한 책이다. 제1장 커뮤니케이션학의 이론적 접근, 제3장 언어와 기독교 교육, 제4장 커뮤니케이션과 효과적인 기독교 교육 등은 커뮤니케이션과 기독교 교육의 관계에 대한 개론적인 설명을 제공해 주고 있다.

강희천 외, 『디지털 환경과 기독교 교육』, 서울: 나남출판, 2002.
- 디지털 시대에 걸맞은 기독교 교육이 어떠해야 할까를 탐구한 책이다. '디지털 환경과 기독교 공동체' '기독교 교육 정보화의 가능성과 한계' '인터넷 온라인 교육과 기독교 교육' '사이버 공간에서의 청소년문화와 기독교 교육' 등을 여러 명의 필진들이 다양하게 다루고 있는데, 디지털 시대의 새로운 커뮤니케이션을 이용한 기독교 교육에 관심을 지닌 사람들에게 필독을 권하고 싶은 책이다.

피에르 바뱅, 이영숙 편역, 『디지털 시대의 종교』, 서울: PC라인, 2000.
- 기독교 교육 전문 서적은 아닌 커뮤니케이션 전공 책이지만 교육과 기독교 교육에 대한 수많은 통찰로 가득 차 있는 책이다. 가르침을 커뮤니케이션으로 이해하고, 학습을 영향력으로 이해하는 새로운 시각을 제공해 주고 있다. 기독교 교육을 전공하지만 커뮤니케이션과 기독교 교육을 접목시키기 원하는 사람들은 꼭 읽어야 할 필독도서일 것이다.

오치선 외, 『청소년 커뮤니케이션학』, 서울: 솔과학, 2002.
- 커뮤니케이션 전문가들과 교육학 전문가들이 함께 모여 '청소년 커뮤니케이션학'을 개척하였다. 그래서 청소년에 초점을 맞춘 다양한 주제들을 커뮤니케이션의 관점에서 서술하고 있다. 청소년 커뮤니케이션 분야에서는 교과서와 같은 책이라고 할 수 있다.

제3장 교육 커뮤니케이션의 실제

김도일 (장로회신학대학교 교수, 기독교교육학)

1. 문제의 제기

(1) 왜 교육 커뮤니케이션의 실제가 중요한가?

현대인은 단절(severance) 가운데서 살아간다. 단절은 격리(isolation)
와도 일맥상통하는 단어이다. 왜 현대인들은 단절과 격리를 경험하
며 살아가야 하는가? 이는 현대문화의 병적인 현상 때문이다. 일찍이
로버트 벨라가 표현한 바와 같이 현대인들은 극심한 개인주의에 빠
져들었다. 이 극심한 개인주의는 현대인들의 삶 속에 버릇처럼 자리
잡았고 이를 그는 마음의 습관(habits of the heart)라고 불렀다.[1] 개인주
의에 빠져든 현대인들의 근본적인 병은 사실 자기 존재와 현실에 대

---

1) Robert N. Bellah, et al, *Habits of the Heart* (Berkeley: University of California Press, 1985).

한 회의에서 비롯된다. 자신의 존엄성에 대한 의심과 회의에 빠져들게 되면 자신에 대한 믿음을 잃게 되고, 자신을 둘러싸고 있는 현실 세계에 대한 확신을 잃게 된다. 자신은 타인으로부터 조정받고 있으며, 자신의 의지로 세상이 돌아가고 있지 않으며, 눈에 보이는 현실이 인공적으로 조성된 세계라는 생각에 이르게 된다.[2] 이런 생각이 깊어지면 자신은 계속적으로 자신만의 세계로 빠져들게 되며 끝도 없는 나르시시즘의 소용돌이로 들어가게 된다. 자기 자신이 건강치 않고서야 어찌 대화가 가능하겠으며, 현실 세계에 대한 신뢰를 상실하고서야 어찌 긍정적인 세계관을 갖고 대화하겠는가? 이러한 이유로 현대인들은 단절과 격리로 점철된 자기만의 성(castle)에서 살아간다. 단절은 격리를 낳고 격리는 외로움을 낳는다. 이것이 많은 현대인들이 오늘날 겪는 감정이라고 보아도 과언이 아닐 것이다.

현대인은 또한 왜곡(distortion) 가운데서 살아간다. 왜곡은 오해(misunderstanding)와도 일맥상통한다. 단절되어 살다 보니 삶이 격리되고 격리되다 보니 혼자만의 세계에 머물게 되고 그러다 보니 자연 타인과의 대화가 단절되게 된다. 단절된 상태의 사람들은 대개 혼자 오해의 늪에 빠져 있게 된다. 자기 나름대로의 생각에 잠기게 되면 그것이 오해를 낳게 되고 결국 왜곡된 상태에서 허우적댈 수밖에 없게 된다. 헛된 지식은 왜곡을 낳게 되고 지식이 없으므로 사람은 존재할 수 없게 된다. 구약성서의 호세아 4장 6절을 보면 "내 백성이 지식이 없으므로 망하는도다 네가 지식을 버렸으니 나도 너를 버리노라"라고 적혀 있다. 물론 여기서 말하는 지식은 하나님을 아는 지

2) 이런 개인의 정체성과 현실 세계에 대한 회의(doubt)를 다룬 다음의 글을 참조하라. Letty M. Russell, "Handing on Traditions and Changing the World," Padraid O' Hare, ed., *Tradition and Transformation in Religious Education* (Birmingham, Ala.: Religious Education Press, 1979). "Truman Show"라는 영화도 이와 유사한 주제를 다루었다.

식을 의미한다. 그러므로 지식은 하나님과 나와의 관계를 의미하는 것이며, 이러한 관계적 지식은 분별력의 토대가 된다. 나와 너 사이의 커뮤니케이션이 성립하려면 적절한 지식을 가져야 한다. 결국 하나님을 아는 지식과 나를 아는 지식이 필수적이다. 그러나 현대인은 단절과 격리, 그리고 왜곡과 오해 속에서 자기만의 동떨어진 비관계적 지식에만 사로잡혀 있다고 해도 과언이 아닐 것이다.

단절은 격리를 낳고, 격리는 왜곡을 낳으며, 왜곡은 오해를 양산한다. 결국은 우리의 가정과 교회와 사회(학교)는 온통 갈등으로 얼룩져 있다. 부모와 자식 간의 갈등, 당회원들 간의 갈등, 노사 간의 갈등은 이미 모든 사람이 익히 아는 바다. 또한 오늘날 교실의 붕괴는 매우 심각한 상황이다. 필자는 "교육은 커뮤니케이션에 의존한다."는 류얼 하위(Reuel L. Howe)의 생각에 동의한다. 하위는 전달의 목적을 독백이 아닌 둘 이상의 사람들 사이에서 의미 있는 대화와 만남을 일으키는 것으로 정의하면서 현대인들의 전달 혹은 의사소통을 방해하는 몇 가지 장애 요소를 나열하였다. 그것은 언어와 심상, 근심과 우리의 방어기질이며, 우리들 사이에 존재하는 이질성이라고 하였다. 그는 기독교 교육이 독백에서 대화로 바뀌어야 하며 그 실례를 예수님의 우물가의 여인과의 대화에서 찾았다. 위대한 교사이신 예수로부터 우리가 배워야 하는 것은 '상관적 사고'이며 이 상관적 사고가 커뮤니케이션을 가능케 해 준다고 역설하였다.[3]

비록 커뮤니케이션이라는 주제를 다루지는 않았지만 헨리 나우웬(Henry J. M. Nouwen)의 현대 교육에 대한 통찰은 커뮤니케이션과 교육의 밀접한 상관관계를 예리하게 지적해 준다. 그는 현대 교육의 병

---

3) 류얼 하위, "기독교 교육의 대화적 기초" 마빈 테일러 편저, 『기독교교육학』(한국장로교출판사, 1982), pp. 142-150.

폐를 폭력적(violent) 교육 모델로 규정하며 폭력적이 된 이유를 이렇게 설명하였다. 첫째, 현대 교육은 경쟁성을 야기한다. 지나친 경쟁심을 부추겨서 공포가 학생들과 교사를 지배하는 가운데 모든 사람을 지나치게 민감하게 만들고 있다는 것이다. 가장 활발한 커뮤니케이션을 권장하는 것 같은 토론식 교육도 알고 보면 지성의 전투에 불과하다고 그는 지적한다. 둘째, 현대 교육은 일방성을 조장한다. 본래 교육이란 서로에게 배우는 과정인데 폭력적인 교육 모델은 교사가 강자이며 학생은 약자가 된다는 것이다. 셋째, 현대 교육은 소외성을 조장한다. 배울수록 더욱 사람다워지는 것이 아니라 인간을 소외시키는 데 일조하는 것이 폭력적인 현대 교육의 특성이라는 것이다. 학생들은 교실 밖으로 향해 있고 종이 울리기만을 기다리며 목을 길게 늘어뜨리며 지내다가 졸업과 동시에 모든 학창생활의 기억을 지워 버리려고 노력한다는 것이다.[4] 여기에 대한 대안으로서 나우웬은 구속적 교육 모델을 제안하는데 이에 대하여는 뒤에서 다룰 것이다.

이러한 병적인 현상을 경험하며 사는 현대인들을 돕기 위하여 커뮤니케이션에 대한 연구가 필요하다. 특히 기독교 교육적 시각을 갖고 구체적인 삶의 현장에서 어떻게 효과적으로 커뮤니케이션을 할 수 있을지에 대하여 고찰하는 것이 중요하다고 본다.

(2) 연구 범위와 한계

이 글은 아래의 세 가지 교육의 장을 연구의 범위로 생각하며 쓴 것이다.

---

4) 헨리 나우웬, 『Creative Ministry: 영성의 씨앗』(그루터기하우스, 2003), pp. 26-33.

첫째, 가정에서의 커뮤니케이션.

둘째, 교회에서의 커뮤니케이션.

셋째, 교실에서의 커뮤니케이션.

또한 이 연구는 기독교적인 입장에서 이루어진 것이다. 그러므로 기독교 신앙에 동의하지 않는 사람이 이 글을 읽게 되면 동의하지 않는 부분이 있을 것이다. 이 점은 이 연구의 장점이자 동시에 한계가 된다.

2. 상황에 대한 분석

(1) 가정에서의 커뮤니케이션

2001년도 10월 중순 유엔아동기금(UNICEF) 한국사무소가 발표한 조사 결과는 우리 사회에 적지 않은 충격을 주었다. 동아시아·태평양 지역 17개국의 청소년(만 9~17세)을 대상으로 한 조사에서 한국은 어른에 대한 존경심 부문에서 꼴찌를 차지한 것으로 나타난 것이다. 이 조사에서 한국 청소년들은 13%만이 "부모를 존경한다"고 응답, 조사 대상 17개국 평균 72%에 훨씬 못 미친 것을 물론 홍콩(39%), 중국(70%), 호주(74%) 등보다 뒤처진 것으로 나타났다. 이 조사 결과는 신뢰도에 대한 논의가 있기는 했지만 인간관계에 관련된 국가간 비교치를 보여 주는 드문 경우로 평가되고 있다.[5]

이런 기사보다 더 충격적인 설문조사가 있다. 한인 청소년 34%가 현재의 "부모를 바꾸고 싶다"라는 다소 도발적인 제하의 기사는 미국

---

5) 《월간 조선》, 2001. 11. 29.

내 한인 청소년들의 가정생활을 조사하여 발표하였다. 3명 중 1명 (34%)이 현재 부모에 대해 만족하지 못하고 있으며 결국 다른 부모를 갖기 원하고 있는 것으로 나타났다. 이 같은 사실은 최근 고려대학교 주최로 뉴욕 지역 플러싱쉐라톤호텔에서 열린 '한인 이민 가족의 세대 갈등 워크숍'에서 밝혀졌다. 이 행사에 주제 발표자로 참석한 배영 캔자스 주 미주리대 명예 교수는 한인 청소년의 16%가 '다른 부모를 가졌으면' 하고 응답했다고 밝혔다. 이는 백인 청소년(5%)이나 흑인 청소년(9%)에 비해 훨씬 높은 수치다. 배 교수는 '조사 대상 한인 청소년들이 교회의 교육 프로그램에 참여하는 비교적 안정된 계층임을 감안할 때 실제로는 이 문제가 훨씬 심각할 것'이라고 주장했다. 또 민병갑 뉴욕시립대 교수의 연구 조사 결과에 따르면 한인 청소년의 부모에 대한 불만 사항은 이해 부족 · 언어 및 문화 장벽 · 전통 중시 경향 등이 주요 사안으로 꼽혔다. 민 교수는 "한인 가정의 자녀들이 한국어에 능숙하면 할수록 부모와 친근한 관계를 유지하고 있으며 부모 · 자녀 간에 전통적 한국의 가치관을 받아들이는 정도의 차이가 크면 클수록 부모 · 자녀 관계는 멀어져 가고 있다."고 말했다.[6] 이는 비단 미국 내의 한인 교포들만의 문제가 아닐 것이다. 많은 가정은 이미 부모 자녀 간의 존경과 사랑이 깨어진 상태에 있으며, 부모와 자녀 간의 커뮤니케이션이 두절된 상태에서 살고 있음이 드러났다.

부모와 자녀 간의 커뮤니케이션을 걱정하기에 앞서 부부간의 커뮤니케이션을 의심 내지는 염려케 하는 이혼에 관한 통계는 더욱 심각하다. 2002년 통계청의 보고에 따르면 우리나라의 이혼율은 42%로 OECD국가 중 3위인 것으로 드러나, 가정 해체 문제가 심각한 상황

---

6) 《중앙일보 하와이판》, 1999. 8. 3.

에 이르렀다는 우려를 낳고 있다. 2000년 2만 5천 477건이었던 이혼 건수는 2001년 2만 8천 962건, 2002년 2만 9천 351건이었다. 이 숫자는 10년 전에 비하면 10배가 증가한 것이다. 이혼의 이유는 다양하나 대부분 부부간의 갈등이 주를 이루었다. 왜 갈등하는가? 그 이유는 "우리 부부는 서로에 대하여 모른다."가 답이었다. 부부간 대화의 단절이 서로를 격리하여 별거하게 하고 결국 세월이 지나면 서로에 대하여 오해하게 되어 남보다도 더 먼 사이로 전락하게 된다. 이러한 부모 밑에서 양육을 받는 자녀들이 신앙적인 양육을 받을 수 없는 것은 자명한 사실이다. 기독교교육자 호레이스 부쉬넬이 『기독교적 양육』에서 주장한 것처럼 가정이 '신앙의 인큐베이터'가 되려면 가정이 작은 성전이 되어야 한다. 그러나 커뮤니케이션이 끊어진 현대의 가정에서 그런 것을 기대하는 것조차 사치가 되어 버렸다. 그러니 위에 나온 설문 조사 결과처럼 자녀들은 부모를 존경하지 않고, 현재 자신의 부모가 다른 사람들이었으면 하는 바람을 갖기에 이른 것이다.

(2) 교회에서의 커뮤니케이션

교회에서는 커뮤니케이션이 원활하게 이루어지고 있는가? 21세기에 들어선 오늘날 주변의 여러 교회에서 잡음이 끊이지 않는 이유는 무슨 연유인가? 목회자와 당회원 사이의 불협화음에 대한 얘기는 오늘만의 그것은 아니지만 그 상황과 이유를 살펴볼 필요가 있다. 목회자들의 실태는 어떠한지를 먼저 살펴보자. 장로회신학대학교 교회커뮤니케이션연구원에서 1997년 10월부터 1998년 여름까지 전국 각 교단 500명의 목회자(예장통합 100명, 예장 기타 100명, 기장 50명, 감리교 50명, 성결교 50명, 침례교 50명, 순복음 50명, 기타 50명)를 대상으로 전국 목회자의 건강실태를 조사한 결과는 다음과 같다. 목회자들 중 33% 가량이 질병을 앓은 경험을 가지고 있으며, 건강관리를 위한 종합검진은 6개월에 1회가 2.4%, 1년에 1회(24%), 2년에 1회(11.6%), 3년에 1회(6.2%), 4년에 1회(1%), 5년에 1회(1%), 못하고 있다(52.7%) 등의 순으로 드러났다. 특기할 만한 사실은 그들이 경험하는 정신적 스트레스는 주로 인간관계로 인한 것이 많다는 것이다. 이에 대하여 아래에서 자세하게 기술할 것이다. 대부분의 목회자들은 그들이 목회를 시작한 이후 자신들의 건강상태에 대하여 낙관적인 태도를 보이고 있는데, 전체 응답자 중 61.2%가 건강상태는 그대로라는 응답을 보이고, 20.1%가 더 나빠졌다고 응답했다. 이들 중 60% 이상이 6시간 미만의 수면을 취하고 있으며, 8시간 이상(0.6%), 7~8시간(6.7%), 6~7시간(31%), 5~6시간(52.5%), 4시간 미만(9.2%)의 수면을 취하고 있다고 응답했다. 특히 관심을 끄는 부분은 목회자들의 정신적 스트레스 원인으로 전체 응답자 370명 중 155명(41.9%)이 인간관계로 인한 스트레스에 시달리고 있으며 다음은 교회 행정 업무(27.6%), 기타(11.4%), 심방(7.6%), 설교(6.2%), 가정(5.4%) 순으로 나타났다. 행정 업무와 심방과 설교로 인하여 스트레스를 받는 것을 다 합친 것과 인간관계 커뮤니케이션 속에서 겪는 스트레스가 맞먹는 것을 볼 때 목회자들이 호소하는 커뮤니케이션과 관련된 스트레스 해소의 문제는 실로 심각한 것이라고 하겠다.

당회 내의 커뮤니케이션은 원활히 이루어지고 있는가? 당회가 직면한 갈등의 원인은 주로 당회원 간의 커뮤니케이션으로 나타났다.[7] 대부분의 경우 당회의 대화를 주도하는 이는 당회장이나, 요즘은 오히려 당회장이 그 권한을 잃고 일부 당회원들이 주도하는 경우도 비

---

7) "이의용의 교회문화 마당: 목사, 장로 갈등 줄이기"를 참조하라. 이 교수는 당회 갈등의

일비재하다. 이때 당회 갈등의 주요인은 상대방의 의견을 경청하지 않는 것이다. 대화할 때, 상대방의 의견을 듣기보다는 자신의 의견을 들어주지 않는 상대를 향하여 불만을 토로하기가 일수이다. 우리가 살아가는 이 세상을 들여다보면 서로 간의 의사전달(communication)에 심각한 문제가 있다는 생각이 든다. 노사간 갈등 뿐 아니라 당회원 간에도 끝없는 대립·갈등이 야기될 수 있기 때문이다. 여기서 대부분의 문제 원인은 '말을 잘못 하는 데'에 기인하기보다는 '말을 잘못 듣는 데'에 기인한다. 우리 모두 청각 장애가 있는 사람의 경우를 제외하고 듣는 것(hearing)은 자연스러운 것이다. 그러나 그 듣는 것(hearing)과 경청(listening)과는 서로 다른 것이며, 경청에도 정도에 따라 수준 차이가 있다는 것을 깨닫기까지는 왜 '듣는 것이 그렇게 중요한가'를 이해하는 데 한계가 있다. 경청을 세 가지 정도로 생각해 볼 수 있다. 첫째, 주위에서 흔히 발견되는 모습으로 대화하며 상대방에게 관심을 주는 척하고 있으나 단순히 자신의 의견을 개진키 위해 필요한 수준에 머무는 피상적이며 거의 듣지 않는 실제적으로 무(無)경청(non-listening)의 경우가 있다. 둘째, 상대방의 얘기를 듣기는 들으나 논리와 내용에 국한된 지극히 표면적 의미를 감지하는 것에 머무는 피동적인 경청(passive listening)이 있다. 셋째, 가장 높은 수준의 경청은 상대방이 쓰는 단어뿐 아니라 몸짓에 담긴 메시지까지도 관심을 가지며, 같은 단어일지라도 다른 뉘앙스를 가질 수 있음을 기억하며 상대방의 입장에 서서 이해하려 노력하는 적극적인 경청(active listening)의 단계가 있다. 모든 종류의 갈등 해결의 실마리는 바로 성숙된 경청 문화에 있다. 그래서 "듣기는 속히 하고 말하기는 더

주된 이유를 주도권 싸움으로 보고 목회자와 장로가 모두 귀담아 들어야 할 문제를 다루었다.《기독공보》, 2003. 5. 3.

디 하며"(약 1:19)라고 성경에는 기록되어 있다. 우리 각자의 경청 수준은 어디에 머무르고 있는지를 살펴보아야 당회 갈등의 문제도 해결의 실마리를 찾을 수 있다.

또한 교회의 커뮤니케이션에서 중요한 비중을 차지하는 것은 설교이다. 언뜻 보기에 설교는 일방적이며 수직적인 전달인 것처럼 느껴지지만 실상 설교만큼 쌍방적이며 수평적이어야 하는 커뮤니케이션도 없다고 본다.[8] 왜냐 하면 설교는 하나님 말씀의 선포임과 동시에 회중의 마음에 호소하는 것이고, 설교는 위로부터 주시는 하나님의 은혜의 통로이지만 성도들의 삶에서 열매를 맺게 하는 매개체이기 때문이다. 그러나 설교가 쌍방적이며 수평적으로 전달되어 성도들의 삶에 긍정적인 변화를 야기하기 위해서는 설교가 효과적으로 전달되어야 한다. 그러나 현대의 교회는 설교의 권위를 부정하는 분위기가 팽배되어 있다.[9] 홍수처럼 밀려드는 정보는 설교의 권위를 상대적인 것으로 만들었다. TV와 인터넷을 열면 수많은 목회자들의 설교가 마치 식당의 메뉴에 음식 이름이 적혀 있듯이 함께 나열되어 있는 현실이고 보면 설교의 권위가 실추되는 것도 무리가 아닐 것이다. 설교가 제대로 전달되지 않는 이유는 목회자의 설교 전달이 문제가 있기 때문이기도 하다. 일반적으로 사람이 모이는 교회는 설교의 전달이 명확하게 되고 있다.[10]

목회자와 당회원 사이의 갈등이 끊이지 않고 결국 교회 성장 정체의 큰 요인이 되고 있는 이때에 갈등을 해소하고 건전한 관계로 나아

---

8) "바람직한 커뮤니케이션 질서"라는 제하의 논문을 김이곤, 서정우, 오택섭 교수 등이 참여했던 『교회와 커뮤니케이션』(기독교방송, 1987)에서 참조하였다.
9) 박종순, "오늘의 상황과 설교의 유형을 알아본다", 『이렇게 설교해야 교회가 성장한다』(도서출판 하나, 1995), p. 183 이하.
10) 위의 책, p. 191.

가게 하는 비결은 원만한 커뮤니케이션의 기술을 익히는 데 있다. 또한 케이블 TV와 인터넷이 보편화되어 설교가 상품처럼 취급되는 현대사회에서 설교를 커뮤니케이션의 일환으로 재조명해 보는 것은 의미가 있다고 본다.

(3) 교실에서의 커뮤니케이션

"5교시. 종소리를 듣고 교실에 올라가 출석을 부른다. 학생들의 이탈이 많기 때문에 매시간 출석을 부르지 않으면 안 된다. 결석 4명, 1교시 이후 등교한 지각 4명, 조퇴 1명, 도망간 학생 2명. 출석을 부르고 나면 책상에 엎드려 있는 학생을 깨운다. 이어폰을 빼게 한다. 휴대전화를 끄게 한다. 교과서와 공책을 꺼내게 한다. 그러고 나서 수업을 시작한다. 여기저기서 떠드는 소리가 들리고 그 새를 못 참아 책상에 엎드려 자는 학생들을 다시 깨운다. 이건 정말 수업이 아니라 전투다. 교실을 나설 때면 가슴은 무력감으로 미어진다." 어느 실업계 고교의 교실 풍경이다.[11] 무작위로 추출한 전국의 교사 450명과 중·고교 재학생 700명을 대상으로 실시한 조사 결과에 따르면 교사의 60%가 '학생들 10명 중 3명만이 수업에 참여하고 있다.'고 생각하는 것으로 드러났다. '수업이 잘 이루어지지 않는다'고 보는 학생들도 절반 이상으로 나타났다. 또 '학교를 그만두고 싶다'는 학생들이 21%였고, '사회에서 졸업장을 중요하게 생각하지 않는다면 학교에 다니지 않겠다'는 학생도 상당수(44%) 차지하고 있었다.[12]

10명 중 3명의 학생만이 수업에 참여하고 있는 현대 교실의 현실을

---

11) '학교를 어떻게 살릴 것인가'로 진행된 교사들의 토론 참조.
   http://semyeong.hs.kr/~pkh3/manrel.htm.
12) 위의 글.

"교실 붕괴"라고 부른다. 이런 현상에 대처하는 의미에서 조한혜정 연세대 사회학과 교수는 "근대의 보편적 양상으로서의 학급 붕괴와 한국적 특수성"을 발표하면서 오늘날 교육이 안고 있는 문제에 대해 '침통해하기보다는 실패를 과감히 '받아들여야 한다'고 말했다. 또 지금의 문제 상황이 특수한 나라의 실패라기보다는 '근대화의 전반적 실패'에서 기인한다고 규정하고 바람직한 시대 변화는 현실을 직시하는 주체들의 노력 없이는 이루어질 수 없다고 강조했다. 즉 봉건적 가부장이 능력 있는 근대적 가장에서 다시 부드러운 부성으로 변화했듯, 교권과 교사상도 무너지는 것이 아니라 변할 수밖에 없다는 것이다. 이어서 교육 개혁의 걸림돌은 아직도 초기 국민 교육 시대의 '교권' 이미지를 고집하면서 문제 상황을 은폐하거나 축소하려는 성향이라고 지적했다. 그는 "기존의 고정관념을 과감히 벗어 던질 것"을 당부하고 "학교를 좀 더 '가볍게' 보는 측면이 필요하다."고 말했다.[13] 그러나 좀 더 근본적인 입장에서 이 교실 붕괴에 대처하는 길을 모색해야 할 것이다. 즉, 상벌 위주 훈육형 교육에서 벗어나 공동체적 발달을 도와주어야 한다. 이는 인간적이고 친밀한 교실 분위기 조성으로 교사와 학생의 '인간적 관계'를 회복해야 한다는 의미이다. 그런데 여기서 말하는 관계 회복은 교사와 학생 간의 건강한 커뮤니케이션이 전제된 말이다.

온전한 커뮤니케이션을 위한 연구도 절실한 형편이다. 요즘 아이들은 개념을 통해 커뮤니케이션을 하기보다는 이미지와 감각에 더 의존한다. 비디오나 만화, 온라인 게임 등이 아이들의 의식 세계를 지배하고 있는데 정작 이미지와 감각 커뮤니케이션의 대표격이라고 할 수 있는 '스타크래프트'가 뭔지도 모르는 교사들이 대부분이라고 해

---

13) 위의 글.

도 과언이 아니다. 학부모 또한 자녀들이 인터넷이나 PC통신에 빠져 있다고 한탄할 뿐, 왜 그들이 그것들을 탐닉하는지에 대하여는 연구하지 않는다. 학생들은 가정에서 리모컨만 가지고 있으면 온갖 화려한 유혹의 요소들을 브라운관에서 볼 수 있다. 집 밖으로 한 발만 나오면 피시방, 노래방, 비디오방이 그들을 반겨 준다. 청소년들의 일탈을 부추기고 선동하여 상업문화의 소비자로 전락시키는 대중매체와 상업자본에 의하여 그들은 점점 학교로부터, 교실로부터, 교사로부터 멀어지고 있는 것이 오늘의 현실이다.

3. 온전한 교육 커뮤니케이션을 위한 제안

(1) 부모 자신이 가진 말의 파워를 인식함으로 커뮤니케이션에 임하라!

건강한 가정에는 건강한 의사소통, 즉 커뮤니케이션이 필수적이다. 대개 커뮤니케이션의 수단으로는 언어가 7%, 억양이 38%, 그리고 비언어가 55%가 된다고 본다. 비언어 즉, 표정, 몸짓, 행동, 눈동자 등으로 의사를 표현하는 경우가 반 이상을 차지하게 된다. 그리고 대화는 표현과 받아들임에 의해 이루어진다.[14] 가정이 편안해야 사회생활을 건강하게 할 수 있다. 우리 가정의 분위기가 긍정적이고 비판적이지 않을 때, 가족 각 구성원의 특성이 존중되고 있는 모습 그대로 받아들여질 때, 가족들이 서로를 돌보며 관심과 인정을 말로 표현할 때, 의사소통의 과정이 건강하고, 공개적이고, 솔직하며, 직접적이

---

14) 주수일, 『아름다운 가정의 비밀』(국민일보사, 1991), pp. 208-209.

고, 이중 메시지가 없을 때, 가족이 함께 모이는 것을 즐기고, 의무감
으로 모이지 않을 때, 가정 안에 건강한 수준의 친밀감이 존재할 것
이다. 이 장에서는 가정 내에서 실천할 수 있는 구체적인 의사소통의
전략을 살펴볼 것이다.

　본래 부모에게 자녀교육에 대해 가르치는 과목을 패런팅(Parenting)
이라 한다. 그런데 이 단어 속에는 진리가 담겨 있다. 자녀교육의 비
밀은 패런팅, 즉 부모가 '부모 되기'에 달려 있다는 것이다. 자신의
장점과 단점을 파악하여 바른 부모로 서는 것이 자녀를 교육하기 전
에 선행되어야 할 문제임을 인식하여야 한다.[15] 노먼 라이트(H.
Norman Wright)는 부모가 먼저 자신의 "언어 무기를 해체하라"고 권
면한다. 가정에서의 건강한 커뮤니케이션을 방해하는 잔인하고, 신
랄하며, 쓰라리고 자존심을 건드리며, 비판적인 말들을 그는 '유독성
무기'라고 명명했다. 이런 유독성 무기를 통해 자녀들은 내면에 상처
를 받게 된다. 심지어 언어 공격이 멈춘 뒤에도 자녀가 입은 정서적
인 손상은 평생 지속될 수도 있다.[16] 직접적인 언어 학대가 사람의 마
음을 멍들게 한다. 가령, "너 그렇게 공부하다가는 아무것도 못 돼!"
라든지 "네가 뭘 제대로 하겠니?"와 같은 직접적인 언어 학대가 있는
가 하면, 비꼼과 농담으로 가려진 간접적인 언어 학대도 있다. 잠언
26장 18-19절의 말씀처럼, "횃불을 던지고 화살을 쏘아서 사람을 죽
이는 미친 사람이 있다. 이웃을 속이고서도 '농담도 못 하냐?'"(표준
새번역판)라고 슬쩍 책임을 회피하는 경우도 있다.

15) 일찍이 페스탈로치(J. H. Pestalozzi)는 가정이야말로 인격적 대화의 장이 되어야 함을 역
　설하였다. 『페스탈로치가 어머니들에게 보내는 편지』, 김정환 역(양서원, 1989), p. 220
　이하 참조.
16) 노먼 라이트, 『The Power of a Parent's Words: 부모말의 파워』(토기장이, 2000), p. 110
　이후.

라이트는 부모가 자녀의 잠재력을 믿으며 북돋움과 격려를 생활해 나가야 하는데, 언어 습관을 고치기 위해서는 가정에서 나누는 대화를 녹음해 놓았다가 가족 모두가 함께 들으며 가정에서의 커뮤니케이션 기술을 개선해 나갈 것을 제안한다.[17] 또한 가정에서 아내와 자녀들과 공동으로 서로 점검해 주는 관계를 가질 것을 권한다. 이것을 보통 어카운터빌리티(accountability)라고 한다. 또한 희망적인 태도를 갖고 반복적으로 실천할 것을 권한다. 예컨대, 자신의 좌절감 일기를 쓰며 진척 상황을 기록하라는 것이다. 그럼으로써 좌절감의 발전을 억제하게 되고, 미래 혹시 닥칠 좌절의 시점에서 자신의 감정을 조절할 수 있는 훈련을 하게 된다는 것이다. 또한 자녀들과의 대화 속에서 가치절하의 메시지는 가급적 삼가도록 노력해야 한다. "바보 같은 자식, 넌 참 멍청하구나."와 같은 자녀의 가치를 절하는 비하의 발언은 삼가고 긍정적인 면을 강조하고 자존감을 북돋아 주어야 한다.

부모의 말은 파워를 갖고 있다. 부모의 말과 무언의 동작이 포함한 메시지는 자녀를 형성하는 힘을 갖고 있다. 내 핏줄인데 내가 모를 리가 없다는 태도는 가정에서의 커뮤니케이션을 망치는 지름길이 된다. 그러므로 라이트의 '자녀의 고유성을 이해하라' 는 제안이 중요하다고 본다.

첫째, 자녀의 마음을 움직이는 동기부여 요인을 발견해야 한다. 자녀의 관심사를 함께 의논하고 함께 찾아가는 것이 중요하다. 둘째, 자녀의 속도 감각을 발견해야 한다. 누구나 자기 내면의 속도계가 있다. 특히 자신이 선호하는 것에 대해서는 반응하는 속도가 빠르다. 이런 것들을 함께 발견해야 한다. 셋째, 학습 유형을 발견해야 한다. 무슨 과목을 어떻게 배우는지를 주목해야 한다. 대개 청소년들은 시

---

17) 위의 책, pp. 125-126.

각—지향적인 경우가 많다. 말을 듣는 것보다 눈으로 보는 것이 더 효과적이라는 말이다.[18] 부모와 자녀는 함께 성장하며 성숙해 나가는 것이다. 부모가 자신이 지닌 말과 행동이 지닌 힘을 인지할 때 비로소 가정에서의 효과적인 교육 커뮤니케이션이 일어나게 된다.

(2) 보살핌 지수를 높이는 커뮤니케이션 교육으로!

엘리스 넬슨(C. Ellis Nelson)은 그의 책 *Where Faith Begins?*에서 신앙은 신앙 공동체 안에서 태동되고 양육되며 성숙된다고 했다.[19] 그는 자신의 이론을 세워 감에 있어서 한편으로는 너무 오랫동안 신뢰되어 왔던 주일학교의 무거운 짐을 덜어 주려는 의도에서 그런 말을 하였고, 또 다른 한편으로는 주일학교만 믿고 뒷짐을 지고 있던 회중으로 하여금 이제는 책임감을 갖고 전 교인을 양육하라는 일침을 가하려는 의도도 있었다. 회중은 더 이상 무기력한 상태에 빠져 있을 수 없으며, 진정한 신앙 공동체로서의 역할을 감당해야 함을 역설한 것이었다. 회중이 진정한 신앙 공동체의 역할을 감당할 때 복잡다단한 사회 가운데서 지치고 상한 영혼들을 주일학교와 함께 양육할 수 있다는 확신에서 쓴 책이 바로 위에 소개한 *Where Faith Begins?*이다. 그러나 넬슨도 익히 알고 있었던바, 신앙이 태동되는 곳은 가정이며 커뮤니케이션을 처음 배우는 곳도 가정이다. 물론 신앙이란 하나님의 선물이다. 그러나 그 선물은 가정이라는 가장 작은 공동체에서 시작되는 것이다.[20] 부모와 자식 간의 따뜻한 사랑이 오고 가는 곳, 때로는 회초리와 훈계가 있는 곳, 그곳이 가정이다. 신앙

---

18) 위의 책, pp. 178-188 이하 참조.
19) C. Ellis Nelson, *Where Faith Begins?* (Atlanta: John Knox Press, 1971).
20) 이 점에 대해서는 부쉬넬의 쓴 다음의 책 참조. Horace Bushnell, *Christian Nurture*

이 그렇듯이 커뮤니케이션의 훈련은 가정에서 시작된다.[21] 커뮤니케이션 교육이 시작되어야 할 곳은 가정이며, 가정에서 부모들은 자녀들에게 공감대 형성 혹은 감정이입(empathy), 즉 자신의 감정을 상대방에게 따뜻하게 표현하는 법과 평화로운 상호작용(peaceful interaction)을 가르쳐야 한다. 그러한 표현은 이타주의(altruism)적인 삶의 태도가 몸에 배었을 때 자연스럽게 나오는 것이다. 이타주의의 요소는 자기존중, 신뢰, 정직, 공정함과 정의감, 타인에 대한 감사, 동정심, 나눌 수 있는 마음, 친절, 힘이나 폭력을 쓰지 않고 갈등을 해결하는 능력, 관대함, 협동 정신 등이다. 현대사회와 같이 지극히 경쟁적인 사회에서 부모들은 아마도 자신의 자녀들이 이타주의적으로 살기를 원치 않을지도 모른다. 우리는 대개 그저 남을 보살피며 사는 삶의 중요성에 대해서 입으로만 좋게 얘기(lip service)하곤 한다. 남을 진정으로 보살피는 삶을 살려면 용기가 필요하다. 우리는 우리의 자녀들에게 어떻게 하면 이런 용기를 가질 수 있는지를 보여 주어야 한다.[22] 자녀들에게는 항상 자신의 권리를 주장하며, 굳세게 자라야 한다는 것만을 가르쳐서는 안 된다. 어떤 아이들은 자신의 잘못을 절대 인정하지 않고 타인 앞에서는 "잘못했어요."라고 말하면 안 되는 것처럼 행동하는 경우가 있다. 특히 자기중심적으로 사랑만 받고서 살아온 아이가 부모님의 이혼으로 인해 큰 상처를 받고 자신이 건설해 온 신뢰와 사랑의 세계가 무너졌을 때, 그러한 자기방어 본능은

(Grand Rapids: Baker Book House, 1991). 이 책은 1861년에 Charles Scribner 출판사에서 나온 책을 재출판한 것이다.

21) Mennonite Central Committee에서 만든 브로슈어(brochure)의 캐치프레이즈 "Peace Begins at Home"은 가정폭력을 방지하려는 평화 교육 차원에서 만들었다.

22) Carolyn Smith Diener, "How Can We Encourage Empathy and Guide Peaceful Interaction?" 위에서 소개한 *Growing Toward Peace*, p. 144.

더욱 심해진다. 그러므로 평소에 가정에서 건강한 공동체 생활을 할 수 있도록 도와주어야 한다. 잘못한 것을 잘못했다고 인정하는 것은 진정 용기 있는 커뮤니케이터만이 할 수 있는 것임을 가르쳐야 한다.[23]

그러면 우리의 자녀들은 어떻게 남 보살피기를 배울까? 우리는 대개 우리의 자녀가 높은 지능지수 IQ(Intelligence Quotient)만을 소유하는 경향이 있지만, 평화 교육을 위해 우리가 깊은 관심을 기울여야 할 것은 IQ가 아닌 CQ이다. 남을 보살피려는 마음, 즉 보살핌 지수(Caring Quotient)를 높게 갖게 우리 자녀들과 학생들을 교육해야 할 것이다. 연구 결과에 의하면 CQ가 높은 아이들이 인격적으로 성숙하고, 정신적으로 건강하며, 학교생활을 잘 관리하며, 사회에 책임적인 헌신을 하는 것으로 나타났다.[24] 남을 도우려는 마음이 공동체 정신에는 필수적이다. 그러므로 어릴 때부터 가정에서 CQ 교육을 철저히 할 필요가 있다. CQ는 감정이입(empathy)에 큰 도움을 준다. 타인의 감정을 내가 그 사람처럼 느끼고 그 사람의 입장에서 생각하는 것이야말로 공동체 정신 함양에 필수적이며 궁극적으로 그 사람은 화평케 하는 사람이 된다. "화평케 하는 사람은 복이 있나니 저희가 하나님의 아들(딸)이라 일컬음을 받을 것임이요"(마 5:9)라고 주님은 말씀하셨다. 화평케 하는 자(peacemaker)는 하나님이 제일 기뻐하시는 사람이다. 감정이입은 어린이에게 가장 큰 영향을 주는 부모나 교사가 훈련시킬 수 있다. 어린이에게 이런 감정을 자주 일깨워 줄 필요가 있다. "나에게는 네가 어떻게 사물을 관찰하고 느끼는지가 무척 중요

23) 위의 책, pp. 144-145에 나오는 Bowman의 이야기를 참조하라. 참으로 감동적인 실화이다.
24) Dorothy Kobak, "Teaching Children to Care," *Children Today* 8 (March-April 1979), pp. 6-7, 34-35. 위의 책, p. 145에서 재인용.

해. 너를 지켜보는 것에 내 시간과 노력을 기울이는 것은 보람 있는 일이란다. 난 네가 정말로 귀중해. 그리고 네가 어떻게 느끼고 있는 지를 이해하기 원한다. 왜냐 하면 난 널 진정으로 사랑한단다."[25] 자녀들은 가정에서부터 자기의 감정을 자유롭게 표현할 수 있도록 격려 받아야 한다. 또한 교회학교에서도 서로를 보살피는 삶에 대하여 진지하게 토론하고 각자의 생각을 자유롭게 그리고 서로 세워 주는 (edifying) 분위기 속에서 나누어야 한다. 그리고 부모와 교사는 자신의 감정이 중요한 것처럼 타인의 감정도 중요함을 일깨워 주어야 한다. 바로 이것이 공동체 정신 함양의 주요한 내용이며 평화를 향한 시발점이다. 갈등 해결을 위한 커뮤니케이션 교육은 가정과 교회학교에서부터 실시하자!

(3) 멈추고 생각한 후 들으면서 말하라!

잠언 18장 13절에 커뮤니케이션의 원리가 되는 진리의 말씀이 있다. "사연을 듣기 전에 대답하는 자는 미련하여 욕을 당하느니라"(개역한글판) 이런 커뮤니케이션의 통찰을 적용한 교재를 소개한다. 영문으로 된 이 교재는 이렇게 시작한다. "멈추고 생각하세요. 들으면서 말하세요. 함께 풀어 나가세요."[26] 어린이와 청소년을 대상으로 커뮤니케이션 교육을 하기 위해 만든 이 프로그램의 통찰이 날카로우면서도 의미심장하다. 비록 아직 어리지만, 그들도 가정과 학교에서 생활하다 보면 원치 않게 갈등 상황에 처하게 될 수 있다. 이럴 때를 미

---

25) 위의 책, pp. 148-149.

26) "Stop & Think, Talk & Listen, Solve It Together," Eleanor Snyder, *Kids and Conflict: Resolving Problems the Jesus Way* (Newton, KS: Faith & Life Press, 1997)의 겉표지에 표현된 구호이다.

리 생각해서 엘리너 스나이더(Eleanor Snyder)는 갈등 해결을 위한 커뮤니케이션 교육 프로그램을 가정과 교회학교에서 활용할 수 있도록 만들었다. 다음은 그 프로그램의 내용이다.

> 주제: 갈등은 우리 삶의 일부이며 커뮤니케이션을 방해하는 요소이다. 우리가 갈등에 대하여 어떻게 반응하느냐가 예수님을 따르는 헌신이 있는 사람인지 아닌지를 반영하게 된다. 예수님은 온갖 종류의 갈등에 대하여 의연하게 처신하셨다.

1장: We have choices.   우리는 선택할 수 있습니다.
Inner Conflict: 내적 갈등:
Jesus Made Some Important Choices.   예수님은 중요한 선택을 하셨다.
     성경 연구 구절: 마태복음 4장 1-11절

2장: Choose Service Instead of Power.   권력을 추구하기보다는 섬김을 선택하라.
Great Means Serving Others.   크다는 것은 남을 섬기는 것을 의미한다.
     성경 연구 구절: 마가복음 10장 35-45절

3장: Affirm Each Other.   상대방을 인정하라.
Sibling Rivalry: Affirm Each Other's Unique Gifts   형제간 적대감: 서로 상대방의 독특한 은사를 인정하라.
     성경 연구 구절: 누가복음 4장 1-11절, 요한복음 11장 1-6절, 18-35절

4장: Practice Nonviolence.   비폭력적인 생각을 실생활에서 연습하라.

Physical Violence:　　　　　　　　육체적인 폭력(학대)에 대해서
Respond with Nonviolence.　　　　비폭력적으로 반응하라.
　　　　성경 연구 구절: 마태복음 5장 38-44절, 26장 47-56절,
　　　　　　　　　67-68절, 27장 26b-31절, 55-61절

5장:　Follow Jesus' Way.　　　　　예수님의 방법을 따라라.
　　　Jesus Welcomes and Loves　　예수님은 어린이를 영접하시고
　Children.　　　　　　　　　　　사랑하신다.
　　　　성경 연구 구절: 마태복음 19장 13-15절, 18장 1-5절[27]

　여기에 갈등 해결을 위해 구체적인 네 가지의 커뮤니케이션 기술은
다음과 같다.
　① 적극적 청취 기술(Active Listening)
　② 바꾸어 말하기/부연해서 말하기(Paraphrasing)
　③ 브레인스토밍(Brainstorming)
　④ 팀 형성(Team Building) [28]
　가정에서부터 상대방 인정하기와 형제간 사랑하기를 배우며 갈등
이 생겼을 때 비폭력적인 방법으로 갈등 해소를 실천하는 연습을 함
으로써 평화를 만들어 가는 사람으로 성장하게 된다면 오늘날 지구
상에 이토록 많은 테러와 폭력이 만연하지 않았을 것이다. 바로 이것
이 커뮤니케이션의 기본 매너를 함양하며 공동체 정신을 함양하는
지름길이므로 교회에서의 교육도 이러한 맥락을 지속시키고, 발전시
키는 것이 바람직할 것이다.

---

27) 위의 책, p. 7.
28) 갈등 해결 전문가 훈련 프로그램 참가자, 『갈등 해결 배우기: 이론, 방법, 적용』(평화를 만
　　드는 여성회 등: 2001), p. 7.

(4) 구속적인 커뮤니케이션 교육으로!

앞서 우리는 헨리 나우웬이 지적한 현대 교육의 폭력적인 특성을 살펴보았다. 이에 대한 대안은 무엇인가? 나우웬은 교육이 구속적 (redemptive)이어야 함을 역설하였다. 경쟁적이고 일방적이며 소외감을 폭력적 교육 형태와는 다르게 그가 주장하는 구속적 교육 과정은 학습자로부터 잠재력을 이끌어(evocative)내고, 쌍방적(bilateral)이고, 지금 여기서 실현되게(actualizing) 한다.[29] 비록 그가 커뮤니케이션이라는 단어를 사용하지는 않았으나 우리는 그의 통찰을 무리 없이 커뮤니케이션을 위한 세 가지 원리로 활용할 수 있다고 본다. 첫째, 잠재력을 이끌어내는 커뮤니케이션의 원리를 실천에 옮겨야 한다. 교사는 학생을 제자로 받아들이고 학생은 교사를 선생님으로와 스승으로 존경하며 따르는 관계가 될 때, 그리고 서로를 열고 자기 체험을 나눌 수 있을 때 비로소 잠재력이 이끌어내어지게 된다. 교사는 학생에게 신뢰와 믿음과 우정을 주고 학생에게 두려운 심판관으로서가 아닌 친구로서 존재할 때 모든 커뮤니케이션의 과정은 교육적이 된다. 참된 스승이셨던 예수는 우리를 종으로 취급치 않으시고 친구라고 부르셨다(요 15:14). 이로써 그분은 제자들의 두려움이라는 장애를 제거하셨다.[30] 둘째, 쌍방성을 추구하는 커뮤니케이션을 가르치자. 유명한 신학자 슐라이어마허(Friedrich Schleirmacher, 1768~1834)에 얽힌 이야기는 우리에게 도전을 준다. 자신의 책을 구입한 독자가 책에 저자 서명을 원할 때면 항상 자신의 서명 옆에 '신학도'라고 썼다고 한다. 그는 19세기 신학계를 주름잡았던 거장이었지만 진리 앞에선 누

---

29) 헨리 나우웬, 『영성의 씨앗』, p. 34 이후.
30) 위의 책, pp. 35-36.

구나 '학습자'라는 생각을 가진 사람이었다. 우리 모두는 학습자이다. 교사는 가르치는 학습자, 즉 teacher-learner이다. 그리고 학생은 배우는 학습자, 즉 student-learner이다. 진리 앞에서 상호간 겸손한 마음 자세를 갖고 서서 상호간에 배울 때 진정 쌍방간의 커뮤니케이션이 이루어지며, 일방성이 아니 쌍방성을 추구하는 교육이 된다.[31] 셋째, 현재성을 추구하는 교육을 하자. 지금 여기서 배우며 가르칠 때 진정한 커뮤니케이션이 실현된다. 나우웬에 의하면 그럴 때 학습이 미래를 준비하는 것이 된다는 것이다. 이 말은 커뮤니케이션의 내용은 지금 여기서 적용할 수 있는, 즉 현실화할 수 있는 것이어야 한다는 말이다.[32] 비록 인간의 죄성이 너무 강해 진정한 커뮤니케이션을 지속적으로 방해할지라도 우리는 오해와 왜곡의 벽을 넘어서서 현재 실현되는 커뮤니케이션을 향해 소망을 갖고 전진해야 한다. 그럼으로써 파괴적인 커뮤니케이션에서 구속적인 커뮤니케이션으로 서서히 변화될 것이다.

(5) 커뮤니케이션의 기술을 습득하라!

애덤스(H. B. Adams)가 커뮤니케이션에 대해서 말하기를 "우리의 말은 입에서 미끄러져 나오기는 쉽지만, 우리의 생각은 끈적끈적하기가 한이 없다."고 했다.[33] 어떤 사람도 자기가 표현하고자 하는 바를 언제나 시원하게 표현하기란 쉽지 않다는 말을 이렇게 표현했을

---

31) 김도일, 『맑은 영성·맑은 가르침』(쿰란, 2003), pp. 101-102.
32) 헨리 나우웬, 『영성의 씨앗』, pp. 38-40.
33) Philip C. Johnson and Dan L. Burrell, *Perspectives in Christian Education: Communication more than Words* (Winepress Publishing, 2000), p. 7. 그의 말을 영어로 보면 다음과 같다. "...words are slippery and thought is viscous."

것이다. 예수님의 메시지는 항상 명확했고 꾸미는 법이 없었고 솔직한 그것이었다. 그는 항상 명확하게, 사랑을 가지고, 그리고 온전함(integrity)으로 커뮤니케이션을 하였다. 오늘날 교실 붕괴는 물론 과도한 학원 공부와 수면 부족 등이 주원인이겠지만, 커뮤니케이션의 실패도 원인 중의 하나임이 분명하다고 본다. 어렸을 때부터 교회학교를 다니고 수많은 설교를 듣고 여러 종류의 교사를 통해 가르침을 받아 온 사람들은 효과적인 커뮤니케이션과 비효과적인 커뮤니케이션의 현장에서 감동도 받았거니와 고통도 받았다. 가정과 교실에서 가르치고, 교회에서 설교를 하는 사람들은 누구나 "자신의 말을 외과 의사가 수술 칼을 능란하게 다루듯 정확성을 갖고 하기를 원하며, 정확하게 목표를 달성하기"를 원할 것이다.[34] 그러기 위해서는 가르치기 전에 꼭 준비를 철저히 해야 한다.

　미국의 유명한 설교가 찰스 스윈돌(Charles Swindoll)에게 직접 들은 이야기이다. 설교 때마다 정확한 전달과 통찰이 번득이는 내용으로 정평이 나 있던 그에게 훌륭한 커뮤니케이터가 되는 비결을 물었다. 그때 그가 말하기를 "I always do my homework before I climb up the pulpit."[35] 즉, "저는 단에 올라가기 전 꼭 숙제를 하고 올라갑니다."로 답했었다. 숙제를 한다는 것이 무슨 의미인가? 그것은 철저한 준비를 한다는 말이다. 그리고 부단히 연습한다는 말이다. '준비'와 '연습'은 커뮤니케이션을 하는 사람이 기억해야 할 핵심 단어이다.

　커뮤니케이션은 듣는 사람들의 주의를 끌 때 일어난다. 대략 주의

34) 위의 책, p. 35.
35) 필자가 1989년 미국 캘리포니아 주 라미라다에 소재한 Biola대학 졸업식에서 나눈 대화 중 일부이다.

를 끌고 나서 행동으로 옮겨지기까지의 과정을 이렇게 표현해 볼 수 있다. 주의→이해→동의→기억→행동.[36] 주의를 집중케 하는 방법은 여러 가지가 있겠지만, 심리학자 H. C. 켈멘(Kelman)에 의하면 듣는 이들의 호감을 자아내야 한다는 것이다. 그는 커뮤니케이터의 적절한 능력은 '호감'을 낳고 호감 '일체감'을 낳고 일체감은 '내면화'를 야기한다고 했다.[37] 호감을 자아내려면 듣는 이들의 필요에 대하여 연구해야 한다. 그들의 기호나 선호도를 조사해야 한다. 또한 그들의 필요를 채워 주기 위해서는 그들이 알고 있는 것들을 반복적으로 소개하면서도 새로운 요소를 소개해야 한다. "오래되었으면서도 새롭고 좋은 것……"이라는 표현이 있듯이 누구나 친숙한 것에 마음이 편안해진다. 그러면서도 새로운 것을 선호한다. 또한 적절한 데이터를 활용하여 신뢰성을 높여야 한다. 전문적인 자료를 사용할 때는 정확해야 한다. 여기에 우리가 꼭 기억해야 할 것은 이것이다. 커뮤니케이터가 어떻게 소리를 내느냐(음조의 변화, 높낮이, 다양한 목소리, 강세, 힘주어 말함 등) 하는 것은 메시지의 38%를 전달한다. 그리고 듣는 이들이 보는 것에 의해 55%가 전달된다. 여기에는 커뮤니케이터의 외모, 몸짓, 움직임, 그리고 시청각 자료 등이 포함된다. 단 7%의 내용만이 용어 자체에 의해 전달된다는 사실이다. 이를 시각적으로 표현하면, 말을 통한 의사 전달을 로켓에 종종 비유하는데, 메시지를 전달하는 시청각 자료와 그 교수 방법이 불을 뿜는 로켓 발사 작동 기관에 해당한다면 메시지의 내용은 조종실에 해당한다. 즉 강력하고 잘 준비된 발사 작동이 없으면 조종실은 결코 목적지에 도달할 수 없

---

36) 탐 내쉬, 『The Christian Communicator's Handbook: 마음을 사로잡는 커뮤니케이터』(디모데, 1997), p. 86.
37) 위의 책, p. 98.

다는 것이다. 커뮤니케이터가 아무리 적절한 용어를 사용한다고 해
도 강력한 힘을 지닌 발사가 이루어지지 않는다면 커뮤니케이션에서
성공을 거두기란 불가능한 것이라는 말이 된다.[38] 그러므로 끊임없
이 더 나은 커뮤니케이션의 기술을 습득하는 것이 중요한 것이다.

4. 향후 연구 과제

커뮤니케이션의 기술에 대하여 글을 씀으로써 커뮤니케이션을 연
구하는 것도 중요하지만, 앞으로는 교실에서와 교회의 강단에서 가
르치며 설교하는 것을 구체적으로 분석하여 유형별 연구를 하는 것
도 필요할 것이다. 설교자들의 모습은 비디오나 인터넷에 비교적 많
이 공개되어 있는 실정이나, 교사들의 그것은 거의 드러나 있지 않은
실정이다. 커뮤니케이션의 질을 높이려면 이를 실행해야 할 것이다.
작금에 교수법 증진을 위한 교수-학습 센터가 대학마다 세워지고 있
는 것은 바람직한 현상이나, 이를 더욱 보편화하여 커뮤니케이션의
효율을 증진시켜야 할 것이다.

또한 대부분의 참고서들이 서양인들이 집필한 것으로서 때로 동양
문화 특히 한국 문화에 맞는 커뮤니케이션을 개발하는 것이 중요하
다고 본다. 예를 들어, 서양에서는 눈을 맞추어 상대방을 직시하며
대화하는 것이 가장 설득력 있는 커뮤니케이션을 하는 비결이라고
했지만 그것이 동양 사람들에게도 통하는 원리인지는 한번 생각해
보아야 한다. 이런 관심을 갖고 문화 간 커뮤니케이션에 대하여 연구
한 책[39]이 나와 있으나 더욱 심도 있는 연구가 필요한 실정이다. 동양

---

38) 톰 슐츠 · 조아니 슐츠, 『지루함을 깨뜨리는 가르침의 기술』(디모데, 1998), pp. 270-271.

사람들을 위한 성격 조사와 선호도 조사, 그리고 효과적인 커뮤니케
이션의 유형 개발도 시급하다고 본다.

---

39) 최윤희 · 김숙현, 『문화 간 커뮤니케이션 이해』(범우사, 1997).

참고 문헌

Bellah, Robert N. et al. *Habits of the Heart*. Berkeley: University of California Press, 1985.

Bushnell, Horace. *Christian Nurture*. Grand Rapids: Baker Book House, 1991.

J. H. 페스탈로치.『페스탈로치가 어머니들에게 보내는 편지』. 양서원, 1989.

Johnson, Philip C. and Dan L. Burrell. *Perspectives in Christian Education: Communication More Than Words*. Winepress Publishing, 2000.

Howe, Reuel L. *The Miracle of Dialogue*. New York: Seabury Press, 1965.

Kobak, Dorothy. "Teaching Children to Care," *Children Today* 8. March-April, 1979.

Nelson, C. Ellis. *Where Faith Begins?*. Atlanta: John Knox Press, 1971.

O' Hare, Padraid. ed. *Tradition and Transformation in Religious Education*. Birmingham, Ala.: Religious Education Press, 1979.

Snyder, Eleanor. *Kids and Conflict: Resolving Problems the Jesus Way*. Newton, KS: Faith & Life Press, 1997.

갈등 해결 전문가 훈련 프로그램 참가자.『갈등 해결 배우기: 이론, 방법, 적용』. 평화를 만드는 여성회, 2001.

김도일.『맑은 영성 · 맑은 가르침』. 쿰란, 2003.

노먼 라이트.『The Power of a Parent' s Words: 부모 말의 파워』. 토기장이, 2000.

마빈 테일러 편저.『기독교교육학』. 한국장로교출판사, 1982.

박창환 외.『교회와 커뮤니케이션』. 기독교방송, 1987.

신성종 외.『이렇게 설교해야 교회가 성장한다』. 도서출판 하나, 1995.

주수일.『아름다운 가정의 비밀』. 국민일보사, 1991.

최윤희 · 김숙현.『문화 간 커뮤니케이션 이해』. 범우사, 1997.

탐 내쉬.『The Christian Communicator' s Handbook: 마음을 사로잡는 커뮤니케이터』. 디모데, 1997.

톰 슐츠 · 조아니 슐츠.『지루함을 깨뜨리는 가르침의 기술』. 디모데, 1998.

헨리 나우웬.『Creative Ministry: 영성의 씨앗』. 그루터기하우스, 2003.

제4장 선교 커뮤니케이션

이장호 (아세아연합신학대학교 교수, 선교학)

1. 들어가는 말

선교지에 도착한 선교사는 생활 속에서 현지어를 습득해 가며 전도와 설교를 시작한다. 이때 선교사는 자신이 전하는 복음 메시지를 현지인들이 잘 이해할 수 있을 것이라고 가정한다. 하지만 그 메시지가 자신의 의도와 전혀 다르게 해석되고 적용되고 있다는 사실을 발견할 때 선교사들은 당황해하며 곤혹스러워한다. 더 나아가 확신 속에서 전해 준 복음 메시지의 내용과 열심히 세워 왔던 현지 교회의 모습 속에 성경적 핵심 내용 외에도 불필요한 자신의 문화적 요소가 스며들어갔음을 뒤늦게 깨달았을 때, 선교사는 충격을 받을 수 있다. 그만큼 타문화권에서 효과적으로 의사소통하는 것은 생각하는 것보다 훨씬 더 복잡하다.

우리말 '선교(宣敎)'는 '종교를 알리고 펼치는 제반 활동'이라는 자구적 의미를 담고 있다. 이 알리고 펼쳐 가는 과정은 대상과의 커뮤니케이션을 전제하고 있다. 무엇을 알려야 할지, 즉 선교 메시지의 본질적 내용은 무엇이어야 하는가? 어디까지 펼쳐야 할지, 다시 말해 선교 메시지는 선교 대상의 실존적 삶의 영역 속에서 적용되는 범위는 어디까지인지? 이를 위해 선교 메시지를 효과적으로 전달하거나 나누는 방법은 무엇인지? 선교사의 경우 현지에서의 삶과 자세는 어떠해야 하며, 선교사와 현지 동역자 내지는 교회 밖 영혼들과의 관계는 어떻게 맺어져야 하고 유지되어야 하는가? 등등은 효과적이면서도 바른 선교 사역을 위해 심도 있게 논의되었던 주제들 중 몇 예이다. 이런 주제들이 선교 사역에서 중시되었다는 사실 자체가 선교를 하나의 커뮤니케이션으로 이해해야 함을 잘 설명해 준다. 따라서 '커뮤니케이션' 이야말로 선교 사역과 관련되어 사용될 수 있는 가장 적합한 단어라는 데이비드 헤셀그레이브의 견해[1]는 매우 타당하다.

하지만 사회과학으로서 커뮤니케이션 이론이 선교학에 활발하게 소개된 것은 그리 오래 전 일이 아니다. 원래 커뮤니케이션은 선교학의 고전적 기본 개념에 속하지도 못했다. 다만 칼 바르트의 영향을 받은 네덜란드의 선교신학자 핸드릭 크래머가 『기독교 신앙의 커뮤니케이션』(*The Communication of the Christian Faith*)이라는 책을 1957년에 저술함으로써 이 커뮤니케이션이란 용어가 비로소 선교와 연관되기 시작했다. 핸드릭 크래머의 문제 제기에 영향 받은 유진 나이다는 그의 전공 분야인 문화인류학과 언어학을 선교 커뮤니케이션에

---

1) 데이비드 헤셀그레이브는 선교 사역이 어떤 성격을 가지고 있는지 파악하기 위해 신약성경을 통해 교회의 사도적 사역과 관련된 여러 가지 단어들을 살피고 나서, 선교 사역의 성격을 한 단어로 요약하여 바로 '커뮤니케이션' 이라고 주장했다. David J. Hesselgrave, *Communicating Christ Cross-culturally*, 2nd ed. (Grand Rapids, Mich.: Zondervan, 1991), p. 25.

접목시키려는 시도를 한바, 1960년에 『메시지와 선교: 기독교 신앙의 커뮤니케이션』(*Message and Mission: The Communication of Christian Faith*)을 저술함으로 그 결실을 맺게 되었다.

이후 데이비드 헤셀그레이브나 찰스 크래프트 등과 같은 미국의 복음주의 선교신학자들은 전도와 영혼 구원을 위한 복음 메시지의 효과적 전달 방법에 관심을 두면서, 커뮤니케이션을 선교의 수단 내지 도구로 활용하기 위해 이론들을 발전시켜 왔다. 이와는 대조적으로 독일 선교신학자 한스-베르너 겐지헨은 커뮤니케이션이 인간의 과업을 지나서 하나님에게서 비롯된 하나님의 의도이기 때문에 그것은 오히려 선교의 완성임을 주장한다.[2] 다시 말해 커뮤니케이션은 단순히 선교의 수단이나 도구에 그치는 것이 아니라 선교의 목적임을 강조한 것이다.

이 글은 선교 커뮤니케이션에 대한 기초적 지식을 다루는 개론에 해당된다. 이 글은 '타문화권 안에서 이루어지는 복음 전파, 교회 개척, 그리고 하나님나라의 구현' 이라는 타문화를 전제한 선교의 정의를 따르게 된다. 또한 선교 사역의 발전 단계에 따른 상황 적합성이 고려되어야 할 것을 강조한다. 왜냐 하면 지역에 따라 복음 수용의 초기 단계 내지는 개척 선교 단계에 머물러 있어서 선교사의 역할이 더 주도적인 곳도 있지만, 이미 현지 교회의 지도력이 확립되어 있어서 동반자 선교 단계에 진입하여 선교사는 현지 지도력에 협력해야 하는 곳도 있기 때문이다.

---

2) H. Balz, "커뮤니케이션 I", 이후천 역, 『선교학사전』(서울: 다산글방, 2003), p. 685.

2. 선교 커뮤니케이션과 문화

선교 커뮤니케이션은 결국 타문화 커뮤니케이션으로 이해된다. 따라서 문화가 갖고 있는 의미와 역할을 선교사의 삶과 사역과 관련하여 논의할 필요가 있다.

(1) 문화의 개념 정의

어원적으로 살필 때, 영어 단어 '문화(culture)'는 라틴어의 '돌보다' 혹은 '경작하다'라는 단어에서 나왔다. 즉 인간이 육체적이고 정신적인 능력으로 환경을 가꾸고 변화를 가하여 개인이나 공동체에 적합한 삶의 세계를 건설하는 행위나 그 결과물이라고 할 수 있다. 그런데 이 '문화'라는 단어는 '문화인' '문화 수준' '문화생활' 등의 표현에서처럼 매우 세련된 삶의 양식으로서 '예절' 혹은 '교양'과 같은 의미를 우리에게 연상시켜 준다. 때로는 물질, 과학 기술, 혹은 사회 조직 등 분야에서 표출되는 '문명'이란 단어와 유사하게 인식되기도 한다. 사실 정치학, 언어학, 경제학, 사회학, 심리학, 국제외교학, 종교학, 인류학 등 다양한 학문 분야에서 제각기 이 단어를 매우 함축적이면서도 서로 다르게 정의해 왔다.

하지만 선교 커뮤니케이션에서 이해하는 문화의 개념은 선교인류학에서 다루는 그것을 의미하며, 특정 계층에 국한되지 않고 모든 인간의 전 삶과 생활에 밀접한 연관을 맺고 있는 실체를 가리킨다. 여기서는 지정의라는 인간의 전인적 측면을 포괄하면서도 공시적(公時的, synchronic), 통시적(通時的, diachronic) 국면을 동시에 통합함으로써 총체성과 균형성을 잘 보여 주는 선교인류학자 폴 히버트의 정의를 소개한다. 그에 의하면 문화란 "관념, 정서, 그리고 가치가 다소간 통합된 체계들 및 이것들과 연관되어 나타난 행동의 양상들과 생각하고, 느끼며, 행동하는 바를 조직하고 규칙화하는 일단의 사람들에 의해 공유된 산물"이라고 규정되고 있다.[3]

이 정의에 나타난 '관념'과 '생각하고'란 단어는 문화의 인지적 차원을 가리키고 있다. 즉 한 문화에 속한 일단의 사람들은 영적 존재들의 명명 방법이나 분류 방법 등을 포함한 지식이나 정보를 공유, 축적, 그리고 전달을 위해 공통된 특정 방법을 사용한다는 것이다. 또한 '정서'와 '생각하고'라는 단어는 정서적 차원을 나타내는 표현으로서 문화 속에는 미적 감각, 태도, 기호(嗜好), 애증(愛憎), 희비(喜悲) 등의 감정이 하나의 양상으로 표현되고 있다는 의미이다. 마지막으로 '가치'와 '행동하는'이라는 단어는 문화가 진위(眞僞), 미추(美醜), 정오(正誤), 선악(善惡) 등에 대한 판단 기준을 제공하고 있음을 말해 준다. 이 때문에 선교 커뮤니케이션은 이 세 가지 차원 모두를 심각하게 고려하는 가운데 진행되어야 한다. 복음 진리에 대한 인지적 전달 및 교육이 상대의 거부감 혹은 혐오감을 불러내거나 행동 및 인격의 변화로 이끌지 못한다면 커뮤니케이션은 치우쳤거나 제한받은 것이다.

또한 문화에는 몇 가지 층들이 발견된다. 우선 '행동'이나 '산물'은 표면에 자리 잡고 있어서 인간의 오관을 통해 쉽게 관찰되고 경험된다. 예의범절과 관련된 행동이나 의식주 등의 산물이 그 대표적 예이다. 이는 한 특정 문화에 대한 연구 조사 및 분석에 좋은 출발점을 제공해 주기도 한다. 그런데 이 '행동'과 '산물'은 앞서 말한 관념, 정서, 가치 등으로부터 부여받는 공유적 의미들과 연관을 맺고 나타

3) Paul G. Hiebert, *Anthropological Insights for Missionaries* (Grand Rapids, Mich.: Baker, 1985), p. 30.

난다. '행동' 및 '산물'과 공유적 의미가 '연관되는' 과정은 상징 체계라고 불리며 문화의 더 깊은 층을 형성하고 있다. 가령, 결혼식, 장례식 등에서 보이는 행동들이나 가옥이나 의복 등과 같은 산물 속에도 사회적 약속으로 공유하고 있는 어떤 의미와 연관되어 있다. 상징 체계에서 대표적인 기능을 발휘하는 것은 언어라고 할 수 있다. 그런가 하면 문화의 믿음과 행위의 이면에는 실재를 바라보는 당연한 전제인 세계관이 가장 깊은 층에 자리하면서 문화 내 모든 구성 요소들을 하나로 통합하고 있다. 이 세계관은 구성원들에게 인지적 타당성과 정서적 안정감을 제공하면서 배타적 충성을 요구한다. 종교가 세계관 형성과 유지에 가장 중요한 기능을 발휘하는 것은 당연한 귀결이다. 이 전제에 대항하는 내부의 구성원을 향하여서 따돌림과 축출과 같은 극심한 반격을 가하기도 한다. 요즈음 특정 문화 현상이 세계화되어 가는 조류 앞에서 자기의 것을 보수해 내려는 지역화라는 역류 현상을 보이는 것도 이 점을 잘 뒷받침해 준다.

그런데 어떤 세계관도 그 문화에 완벽한 통합 체계를 제공하지 못한다. 변화의 도전 앞에서 끈질기게 자기를 지켜내려는 세계관도 더 나은 통합 체계를 갖춘 새 세계관의 도래 앞에선 마침내 적응과 순응이라는 변화를 경험하게 된다. 개개인이 견지해 온 신념들이 위기 앞에서 더 이상 의미 있는 설명을 제공해 주지 못할 때, 개인의 내적 갈등은 심화된다. 이 개인적 위기가 사회의 총체적 위기로 발전했을 때, 사회는 더 의미 있는 설명을 제공해 주는 새로운 통합 체계를 수용하거나 적응되어 간다. 이 때문에 폴 히버트가 문화를 정의할 때 '다소간' 통합된 체계라는 표현은 변화에 대한 개방성을 전제하고 있어 공시적(公時的) 문화 개념 정의가 갖고 있는 한계를 극복하면서 그 통시적(通時的) 측면을 적절히 반영해 주고 있다.

(2) 문화적 상이성과 타문화권에서의 삶

인간들은 다양한 문화들을 창조해 왔고, 그 다양한 문화들로부터 피할 수 없는 영향을 받고 그 속에서 익숙해져 왔다. 인도네시아 사람들은 바나나 잎사귀 위에 담겨진 음식들을 숟가락 없이 오른손으로 먹는 것을 즐긴다. 그 남자들은 '사롱(sarong)'이라는 긴 치마를 입고 편안해한다. 인사를 위해 악수를 청할 때, 사회적 신분이나 서열이 낮은 쪽이 먼저 손을 내민다. 왼손으로 물건을 건네는 것은 상대를 대단히 불편하게 만든다. 자동차의 운전석은 오른쪽에 위치해 있고, 행인이 길을 건널 때 오른쪽부터 살피게 된다. 고온다습한 열대 기후에서 점심식사 이후 가게 문을 닫고 오수를 즐기는 경우를 흔히 볼 수 있다. 다양한 인종이 살고 있어서 종족마다 모어(母語)가 따로 있지만 '바하사 인도네시아'라고 불리는 공용어가 사용된다.

그런가 하면 인간관계 형성 방법, 사고방식, 가치관, 세계에 대한 인식 방법 등과 같이 표면에 잘 드러나지 않는 영역에서 더 미묘하고 심각한 차이를 발견하게 된다. 조화의 관계가 중시되어 인도네시아 사람들은 정면에서 거절하지 못할 뿐 아니라, 서로 간의 갈등을 직면함으로써 해결하기를 꺼린다. 방문 약속 시각보다 1시간 늦었지만 시골 사람들은 미안할 정도로 도리어 편안하게 맞이해 준다. 신비한 힘이 있다고 믿어지는 돌을 소장하거나 반지를 착용하는 사람도 많고, 특정 나무와 바위가 있는 장소를 두려워하거나 조심스레 지나다니는 사람들도 자주 발견한다.

이처럼 인간들은 자신의 문화로부터 '안전지대'와 같은 뗏목을 제공받아 인생의 바다를 항해한다. 그런데 타문화권으로 진입하면서 이 뗏목은 해체되어 더 이상 '안전지대'가 되어 주지 못한다. 새로운 뗏목이 재구성되기 전까지는 긴장과 억눌림, 불안과 갈등과 같은 일종의 충격을 받게 된다. 타문화권 사역자로서 선교사가 현지에 진입해 들어갈 때는 신혼의 기간을 맞이한 것처럼 문화적 차이로 인해 도리어 흥분된 경험을 하게 된다. 하지만 정착하여 일상생활이라는 현실이 시작됨에 따라 인지적 오해, 정서적 갈등, 판단의 혼동 등이 누적되면서 선교사는 문화 충격을 받게 된다. 그 증상으로는 심리적인 억압과 두통, 소화불량 등의 신체적인 병리 현상이 동반되기도 한다. 더 나아가 선교지 부적격자라는 자기 정죄감과 함께 경건생활에 어려움을 겪는 등 영적 억눌림이 찾아올 수 있다.

이 경험은 선교사와 동역하는 현지인에게도 마찬가지로 나타날 수 있다. 선교 사역이 진전됨에 따라 효과적인 결과를 얻기 위해 선교사는 흔히 현지인과 동역하기 원한다. 이 때문에 현지인은 자신의 문화 및 선교사의 문화 사이를 넘나들며 살아가게 된다. 현지인의 경우, 선교사 문화를 경험하며 동역하는 것은 사회적 신분 상승이라는 기분 좋은 기회로 작용할 수 있겠지만, '낯섦'을 수용해야 하는 모험을 그 대가로 지불해야만 한다. 특별히 선교사가 관리의 편의성, 생활의 안전성, 사역의 효율성 등을 이유로 현지 사회와 격리된 선교사 공관(compound)을 건립한 경우 이방성은 증대되고 현지인이 겪는 문화적 스트레스는 가중된다. 또한 선교사에게 생계 문제가 전적으로 의존되어 있는 유급 직원은 주체성이 상당히 발휘되는 자원봉사자와 비교하여 타문화 노출이 그리 유쾌한 경험이 되지 못할 가능성이 높다.

문화 충격을 최소화하기 위해서는, 이 당혹스럽고 불편한 경험이 낯선 곳에 정착하는 사람들에게 예외 없이 찾아올 수 있음을 먼저 인정해야 한다. 더 나아가 배우려는 자세와 함께 상대 문화에 대한 오해나 성급한 판단을 피해야 한다. 왜냐 하면 우스꽝스럽거나 낙후되어 보이는 상대의 행동이나 관습 이면에는 더 좋고 나은 가치관과 신념들이 자리 잡고 있을 수 있기 때문이다. 특히 접촉 초기에 약간의 모험을 동반한 긍정적 결속(bonding) 경험은 향후 삶과 사역에 결정적인 영향을 줄 수 있다.[4] 하지만 잠시의 모험을 거부하고 같은 문화권에 속한 선임 선교사에게 결속된 채 정착하면 현지 문화에 대한 국외자로 생활하며 사역하게 될 가능성이 높기 때문에 장기적인 관점에선 더 큰 손실이 찾아온다.

타문화를 배우며 타문화인을 존중하는 것은 현지인보다도 선교사에게 더 어렵게 느껴질 것이다. 선교사는 자신의 문화가 현지의 그것보다 앞서 있다고 생각하는 경향이 있기 때문이다. 선교사에게 본능처럼 자리 잡고 있는 이 자문화우월주의적 정서를 처리하기 전에는 현지 문화에 대한 깊은 이해를 가진다 해도 현지 문화에 적응해 들어가기 힘들다. 선교사는 현지인들을 '우리'와 '그들'이라는 차별의 잣대로 바라보기를 의식적으로 거부하고, 모든 인류는 하나님의 형상을 따라 지음 받아 동등한 가치를 갖고 있다고 의지적으로 인정해야 한다. 그럴 때 선교사는 고국의 문화와 현지 문화에 모두 익숙한 이중문화적 인간으로 성숙해 갈 것이다.

(3) 선교 커뮤니케이션과 문화적 장벽

선교 커뮤니케이션에는 유진 나이다가 말한 바, '의사소통의 삼중 언어 모델'[5]이 적용된다. 선교사는 성경 속에 나타난 복음 메시지를

---

4) 접촉 내지 정착 초기에 타문화에 대해 직접적인 결속을 이루게 되면, 내부자들의 신뢰를 얻고 그들의 관점을 체득함으로 문화충격을 줄일 뿐 아니라 효과적으로 언어를 습득할 수 있게 된다. 결국 장기적인 면에서 내부자들에게 더 적합한 사역을 수립할 수 있게 된다. 이 결속에 대해서는 신생아의 부모와의 결속에 비유해 가면서 그 중요성을 강조한 E. Thomas Brewster and Elizabeth S. Brewster, *Bonding and the Missionary Task: Establishing a Sense of Belonging* (Pasadena, Calif.: Lingua House, 1982)을 참조하라.

5) Eugene A. Nida, *Message and Mission: The Communication of Christian Message* (South

바르게 이해하여 현지어로 전달해야 한다. 여기에는 성경의 언어, 선교사의 언어, 그리고 선교지의 언어 사이에서 이루어지는 복잡한 해석과 전달 과정이 요구된다. 언어라고 하는 것은 존재, 사고, 감정, 행동 등의 실재를 인간의 마음과 연관시켜 주는 하나의 상징 체계라고 할 수 있다. 그런데 실재를 언어로 표현하는 이 기호화(encoding) 과정과 표현된 언어를 해석하는 의미화(decoding) 과정은 해당 언어를 사용하는 사람들의 가치관이나 세계관의 문화적 틀 속에서 이루어진다. 언어는 삶의 자리와 깊은 관련을 맺고 있기 때문이다.

　이런 의미에서 데이비드 헤셀그레이브는 유진 나이다의 '삼중 언어 모델'을 '삼중 문화 모델'로 수용하면서, 상호 맞물려 있는 7가지의 격자(grid) 개념을 사용하여 선교 커뮤니케이션에 실재하는 문화적 장벽을 매우 시각적으로 지적했다. 그는 발신자에 의한 메시지의 기호화 과정과 수신자에 의한 메시지의 의미화 과정에 결정적인 영향을 미치는 7가지 영역으로 ① 세계를 인식하는 방법으로서 세계관, ② 사고하는 방법으로서 인식 과정, ③ 생각을 표현하는 방법으로서 언어적 형식, ④ 실천하는 방법으로서 행동 양식, ⑤ 어울림의 방법으로서 사회 구조, ⑥ 메시지를 소통하는 방법으로서 매체의 영향, 그리고 ⑦ 결단하는 방법으로 동기적 자원 등을 들었다.[6] 여기서 발신자와 수신자의 문화적 차이가 클수록 기호화 및 의미화 과정의 간격은 더 길게 표시되고 따라서 메시지의 축소, 과장, 혹은 왜곡은 더 크게 된다.

　성경에 기록된 복음 메시지도 기록될 당시의 문화를 반영하고 있다. 따라서 현지에 그대로 전달될 경우 의도된 메시지와는 다르게 전

Pasadena, Calif.: William Carey Library, 1972[1960]), p. 46.
6) David J. Hesselgrave, pp. 163-168.

달될 수 있다. 가령, 여자의 경우 머리에 쓸 것을 두라는 말씀(고전 11:5-6)과 거룩한 입맞춤으로 문안하라는 말씀(고후 13:11) 등은 결코 양보할 수 없는 복음 메시지의 핵심 내용이라기보다는 당시의 특정 청중, 상황, 그리고 문화 등이 반영된 것이라 할 수 있다. 더 나아가 선교사의 교회가 수용했던 복음 메시지도 어떤 의미에서는 선교사의 문화적 격자(grid)를 이미 통과한 것이다. 따라서 현지 문화를 고려하지 않고 성급하게 전달할 경우, 성경에서 의도된 메시지는 더욱더 굴절된 채 현지에 수용될 수 있다.

일상생활 언어와 같이 구체적이고 명시적인 의미를 가리키는 표현보다도 비유나 상징과 같이 암시적이고 함축적 의미를 내포하는 언어나 기독교 안에서만 발견되는 고유하고 독특한 신학적 용어에서 메시지의 굴곡은 더 크게 나타날 수 있다. 가령, 성경은 예수님을 '하나님의 어린 양'에 비유했는데(요 1:29), 유목민이 아닌 경우나 '양'의 실재를 전혀 모르는 경우 실감나게 하는 현지어를 찾기가 쉽지 않다. 또한 예수님께서 '문을 두드리는' 행동이 기록되어 있는데(계 3:20), '문 두드리는' 것은 빅토리아 호수 주변의 자나키 족에게는 빈집털이 하는 도둑의 전형적인 행동이기 때문에 메시지가 오해될 수 있다.[7] 그렇다고 현지인들이 전통적으로 믿어 오는 신의 이름을 하나님을 가리키는 데 사용된다면 기독교 하나님이 전통 신으로 연상되는 혼합주의적 위험이 뒤따를 것이다. 이처럼 타문화 선교 사역 앞에 가로놓인 문화적 장벽은 예상보다 두텁고 높다.

---

7) Eugene A. Nida, *God's Word in Man's Language* (New York: Harper & Row, 1952), pp. 45-46.

3. 선교 커뮤니케이션을 위한 선교신학적 기초

바른 사역은 바른 신학적 기초 위에 세워진다. 선교 커뮤니케이션이 바르고도 효과적으로 진행되려면 그 선교신학적 기준이 제시되어야 한다.

(1) 선교 커뮤니케이션의 궁극적 화자(話者)로서 하나님

선교 커뮤니케이션은 특정 문화권의 교회에 배타적으로 귀속되지 않는다. 선교 커뮤니케이션의 궁극적 화자(話者)는 선교사나 선교사를 파송한 교회가 아니며, 그렇다고 현지에 세워진 교회나 현지인 사역자도 아니다. 이들은 모두 선교 커뮤니케이션의 도구로 부름받았을 뿐이다. 궁극적 화자(話者)는 바로 삼위일체 하나님이시며 초문화적 기원을 가진다.

존재론적으로 볼 때, 전적 타자이신 삼위일체 하나님 안에 이미 커뮤니케이션이 일어나고 있다. 구별된 삼위가 동시에 한 분 하나님으로 존재하심은 주체적인 삼위 간에 사랑의 연합과 인격적 복속이 이루어지고 있음을 전제한다. 커뮤니케이션의 관점에서 보면 군주적 단일신론은 비대화적 획일성과 연관되고 삼신론은 폐쇄적 다양성을 연상시켜 주지만, 삼위일체론은 개체의 주체적 다양성을 인정하면서도 동시에 유기적인 연합성을 보여 준다. 하나님의 삼위일체 존재 양식은 커뮤니케이션에 대한 완벽한 원형을 제공하고 있다.

또한 경세론적(經世論的)인 관점에서도 하나님의 사역은 커뮤니케이션과 분리되어 이해될 수 없다. 하나님의 창조 행위는 피조 세계와 관계 맺기 원하시는 하나님의 커뮤니케이션과 직결되어 있다. 특히 인간을 하나님의 형상을 따라 창조하심으로써 어떤 피조물보다도 더 친밀한 관계를 갖기 원하셨다. 그리고 문화 명령을 통해 하나님 앞에서 책임적 존재로 피조 세계를 관리할 것을 지시하셨다(창 1:28-30). 비록 그 인간이 하나님에 대한 반역과 불순종으로 하나님과의 커뮤니케이션을 스스로 단교했지만, 하나님께서는 영원한 심판 가운데 내동이치시지 않고 도리어 구속하셔서 바른 관계로 회복시키기 원하신다. 하나님께서는 인류에게 지속적으로 선교 커뮤니케이션을 펼쳐 오시다가 마침내는 완전한 자기 계시인 그 아들을 통해 인류와 커뮤니케이션하셨다(히 1:1-2). 그것도 무력과 폭력을 동반한 강제나 강요에 의해서가 아니라 인간의 자발적이고도 인격적인 응답을 통해서 커뮤니케이션을 이루어 가신다. 이것은 하나님께서 인간과의 커뮤니케이션 회복을 위해 관심과 행동을 보이신다는 것이며, 결국 선교의 목적이 커뮤니케이션에 있음을 나타낸다.

예수 그리스도는 인간과 함께 하시는 커뮤니케이션의 하나님으로서 육신 되어 오셨다. 성자 예수 그리스도는 성부 하나님의 커뮤니케이션의 매체에 불과한 것이 아니라 커뮤니케이션의 주체이기도 하셨다. 천국 복음을 선포하시고 가르치셨고, 삶과 사역으로 선교 커뮤니케이션의 내용들을 보여 주셨다. 죄인들을 용서하고 질병을 치유함으로써 하나님 앞에 온전한 자로 회복시키셨다. 사회 속에서 정죄 받고 소외를 경험하던 세리와 죄인들을 식탁의 공동체로 회복시킴으로 커뮤니케이션을 이루셨다. 마침내는 십자가와 부활로 말미암아 온 인류를 하나님과 바른 관계 속으로 초청하는 선교 커뮤니케이션의 절정을 이루셨다.

성령 하나님께서도 복음 사역자에게 능력을 수여하시고 교회를 세우심으로써 문화적 장벽을 넘어서서 선교 커뮤니케이션이 구체적으로 실행되도록 하신다. 그분은 언어 문화적 장벽을 넘어 하나님의 큰일을 '난 곳 방언' 즉 모국어로 이해되게 하시는 커뮤니케이션의 하나님이시다(행 2:8). 예루살렘에 강림하심으로 교회를 세우셨고(행 2:1-4), 사마리아 땅에도 교회를 세우기 위해 강림하셨고(행 8:14-17), 이방인 고넬료에게도 임하셨고(행 10:44), 마침내 바울을 이방인을 위한 사도로 세우셨다(행 13:1-3). 그리고 지금도 예수 그리스도의 증인들에게 능력을 주시어 복음을 커뮤니케이션하고 계신다.

(2) 선교 커뮤니케이션의 메시지 내용으로서 총체적 복음

복음에 대한 이해는 선교와 직결된다. 사도행전 15장에서 예루살렘 교회는 이방인들이 굳이 할례를 받지 않고도 그리스도인이 될 수 있다는 획기적 결정을 내린다. 이것은 유대인 교회가 이방인에게 복음을 전할 때 자신들의 문화적 옷을 입히지 않기로 했다는 의미를 지닌다. 복음과 문화는 철저히 구별되어야 한다는 이 결정은 오늘날에도 선교사로 하여금 자신의 문화가 아니라 현지의 문화와 상황에 더 적합한 복음을 전하도록 도전하고 있다.

이런 교훈에도 불구하고, 서구 교회에 의해 주도된 20세기 초반까지의 선교는 서구 교회의 해석학적 틀 속에서 획일적으로 해석되고 정의된 복음이 선교 커뮤니케이션의 메시지 내용으로 채택되었다. 하지만 20세기 중반부터는 문화적 전통이 다른 비서구 교회들로부터 '상황화(contextualization)'라는 이름 아래 복음 해석에 대한 다양한 목소리들이 들려오기 시작했다. 이 목소리들은 한결같이 그 동안의 메시지 내용이 영혼 구원과 같은 내세적 문제에 치중하다 보니 비서구 지역의 상황적 실존 문제를 해결해 주지 못한다고 비판하였다. 비서구 교회들이 새롭게 해석해 내기 시작한 복음은 가난과 기아, 질병과 억눌림, 소외와 착취, 폭력과 전쟁, 환경과 성 차별 등과 같은 주로 실존적인 문제들에 대하여 그 해결을 약속해 주는 '기쁜 소식'이라는 측면을 더 강조하고 있다.

　보수 진영은 이런 다양한 소리들을 복음의 사회적 적용이라는 측면에서 교회의 책임으로 고려되어야 한다고 간주한다. 사실 1974년 로잔대회는 전도 중심에서 다중심으로 복음 사역을 전이시키는 계기를 제공했다. 그런데 진보 진영은 이 소리들이 서구의 해석학적 틀을 벗어 던지고 오늘의 상황 속에서 재해석된 복음이며 성경이 말하는 원래 복음과 꼭 같은 권위를 가지고 있다고 확신한다. 양자 모두 서구 교회가 중심이 된 하나의 신학(The Theology)이 아닌 현장 중심의 다양한 신학들(theologies)의 도래를 수용하게 되었다.

　복음 해석과 신학의 다양성은 국제선교대회(International Missionary Conference) 및 세계교회협의회(World Council of Churches)의 선교 관련 의제의 변화 과정에도 반영되어 있다. 20세기 중반 이전에는 선교를 어떻게 누가 혹은 왜 감당할 것인지 등과 같은 방법론적인 논의가 대부분이었지만, 중반 이후에 들어와서는 선교가 무엇인지에 대한 본질적인 논의가 진행되었다. 그만큼 선교 자체의 정의와 목표가 다양해졌다는 의미가 된다. 개인의 회심, 죄 용서, 그리고 내세적 영혼 구원과 같은 전도 중심적 선교 외에도 인류가 체감하고 있는 다양한 현세적 필요를 채우는 쪽으로 그 이해의 패러다임들이 다양하게 등장했던 것이다.[8]

　생각건대, 복음을 커뮤니케이션의 메시지 내용으로 두는 선교는 부활의 세계를 지향한다. 이 부활의 세계에서 핵심적인 주제는 구약에 나타난 개념인 '샬롬'이나 예수님께서 공생애를 통해 강조하신 개념

---

8) David J. Bosch, *Transforming Mission: Paradigm Shifts in Theology of Mission* (Maryknoll, NY.: Orbis, 1991), pp. 368~507에는 20세기 중반 이후 새롭게 등장한 13가지의 선교 이해가 소개되어 있다. 데이비드 보쉬는 패러다임의 개념을 사용하여 선교 자체도 변화하고 있다고 보았다.

인 '하나님나라' 라고 할 수 있다. 이 '샬롬' 이나 '하나님나라' 의 개념은 죄인의 회심과 영혼 구원이라는 개인의 '거룩성' 과 함께 완성을 기다리는 '미래성' 을 담고 있다. 그 외에도 그 속에는 영혼 외에 정신적, 육체적인 면도 함께 다루는 '전인성' 과 물질적, 사회적 관계를 규정하는 '공동체성', 그리고 종말론적 선취를 오늘에 이루어 가는 '현재성' 이 동시에 공존한다. 따라서 선교 커뮤니케이션의 메시지는 인간의 전체적 실재 안에서 통전적 구원을 제공하는 총체적 복음(the whole Gospel)이 되어야 한다. 선교의 목표는 무엇보다도 죄인이 하나님과 갖는 개인적 관계가 회복되도록 회개의 복음을 전파하는 것이다. 더 나아가 하나님나라의 구현에 중요한 대리자로서 공동체적 교회를 한 사회 내에서 세우는 것이다. 마침내는 하나님의 통치가 전우주에 구현되도록 세상과 사회를 향한 치유와 회복, 불의에 대한 책망과 종말론적 변혁의 책임을 다하는 데 있다.

개척 선교 단계에서 복음은 아무래도 선교사의 해석이 중요하다. 하지만 현지 교회가 세워져 감에 따라 상황적합성이 더욱 반영된 복음의 해석이나 적용, 그리고 전달은 선교사나 파송 교회의 전유물이 될 수 없다. 그렇다고 현지 교회에게 그 과업이 국한되어서도 안 된다. 그것은 복음에 대한 상호문화적 해석학 공동체(Interculturual Hermeneutical Community)에서 이루어져야 한다. 즉 현지 문화의 내부자인 현지 교회가 외부자인 선교사와 함께 대화적인 원탁회의 분위기 속에서 '다름' 에 대한 지속적인 상호 보완과 교정 작업을 통해 복음의 온전한 해석을 향해 순례자의 길을 떠나야 한다. 여기에는 상호 배움(듣고)과 상호 나눔(말함)이 전제되어야 한다. 이런 시점에서 선교사의 역할은 주도적인 실행자라기보다는 차라리 참여자 내지 촉매자이다. 그렇지 않으면 물질적 우위권을 확보한 선교사의 주장만이 해석학 공동체의 의제 선정과 신학적 판단에 일방적으로 반영되는 경

향을 보이게 될 것이다. 이는 해석학 공동체의 존립 자체를 위태롭게
한다.

(3) 선교 커뮤니케이션의 응답자로서 문화 속의 인류

'문명' 혹은 '문명화'는 언제나 비서구적인 것을 서구의 것으로 대
체시켜야 한다는 서구우월주의 혹은 서구절대주의가 전제된 단어였
다. 하지만 현대에 들어와서 '문화'라는 단어가 우리 귀에 더 익숙해
지기 시작했다. 이 '문화'라는 이름으로 서구와 비서구의 다른 것들
이 상대화의 길을 걷게 되었다. 인류의 문화는 서로 다를 뿐 우열이
나 진위의 가치를 판단할 수 없다고 보았다. 특히 외부의 특정 문화
잣대에 의한 다른 문화에 대한 판단은 옳지 않은 것이며, 우월성과
진보성을 앞세워 현지 문화를 외부의 문화로 대체시키려는 노력은
중단되어야 한다는 분위기가 팽배해졌다. 이런 점에서 20세기 '문
화'라는 단어가 서구인의 비서구인에 대한 진화론적 우월주의를 저
지하고, 비서구인들로 하여금 서구인들과 동등한 동시대인으로 자리
매김해 준 신조어였다[9]고 역설한 버나드 맥그레인의 지적은 옳다.

사실 인간을 구원하시는 하나님의 능력으로서 초문화적 기원을 가
진 복음이 구속사 속에서 표현될 때는 문화적인 성격을 띠게 된다.
복음의 두 가지 성격 사이에서 발견되는 이 같은 긴장은 성육신 사건
에서 유비를 발견한다. 성자 하나님은 유대 문화의 틀 속에 인간이
되어 들어오셨다. 신성이 전혀 훼손되지 않으면서도 완전한 인간이
되신 것이다. 이 성육신 사건은 복음이 현지의 전통문화를 정죄하고

---

9) Bernard McGrane, *Beyond Anthropology: Society and the Other* (New York: Colombia
University Press, 1989), p. 114.

그것과 격리되어 표현되어야 한다는 모델을 지지하지 않는다. 오히려 복음 메시지를 전달할 때 현지 문화에 적합하도록 상황화 노력을 기울임으로써 수신자 중심의 의사소통을 도전한다. 복음 메시지가 현지 문화와의 연계성이 떨어지면, 현지인은 거리를 느끼거나 오해할 수도 있기 때문이다.

하지만 문화를 사용하여 복음이 새롭게 표현되어야 한다고 해서 현지 문화의 모든 요소가 무비판적으로 사용된다는 뜻은 아니다. 문화를 형성하고, 형성한 문화로부터 피할 수 없는 영향을 받고 있는 인류는 하나님의 형상을 따라 지음 받은 존귀한 피조물이지만 동시에 타락한 죄인이라는 이중성을 지닌다. 문화 속에도 인류의 이 이중성은 반영되어 있다. 이러므로 선교 커뮤니케이션은 죄인인 인간의 회개를 촉구하고, 문화의 죄성을 지적하고 변혁시켜 가는 예언자적 사명을 지니게 된다. 사실 성자께서도 인간이 되어 오셨지만 인간의 죄에 동화되지는 않으셨고 오히려 죄인들의 회개를 촉구하셨다. 이 점을 간과할 때 그 결과는 혼합주의이다. 비서구 교회에서 자주 발견되는 반서구적 정서는 복음의 재해석 과정에서 자신의 지역 전통문화를 무비판적으로 사용하게 할 가능성이 있고, 선교사의 경우도 복음에 대한 과도한 상황화의 시도로 말미암아 기독교 이교주의나 정령적 기독교를 만드는 위험이 있다. 이 혼합주의의 위험은 선교사 및 파송 교회 속에도 꼭 같이 자리 잡고 있다.

(4) 선교 커뮤니케이션의 대리자로서 파송 교회, 선교사, 그리고 현지 교회

교회는 설립 초기로부터 선교 커뮤니케이션의 궁극적 화자(話者)이신 하나님의 대리자요 매개자로 부름 받았다. 이 같은 선교적 본질로 인해 교회는 지리적, 종교적, 사회적, 문화적 경계를 넘어 선교사를 파송함으로 선교 커뮤니케이션에 참여한다. 교회의 파송을 받은-궁극적으로는 하나님의 파송을 받은-선교사는 그리스도를 본받아 선교 커뮤니케이션의 응답자들 속에서 '함께함'의 삶과 생명 나눔의 사역을 통해 그들로 하여금 하나님께 응답하도록 사역한다.

대리자로서 바른 메시지의 내용을 효과적 전달하기 위해서는 응답자인 현지인과의 동일시(identification)를 통해 신뢰 관계를 얻는 것이 우선적으로 중요하다. 메시지 내용의 수용 여부는 흔히 내용 자체 외에도 응답자와 전달자와의 관계에 달려 있기 때문이다. 사실 많은 현지인들이 복음을 거부하는 이유는 그 내용 때문이라기보다 자신들의 문화와 민족적 정체성을 폄하하는 듯한 선교사들의 태도 때문이었다. 이런 의미에서 선교사의 삶과 태도는 선교 커뮤니케이션의 효과적 수단에만 머무는 것이 아니라 그 자체가 이미 중요한 커뮤니케이션이라고 할 수 있다. 들리는 메시지 못지않게 보이는 메시지도 강력하기 때문이다.

신뢰 형성에 결정적으로 중요한 이 동일시는 몇 가지 차원에서 고려되어야 한다. 우선 선교사의 생활양식을 들 수 있다. 현실적인 제약에도 불구하고 언어, 음식, 복장, 예의범절, 가치관, 그리고 생활수준 등에 있어서 현지인과 상당한 정도의 유대감을 형성하지 않으면, 선교사는 '이방인'으로 간주되며 커뮤니케이션에 제약을 받게 된다. 뿐만 아니라 현지 사회에서 어떤 역할과 신분을 갖는 것이 복음 사역자에게 적합한지 고민해야 한다. 가령, 봉급 주는 고용주로서 '보스'가 될 것인지, 현지의 지도력 밑에서 기꺼이 지시 받는 '직원'이 될 것인지 신중한 선택을 요한다. 하지만 더 본질적인 것은 현지인을 향한 선교사의 자세나 태도라고 할 수 있다. 현지인의 생활양식을 취하거나 심지어 현지인 상관 밑에서 일할 수도 있지만 결국 현지인에 대

한 우월감을 처리하지 못한다면, 현지인은 그것을 금방 알아차리게
된다. 신뢰 형성에는 외형적 동일시보다 내면적 동일시가 결정적이
기 때문이다.

현지 그리스도인들을 얻기 시작하고 자생력 있는 현지 교회가 탄생
하며, 그리고 현지 지도력이 확립되어 감에 따라 선교 커뮤니케이션
의 대리자는 선교사로부터 현지 교회로 이전되어 가야 한다. 선교사
와 현지 지도력 사이에는 서로 반대 방향의 장력이 작용하기 때문에
이 과정은 결코 용이하지 않다. 여기에는 통제 및 패권을 장악하려는
인간의 본성이 작용할 수 있기 때문이다. 이양이 어렵기도 하지만 이
양되었을 경우에도, 주도권 장악을 놓고 발생하는 현지 교회 안에서
의 분쟁도 쉬운 문제가 아니다. 이 때문에 선교사와 현지 지도자 모
두 이양의 시기와 방법을 놓고 신중히 준비해 가며 인간의 제국이 아
니라 하나님의 나라를 위해 섬기는 영성을 진작해야 한다. 이 섬김의
영성은 자생력 있는 현지 교회의 초청으로 동역을 시작하는 신임 선
교사의 경우에도 마찬가지로 요청된다.

(5) 선교의 도구이자 목적이라는 긴장 관계를 가진 커뮤니케이션

타종교인에 대한 교회의 선교적 태도는 '증언과 대화(witness and
dialogue)'라는 두 단어로 정리된다.[10] 하나의 극단은 하나님은 논쟁이
나 토의 대상이 아니기 때문에 타종교인을 향한 '증언'적 성격을 띤
선교를 주로 강조한다. 타종교인과의 대화를 전적으로 거부하는 것
은 아니지만 어디까지나 그것은 '증언'을 위한 수단적 준비 과정에

---

10) Theo Sundermeier, 『선교신학의 유형과 과제』, 채수일 편역(서울:대한기독교서회, 1999),
　　p. 48.

불과하다고 여긴다. 이들에게 커뮤니케이션은 선교의 도구이다. 그런데 이 같은 일방적 '증언'을 오만한 커뮤니케이션으로 간주하는 반대 극단은 타종교인과의 '대화' 야말로 선교가 추구하는 것으로 본다. 이들은 타종교 속에도 나타나 있는 하나님의 은총은 진리를 향한 그리스도인들의 순례 길을 도와주며 기독교 진리가 타종교인들의 순례 길을 도와준다고 강조한다. 여기서 대화는 발견을 향한 개방성과 수용성을 전제하고 있다. 어떤 의미에서 커뮤니케이션 자체가 선교의 목적이 되는 것이다.

세상을 사랑하여 구원하기 원하시며 선포적 증언을 명령하시는 삼위일체 하나님께서는 그 존재 양식에 있어서 삼위 간의 대화를 보여 주며, 인간과도 커뮤니케이션을 시작하고 추구하고 계심을 보았다. 예수님과 사도들의 삶도 죄인들과의 생동적인 '함께함'의 교제를 보여 준다. 따라서 증언은 대화를 대체하거나 배제하지 않고 오히려 대화적이어야 한다. 한편 진정한 교제와 대화는 서로를 무시하지 않고 그 주체성을 전제한다. 진리에 대한 서로의 해석을 듣고 배우기만 하는 것이 아니라 진리를 말하고 교훈해 가는 증언을 포함한다는 의미가 있다. 이러므로 '대화'는 증언적 본질을 포기하도록 강요해서는 안 된다. 선교 커뮤니케이션 안에서는 증언과 대화가 서로를 함께 껴안는 긴장 관계를 갖게 된다. 이로써 커뮤니케이션은 선교의 도구이면서도 목적이 되는 것이다. 그리스도인들은 하나님을 향한 개인적 헌신에 기초하여 타종교인들에게 복음 진리를 증언하도록 부름 받는다. 이것은 그리스도인들이 진리를 객관적으로 인식하고 있기 때문이 아니라 증언하도록 위탁받았기 때문이다. 동시에 그리스도인들은 하나님의 형상으로 지음 받은 타종교인들을 존중하며, 그들과의 대화에 참여하여 타종교에 나타난 하나님의 일반 은총들을 경청하고 배우는 자세를 가진다.

4. 한국 교회의 바람직한 선교 커뮤니케이션을 위한 실천적 과제

1979년 93명에 불과하였던 한국 선교사의 숫자가 2002년 말 현재 10,422명으로 집계된다.[11] 타국으로 파송된 선교사만을 계산할 때, 이 숫자는 한국이 미국 다음의 제2위 선교사 파송 국가라는 의미가 된다. 숫자가 절대적인 평가 기준이 될 수는 없지만, 한국 교회는 단순히 선교 참여국이 아니라 선교 대국이며 비서구 교회 선교의 선두 주자 중 하나라는 데 이견이 없다. 하지만 1980년대 이후부터 급성장한 이 선교 운동에 대하여 현지 교회, 선교사, 파송 교회 등으로부터 전해지는 부정적인 보고와 지적들도 만만치 않다. 이것은 열정의 한국 교회 선교가 바른 선교로 성숙해 가야 함을 도전하고 있다. 여기서는 지금까지 논의한 선교 커뮤니케이션의 관점에서 한국 교회가 당면하고 있는 몇 가지 시급한 과제를 제시하고자 한다.

(1) 복음의 통전적 해석과 적용의 지속적인 추구

그 동안 한국 사회는 대화와 절충에 미숙한 흑백 논리와 양극성 장애(bipolar disorder)에 빠지는 경향을 보여 왔다. 개인 구원과 사회 구원, 복음화와 인간화, 복음과 빵, 증언과 대화, 복음주의 선교와 에큐메니칼 선교 등의 용어가 양자 대립적으로 사용되는 것은 이 사실을 단적으로 보여 준다. 대개 전자를 강조하는 진영에서는 후자와 관련된 진영을 가리켜 인본주의적 이데올로기에 영향을 받아 기독교적 정체성을 상실할 수 있는 위험이 있다고 비판한다. 역으로는 인류의

---

11) 한국해외연구원(KRIM) 발행, 『2004년 한국 선교 핸드북』(CD본).

실존적 상황에 구체적으로 응답하지도 못한다는 비난이 되돌아온다.

하지만 복음 해석 및 적용은 양자택일의 배타적 선택을 요구하지 않는다. 하나님 사랑과 이웃 사랑은 만나야 하는 것이며(마 22:37-40), 믿음은 행함과 함께 일하고 행함으로 온전하게 된다(약 2:22). 사실 삼위일체 하나님은 인간의 실존적 문제, 구속사적 경륜, 그리고 우주적 섭리 등을 망라한 전 피조계의 총체적 주관자이고 통치자이시다. 예수 그리스도는 개개인의 구세주이면서, 교회의 머리가 되며, 궁극적으로는 하늘과 땅의 모든 것을 그 안에서 통일시키는 만물의 으뜸이 되신다(엡 1:10; 골 1:16-18). 성령께서도 개인의 회심, 교회의 설립과 성장, 그리고 만물의 갱신과 회복 등에 관여하신다. 모든 피조계가 하나님의 것이며 그 다스림 아래 있다. 따라서 복음의 사명은 세상을 전적으로 부정하며 포기한 채, 죄인들을 회개시켜 끄집어내는 등 신앙 형성의 차원에 머무르지 않는다. 그것은 한 걸음 더 나아가 성도들의 지속적인 회개와 성화 과정을 독려함과 동시에 그들로 하여금 타락한 인류의 죄성이 스며 있는 세상 속으로 뛰어들어 변혁의 도구로 헌신하는 정행(正行, orthopraxy)을 도전한다.

복음은 하나이겠으나 복음에 대한 해석과 적용으로서의 신학은 실존적 정황이 반영되기 때문에 얼마든지 다양할 수 있다. 하지만 이 다양한 신학적 입장들이 상호보완과 교정의 원탁회의를 거치지 않게 되면 결국 복음은 하나라는 사실을 포기하는 것과 같다. 신학은 전통 문화와 변화하는 상황들을 지속적으로 성찰하고 이에 대해 복음적으로 응답하고자 노력해야 한다. 그러면서도 다른 입장의 신학들과 대화하는 가운데 유일한 복음에 대한 최근사치인 복음의 통전적 해석과 적용을 찾아가는 순례자적 여정을 계속해야 한다.

이런 노력은 선교지에서도 계속되어야 한다. 서구의 시각으로 획일적으로 해석해 낸 복음을 현지 문화와 상관없이 이식시켜 간 근대 기독교 선교의 전철을 한국 교회가 또다시 밟아서는 안 된다. 현지인 교회가 세워지고 그 지도력이 확립됨에 따라 선교사는 현지 교회의 자기 신학화의 작업을 권장하면서도 양자(현지 교회와 선교사) 혹은 다자간(현지 교회와 수개국의 선교사들)의 신학적 대화로 초청해야 한다. 선교지 교회들은 선교사가 전달하는 신학을 받아들이기만 하는 피동적인 대상이 아니며 이들은 복음의 원 메시지에 충실하면서도 현장에 적절한 선교 메시지를 주체적으로 성찰해 내는 대화 당사자이다. 이런 노력은 일회적인 사건으로 끝나는 것이 아니라 상황의 변화와 함께 계속되어야 하는 과정이다. 서구 교회나 한국 교회가 포착해 내지 못한 복음의 풍성한 면들이 선교지 교회와의 원탁회의의 대화를 통해 훨씬 더 온전하게 이해되고 적용될 것이다.

(2) 성육신 및 십자가 영성의 함양

육신을 입어 종의 형체로 낮아지시고 십자가에 연약하게 달리신 예수 그리스도는 선교 커뮤니케이션에 참여하는 이들에게 영성적 모델을 제공한다. 그것은 한 마디로 성육신이 보여 주는 '낮아짐'과 '긍휼(compassion)'과 십자가에서 비쳐지는 '약함(powerlessness)'과 '화해'의 영성이다. 예수 그리스도는 죄인인 인류와 함께 하는 임마누엘로 내려오셨다. 죄와 죄로 말미암은 고통을 함께 나누시려는 '긍휼'은 공생애 전체를 이끌어 가는 내적 동인이 되었다. '긍휼'은 감정의 언어인 '동정(pity)'과 달리 행동으로 나타나는 실존적 참여를 수반하기 때문에 듣기에는 좋지만 실천하기는 어려운 영성이다. 이것은 강자가 약자에게 자비를 베풀어 주지만 여전히 높은 위치를 고수하는 모습이 아니다. 강자가 더 이상 강자로 여겨지지 않을 정도로 '낮아짐'과 '함께함'이 실천되는 영성이다.

또한 강자의 논리를 따라 움직이는 세상의 생리에 익숙해진 제자들이 높고 강한 자리를 차지하려고 할 때, 예수님께서는 섬김 받기 위해서가 아니라 섬기는 연약한 종으로 왔음을 천명하셨고, 이 사실을 자신의 목숨을 십자가에서 대속물로 바침으로 입증하시려 하셨다(막 10:33-45). 결국 잡히시던 날 밤, '칼로 일어난 자는 칼로 망한다' 고 하시며 나약하게 잡혀 가는 '약함' 을 선택함으로써 하나님나라의 일은 어떻게 이루어져 가야 하는지를 명백히 보여 주셨다. 예수님의 십자가 죽음은 원수 된 유대인과 이방인마저도 화해시키는 능력이 있다(엡 2:13-18). 로마제국의 십자군 전쟁과 서구 기독교 국가의 식민지 확장이 보여 준 공격적이고 정복적이며 패권자적인 이미지는 오늘의 선교에 결코 도움 되지 못하는 역사적 과오이고 선교 커뮤니케이션과는 어울리지 않는 영성이다. 선교 커뮤니케이션의 메시지는 확실히 죄인과 세상의 죄성을 지적해 내는 공격적인 내용을 담고 있다. 하지만 메시지 내용과 전달하는 사역자의 자세는 구별되어야 한다. 참된 진리는 일절 온유함과 사랑 가운데서 말해야 하기 때문이다(엡 4:15).

한국 교회는 2/3 세계 교회의 선두주자로서 명실상부한 선교적 열정으로 세계적인 주목을 받게 되었다. 최근에 들어와서는 그 열정이 다소 식어진 것을 감지한다. 여러 가지 원인이 있겠으나 국가 경쟁력과 선교 동원력의 상관관계를 부인할 수 없다. 1997년 말부터 시작된 경제 위기를 아직도 완전히 극복하지 못한 가운데 외부로 눈을 돌릴 여력이 교회에 남아 있지 못할 수 있다. 하지만 강할 때만 선교를 감당할 수 있다고 성경은 가르치지 않았다. 우리가 약할 그 때에 곧 하나님의 강함이 나타나는 것이 성경의 가르침이다(고후 12:9-10). 초대교회에 일어난 폭발적 선교 운동은 그들이 강했기 때문이 아니었다. 선교의 원동력은 인간의 자원에 있지 않고, 순종적 참여를 요구하시는 주님께 있다. 하나님의 나라가 구현되는 것은 외압과 강요에 의해서가 아니라 겸손한 섬김과 나눔의 실천을 통한 영적 감화력이 그 중요한 통로가 된다. 더 나아가 한국 교회가 선교 커뮤니케이션에 참여하고자 하는 대부분의 선교지에서 기독교는 소수의 약자이다. 전후 신생 독립 국가들은 서구의 선교 시대와는 전혀 다른 양상을 보이고 있다. 다수의 강자인 타종교인들에게 선교사나 현지 교회가 강자 특유의 공격적 태도를 보이면 복음이 배척될 뿐 아니라 그리스도인과 교회에 대한 그들의 적개심이 촉발되어 존립 자체가 어려워질 수 있다. 복음에 대한 순교적 헌신과 담대함이 세력 과시 및 공격적 오만함과는 구별되어야 하겠다.

(3) 동반자적 협력 관계 및 유기적 공조 체제의 모색

1947년 휘트비(Whitby) 선교대회는 "복종 가운데서의 동역(partnership in obedience)"을 중점적으로 다루었다. 동역과 협력이 이루어지지 않으면 반목과 질시, 갈등과 분열 등으로 인해 인력과 자원의 중복 투자 및 낭비가 초래된다는 것을 일찍부터 파악했기 때문이었다. 선교 커뮤니케이션의 목적은 선교 사역의 통제력과 소유권을 장악하여 인간의 제국을 건설해 가는 데 있지 않다. 오히려 상호 복종의 정신을 따라 궁극적으로 하나님나라를 구현해 가는 데 있다. 동반자적 협력을 진작하고 유기적 동역 체제를 모색하기 위해서는 정보, 인력, 그리고 물질의 나눔까지도 이루어져야 한다. 실로 그리스도인들이 사랑의 복속을 통해 연합된 모습을 보일 때 복음에 대한 증거는 더욱 강력해질 것이다(요 17:21).

그런데 한국 교회의 선교가 심각하게 지적받는 문제 중의 하나는 협력 내지 동역의 부재일 것이다. 이 문제는 한국 선교의 모판이라고 할 수 있는 한국 교회 내에서도 발견된다. 한 교회 안에서 담임목사와 부목사, 원로목사와 후임 목사, 목사와 장로, 그리고 성도 간에 벌어지는 긴장과 갈등이 그것이다. 교단 안에서도 지연과 학연을 따라 형성되는 대립 양상은 복음의 진보에 장애요소가 되고 있다. 이것은 선교지에서도 그대로 이어져 질서와 통제를 강조하는 선임 선교사와 자유와 재량권을 요구하는 신임 선교사는 종종 동반자 내지 동역자가 아니며, 동료 선교사도 경쟁자로 돌변한다. 심지어 적대감마저 드러나 선교사의 중도 포기 내지 안식년 선교사의 상담 등의 일차적인 원인이 되고 있다. 더욱이 다른 파송 단체들과 경쟁은 어제 오늘의 일이 아니다. 이런 모습 뒤에는 하나님보다 자기 자신을 더 섬기려는 동기가 자리 잡고 있다. 철저한 회개와 함께 동역에 수반되는 자기 십자가를 지고 인내와 이해, 용납과 격려, 그리고 칭찬과 존중의 정신 속에서 연합에 힘써야 할 것이다.

한국의 복음 수용 시기에 서양 선교사들은 상호 '예양(禮讓)의 원칙 (comity)'에 입각해서 한반도를 지역별로 나누고 다른 파송 기관이 맡은 지역을 '침범'하지 않음으로써 중복 투자 및 불필요한 경쟁을 피하고자 했다. 이상적인 연합과 동역이 힘들 때 고려된 현실적인 차선책이라 할 수 있다. 이는 지리적인 대상에 따른 역할 분담이다. 인종적, 문화적 대상에 따른 협력 사역으로는 복음주의 진영에서 강조하고 있는 '미전도 종족 입양 운동'[12] 이나 '비 거주 선교 사역'[13]과 같

---

12) 미전도 종족 입양 운동은 풀러신학대학교의 선교학 교수였던 랄프 윈터의 준비로 열렸던 1980년 에든버러선교대회를 통해 본격화되었고, 1995년 서울에서 열린 세계복음화대회 (Global Consultation on World Evangelization: GCOWE' 95)에서 전 세계적인 조직화가 이루어졌다. 이 운동은 그 슬로건에 명시된 것처럼 모든 종족 집단에 한 교회를 세우자는 것이며, 이를 위해 종족 집단에 대한 정보의 교환을 위한 지역적, 국제적 네트워크를 형성하는 데 초점을 모으게 되었다. 전호진, 『인종 갈등의 시대와 미전도 종족 선교』(서울: 영문, 2001), pp. 18-19.

은 데서 보인다. 주님의 재림과 대위림령에는 깊은 상관관계가 있다고 보고, 모든 족속에 자생력을 가진 교회를 세우는 공동의 비전을 위해 모든 참여자들이 협력하고자 노력한다. 개척 선교의 단계에서는 이처럼 선교사 및 선교 단체나 파송 기관들이 협력하는 것이 중요하다.

그러나 자생력 있는 현지 교회가 세워져 감에 따라 협력의 양상은 달라져야 한다. 선교지를 종족 집단이 아닌 국가별로 바라보면 현지 교회가 없는 곳은 거의 없다. 과거에 비해 선교사의 '직접성'은 많이 사라졌다. 이것은 선교사가 개척자나 실행자보다는 동반자나 참여자로 그 역할이 변화되어야 한다는 것을 의미한다. 1961년 뉴델리대회 이후 국제선교대회(International Missionary Conference)가 세계교회협의회(World Council of Churches)로 합병됨에 따라 선교는 교회의 연합이라는 틀 속에서 '공동의 증언(common witness)'으로 진행되어야 한다는 이해가 대두되었다.[14] 이는 보내는 교회와 받아들이는 교회라는 수직적 이분법이 종말을 고했다는 뜻도 내포한다. 이제 현지 교회는 중요한 협력 당사자로 초청되어야 한다. 아니 개척 선교 단계에 머물고 있는 지역을 제외하고는 현지 교회의 사역에 선교사는 협력 당사자로 참여해야 한다. 현지 교회도 엄연히 선교 커뮤니케이션의 공동 대리자이기 때문이다. 이런 맥락에서 한국 선교사는 기독교 정체성을 이루는 핵심적인 부분에서 차이가 없다면 선교 현지의 주류 교회와 협력하는 것을 좀 더 고려해야 한다. 변두리에서는 효율적이면서도 용의주도하게 사역을 추진할 수 있다. 하지만 현지 교회와도 '복

---

13) 비 거주 선교 사역은 해외 선교사로서 사역의 우선권을 하나의 미전도 부족의 복음화에 두며, 다른 선교 단체와의 중복이나 차이를 피하여 사역하게 된다. V. David Garrison, 『비거주 선교사』, 김창영·조은화 역(서울: 생명의말씀사, 1994), pp. 26-27.
14) David J. Bosch, p. 459.

종 가운데서의 동역'을 이루려면 변두리에서 '성의 영주'가 되기보다 주류에서 '외교관' 되기를 주저하지 말아야 한다.

(4) 현지인 주체적 사역의 진작

바울이 개척한 교회는 바울이나 그를 파송한 안디옥교회에 의존하지 않고 스스로 결정하는 주체적 교회였다. 일찍이 헨리 벤이나 루푸스 앤더슨은 선교지 교회에 자전(self-propagating), 자치(self-governing), 자립(self-supporting) 등의 '3자 교회' 공식이 적용되어야 한다고 주장하였고, 네비우스는 그와 유사한 정책으로 한국에 소개했다. 사실 선교 커뮤니케이션의 효과적이며 궁극적인 대리자는 결국 외부인인 선교사가 아니라 내부자인 현지 교회인 점을 생각한다면 이 공식은 타당하다.

그런데 이 공식을 구체적으로 적용하는 과정은 간단하지 않다. 전도 및 복음화의 사명이 선교사의 것만이 아니라 현지 교회의 사명임을 도전하는 것은 그리 어렵지 않다. 그러나 현지 지도력을 세워야 한다는 자치의 목표에 관해 선교사는 주저하는 경향이 있다. 현지 교회는 스스로를 충분히 이끌어 갈 수 있다고 판단하지만 선교사의 판단은 그렇지 않다고 보는 경향이 있기 때문이다. 여기서 선교사는 현지인의 성숙도를 평가절하하지 않고 지도력을 적극적으로 위임하거나 이양하는 태도가 필요하다. 사역이 선교사 중심의 가부장적 구조를 지니면 비전의 공유는 어렵게 되며 사역에 대한 주인의식 또한 요원하게 된다.

미묘한 문제가 자립의 영역에서도 일어날 수 있다. 선교사들이 진행시켜 온 사역은 고가의 설비와 비용을 요구하는 기관형 프로젝트일 가능성이 많다. 자치의 원칙을 따라 사역을 이양해도 현지인에 의해 사역이 유지되고 관리되기 힘든 경우가 많다. 선교사가 철수할 경우 사역이 중단될 뿐 아니라 현지인 간에 이권 분쟁이 일어나기도 한다. 이 때문에 앞으로는 현지인에 의한 지속력을 배려하는 사역 형태를 취해야 한다. 가령 빈민가를 위한 구호 사역은 일시적으로 필요하겠지만 점차 현지인 주체적인 지역 개발 쪽으로 발전되어 가지 않으면 현지인들은 자립의지를 상실한 채 외부에 의존적이 된다. 또한 병원이나 의료 전문가 중심의 사후처방적 치료 사역도 필요하지만 공중예방의학과 같이 현지 주민이 중심이 된 저비용의 예방적 접근 방식도 보완적으로 고려되어야 한다. 한편 '자립'이라는 용어가 의존 및 종속에서 벗어나야 한다는 점에서 바람직하지만 '고립'이라는 의미로 사용될 수 없음을 알아야 한다. 상대적으로 부요한 선교사나 파송 기관들이 현지 교회의 자립을 위한다는 이유로 물질적인 후원과 참여를 중단하는 것은 우주 교회의 교제를 이루어야 하는 면에서도 바람직하지 않다. 물질을 통해 통제력을 장악하려는 태도를 버린다면 나눔과 섬김은 계속되어야 할 것이다.

한걸음 더 나아가 진정한 의미에서 현지인 주체적 사역은 '제4자'라 명명될 수 있는 '자기신학화(self-theologizing)'가 이루어져야 가능하다.[15] '3자 교회' 공식이 제기될 당시만 해도 신학이 다양할 수도 있음을 생각하지 못했다. 그러나 이제 유일한 복음에 대한 풍성하고 다양한 해석을 위해 현지 신학이 주체적으로 발전되어 가도록 선교사는 장려해야 한다. 현지인들이 발전시켜 갈 낯설고도 다른 신학이 줄 수 있는 충격을 예상해야 한다. 선교사는 이 신학적 '낯섦'과 '다름'을 거부하는 것이 아니라 대화의 장을 통해 복음의 온전한 해석에 기여하도록 해야 한다.

---

15) Paul G. Hiebert, pp. 195-196.

5. 나가는 말

근대 선교는 타자를 변화시키기 위해 일방적으로 '말하는' 선교 커뮤니케이션의 성격을 띠어 왔다. 복음의 전파와 함께 현지 문화는 진보한 서구 문화로 결국 대체될 것이기 때문에 고려 대상이 되질 못했다. 그러나 20세기 후반부에 들어와서는 현지 교회의 지도력이 세워지는 등 선교지가 변화해 왔다. '문화'라는 용어가 전 세계에 풍미하면서 이제는 일방적인 커뮤니케이션이 아니라 '말하기도 하고 듣기도 하는' 쌍방적이고 인격적인 커뮤니케이션이 필요한 시대가 되었다. 다시 말해, 아직도 개척 선교 단계에 머물러 있는 지역은 예외로 하고, 현지 교회는 선교 커뮤니케이션을 위한 동반자로 인정받아야 할 시대에 접어들게 되었다. 선교사는 현지 교회가 주체적인 사역을 할 수 있도록 지도력의 위임과 이양에 대해 처음서부터 인식하고 있어야 한다. 이는 자전, 자치, 자립, 그리고 자기신학화에 대한 현지인의 의지와 선교사의 배려가 없이는 불가능하다. 또한 현지 교회와 더불어 진행되는 상호 보완과 상호 교정의 원탁회의는 복음 메시지에 대한 해석과 적용을 더욱 풍성케 하고 더욱 온전케 할 수 있음을 알아야 한다. 선교가 회심에서 시작하여 세계관의 변화로 종결되어야 한다는 것을 동의한다면, 절대자 하나님 앞에서 상대자인 우리가 배움과 나눔을 통해 상호 변혁적 순례를 추구해야 한다.

더 나아가 메시지 전달에 있어서도 공동의 증언을 위한 동반자로 보아야 한다. 이것은 '보내는 교회'와 '받아들이는 교회'의 구분이 지리적, 국가적으로 정의될 수 없음을 시사한다. 선교해야 할 땅 끝은 지리적인 관점도 중요하지만 본질적으로는 성경적 세계관과의 문화적, 영적 거리라는 측면에서 이해되어야 한다. 특별히 기독교가 소수의 약자로 있는 현지에서 기독교인은 진리를 말하되 겸손과 사랑

가운데 행하여 타종교인들에 의해 생존 자체를 위태롭게 하는 어리석음을 피해야 할 것이다. 결국 '낮아짐'과 '긍휼'의 성육신적 영성과 '약함'과 '화해'의 십자가적 영성은 커뮤니케이션이 선교의 도구이면서도 목적이라는 긴장 관계를 조화롭게 유지해 가는 원동력이 될 것이다.

참고 문헌

전호진. 『인종 갈등의 시대와 미전도 종족 선교』. 서울: 영문, 2001.

Balz, H. "커뮤니케이션 I". 이후천 역. pp. 681-687. 『선교학사전』. 서울: 다산글
방, 2003.

Bosch, David J. *Transforming Mission: Paradigm Shifts in Theology of Mission*.
Maryknoll, NY.: Orbis, 1991.

Brewster, E. Thomas and Elizabeth S. Brewster. *Bonding and the Missionary
Task: Establishing a Sense of Belonging*. Pasadena, Calif.: Lingua House,
1982.

Garrison, V. David. 『비 거주 선교사』. 김창영 · 조은화 역. 서울: 생명의말씀사,
1994.

Hesselgrave, David J. *Communicating Christ Cross-culturally*, 2nd ed. Grand
Rapids, Mich.: Zondervan, 1991.

Hiebert, Paul G. *Anthropological Insights for Missionaries*. Grand Rapids,
Mich.: Baker, 1985.

McGrane, Bernard. *Beyond Anthropology: Society and the Other*. New York:
Colombia University Press, 1989.

Nida, Eugene A. *God's Word in Man's Language*. New York: Harper & Row,
1952.

_____. *Message and Mission: The Communication of Christian Message*.
South Pasadena, Calif.: William Carey Library, 1972[1960].

Sundermeier, Theo. 『선교신학의 유형과 과제』. 채수일 편역. 서울: 대한기독교
서회, 1999.

제5장 교회 조직 커뮤니케이션

이의용 (교회문화연구소장, 국민대 겸임교수)

1. 문제의 제기

(1) 왜 교회 조직 커뮤니케이션인가?

교회는 넓게는 나라, 민족, 지역, 그리고 세대를 넘어 예수 그리스도를 구세주로 믿는 사람들의 공동체를 의미한다. 그러나 좁게는 지역 교회를 의미한다. 지역 교회는 성별, 세대, 교육, 신앙관, 문화, 개성, 성장 과정, 출신 등 특성이 서로 다른 사람들로 구성되어 있다.

예수님께서는 당신을 포도나무에, 우리를 가지에 비유하셨다. 이 비유는 교회가 예수 그리스도의 몸, 즉 유기체(有機體)임을 뜻한다. 교회는 부품을 조립한 기계 덩어리 같은 조직체가 아니라 하나의 생명체이며 공동체(共同體)이다.

오늘날 교회들의 문제점은 예수 그리스도의 공동체인 교회가 그리스도의 몸으로서의 생명력을 잃고, 공동체에서 조직체로 전락하고 있다는 것이다. 이는 교회의 규모나 교회 지도자들의 리더십 스타일, 교회를 둘러싼 여러 환경과 관련이 있다.

어떻게 하면 교회를 생명력이 넘치는 창조적인 공동체로 회복시킬 것인가? 이는 모든 교회와 그리스도인들의 관심사이자 풀어나가야 할 과제라고 할 수 있다.

(2) 연구 범위와 한계

그 동안 교회에 대한 연구는 대부분 조직 신학적인 관점에서 이루어졌다. 따라서 본 연구에서는 조직 이론과 커뮤니케이션 이론을 통해 교회를 조명해 보고, 교회를 생명력 있는 공동체로 회복시키기 위한 실천적인 방안을 모색해 보려고 한다.

2. 교회 조직 커뮤니케이션 연구

(1) 조직의 관점에서의 교회

1) 조직이란 무엇인가?

우리는 일상생활에서 '조직' 이라는 용어를 자주 접한다. 좁게는 인간의 세포도 조직이고, 넓게는 국가도 조직이다. 조직은 그 관점에 따라 정의가 달라진다. 마요(Mayo)는 조직을 '하나의 협동 체계' 라고 했고,[1] 버나드(Barnard)는 '유기적으로 협동 체계를 맺고 있는 인간의

---

1) E. Mayo, *The Human Problems of an Industrial Civilization* (New York: MacMillan,

상호 협동 체계'라고 했다.[2]

하나님이 부여한 생명력을 지닌 제1의 유기체를 인간이라 한다면, 두 명 이상의 인간이 모여 협동적으로 창조한 제2의 유기체는 조직이라고 할 수 있다. 커뮤니케이션은 제2의 창조적 유기체에 활력을 제공하는 원초적 요소가 된다.

2) 조직의 종류

조직은 그 기준에 따라 다양하게 분류될 수 있다. 파슨스(T. Parsons)는 조직의 목표에 따라 사회의 소비 제품을 생산하는 생산 조직, 정치적 목표를 지향하는 정치적 조직, 갈등의 해소와 제도화된 기대감의 실현을 위해 동기를 갖게 해 주며 사회 각 부문의 공생을 보장하는 통합적 조직, 교육 문화 및 표현 활동을 통해 사회적 계속성을 제공해 주는 사회 패턴의 유지 조직 등 4가지로 조직을 분류하고 있다.[3] 여기서 교회는 통합 조직에 속한다고 볼 수 있다.

조직은 그 기능과 커뮤니케이션 형태에 따라 공식 조직과 비공식 조직으로 분류되기도 한다. 공식 조직을 유형적 실체라고 하고, 비공식 조직을 무형적 실체라고 하는데, 두 유형을 나누는 기준은 바로 커뮤니케이션의 차이에 있다. 공식 조직과 비공식 조직을 비교해 보면 [표1] [4]과 같다.

1933), p. 24.

2) C. I. Barnard, *The Functions of the Executive* (Cambridge, Mass. : Harvard University Press, 1938), p. 68.

3) Tarcott Parsons, *Structure and Process in Modern Society* (New York Free Press, 1964), pp. 45-46.

4) 이 표는 필자가 재구성한 것이다.

[표1] 공식 조직과 비공식 조직

공식 조직	비공식 조직
명확한 상하 구별이 있다.	상하 간에 명확한 구별이 없다.
상하 계층간 수직적 커뮤니케이션이 강조된다.	인간관계를 중심으로 커뮤니케이션이 수평적으로 흐른다.
공통의 목적이 있다.	공통의 목적이 없다.
일정한 조직의 형태와 구조가 있다.	조직의 공식 설계도에는 나타나 있지 않고, 공식적으로 존재하지 않는다.
눈에 보인다.	눈에 보이지 않는 비현재적인 2차적 조직이다.
의식적이다.	무의식적이다.
인위적이다.	자연발생적이다.
이성적이고 합리적이고 논리적이다.	비논리적이고 무형적이다.

　일반 기업 조직은 그 특성이 공식 조직과 비공식 조직으로 명확히 구분되지만, 교회 조직은 다른 면이 있다. 기업 조직은 구성원들이 매일 상근하며 활동하지만, 교회 조직은 구성원들이 매주일 예배를 중심으로 모여 활동을 한다는 점에서 교회가 비공식 조직의 특성을 비교적 더 많이 지니고 있다고 할 수 있다. 물론 교회 상근 직원들의 경우는 공식적인 조직의 특성을 갖는다. 또 기업 조직이 일한 대가의 지급을 토대로 상하 간의 명령과 복종에 의존하는 반면, 교회 조직은 대가 없는 자원봉사를 특성으로 하고 있다는 점도 특이하다.

　교회 조직이 외형적으로는 일반 공식 조직에 비해 취약해 보이지만, 때로는 일반 조직보다 더 강력하고 활발한 경우가 많다. 이는 교회 조직이 영적 특성을 갖고 있으며, 공식 조직과 비공식 조직의 장점을 모두 가지고 있기 때문이라고 생각한다.

교회는 존재 목적, 운영 방식, 하는 일이 일반 조직과 크게 다르다. 기업과 교회는 어떻게 다른가? 다음은 필자가 《한국기독공보》에 기고한 내용이다.[5]

△ 기업의 주인은 사주이나, 교회의 주님은 예수님이다. △ 기업은 이익을 보려고 일하나, 교회는 손해 보기 위해 일한다. △ 기업은 적은 투자로 많은 성과를 기대하나, 교회는 적은 성과를 위해서라도 많은 투자를 한다. △ 기업은 고객 만족을, 교회는 하나님 영광을 우선으로 한다. △ 기업은 일하는 곳이고, 교회는 예배하는 곳이다. △ 기업은 육의 양식을 공급하나, 교회는 영의 양식을 공급한다. △ 기업은 다른 기업과 경쟁하나, 교회는 다른 교회와 서로 사랑하고 연대한다. △ 기업은 돈 받고 다니고, 교회는 돈 내고 다닌다. △ 기업은 결과를 중시하고, 교회는 과정을 중시한다. △ 기업은 상명하복이나, 교회는 합의적이고 민주적이다. △ 기업은 영리를 추구하나, 교회는 복음 전파를 추구한다. △ 기업은 고객과의 의사소통을 중시하나, 교회는 하나님과의 의사소통을 더 중시한다. △ 기업은 현실을 지향하지만, 교회는 영원한 미래를 지향한다. △ 기업은 강제적 노동을 요구하지만, 교회는 자발적 충성을 원한다. △ 기업은 이윤이 있어야 생존하나, 교회는 구원할 영혼이 있기에 존속한다. △ 기업은 철저한 서열 중심이나, 교회는 서열이 없다. △ 기업은 성과에 따라 즉각 보상해 주나, 교회는 현세적 보상을 거부한다. △ 기업은 정당한 이윤 획득이, 교회는 정당한 지출이 건강성의 척도다. △ 기업은 이기적이나, 교회는 이타적이다.

5) 《한국기독공보》 2003년 7월 12일자 〈이의용의 문화 마당〉 참조.

3) 조직의 기능

카츠(Katz)와 칸(Khan)은 조직은 성장함에 따라 지원 기능, 생산 기능, 유지 기능, 적응 기능, 관리 기능으로 분화된다고 한다.[6] 이러한 조직 활동의 결과로 조직은 생산성이라는 성과를 얻게 되고 구성원들은 심리적인 만족감, 사기, 응집력, 충성심, 동기 등을 얻게 된다. 또한 구성원들이 일을 해 나가는 과정과 교육훈련을 통해서 자기의 능력을 발휘하고 잠재능력을 개발해 나간다.

4) 조직 경영 이론

산업혁명 이후 서구 각국에서는 기업 조직이 급속히 발달하기 시작하였고, 상법 사회가 점차 형성되어 감에 따라 보다 합리적이고 효율적인 산업 조직의 경영 방식이 요구되었다. 여기에서 과학적 관리법(Frederick W. Taylor), 일반 경영 이론(Henri Fayol), 관료 이론(Max Weber) 등의 고전 이론들이 출현하여 당시 조직체 경영에 많은 도움을 주었다.

그러나 사회문화가 발달하고 산업 발전이 고도화함에 따라 조직체도 복잡해지고 조직 구성원의 태도와 행동에도 많은 변화가 일어나면서 고전 이론의 기본 전제가 의문시되어 갔다. 이럴 즈음 인간관계론(Elton Mayo & Fritz Roethlisberger), 시스템 이론(Ludwig von Bertalanffy) 등이 등장했다.

그 후 번스와 스토커(Tom Burns and G. M. Stalker)는, 조직 구조와 관리 행태가 상이한 환경 조건에 따라 어떻게 달라지는지에 대해 연구하였다. 그들은 조직이 직면하고 있는 외부 환경에 따라서 조직의 내부 구조가 다르다는 것을 발견하였다. 동태적인 환경 속에서 활동을

---

6) Katz and Kahn, *The Social Psychology of Organazing*, pp. 39-47.

하는 조직들의 구조와 안정적인 환경 속에서 활동을 하는 조직의 구조는 분명히 차이가 있었다.

5) 기계적 조직과 유기적 조직

기계적 조직(mechanistic organization)은 조직 구성원의 행태가 예측 가능하도록 설계된 조직 구조를 갖고 있다. 기계적 조직은 그 경직성 때문에 안정적이며 변화가 적은 환경에 적합하다. 반면에 유기적 조직(organic organization)은 조직 유연성의 촉진이 가능하도록 설계된

[표2] 기계적 조직과 유기적 조직

특성	기계적 조직	유기적 조직
과업의 정의	좁음	넓음
개인의 공헌도	모호하고 간접적이다.	분명하고 직접적이다.
과업의 유연성	엄격하고 일상적이다.	유연하고 다양하다.
기술의 전문화	전문적이다(개인적).	일반적이고 보편적이다(집합적).
위계적 통제의 정도	높음	낮음
의사소통 방식	하향식이다.	수평적이다.
의사 결정 방식	권위주의적이다.	민주적, 참여적이다.
조직에의 복종의 강조	높음	낮음
적합한 환경	안정적 환경	동태적 환경
작업의 분화	높음	낮음
의사소통	명령, 지시	충고, 자문
권한의 위치	조직의 최고층에 집중	능력과 기술을 가진 곳
갈등 해결 방식	상급자의 의사결정	토론, 기타 상호작용
정보의 흐름	제한적, 하향적	상하로 자유로움
공식화	높음	낮음

조직 구조를 갖고 있다. 이 조직은 불확실성이 높은 환경에 적합한
조직 구조이다. 두 조직의 특징은 [표2]와 같다.[7]

이상 일반 기업 조직 이론의 관점에서 교회를 조명해 보았다. 앞에
서 살펴본 대로 조직은 다양하고 작은 유기체(사람)들로 구성된 유기
체의 집합이다. 조직을 커다란 기계가 아닌 살아 있는 유기체로 인식
할 때 비로소 조직이 공동체로 성숙할 수 있다. 교회도 마찬가지다.

(2) 커뮤니케이션 관점에서의 교회

1) 교회 조직 커뮤니케이션

조직 커뮤니케이션이란, "하나의 조직을 이루고 있는 성원(커뮤니
케이터)들이 조직의 공동 목적을 협동적으로 달성하기 위하여 조직
의 제반 활동에 대한 정보(메시지)를 구두 언어나 문서, 출판물(매체)
을 통하여 조직 내 상하좌우 계층의 성원(수용자)들에게 인간 조직이
라는 상황(organizational setting)하에서 서로 전달하여 조직의 공동 과
제(tasks)를 수행하는 동시에, 조직을 계속 유지시키고, 성원 개개인
의 필요성이나 욕망을 충족시키는 과정"으로 정의할 수 있다.[8]
다시 말해 조직 커뮤니케이션이란, 조직이라는 특정한 상황 속에서
조직의 목표나 조직 성원들의 목적을 협동적으로 달성하기 위하여
규칙을 바탕으로 하여 이뤄지는 조직 내의 대인 커뮤니케이션과 집
단 커뮤니케이션 및 조직과 그의 환경 간의 정보대사(情報代謝,

---

7) 이 표는 다음 두 자료를 토대로 필자가 재구성한 것이다.
    -R. Kreitner and A. Kinicki, *Organizational Behavior* (Boston: Irwin, 1995), p. 516.
    -김인수, 『거시 조직 이론』(서울: 무역경영사, 1995), p. 163.
8) 차배근, 『커뮤니케이션학 개론(하)』(서울:세영사, 1981), p. 419.

information metabolism)를 말하는 포괄적인 개념이라 하겠다.[9]

조직 커뮤니케이션은 쉽게 말해 조직 내 의사소통이다. 조직 커뮤니케이션이란 인체로 말하면 혈관, 혈액 순환에 비유된다. 혈관이 막히면 동맥경화증을 일으키게 된다.

교회의 내부 커뮤니케이션은 수직적 커뮤니케이션과 수평적 커뮤니케이션으로 구분된다. 교회를 이끄는 지도층의 정책과 방침, 교리 내용을 교인과 교회 내에 전파시켜 주는 '상의하달'이 제1 기능이다. 규모가 큰 교회에서 특히 중시되어야 할 기능이다. 교인과 교인 간의 친교나 교회 내 조직과 조직 간의 교류 및 정보 공유 역시 규모가 큰 교회에서 강화되어야 할 제2 기능이다. 그런가 하면 교회 내 평교인 집단의 건설적인 제언이나 건의를 교회 지도층에 전해 주는 '하의상달'의 제3 기능도 제1 단계 기능에 못지않게 중요하다.

많은 교회가 제1의 기능과 약간의 제2의 기능은 잘 수행하고 있지만, 제3의 기능이 매우 취약한 것이 현실이다. 이는 교회 조직이 얼마나 폐쇄적이며, 일방적인지를 보여 주는 사례다.

시대의 변화로 구성원들의 알고싶음증, 듣고싶음증, 정보 공유 욕구는 증폭되고 있으나 정보의 왜곡, 유언비어, 정보 독점으로 인한 비능률성과 폐해는 점점 심해지고 있어 조직 커뮤니케이션의 활성화가 중요한 과제로 인식되고 있다. 조직의 규모가 커지고 구성원의 수가 늘어나고 조직이 분산되면 수직적, 수평적 의사소통이 둔화되거나 벽이 생기게 마련이다. 효과적인 조직 커뮤니케이션을 위해서는 교회 지도층의 의사가 평교인층으로, 평교인층의 의사가 지도층으로 원활히 전달되어야 한다. 또한 교인과 교인, 부서(기관)와 부서(기관)

---

9) 이종화, 『조직 커뮤니케이션론』(서울:전예원, 1987), p. 30.

간에 의사가 원활히 소통되어야 한다.[10]

교회와 그리스도인은 하나님과의 커뮤니케이션, 교회 조직 내 구성원들과의 커뮤니케이션, 그리고 교회 바깥 세계와의 커뮤니케이션을 통해 교회의 목적을 이루어 간다. 교회 조직 커뮤니케이션이란, 교회라는 특수한 상황 속에서 교회의 목표나 교인들의 목적을 협동적으로 달성하기 위하여 교리와 교회 규칙을 바탕으로 하여 이뤄지는 교회 조직 내의 대인 커뮤니케이션과 집단 커뮤니케이션 및 교회를 둘러싼 사회와의 다양한 커뮤니케이션 행위라고 할 수 있겠다. 그러나 좁은 의미에서 교회 조직 커뮤니케이션이란, 교회 조직 내의 구성원 간의 커뮤니케이션이다.[11]

① 내부 커뮤니케이션, 외부 커뮤니케이션

교회는 교인들 간의 활발한 의사소통을 통해 신앙적 공동체로서의 결속을 하게 된다. 이것을 내부 커뮤니케이션(Internal communication), 또는 조직 커뮤니케이션이라고 한다. 교회는 또 교회 바깥 세계와도 의사소통을 함으로써 교회의 존재 목적인 선교를 구체화할 수 있다. 이것을 외부 커뮤니케이션(External Communication), 또는 PR 커뮤니케이션(PR Communication)이라고 한다.[12]

② 공식적인 커뮤니케이션, 비공식적인 커뮤니케이션

조직 커뮤니케이션은 권한, 책임, 의무가 규정된 조직의 구조에 의하여 결정되는 공식적인 커뮤니케이션(formal communication)과 개인 간의 접촉이나 상호작용의 결과로서 자연발생적으로 형성되는 비공식적 커뮤니케이션(informal communication)으로 나뉜다.

---

10) 이의용, "교회와 커뮤니케이션", 《밀레니엄》(1999년 봄호), p. 80.

11) 이의용, 앞의 책, p. 80.

12) 이의용, 앞의 책, p. 80.

공식적 커뮤니케이션에는 조직의 위계나 명령 계통에 따라 메시지가 전달되는 하향식 커뮤니케이션(downward communication)과, 그 반대의 상향식 커뮤니케이션(upward communication)이 있다. 또한 부서와 부서, 구성원과 구성원 간에 메시지를 주고받는 수평적 커뮤니케이션(horizontal communication)이 있다.

공식적인 커뮤니케이션을 잘 보여 주는 것이 조직표(기구표)이다. 조직표는 조직 내 공식적인 구조를 묘사한다. 조직표에서 각 네모 안의 연결선들은 각 지위의 공식적 의사소통 관계와 권한을 나타낸다. 조직 내의 위계질서 구조선과 같은 것이다.

교회도 명확한 조직표를 갖고 있다. 크게는 공동의회, 제직회, 당회 등이 있고 그 산하에 여러 부서와 기관들이 편성되어 있다. 이러한 조직은 각각의 주어진 책임과 권한을 통해 위계질서를 유지해 나간다.

모든 조직은 공식적 위계질서와 형태화된 커뮤니케이션 유통 외에도 비공식 조직을 실제로 갖고 있다. 비공식 커뮤니케이션은 수직적이거나 수평적일 수 있으며, 부서 내외에 있을 수도 있다. 비공식적 커뮤니케이션은 '포도넝쿨(grapevine)'로 불리기도 한다. 조직 구성원들은 공식적인 조직 커뮤니케이션 틀을 벗어나 새로운 사실, 자신들에게 영향을 미치는 일 등에 대해 메시지를 주고받는다. 가까이서 일하는 사람들, 업무상 접촉이 많은 사람들이 같은 포도넝쿨에 속할 가능성이 높다. 포도넝쿨 커뮤니케이션의 특징은 전파 속도가 빠르다는 사실이다. 공식적인 커뮤니케이션이 잘 이뤄지지 않을 때 포도넝쿨 커뮤니케이션은 위력을 발휘하게 되며 조직에 부정적 영향을 미칠 수도 있다.

조직 내 공식, 비공식 커뮤니케이션 채널은 보통 보완적이거나 대체성을 띤다. 때때로 공식적 조직 구조와 비공식적 조직 구조 간에는 상당 부분 중복되거나 아주 별개일 수도 있다. 비공식 커뮤니케이션은 조직 내에서 자발적으로 일어나고, 최고 관리자에 의해 통제받지 않으며, 주로 개인의 자기 이익에 의해 행해진다.

③ 유언비어

비공식적 조직은 일반적으로 유언비어의 번식처이다. 유언비어란, 대인간 채널을 따라 흐르는 미확인 메시지다. 조직의 현명한 지도자들은, 유언비어는 비료를 주고 물을 주듯 조심스럽게 다뤄야 한다고 충고한다. 유언비어는 재빨리 확산된다. 유언비어는 공식적인 채널로 흐르지 않는다. 조직이 동맥경화증에 걸리면 유언비어가 생겨날 수 있다.

존(W. D. John)은 유언비어의 발생 원인을 다음과 같이 들고 있다. △ 공식적인 정보와 뉴스가 부족하다. 믿을 만한 정보가 미흡하다. △ 상황이 불안감과 두려움으로 가득 차 있다. △ 그릇된 정보 때문에 의심이 팽배해 있다. △ 사람들의 자아적 욕구가 충족되지 못한다. △ 중요한 문제에 대한 의사결정이 매우 느리다. △ 종업원들이 그들이 처한 여건과 운명을 통제할 수 없다고 느낀다. △ 심각한 조직적인 문제점이 존재한다. △ 조직의 갈등과 구성원 간의 반목이 심화된다.

조직 내 유언비어는 조직 내에 불신 풍조가 고조되고 있음을 암시하며, 근심된 일이 있음을 알린다. 풍문은 개인적인 욕구가 실현되지 못한 것, 표현되지 못한 것, 해결되지 못한 것에 의해 노출된다.[13] 유언비어에 대처하는 방법으로는 첫째, 구성원들에게 즉각적이고도 정확하게 정보를 제공하고 둘째, 쌍방 커뮤니케이션을 수행하는 것이다.

---

13) 방지형, 『목회 커뮤니케이션』(서울: 성광출판사, 1993년), p. 157.

2) 커뮤니케이션의 왜곡

한 자료에 따르면, 기업 조직에서 최고 경영층의 메시지가 하부 조직의 사원에게 전달되는 비율이 20%에 불과한 것으로 나타나 있다. 이는 조직 내 커뮤니케이션이 중간 과정에서 상당히 왜곡되거나 제대로 전달되지 않고 있음을 보여 주는 사례다.

흔히 교회를 "말이 많은 곳"이라고 한다. 따라서 교회 내에서는 커뮤니케이션의 왜곡으로 인한 갈등이 자주 발생하기 쉽다. 무엇이 커뮤니케이션에 영향을 미치는가?

① 커뮤니케이션의 장벽들(Communication Barriers)

커뮤니케이션에 영향을 미치는 것으로는 언어적인 장벽(Language Barriers), 기술적인 장벽(Technical Barriers), 심리적인 장벽(Psychological Barriers)이 있다.

언어적인 장벽은 사용하는 어휘와 의미가 장애를 일으키는 경우다. 기술적 장벽은 커뮤니케이션의 타이밍, 정보 과중, 문화적 차이 등이 장벽이 되는 경우다. 심리적 장벽이란 정보 여과, 신뢰 부족, 질시, 자신의 일에만 열중, 선택적 지각, 인지적 틀의 차이, 소음 등이 장벽이 되는 경우다.

② 상하 직급 간 의사소통을 저해하는 요인들

한 조사에 따르면, 조직에서 상하 직급 간의 커뮤니케이션을 저해하는 요인으로는 조직의 경직성(30.0%), 권위주의적 태도(22.5%), 직급 간의 거리감(19.5%), 상호 이해 부족(18.0%), 일방적인 업무 지시(10.0%) 등이 지적되고 있다. 지시 사항이나 전달 사항이 왜곡되거나 누락되는 요인으로는 의사 전달 체계의 미흡(32.0%), 업무 과중(25.0%), 지시 사항의 불명확성(15.0%), 조직의 다단계화(13.0%), 수신자의 무관심(12.0%) 등이 지적되고 있다.

3) 커뮤니케이션과 조직 생산성

커뮤니케이션은 대인간에는 물론이고, 조직의 운영에서도 매우 중요하다. 기업 조직의 경영 효율상 가장 큰 관건은 커뮤니케이션일 것이다. 이는 가정, 교회에서도 마찬가지일 것이다.

4) 조직 커뮤니케이션과 미디어

어떤 대상과 우리 개인 사이에 중간 역할을 하는 것을 미디어라고 한다. 우리는 하나님의 생명의 말씀을 전하는 미디어라고 할 수 있다. 예수님도 하나님과 인간 사이의 미디어로 이 땅에 오셨다. 교회나 성경도 미디어라고 할 수 있다.

커뮤니케이션에서도 송신자의 메시지를 전해 주는 매개 역할자를 미디어라고 한다. 커뮤니케이션의 중요성은 미디어의 중요성과 상통한다고 해도 과언이 아니다. 이 미디어의 중요성을 가장 심각하게 일깨워 준 사람은 캐나다 태생의 영문학자 마셜 맥루한(M. McLuhan)이다. 맥루한이 우리에게 일깨워 준 이론은 '미디어가 바로 메시지(Medium is the message.)'라는 것이다.[14] 전하는 내용과 관계가 없이 미디어 자체가 좋지 않으면 메시지는 전달되지 않는다는 것이다. 쉽게 말해서 목사의 설교 내용이 아무리 좋아도 전달하는 당사자가 불신스러우면 청취자는 듣지 않는다는 것과 같다. 맥루한은 미디어는 메시지와 별개의 것이 아닌 메시지의 연장이라고 본다.

기업 조직에서는 조직 커뮤니케이션을 활성화하기 위해 다양한 수단을 활용하고 있다. 개교회도 처음에는 인쇄 매체에 의존하였으나 최근에는 영상 매체, 사이버 매체 등 다양한 수단을 활용하고 있다.

---

14) 마셜 맥루한(박정규 역), 『미디어의 이해』(서울: 커뮤니케이션북스, 2001), p. 23.

5) 조직 커뮤니케이션과 문화

문화란 무엇인가? 알프레드 크뢰버와 클라이드 클룩혼(Alfred Kroeber & Clyde Kluckhohn)은 문화의 정의가 154가지에 이른다고 했다.[15] 에드워드 홀과 마이클 프로서(Edward Hall & Michael Prosser)는 "인간의 커뮤니케이션 행위 자체가 곧 문화다."라고 했다.[16]

문화란 사람들이 생각하고 행동하는 방식이다. 어느 조직에든 문화가 있다. 사회에는 사회문화가, 군대에는 군대문화가, 학교에는 학교문화가, 가정에는 가풍이, 회사에는 기업문화가 있다. 그리고 교회에는 교회문화가 있다. 문화는 공기와 같다. 존재를 의식하지 못하지만 없이는 잠시라도 삶을 영위하기 어렵다. 조직문화는 구성원들이 함께 나누는 가치관이며, 일하는 스타일이고, 사물을 보는 시각이다. 개인이 인격체로서 갖는 것이 개성이라면, 조직이 갖는 개성과 풍토는 조직문화라고 할 수 있다.

문화는 인간 유기체 외부에 존재하는 것(물질문화), 인간 유기체 내부에 존재하는 것(정신문화), 인간 상호간의 행위에 존재하는 것(제도문화)으로 나눠 볼 수 있다.[17]

문화라는 것은 의식적, 무의식적으로 만들어지고 형성된다. 그러나 한번 형성된 문화는 눈에는 보이지 않지만 그 사회와 조직 전체의 에너지가 된다.

그러면 문화는 어떻게 만들어지는가? 문화는 커뮤니케이션이 만든다. 커뮤니케이션이 무엇인가? 개념의 공유화다. 어떤 생각을 어떤 방법을 통해서 함께 나눠 갖는 것이 커뮤니케이션이다.

---

15) 이상철, 『여론선전론』(서울: 범우사, 1986), p.25.

16) Edward Hall, *The Silent Language* (New York: Doubleday, 1959), p. 97.
   Michael Prosser, *The Cultural Dialogue* (Bosto:Houghton Miffin, 1978), p. 5.

17) 이상철, 『문화와 커뮤니케이션』(서울: 일지사, 2002), p. 101.

에드워드 홀(Edward Hall)은 "문화는 곧 커뮤니케이션이다."라고
했다. 래리 사모바르와 리처드 포터(Larry Samovar & Richard Porter)
도 "문화가 다르면 커뮤니케이션 내용이나 전달 방식 등도 다르기
때문에 원활한 커뮤니케이션이 불가능하다. 동일한 언어를 사용하
더라도 문화적 배경이 다를 때에는 커뮤니케이션을 기대하기 어렵
다."고 했다.

사람과 사람 간에 커뮤니케이션이 이루어져야, 사람과 사람이 서로
의 생각을 나눠 가져야 비로소 커뮤니티(Community)가 형성된다. 가
정, 학교, 직장, 교회, 기업 모두가 커뮤니티다. 그 커뮤니티가 함께
나눠 갖고 있는 가치관과 스타일, 생각하는 방식과 사는 방식이 바로
문화인 것이다.

문화를 창조하기 위해서는 '좋은 커뮤니케이션' '좋은 커뮤니티'
라는 과정이 필요하다. 활발한 커뮤니케이션 없이 개념을 공유하기
는 어렵다. 좋은 문화에 꼭 필요한 것은 좋은 커뮤니케이션이고, 이
러한 커뮤니케이션을 활성화시켜 주는 것이 바로 조직 커뮤니케이션
미디어들이다.

6) 의사 결정

어느 조직이든 나름대로 중요한 문제를 결정하는 절차와 방식을 갖
고 있다. 그 절차와 방식은 그 조직 구성원들의 합의를 거쳐 만들어
진다. 덜 중요한 문제는 소수에게 위임을 하지만, 중요한 문제는 구
성원들이 모두 참여해서 결정을 한다. 의사 결정의 절차와 방식은,
특정한 소수가 중요한 일을 개인적으로 좌지우지하지 못하도록 견제
를 해 준다.

조직 내 의사 결정을 얼마나 민주적이고 합리적으로 하느냐–이것
이 그 조직의 건강성을 보여 주는 척도라고 할 수 있다. 어느 한쪽에

의사 결정권이 집중되어 있을 때, 조직 구성원 모두를 배려하는 결정을 하기가 어려워진다. 이 과정에서 소외되면 그 결정에 불만을 갖거나 협력하지 않게 되고, 조직의 발전을 위한 창조적이고 자발적인 노력을 거두어들이게 된다.

어느 조직 사회든 의사 결정권을 둘러싸고 위와 아래 간에, 좌우간에 많은 갈등을 벌인다. 가정이나 교회도 마찬가지이다. 교회 내에는 결정해야 할 많은 문제들이 있다. 교회는 이것을 결정하도록 여러 제도와 기구를 만들어 놓고 있다. 공동의회, 제직회, 당회 같은 기구는 각기 고유한 기능을 갖고 있다. 그러나 이러한 기구들이 고유의 기능을 잃고 다른 기구의 지배를 받거나, 형식적으로 비효율적으로 운영될 때, 결과적으로 소수가 의사 결정권을 독점하게 되어 건강성을 잃게 된다.

교회의 많은 일들을 담당하는 여성과 청년들이 의사 결정 과정에서 소외되고 있는 것은 비민주적이고 비합리적인 사례라고 볼 수 있다. 교회 내에는 다양한 여러 연령층이 있음에도 50대, 60대의 당회가 의사 결정권을 독점할 경우, 교회 일을 실질적으로 담당하는 30대, 40대 제직들이 의욕이 떨어지는 건 당연한 일이다.

교회 의사 결정 구조에서 가장 변화가 필요한 기구는 바로 당회이다. 당회는 교회 리더십의 상징으로서 모든 의사 결정권을 쥐고 있지만, 시대의 변화를 제대로 읽지 못하고 따라가지 못한다는 지적을 받고 있다. 우선은 임기가 70세까지라는 게 문제이다. 급변하는 환경에서 한 사람이 너무 오래 자리를 차지하며 의사결정권을 독점함으로써 교회의 사유화, 매너리즘, 행정의 부패 등을 가져오고, 결과적으로 교회의 퇴보를 초래할 수 있다. 따라서 시무 임기제 도입의 필요성이 제기되고 있다.

또, 의사 결정 독점의 폐단을 줄이기 위해 여성과 젊은이, 각 분야

전문가, 소외 계층을 당회에 참고인(observer)으로 출석시켜 그들의 의견을 경청하는 것도 필요하다. 담임 목회자의 의사 결정권 독점 현상도 문제다. 특히 스스로 교회를 개척하여 성장시킨 목회자의 경우, 모든 의사 결정권을 독점하며 군림하려는 경향이 강하고 그로 인해 적지 않은 문제들이 사회 문제로 비화되는 경우가 적지 않다.

의사 결정권의 위임이 잘 이뤄져 있는 교회가 건강하다. 위임을 해 줘야 많은 이들이 참여하게 되고 리더들이 육성되기 때문이다. 교회 는 담임목회자 개인의 소유물이 아니다. 따라서 교인들의 합의 (consensus)를 이뤄 가며, 교인들의 참여를 이뤄 가며 의사 결정을 해 나가야 한다.

그리고 의사 결정 과정과 결과를 교인들과 공유해야 한다. 여러 기 관의 회의록을 인터넷 게시판이나 주보에 공개하는 것도 좋은 방법 이다. 무엇보다 중요한 것은, 의사 결정에 참여한 이들은 그 결과에 대해서도 냉엄한 평가를 받고 책임을 지는 풍토를 만드는 것이다.

① 개인 의사 결정과 집단 의사 결정

의사 결정에는 개인 의사 결정과 집단 의사 결정이 있다. 개인 의사 결정은 '선택'을 하는 것이고, 집단 의사 결정은 '합의'에 도달하는 것이라고 볼 수 있다. 교회 조직에서 의사 결정의 필요성이 발생할 경우 그것을 개인이 처리할 것인지, 집단으로 처리할 것인지를 판단 하는 것이 때때로 그 내용을 결정하는 것보다 더 중요한 경우가 많 다. 이 두 가지 방식은 나름대로의 장점과 단점을 가지고 있으므로 상황에 따라 적절히 적용되어야 한다.

[표3] 개인 의사 결정과 집단 의사 결정의 비교[18]

구분	개인 의사 결정	집단 의사 결정
장점	· 의사 결정을 신속하게 할 수 있다. · 책임 한계가 명확하다. · 의견의 간섭을 적게 받는다.	· 정보와 경험을 교환할 수 있다. · 창의성을 높일 수 있다. · 참여를 통하여 여러 사람 간의 이해를 증진시킬 수 있다. · 개인적 주관성을 감소시킬 수 있다.
단점	· 여러 사람의 의견을 폭넓게 참고할 수 없다. · 구성원 간의 상호작용 기회가 없다. · 개인적 주관성이 강하게 작용한다.	· 시간과 에너지의 낭비가 크다. · 위험을 회피하려는 경향이 강하게 나타난다(집단 변화 현상: groupshift). · 소수의 의견에 지배되기 쉽다(집단 사고 현상: groupthink). · 책임 한계가 불명확하다. · 중요한 문제보다는 사소한 문제의 해결에 집착하는 경향이 있다.
적용 상황	· 단순하고 일상적인 문제의 해결 · 문제 해결이 시간적인 제한을 받을 때 · 문제의 해결 방안이나 방식이 미리 결정되어 있을 때 · 문제의 특성이 개인적인 것에 속하는 것일 때	· 복잡한 문제의 해결 · 문제의 해결이 오랜 시간을 요하는 것일 때 · 문제가 미치는 영향이 크고 중요할 때 · 문제에 관련된 부서가 많을 때 · 문제가 비교적 독특한 것일 때

3. 교회 조직 커뮤니케이션 활성화를 위한 과제와 제안

교회 조직 커뮤니케이션 연구의 목적은 그리스도의 몸 된 교회를

18) 박영배, 『조직행위론』 (서울: 법문사, 1995), p. 424.

커뮤니케이션이 원활하고 생명력이 넘치는 공동체로 회복시키는 데 있다. 교회 조직의 활성화란, 어떻게 교회 구성원들이 서로 의사소통을 원활히 하게 할 것인가, 어떻게 교인들이 교회 내 정보를 깊이 공유하게 할 것인가, 교회 내 의사 결정을 신속하고 효율적으로 이뤄낼 것인가? 교인들을 의사 결정 과정에 깊이 참여시킬 것인가에 달려있다고 본다.

'어떻게 교회 조직 커뮤니케이션을 활성화할 것인가?' 그 실천적 대안을 몇 가지 제시해 본다.

(1) 공동체의 커뮤니케이션 실태를 정기적으로 점검해야 한다

공동체의 건강도는 구성원 간에 얼마나 말이 통하느냐에 있다. 그것을 정기적으로 점검해 보는 시스템이 필요하다. 영등포 당산동 두레교회는 매년 말 100가지가 넘는 항목을 가지고 교인들을 대상으로 연간 목회 결과에 대해 평가를 받고 있다.

요즘은 기업들도 정기적으로 다각적으로 조직 커뮤니케이션 실태를 파악하고 있다. 그러나 교회는 놀라우리만큼 이 일에 무관심하다. 조직 커뮤니케이션 실태에 대해서만이라도 정기적으로 설문조사를 실시하여 그 결과를 교회 목회 전반에 반영할 필요가 있다. 교회 규모가 클수록 필요하다.

(2) 교회 조직 커뮤니케이션 구조를 쌍방 커뮤니케이션으로 전환해야 한다

진정한 대화는 '말하기'와 '듣기'로 완성된다. 듣지는 않고 말하기만 하는 조직은 결코 건강한 조직이라고 볼 수가 없다. 조직은 조직을 둘러싼 여러 그룹의 공중(public)들에게 지속적으로 알리고(弘報), 한편으로는 적극 듣는(廣聽) 쌍방 커뮤니케이션(PR)으로 조직 커뮤니케이션 시스템을 전환해 나가야 한다.

그 동안 교회는 '지시와 그에 대한 순종'이라는 일방적인 커뮤니케이션의 틀로 유지되어 왔다. 그러나 앞으로는 '커뮤니케이션을 통한 능동적이고 창조적인 반응'으로 그 틀을 바꾸어 나가야 한다. 목회자는 교인들을 수단적이고 기계적인 존재가 아니라, 목적적이고 창조적인 존재로 이해해야 한다.

(3) 교회 조직과 시스템을 재설계해야 한다

교회를 둘러싼 환경과 함께 교회 구성원들도 급속히 달라지고 있다. 그 동안 우리나라 교회를 유지해 온 개교회의 전통적인 조직과 시스템이 과연 급변하는 상황에 적합한지, 과연 현재의 틀이 교인들이 능동적으로 교회 활동에 참여할 수 있는 것인지 검토해 보아야 한다.

이미 여러 교회들이 전통적인 틀을 단순화하고 효율화하고 있다. 의사 결정 구조의 개혁, 은사와 사역 중심으로의 편성, 소집단(셀) 조직으로의 전환 등이 좋은 예다. 교회 조직의 재설계는 궁극적으로 조직 커뮤니케이션의 활성화가 목적인만큼, 그 기획 과정에 전문가 신도들을 적극 참여시키는 것이 바람직하다.

(4) 교회 내 업무 처리 방식을 표준화해야 한다

조직 내의 갈등은 대부분 공식적인 업무 처리 과정에서 발생한다. 그 일을 왜 해야 하나? 그 일을 누가 책임지고 할 것인가? 그 일을 어떻게 할 것인가? 이런 미션(mission)을 명확히 해야 책임과 권한도 명확해진다. 특히 반복적으로 자주 이루어지는 업무는 반드시 매뉴얼을 만들어 업무 처리에 일관성과 효율을 기해야 한다. 매사에 처음 하듯 한다면 인력과 시간의 소모가 많을 것이고, 업무도 개선되지 않을 것이다.

특히 중대형 교회의 경우, 교회 내 업무 처리 방식을 적절히 표준화하고 그것을 꾸준히 개선해나가야 한다. 상근 교역자와 직원, 사역부서 책임자의 업무는 반드시 구체적으로 문서화해야 한다. 그래야 담당자가 바뀌어도 후임자가 쉽게 업무를 진행할 수 있다.

(5) 당회부터 커뮤니케이션을 활성화해야 한다

우리나라 교회에서 목사와 장로 간의 갈등은 오래된 병이다. 교회 발전에 쏟아야 할 힘을, 상대방의 눈치를 살피고 상대방을 견제하는 데 소모한다면 교회로서는 크나큰 손실이다. 교회 내 중요한 의사 결정 기구인 당회가 먼저 활성화되어야 교회 전체가 활성화한다.

목사와 장로들은 서로에 대해 어떤 점을 아쉬워하고 불만스러워하는가? 다음은 주로 장로들이 당회를 주도하는 교회의 담임목사가 장로에게서 느끼는 불편한 점들이다.[19]

△ 궂은일은 하지 않고 어른 대접만 받으려 한다. △ 담임목사가 의욕을 갖고 추진하려는 일에 대안도 없이 발목만 잡는다. △ 사소한 일에 토라지고 섭섭해한다. △ 지나치게 자기 의견만 내세우며 소신을 굽히지 않는다. △ 당회에서 거론된 내용을 여과 없이 교인들에게 전해 문제를 야기한다. △ 장로들끼리 사전에 결정을 하고, 당회에서 우세한 수(數)로 밀어붙인다. △ 급변하는 목회 환경을 이해하지 못

---

19) 《한국기독공보》 2003년 5월3일자 〈이의용의 교회문화 마당〉 참조.

하고 옛날 방식만 고집한다. △ 교회 재정을 자기 돈으로 오해하고 인심을 쓰려고 한다. △ 부교역자나 교우들 앞에서 담임목사의 리더십을 세워 주지 않는다. △ 담임목사를 통하지 않고 부교역자들에게 직접 일을 지시하거나 꾸중한다. △ 일정한 직업 없이 평일에도 교회로 출근하여 목회 전반에 대해 간섭한다. △ 교회에서 자기실현을 성취하려고 한다.

그런가 하면, 주로 담임목사가 주도하는 교회의 장로들이 담임목사에게서 느끼는 불편한 점들도 있다.[20]

△ 중요한 문제를 혼자 결정한다. 장로들이 주보의 광고를 보고서야 알게 된다. △ 교회 일을 부교역자들과만 상의하고 처리한다. △ 장로들에게 재량권을 주지 않는다. 장로가 처리한 일을 담임목사가 자주 뒤집는다. △ 교우들 앞에서 장로의 리더십을 세워 주지 않는다. △ 권위주의에 빠져 장로나 교인들에게 경어를 쓰지 않는다. △ 어떤 문제에 대해 일관성이 없다. △ 교회 재정 지출 절차와 원칙을 무시하고, 재정 사용에 지나치게 영향력을 행사한다. △ 교회 재정 사용에서 공과 사를 구분하지 않는다. △ 고급 승용차를 타고, 고급 음식점과 골프장을 출입한다. △ 다른 교회에 자주 설교하러 간다. 외부 강사를 너무 자주 초청한다. △ '선교'란 이름 아래 해외여행을 자주 한다. △ 노골적으로 사례비 인상을 요구하고, 변칙적인 비용 지출을 요구한다. △ 장로들에게 시무 경쟁을 시키고, 그 실적으로 교회 내 입지를 보상해 준다. △ 노회나 총회 정치에 많은 시간과 돈과 관심을 쏟는다. △ 일반 교인 심방은 소홀히 하면서, 유력한 특정 교인들과는 자주 접촉한다. △ 장년목회는 소홀히 하면서, 청소년과

---

20) 앞의 신문 참조.

청년목회에만 관심을 쏟는다. △ 설교의 내용과 방식에 발전이 없고, 목회 방식이 구태의연하다. △ 담임목사 측근이나 재력가를 장로로 뽑으려 한다. △ 교회 규모가 커짐에도 장로를 더 안 세운다.

갈등은 어느 한 쪽이 너무 많은 권한을 쥐고 행사하려 할 때 생긴다. 교회 운영의 주도권은 교회의 주인이신 주님께 반납하고, 목사와 장로는 겸허하게 주님의 종으로 내려앉아야 한다.

목사와 장로, 장로와 장로 간의 갈등을 줄이려면 회의법에 대한 명확한 이해와 함께 당회원 간의 빈번한 커뮤니케이션과 인간적인 신뢰가 절대적으로 필요하다. 목사와 장로의 시무 임기제를 도입하고, 당회를 교우들이 방청하도록 공개하고, 여성 당회원을 보강하고, 청년과 젊은 제직들을 당회에 옵서버로 참여시키는 등 의사 결정 구조의 시스템적인 개혁도 필요하다.

(6) 목회자 리더십을 새롭게 해야 한다

조직 운영은 사람을 다루는 일로, 기계를 다루는 일보다 몇십 배나 더 어렵다. 따라서 리더는 커뮤니케이션, 비전 제시, 동기부여, 위임, 인간관계 등 다양한 능력을 발휘하며 사람과 일하는 방식과 상황을 변화시켜 나가야 한다. 그래야 구성원이 만족하고 조직이 활성화되고 효율화된다. 그러나 대부분의 교회 리더들은 이런 준비나 훈련 없이 개성과 개인기, 권위주의에 의존하고 있는 실정이다. 리더십이 잘못 되었거나 미숙할 경우 그 구성원과 조직은 보이지 않는 아픔과 손실을 가져올 수밖에 없다.

우리나라 담임 목회자의 리더십에서 권위주의와 의사 결정권 독점은 비성경적이며 교회 공동체의 활성화를 가로막는 주된 원인이다.

이는 본인은 물론 교회 전체를 성장, 성숙하지 못하게 하는 원인이
될 수 있다. 평신도를 '왕 같은 제사장'으로 회복시켜 동역자로 세워
야 한다. 그래서 목회의 보람과 기쁨, 부담과 짐을 평신도들과 함께
나눠야 한다.

교회의 성장과 퇴보에 목회자의 리더십이 미치는 영향은 결정적이
다. 목회자를 배출한 신학대학원은 배출된 현장의 목회자들이 급변
하는 상황에 걸맞은 새로운 리더십을 체득하도록 지속적인 재교육
과정(recall)을 운영할 필요가 있다.

(7) 팔로워십(Followership)을 새롭게 해야 한다

리더십은 좋은 팔로워십과 만나야 빛이 난다. 우리나라 교회가 이
처럼 성장한 것은 신실한 목회자들의 리더십과 교인들의 순종 지향
적 팔로워십이 만난 덕분이라고 볼 수 있다. 그러나 언젠가부터 목회
자의 리더십이 권위주의적으로 바뀌어 가고, 교인들의 팔로워십도
비판적으로 변해 가고 있다.

팔로워십은 문제의식과 적극성으로 구성된다. 문제의식이란 스스
로 비판하고 판단하는 창조적 능력이며, 적극성이란 처한 상황에 얼
마나 능동적으로 참여하는가를 말한다. 그래서 문제의식이 없고 소
극적인 유형①, 문제의식은 있으나 소극적인 유형②, 문제의식은 없
으나 능동적인 유형③, 문제의식도 있고 능동적인 유형④으로 팔로
워십을 분류하고 있다.

그 동안 우리나라 교회는 ③의 유형을 선호해 왔다고 생각한다. 이
는 변화가 적은 상황에서 적합한 모형이다. 그러나 현대와 같이 급변
하는 상황에서 교회 조직을 활성화하기 위해서는 ④의 유형으로 바
꿔어야 할 것이다.

교인들이 문제의식 없이 시키는 대로만 신앙생활을 하고 사역을 한다는 것은 대단히 위험한 일이다. 교인 스스로 자신을 조직의 부품 정도로 인식할 경우 창조적인 사역에는 한계가 있을 수밖에 없다. 교회는 문제의식과 창조력을 갖고 적극적으로 살아가는 사람을 양성해 세상에 배출해야 한다. 그것이 교회를 살리는 길이고, 교인들을 세상에서 살리는 길이다.

(8) 의사 결정 구조를 참여형으로 바꾸어야 한다

교회 조직은 기업 조직과 달리 구성원들이 상근을 하지 않는다. 따라서 구성원 간에, 조직 내 부서 간에 커뮤니케이션 체제가 매우 느슨할 수밖에 없다. 규모가 클수록 많은 교인들이 '구경하는 사람들'로 전락하기 쉽다.

어떻게 하면 이들을 교회 활동에 적극적으로 참여시켜 공동체를 활성화할 것인가? 이들을 교회 내 의사 결정 과정에 적극 참여시켜야 한다. 이젠 교회도 민주화해야 한다. 소수가 의사 결정권을 독점해서는 안 된다. 담임목사 혼자 고뇌하며 결단하던 시대는 지났다. 설문 조사, 세미나 등의 과정을 통해 교인들의 의견을 충분히 수렴하고 교인들의 참여를 촉진해야 한다.

또 교회 내 다양한 계층의 전문가들로 구성된 태스크포스 팀이나 청년 당회, 비전위원회, 기획위원회 등을 운영하는 등 교회 내 의사 결정 과정에 다양한 계층을 참여시켜야 한다. 특정한 분야에 전문 능력과 영향력을 갖춘 이들을 목회에 참여시켜야 한다. 얼마나 많은 평신도 자원이 동결(凍結)되고 있는가.

(9) 회의 문화를 개선해야 한다 :

교회 주보나 게시판에는 당회, 제직회, 총회, 기관장회의, 교사회, 임원회, 월례회 등 여러 회의 개최를 알리는 광고 문안이 언제나 붙어 있다. 그러나 적지 않은 이들이 회의 참석을 기피하려고 하는 게 보통이다. 기업이든 교회든 사람들은 회의에 대해 퍽 회의적(懷疑的)이다. 교회 지도자들도 회의에 대한 교인들의 무관심을 심각하게 여기지 않는 것 같다.

"사도와 장로들이 이 일을 의논하러 모여 많은 변론이 있은 후에 …(행 15:6-7)"에서 보듯, 건강한 공동체에는 많은 '변론'이 필요하다. 그럼에도 사람들이 회의 참석을 기피하는 건 회의가 효율적이지 못해서이다.

다음과 같은 점이 회의의 효율성을 떨어뜨린다. 우선, 제 시각에 시작하지 않는다. 사회자가 발언을 너무 많이 한다. 사회자가 회의를 공정하게 조정, 통제하지 못한다. 목소리가 큰 사람이 발언을 자주 한다. 지위가 높은 사람이 말을 자주 한다. 회의 안건도 모르고 참석하다 보니 결론과 결정이 잘 이뤄지지 않는다. 토론이 주제를 벗어나거나 발언자가 준비 없이 횡설수설, 중언부언하며 시간을 끈다. 끝나는 시간을 예정할 수가 없다 등……. 이런 회의가 주일 밤 늦도록 계속되면 월요일 아침에 출근을 해야 하는 직장인들은 정말 짜증스러워진다.

일본의 다카하시 카고토 씨는 비효율적인 회의의 전형으로 장시간 회의, 결론이 나지 않는 회의, 의제가 모호한 회의, 우선 열고 보는 회의, 강압적인 회의, 발언자가 적은 회의, 독재형 회의, 잡담이 많은 회의, 중도 이탈자나 불참자가 많은 회의, 결론이 좀처럼 반영되지 않는 회의 등 10가지를 들고 있다.

회의를 소집하고 진행하는 이들은 회의 비용을 생각하여 회의를 효율적으로 운영해야 할 것이다. 회의를 소집하기 전에 다음과 같은 점을 생각해 볼 필요가 있다. 꼭 회의를 소집해야 하나? 다른 방법은 없는가? 회의의 목적은 뚜렷한가? 회의 진행 준비는 완벽한가? 회의 참석 인원수가 너무 많지 않은가? 이 회의의 비용은 얼마인가? 등……

그리고 회의를 마친 후에는 또 이런 점을 생각해 보아야 한다. 제시각에 시작했는가? 꼭 필요한 사람이 참석했는가? 회의 시간을 더줄일 수는 없었는가? 전원이 골고루 발언을 했는가? 목적과 의제에 맞게 토의되었는가? 회의의 목적이 달성되었는가? 제 시각에 끝냈는가? 이 회의는 다음에도 꼭 필요한가?

회의를 효율적이며 생산적으로 운용하자면, 회의 주재를 많이 하는 지도자부터 모범을 보여야 한다. 무엇보다도 설교와 회의 사회를 구분해야 한다. 설교가 말하는 것이라면, 회의 사회는 듣는 것이다.

교회는 특히 당회와 제직회를 활성화해야 한다. 현명한 교인이라면 부실하고 불투명한 회계보고서를 통과시키기 위해 회의에 참석하지 않을 것이다. 더구나 자유롭게 토론을 하기가 어려운 분위기라면 더구나 회피할 것이다. 예배의 연속선상 같은 회의 상황에서 토론이 활성화되기는 어렵다. 회의 사회를 장로나 부교역자가 맡는 것도 검토해 볼 일이다. 제직회 부서장을 당회원이 맡지 않는 것도 필요하다. 어쨌든 참석하고 싶은 회의, 할 말을 다 할 수 있는 회의 같은 회의를 회복시켜야 한다.

세상은 참여와 개방과 민주로 가고 있다. 당회, 제직회, 교역자회의의 회의록을 교회 주보, 교회보, 홈페이지 게시판을 통해 공개하는 것도 검토해 볼 일이다. 교회 재정의 지출 명세도 주보, 교회보, 홈페이지 등을 통해 당당하게 매우 상세히 공개할 필요가 있다. "알려고 하지 마라. 그냥 시키는 대로 순종하라."는 방식은 이제 통하지 않는다.

(10) 조직 커뮤니케이션 미디어를 적극 활용해야 한다

교회 조직이 커지면서 목회자와 교인들, 교인과 교인들 간의 커뮤니케이션이 둔화되고 있다. 한 마디로, 교회가 '말이 안 통하는 집단'으로 변하고 있는 것이다. 세상에 말이 안 통하는 것처럼 답답한 일도 없다. 그 동안 교회는 교인들의 '알고싶음증'을 철저히 막아 왔다. 참고 침묵하는 걸 미덕으로 가르쳐 왔다. 그 결과 '침묵하는 다수'를 만들어냈고, 공동체는 동맥경화증 환자 같은 조직체로 약화되고 말았다.

교회가 그런 식으로 유지해 온 '위장된 평화'가 언제까지 지속될수 있을지 모른다. 목회자와 교인, 교인과 교인이 만날 수 있는 만남의 장, 서로 정보를 공유할 수 있는 말길을 넓혀야 한다. 교회는 활발한 커뮤니케이션을 통해 건강한 공동체로 회복될 수 있다. 그러자면 조직 내의 다양한 구성원들에게 상하좌우간의 커뮤니케이션 기회를 만들어 주어야 한다. 조직 구성원들 간에 '접촉사고'를 유발할 수 있도록 근무 장소나 좌석의 배치, 칸막이 등을 개선해 볼 수 있다. 미팅, 면담, 비공식적 활동 등도 유익하다. 조직이 너무 규모가 클 경우 주보, 회보, 홈페이지 게시판 등의 미디어를 적극 활용해 볼 수 있다.[21]

---

21) 교회 출판물의 구체적인 제작과 활용 방안은 필자의 졸저 『세상을 바꾸는 교회보 만들기』 (예영커뮤니케이션, 2004) 참조.

4. 향후 연구 과제

본 연구에서는 일반 조직과 커뮤니케이션 이론을 통해 교회 조직을 조명해 보았다. 그러나 일반 조직과 교회 조직은 근본적인 차이가 있어 보다 깊이 있게 조명하는 데에 한계가 있다. 따라서 비영리기관 조직과 교회 조직, 타종교 조직과 교회 조직의 커뮤니케이션에 대한 비교 연구가 필요하다고 본다.

본 연구를 통해 교회 조직의 활성화와 공동체 회복 방안을 연구하고 대안을 제시하였으나 교회의 규모나 조직 유형, 교인들의 특성, 목회자의 특성, 그리고 그 교회의 문화와 환경의 특성에 따라 처방이 다를 수밖에 없을 것이다. 따라서 앞으로는 교회의 규모나 조직 유형, 교인들의 특성, 목회자의 특성, 그리고 그 교회의 문화와 환경의 특성 등을 중심으로 한 연구가 필요하다고 본다. 예를 들어 '조직 커뮤니케이션과 목회자의 리더십 연구' 같은 것이다.

참고 문헌

Stephen C, Ludin 외. 『펄떡이는 물고기처럼』. 한언, 2000.

이관웅. 『재미있는 일터 만들기』. 한언, 2001.

신유근. 『조직행동론』. 세경사, 2000.

박영배. 『조직행위론』. 법문사, 1995.

박경원 · 김희선. 『조직이론 강의』. 대영문화사, 2001.

최윤희. 『현대 PR론』. 나남, 1992.

이종화. 『조직 커뮤니케이션론』. 전예원, 1987.

이상철. 『문화와 커뮤니케이션』. 일지사, 2002.

최한구. 『교회와 커뮤니케이션』. 성광문화사, 1994.

최진봉. 『기독교 커뮤니케이션 이해』. 이진출판사, 1996.

방지형. 『목회 커뮤니케이션』. 성광문화사, 1993.

이의용. 『교회문화 혁명』. 기독신문사, 1999.

이의용. 『세상을 바꾸는 곱하기 리더십』. 기독신문사, 2002.

이의용. 『이런 교회가 건강하다』. 리컴, 2004.

이의용. 『세상에는 이런 교회도 있다』. 시대의 창, 2004.

이의용. 『세상을 바꾸는 교회보 만들기』. 예영커뮤니케이션, 2004.

제6장   교인 간 커뮤니케이션

박영근 (아담재 대표, 언론학)

1. 문제 제기

같은 교회를 다니는 교인들 사이의 커뮤니케이션이 갖는 의미를 살펴보기로 한다. 먼저 교회를 '예수를 구주로 고백한 사람들의 모임'이라는 공동체의 의미로 규정할 때, 커뮤니케이션은 공동체 구성의 필수 요소라는 점을 정확히 인식해야 한다. 바꾸어 말하면 '커뮤니케이션이 없으면 공동체가 아니다(without communication, without community)'는 뜻이 된다. 이는 사회가 복잡해지고 모두들 시간에 쫓기는 생활에 억매인 탓에 교인들 사이의 교제의 기회를 확보하는 일이 점점 더 어려워지고 있는 현실에서 특별한 의미를 갖는 명제다. 평상시뿐만 아니라 주일예배를 마친 후에도 차분히 얘기 나눌 시간마저 아쉬운 성도들이 함께 하는 공동체 의식을 갖기를 기대하기는 어려운 일이다. 초대 교회로 돌아가자는 구호가 자주 등장하는 것도 이와 같은 맥락에서 이해할 수 있는 일이다.

교회는 또한 '예수님의 몸'이라는 오묘한 신학적 정의를 가지고 있다. 따라서 교회에 등록한 모든 교인들은 모두들 함께 모여 신성한 몸을 이루는 지체들인 셈이다. 여기에서 커뮤니케이션은 인체를 도는 혈관처럼 지체들을 연결하여 온전한 몸을 이루도록 하는 중차대한 역할을 담당한다. 원활한 혈액 순환이 건강한 육체의 필수 조건인 만큼 곳곳이 막혀 있는 동맥경화증에 걸리게 되면 여러 가지 질환에 시달릴 수밖에 없을 것이다. 따라서 담임 목회자로부터 유치부 학생에 이르기까지 활발한 커뮤니케이션은 건강한 교회 성장을 위한 원동력이 될 것이다.

교회가 예수님의 몸인 만큼 교회의 주인이 예수님이라는 사실은 부인할 수 없는 사실이다. 여기에서 예수님은 어떤 분인가 알아보아야 한다. 요한복음(1:14)에 기록된 대로 예수님은 육신을 입고 우리 앞에 나타나신 말씀이라는 사실에 주목해야 한다. 그렇다면 교회의 주인은 말씀이라 해도 과언이 아닐 것이다. 즉 교회는 말씀의 집인 셈이다. 이런 말씀이 교회 안에서 자유롭게 운행할 수 있을 때 건강한 교회가 될 수 있을 것이다. 그러나 요즘 한국 교회에는 말씀이 자유롭게 운행하는 데 거침돌이 되는 벽들이 너무 많다. 목회자와 성도 사이에, 당회와 제직회 사이에, 제직과 평신도 사이에, 교회와 교회 사이에, 교회와 교단 사이에 수많은 높은 벽들이 말씀을 가로막고 있으니 건강한 성장을 기대하기 어려운 형편이다.

이런 벽들을 허물고 말 통하는 교회를 만들기 위해서 최소한 네 가지 과제가 선결되어야 한다: 활발한 자기표현, 민감한 경청, 명확한 전달, 그리고 지혜로운 갈등 관리. 이를 차례대로 살펴보기로 하자.

2. 활발한 자기표현

고기가 씹어야 맛이라면, 말은 주고받아야 맛이 나는 법이다. 그런데 우리 사회의 커뮤니케이션에 문제가 많은 것은 바로 이 간단한 원리가 제대로 지켜지지 않는 탓이다. 가정에서는 부모님이, 그리고 직장에서는 상사가 주로 대화를 주도하며 일방적으로 끌고 나가는 바람에 주고받는 원칙이 지켜지지 않는 것이다. 다시 말하면 대화다운 대화가 되려면 두 사람이 모두 스스로를 활발하게 표현할 뿐 아니라 상대의 얘기를 민감하게 들어야 하는데, 그 균형이 맞질 않는다는 뜻이다. 그러다 보니 우리 사회에서의 대화란 '대놓고 화내는 것'을 뜻한다는 웃지 못할 농담까지 생겨났다. 이 점에 있어서 교회도 결코 예외가 될 수 없다는 사실을 기억해야 한다.

이 장에서는 우선 자기표현에 관해 알아보자. 자기표현이라면 많은 사람들이 어릴 적에 있었던 일 가운데 누구에게도 털어놓지 못한 비밀과 같은 어둡고 무거운 일부터 생각한다. 혹은 우리 사회가 정치적으로 암울했던 시절에 유행했던 양심선언 등을 생각하기도 한다. 물론 이런 것도 자기표현이지만 가볍고 밝은 것 또한 자기표현이라는 사실을 기억해야 한다. 교회에서 만나는 성도들끼리 나누는 인사도 자기표현이다. 가볍고 밝은 표현인 까닭에 결코 어려울 것이 없다. 이렇게 밝고 가볍고 밝은 것부터 시작하여 상호신뢰가 쌓여 가면서 무겁고 어두운 얘기까지 나누는 사이로 발전하게 된다.

자기표현이란 샤워하고 나면 하수구를 막고 있는 머리카락 같은 것이다. 그때그때 처리하면 별 어려움이 없지만 모아 두면 물길을 막는 머리카락처럼 자기표현 또한 뭉쳐 두면 말길을 막는 장애물이 되어 나중엔 높은 담이 되기도 한다. 그렇다고 생각나는 대로 아무 얘기나 거침없이 전하는 것이 올바른 자기표현은 아니다. 이때 세 가지 적절함을 살펴보는 것이 필요하다. 첫째는 '관계의 적절함'이다. 이런 얘기를 나눠도 될 만한 사이인지 고려해야 한다. 둘째는 '상황의 적절함'이다. 적절한 관계라 해도 때와 장소, 그리고 분위기를 살펴 얘기를 시작해야 한다는 뜻이다. 셋째는 '흐름의 적절함'이다. 갑작스레 상관없는 얘기를 꺼내는 경우 부작용을 일으키기 쉽기 때문이다. 그렇다 해도 되도록이면 적극적으로 자기 의사를 표현하기에 힘쓰는 것이 바람직하다. 꾹꾹 눌러 놓은 감정들은 우리의 심신에 큰 부담이 되기 때문이다. 세계 의학계에서 대한민국의 고유의 질병으로 인정한 '화병'의 원인도 적절히 처리하지 못한 자기표현 때문이다. 성경도 "토설(吐舌)치 아니할 때 내 뼈가 쇠하는 것 같았다"(시 32:3)고 적고 있다.

적절한 자기표현을 위한 첫번째 단계는 우리 안에 오래도록 자리한 사회적 편견을 버리는 일이다. 남성들의 경우, '힘들어' '겁나' 혹은 '도와줘' 등의 표현은 바람직하지 못하다는 고정관념을 가지고 있다. 최근에 발간된 '남자의 탄생'이라는 책에서는 "한국 남성은 동굴 속 황제다. 즉 권위주의와 자기애(나르시시즘)의 동굴에 갇혀 주위를 제대로 살피지 못하는 사람이다. 권위주의는 유년 시절 아버지로부터 배웠고 자기애는 어머니의 희생적, 무조건적 사랑이 빚어 낸 산물"이라고 분석했다. 여성 또한 나름대로의 고정관념을 가지고 있다. 여성은 언제나 상냥하고, 깔끔하고, 무슨 부탁을 받아도 "네" 하고 답해야 하는 것으로 교육받아 온 탓이다. 이런 고정관념이야말로 자신에게 솔직하지 못하고 위선적인 사람이 되어 가는 출발점인 셈이다.

자기표현의 다음 단계는 '먼저 시작하라'. 모든 자기표현에는 위험 부담이 따른다. 관계의 적절함을 따져 보아야 하기 때문이다. 그러나 속내를 드러낼 만한 관계로 발전되기 위해서는 누군가는 자기표현을 시작해야 한다. 닭이 먼저냐, 달걀이 먼저냐 하는 논쟁과 비슷한 경

우다. 이때 필요한 것이 먼저 시작하는 용기다. 물론 위험부담을 줄
이기 위해 밝고 가벼운 얘기부터 시작하는 것이 바람직하다.

　세 번째 단계는 '나를 전면에 내세워라'. 우리는 흔히 자신의 감정
이나 의견을 '너'를 주어로 표현하는 경우가 많다. 이럴 경우 자기표
현이라기보다는 오히려 상대에 대한 비난이나 질책으로 오해받기 쉽
다. 이를 나를 주어로 하는 'I Sentence'로 바꿔 주면 그 의미가 크
게 달라진다. 예를 들어 "왜 이렇게 시끄러워! 조용히 못 해!"라는 말
을 "너희들 때문에 내가 급한 일이 있는데 집중할 수가 없구나. 조용
히 해 줄 수 없겠니?" 하는 식으로 바꾸어 표현하는 것이 좋겠다.
'나'를 주어로 이야기 하는 것은 '내 생각은 여기까지임'을 분명히
하여 자신의 한계를 보여 줌으로써 상대의 몫을 인정하는 열린 커뮤
니케이션일 뿐 아니라, 상대의 자기표현을 끌어내는 능동적인 커뮤
니케이션이다. 또한 자기 의견의 주어를 전면에 내세움으로써 자기
발언에 대한 책임 소재를 분명히 하는 성실한 커뮤니케이션이다.

　자기표현의 마지막 단계는 '감정까지 구체적으로 표현하라'. 인간
의 감정은 특별한 경우를 제외하고는 복합적이다. 상대에게 화를 내
는 경우도 감정이 완전히 화로 뒤덮이는 경우는 별로 없다는 뜻이다.
심리학에서 말하는 '감정의 지도'에 따르면, 인간의 감정은 대략 5개
층으로 구성되어 있다. 맨 위에는 분노, 비난, 원망이 자리하고, 그
아래에는 아픔, 슬픔, 실망 등이 위치한다. 세 번째 층에는 두려움과
불안이 있고, 그 다음에는 죄책감, 후회, 양심의 가책이 자리한다. 맨
밑바닥, 다섯 번째 층에는 사랑, 이해, 용서, 그리고 소원 등이 있다.
이런 다양한 감정을 제대로 표현하는 일은 결코 쉬운 일이 아니다.
그러나 서로 간에 감정사는 일을 막기 위해선 꼭 필요한 일인 만큼
교육과 훈련이 필요하다.

　활발한 자기표현은 자기 사랑으로부터 시작된다. 특별히 예수를 그

리스도로 영접한 나는 더 이상 죄의 종이 아니요, 주의 자녀요, 택한 백성이요, 왕 같은 제사장이요, 그의 나라라는 사실(벧전 2:9)을 기억한다면 자기 비하에 빠져 위축될 필요가 없다. 스스로를 존귀한 사람으로 여겨 활발하게 자신을 표현하는 사람은 다른 사람으로부터 이해받고 사랑받는 확률이 커진다. 다른 사람들로부터 이해받고 사랑받는 자신의 모습을 보며 더욱 자신을 사랑하게 되는 긍정적 서클에 가입한 셈이다. 반대로 자신의 가치를 인정하지 않는 사람은 특별한 경우가 아니면 침묵으로 일관한다. 그러다 보니 다른 사람으로부터 오해를 사기 쉽고, 무관심의 대상이 되기 일쑤다. 이런 자신을 모습은 곧 더 깊은 자기비하의 구렁텅이로 인도하는 부정적 서클에 들게 된다.

긍정적인 자아상을 가진 사람이라 할지라도 목회자나 직장상사 앞에서 당당하게 자신을 표현하는 일이 결코 쉬운 일이 아니다. 이런 때는 질문을 활용하는 것이 현명한 방법이다. 예를 들어 상사에게 업무 지시를 받을 때도 그냥 듣고만 나오지 말고 미심쩍은 것은 물어보아야 한다. 질문은 통제의 힘을 갖는다. 아무리 높은 상사라 할지라도 질문을 받으면 그 질문에 맞추어 대답하지 않을 수 없다는 뜻이다. 이를 통해 일방적이고 수직적인 커뮤니케이션을 쌍방적이고 수평적인 커뮤니케이션으로 발전시킬 수 있을 것이다. 훗날 서로를 깊이 이해하고 호감을 갖게 되는 느낌표의 관계는 물음표로부터 시작된다는 사실을 기억하자.

자기표현 없는 대화는 대화가 아니다. 용기 있는 자가 미인을 얻는다는 말도, 거절당하고 망신당할 위험을 각오하는 용기 없이는 원하는 사람을 얻을 수 없다는 분명한 사실을 일깨워 주는 '자기표현의 응원가'인 셈이다.

3. 민감한 경청

서로의 마음이 통하고 정이 오고가는 대화를 위해서는 말하는 사람의 자기표현 못지않게 중요한 일이 제대로 듣는 일이다. 그러나 대부분 듣는 일은 너무 쉬운 일로 생각하는 경향이 있다. 그러나 제대로 듣는다는 일은 제대로 말하기보다 훨씬 어려운 일이다. 말이야 제 뜻대로 할 수 있지만 제대로 듣기 위해선 상대에게 맞춰야 하기 때문이다. 공자의 용어를 빌리자면 귀가 순해지는 이순(耳順)의 경지는 한평생을 살고 난 환갑 때나 가능한 일이다. 예수님께서도 "들을 귀 있는 자는 들을지어다"(막 4:23)라고 말씀하신 것도 경청의 어려움을 지적한 것으로 이해할 수 있다.

민감한 경청을 위해 먼저 정리해야 할 사안은 다른 사람을 어떻게 보느냐 하는 문제다. 단순히 나와 다른 사람으로 여기는 경우는 별 문제가 되지 않지만, 이상한 사람으로 여기게 되면 그 사람의 말에 귀를 기울일 필요가 없어진다. 그는 이상한 사람이고 나는 정상적인 사람인 까닭에, 정답이 아닌 오답에 관심을 가질 필요가 없기 때문이다. 여기에서 분명히 정리해야 할 점은 다른 것은 다른 것일 뿐 틀린 것도 아니고 이상한 일도 아니라는 사실이다. 외부의 사물이나 인물 그리고 사안에 대해 의식하는 과정으로서의 인간의 인식은 세 가지 중요한 특성을 가진다. 인간의 인식은 주관적이며 능동적이고 창의적이라는 사실이다.

같은 시간, 같은 장소에서 똑같은 얘기를 듣고서도 서로 다른 이미지를 갖게 되는 것은 인식의 주관적이고 능동적인 특성에 기인한 것이다. 각양각색의 사람들이 함께 만나는 교회에서 자신이 의도하지도 않았고 가능성을 생각해 보지도 못한 오해를 받아 괴로워하는 경우가 종종 발생한다. 이런 일은 인간 인식의 창의적인 특성 때문이다. 그러나 되도록 오해를 줄이기 위해서는 인간의 인식에 영향을 미치는 변수들에 대한 이해가 필요하다. 인간의 인식에 영향을 미치는 변수의 숫자는 헤아릴 수 없지 많지만 그 대표적인 것들만 간단히 정리하기로 한다.

먼저 감각기관의 능력에 따라 인식이 달라진다. 따라서 시각이나 청각이 예민하지 못한 어린이나 어르신들과 대화하는 경우 좀 큰 소리로 그리고 보다 크고 명확한 동작이 필요하다. 다음은 위치에 따라 달라진다. 목회자와 성도들, 그리고 제직들이 같은 사안에 대해서도 서로 다른 인상과 견해를 갖게 되는 것도 이런 이유에 기초한 것이다. 또한 기대나 필요에 따라 인식이 달라지기도 한다. 따라서 말 통하는 대화를 위해서는 상대에게 관심을 가지고 개인적인 사정을 알아두는 것이 도움이 될 것이다. 또한 태도나 마음가짐도 빼놓을 수 없는 변수다. 이를 위해서도 평소에 상대에 대해 관심을 갖고 관찰하는 노력이 필요하다. 정보화, 세계화의 시대가 본격화되면서 그 영향력을 크게 증대시키고 있는 문화라는 변수에 대해 관심을 가져야 한다. 외국 사람을 만나 대화를 나눌 때뿐만 아니라 세대간의 문화가 크게 다른 우리나라에서는 각별히 신경 써야 할 부분이다. 마지막으로 언어를 들 수 있다. 언어는 바로 한 사람의 사고 능력과 직결되어 있다. 따라서 나는 분명히 이야기했다고 생각하지만 상대의 언어 능력이 부족한 경우 엉뚱한 오해를 불러일으키기도 한다. 이런 점에서 교회에서 관용적으로 사용하는 용어 또한 상대에게 맞추는 노력이 필요하다.

제대로 듣기 위해선 우선 상대 쪽으로 몸을 돌리고 얼굴을 쳐다봄으로써 상대로 하여금 '내 말을 듣고 있구나.' 하는 안도감을 주어야 한다. 바쁜 일을 하고 있는 경우, 일을 계속하면서 상대의 말을 들을 수 있다. 그러나 이는 자신의 생각일 뿐 정작 중요한 것은 말하는 사람의 안도감이라는 사실을 기억해야 한다. 또한 상대의 말이 끝나기 무섭게 전혀 상관없는 얘기를 꺼내는 경우, '내 말을 듣지도 않고 끝나기만 기다렸구나.' 하는 느낌을 준다는 점에서 주의해야 한다. 꼭 하고 싶은 얘기가 있을 경우 상대의 말과 연결을 시켜 주는 노력이 필요하다.

두 번째 단계는 이해하는 혹은 공감적 경청이다. 여기에서 이해한다는 것이 곧 동의를 의미하지는 않는다. 동의 여부는 이해한 다음에 결정할 문제이기 때문이다. 공감적 경청이란 그 사람의 입장에 서서 같은 느낌을 가지는 일이다. 예를 들어, "요즘 일이 너무 많아 힘들어." 하는 상대에게, "무슨 일이 그리 많아?" 하는 정보추구형 대꾸나, "쉬어 가면서 해야지." 하는 충고 따위는 별 소용이 되지 못한다. 상대의 입장이 되어 그 느낌에 동참한다는 심정으로, "그래, 많이 힘들어 보이네." 하는 정도의 응대가 대화를 계속 이끌어 갈 수 있는 공감적 경청이다. 필요한 경우 공감적 경청, 그 다음에 충고 혹은 비난을 한다 해도 큰 오해를 사지는 않을 것이다. 그러나 이해하는 단계를 생략하는 경우, 아무리 소중한 충고라 할지라도 잔소리로 들리게 된다는 사실을 기억해야 한다.

세 번째 단계는 상대의 자기표현을 끌어내는 경청이다. 심각한 문제일수록 쉽게 말을 시작하지 못하고 대부분 주변을 맴돌며 말을 꺼내도 좋은지 눈치를 살피게 된다. 이때 민감하게 상대의 의중을 알아차리고 적절히 응대하면 정말 하고 싶었던 얘기를 꺼내게 된다. 이를 위해서는 앞의 공감적 경청에서처럼 상대의 말을 그대로 받아주는 지혜가 필요하다. "너 무슨 할 말이 있는 거지?" 하는 등의 단도직입적인 지적은 별 도움이 되지 못한다.

마지막 네 번째 단계는 상대의 말 가운데 되도록 긍정적인 쪽에 관심을 갖고 들음으로써 방어벽을 낮추는 경청이다. 보통 자주 저지르는 실수가 잘한 일에는 아무 반응을 보이지 않다가 조그만 잘못이라도 알게 되면 호되게 꾸짖는 일이다. 이런 사람에게 속내를 드러내 보이고 싶은 사람을 별로 없을 것이다. 제대로 된 경청은 잘한 일에 관해서는 풍성한 칭찬으로 대접하고 잘못된 일에는 객관적인 평가와 충고를 아끼지 않는다면 그 주위엔 언제나 많은 사람들이 몰려드는 인기인이 될 수 있을 것이다. 그러나 칭찬에 인색한 우리 사회에선 칭찬이라고 했는데도 상대는 칭찬으로 받아들이지 않는 경우도 많다. 소위 공치사 정도로 여기는 경우다. 따라서 칭찬을 하려거든 누가 들어도 알 수 있을 만큼 구체적이어야 한다. 그리고 너무 길기보다는 간결한 칭찬이 낫고, 되도록이면 많은 사람이 들을 수 있도록 하는 좋다. 경우에 따라서는 다른 사람의 말을 빌려 칭찬하는 것도 좋은 방법이 될 수 있다.

칭찬은 결코 쉽지 않은 경청에서도 가장 고급스런 4단계라는 점을 기억해야 한다. 칭찬이 제대로 효과를 발휘하기 위해선 인정하는 1단계에서부터, 이해하는 2단계, 그리고 끌어내는 3단계를 거치고 난 뒤라야 가능하다는 뜻이다. 무슨 얘길 해도 한번도 제대로 귀를 기울인 적도 없고, 자신의 감정을 이해하지 못하고, 정말 털어놓고 싶은 얘기가 있어 노골적으로 힌트를 주는데도 알아차리지 못했던 사람이 어느 날 갑자기 칭찬을 시작한다고 믿을 사람이 있겠는지 심각하게 반성해 보아야 한다. 이런 뜻을 담아 성경은 우리에게 "도가니로 은을, 풀무로 금을, 칭찬으로 사람을 시련하느니라"(잠 27:21)고 교훈한다.

4. 명확한 전달

말 통하는 교회를 만들기 위해서 활발한 자기표현 그리고 신중한 경청과 함께 명확한 전달이 이루어져야 한다. 명확한 전달은 두 가지 목표를 갖는다. 첫째는 업무의 효율성을 높이는 일이다. 특별히 시각을 다투는 병원 응급실에서의 의사와 간호사가 마스크를 쓰고 나누는 무언의 대화, 합동 작전을 수행중인 지상군과 공군과의 통신, 그리고 비행기 조종사와 관제탑 사이의 교신 등은 한 치의 오차도 허용되지 않는 명확한 전달이 필수적이다. 명확한 전달은 또한 성도들 사이의 신뢰를 확보하는 일에도 필수적인 일이다. 명확한 전달에 실패하여 오해가 쌓이는 경우 서로를 믿지 못하는 불편한 관계로 이어지기 쉽기 때문이다.

특별히 우리 사회는 변화의 속도가 매우 빠른 까닭에 명확한 전달에 어려움이 많다. 할아버지로부터 손자까지 3대가 한 지붕 아래 살고 있다면, 농경사회, 산업사회, 그리고 정보사회라는 장구한 세월에 기초한 서로 다른 가치관 마구 뒤섞여 한 가지 말에도 여러 가지 해석이 가능하게 된다. 예를 들어 '좋은 직장'이라는 말에 대해 할아버지는 '튼튼한 직장'으로, 아버지는 '월급 많이 주는 직장'으로, 그리고 손자는 '휴일이 많은 직장'으로 각각 다르게 받아들이게 된다. 조금 과장하면 외계인들이 동거하고 있다고 말 할 수 있을 것이다. 이런 상황에서 명확한 전달을 위해선 특별한 노력이 필요하다.

먼저 사용하는 단어의 뜻을 상대가 분명히 알고 있는지 확인해야 한다. 특별히 고유명사나 특수용어 혹은 유행어를 확인 없이 사용하는 경우 바벨탑의 혼란을 각오해야 할 것이다. 예를 들어 "당근이지" "말밥이야" 혹은 "썰렁해" 등을 제대로 아는 할아버지는 거의 없을 것이다. 둘째는 의도를 밝히고 말하는 것이 좋다. 의도를 밝히지 않고 대화하는 경우, 퀴즈를 풀 때처럼 어디엔가 숨겨져 있을 실마리에 신경 쓰느라 상대의 얘기를 그대로 받아들이지 못하게 된다. 따라서 편지를 쓸 때라면 인사말에 다음에 되도록 빨리 '다름이 아니오라'로 시작되는 의도를 밝히는 것이 좋다.

『나의 문화 유산 답사기』라는 책으로 유명한 유홍준 교수가 평양 근교의 고분을 방문했을 때 일이다. 북한에서는 고고학 용어를 순수한 한글로 바꿔 사용한다는 사실을 알고 있었던 유 교수가 먼저 "이게 돌 칸 흙무덤이군요?" 하고 묻자 북한의 학예관이 "예, 석실봉토분입니다." 하고 대답하고는 서로가 미소지었다 한다. 주고받은 그 미소 속에는 학술적 정보의 효율적인 전달과 함께 '역시 우리는 동포야.' 하는 정이 함께 흘렀으리라. 유 교수가 활용한 명확한 전달의 방법은 '상대에게 맞추어라' 이다. 이때 나의 오른쪽은 너의 왼쪽이라는 사실을 분명히 기억해야 한다. 이 사실을 분명히 인식하지 못한 비행기 조종사와 공항 관제탑의 관제사 사이에 엇갈린 대화로 대형 참사를 불러 일으켰다는 사실이 블랙박스 해독 결과 밝혀지기도 했다.

명확한 전달이라면 흔히 말하는 사람이 잘하면 가능한 일로 생각하기 쉽지만, 이 또한 사람과 사람 사이에서 일어나는 일인 만큼 자기 위주의 일방적인 생각으로는 불가능하다. 그런데도 많은 사람들은 다른 사람을 또 하나의 나로 여기는 실수를 거듭하여 서로 말이 통하지 않는 고통을 겪는 경우가 많다. 성경은 우리에게 "자기가 만든 척도로 자기를 재고 자기가 세운 표준에다 자기를 견주어 보고 있으니 그것이 얼마나 어리석은 일입니까"(고후 10:12) 하고 묻는다.

5. 지혜로운 갈등 관리

사람 모이는 곳이면 어디라도 갈등은 생겨나기 마련이라서, 요즘 한국 교회도 여러 가지 갈등으로 어려움을 겪고 있다. 갈등을 좋아하는 사람들이 누가 있겠는가마는 갈등이란 '서로 다르다' 는 지극히 당연한 사실로부터 시작되는 까닭에, 각양각색의 사람들이 모인 교회로서는 피할 수 없는 일이다. 따라서 무조건 피해야 한다는 부정적인 생각보다는 '갈등이란 때로 두렵기도 하지만 안고 살아갈 수밖에 없는 우리의 일상(日常)'이라는 사실을 인정해야 한다. 그리고 어떻게 하면 지혜롭게 갈등을 극복, 혹은 관리할 수 있을까 고민하는 것이 현명한 일이 될 것이다. 갈등의 본질을 살펴보면 '표현된 불일치(expressed disagreement)'라 할 수 있다. 여기에서 갈등의 본질은 '서로 다르다'는 사실에 기인하지만 그 자체가 곧 갈등을 의미하지는 않는다는 점에 유의해야 한다. 서로 의견이 다른 경우에도 '표현'하지 않으면 혼자만의 감정으로 남을 뿐 갈등으로 비화되지는 않는다. 따라서 모든 갈등에는 커뮤니케이션의 문제가 수반된다. 여기에 갈등을 지혜롭게 관리, 극복하는 방법의 실마리가 있다. 갈등 상황에서 어떻게 커뮤니케이션하느냐에 따라 갈등의 결과가 크게 달라진다는 뜻이다. 그러나 커뮤니케이션이 모든 갈등의 해결 방안이 될 수는 없다. 갈등의 원인은 원활하지 못한 커뮤니케이션 이외에도 여러 가지가 있기 때문이다.

갈등에는 네 가지 필수 요소가 있다. 갈등의 주체인 '나', 상대인 '너', 갈등의 '주제', 그리고 '상황'이 그것이다. 여기에서 '나'와 '너'는 나와 너에 관련된 모든 것을 의미한다. 예를 들어, 나의 의견, 정보, 희망, 소원, 느낌, 기도 제목 등……. 그러나 많은 사람들이 갈등 상황에 빠지게 되면 당황한 나머지 이 네 가지 가운데 일부 혹은 전체를 생략해 버리곤 한다. 이를 갈등에 대한 상투적인 대처 방법이라 부르는데 하나씩 간단히 살펴보기로 한다.

첫번째 '희생'이라는 전략은 갈등에 빠지기만 하면 '나'를 무시해 버리는 것이다. 나의 의견, 정보, 희망, 소원, 느낌 등을 모두 무시해 버린 채 "나는 괜찮아."하며 침묵을 지키는 경우다. 갈등의 주제가

문제가 되지 않을 만큼 하찮은 것이거나, 충분히 극복할 만큼 수양이
잘 되어 있는 경우라면 상관없다. 그러나 속을 끙끙 앓으면서도 자신
을 희생하는 것은 현명치 못한 일이다. 요즘 늘어나고 있는 '황혼이
혼'을 신청한 여성이나, 퇴근 후에 술자리에서 소리소리 질러대는 직
장인들은 희생 전략의 피해자인지도 모른다. 갈등 상황에 빠지기만
하면, '너'를 무시해 버리는 '공격' 전략을 택하기는 사람들도 있다.
너의 의견이나 희망, 느낌 등은 모두 쓸데없는 것으로 여기고 나의
의견만이 절대적인 양 우기는 사람들의 전략이다. 이를 보통 '공격'
이라 부르지만 보다 실감나는 표현으로는 '씹는다'고 할 수 있을 것
이다. 이런 사람들은 대부분 세상일을 옳고 그름이라는 이분법으로
생각하는 경우가 많은데, 문제는 항상 옳은 것은 자신의 의견이라 생
각하는 데 있다. '희생'과 '공격'은 동전의 양면처럼 서로 맞물려 있
다. 오늘 공격적인 내가 내일은 희생의 울분을 토해야 할지도 모른다
는 사실을 기억해야 한다.

　갈등에 대한 세 번째 상투적인 전략은 '계산'이다. 이는 갈등의 4요
소 가운데 주제를 제외한 세 가지, 즉 '나' '너' 그리고 '상황'을 완전
히 무시해 버리는 것을 말한다. 예를 들어, 여러 해 전에 TV 드라마
로 인기를 끌었던 "하버드대학의 공부벌레"에 나오는 킹스필드 교수
와 같은 사람이다. 언제나 나비넥타이에 근엄한 표정으로 안경 너머
학생들을 노려보던 이 교수의 관심사는 오로지 오늘 수업의 주제 한
가지뿐이다. 학생뿐만 아니라 자신이 어떤 상황에 있건 전혀 상관하
지 않고 정해진 진도를 나가야 직성이 풀리는 냉혈한이다. 이런 사람
들은 '성숙한 사람은 감정적이서는 안 된다'는 믿음이 밑바닥에 깔려
있다. 그러나 어떤 상황에서도 감정에 흔들리지 않고 이성적이고 논
리적인 컴퓨터를 성숙한 인격이라 부르는 사람은 없다. 성숙한 사람
은 이성과 함께 감성도 풍부해야 한다. 마지막 상투적인 전략은 '회

피'로서 갈등의 4요소인, '나' '너' '주제' 그리고 '상황' 그 모두를 무시해 버리고 무조건 피하려는 자세를 가리킨다. 그러나 이런 시도는 결코 성공할 수 없다. 이 땅에서 갈등은, 유감스럽지만, 지극히 자연스러운 현상으로서 이번에 피했다 해도 조만간 또 만날 수밖에 없기 때문이다. 법원은 부부싸움이 시작될 때마다 가출을 일삼는 부인이 폭력적인 남편보다 가정파탄에 더 큰 책임이 있다는 판결을 내리기도 했다는 사실을 기억해야 한다.

갈등에 제대로 대처하기 위해선 4요소를 모두 무시하지 않고 제 몫만큼 인정하는 '균형' 전략이 필요하다. 자신의 의견도 떳떳하게 발표하고, 상대의 얘기도 귀담아 듣는 한편, 주제에 대한 의견을 명확히 전달하는 동시에 상황에 민감하게 대처할 줄 알아야 한다는 뜻이다. 나를 포함시키기 위한 전략은 '활발한 자기표현'을, 너를 배려하기 위한 방법은 '민감한 경청'을, 주제에 대한 부분은 '명확한 전달'을 참조하면 도움이 될 것이다. 그리고 상황에 대해서는 경청에 대한 부분의 앞에서 간단히 언급한 인간의 인식에 대한 논의가 도움이 될 수 있을 것이다. 이 균형 전략은 서로간의 의견이 다른 갈등 상황에서도 인간적인 관계를 유지할 수 있는 길이 될 수 있다. 그러나 앞에서 지적한 대로, 균형 전략이 모든 갈등을 해소할 수 있는 만병통치약은 아니다. 특별히 갈등이 '서로 다름' 정도가 아니라, '옳고 그름'에 관한 사안일 때는 별다른 힘이 되지 못하는 경우도 많다. 이런 경우에는 사리를 분별할 수 있는 분명한 기준에 따른 것이 원칙이다.

6. 맺는 말

한 구주를 섬기며 같은 교회에 출석하는 교인들을 흔히 형제, 자매라 부른다. 이는 혈연은 아니지만 그와 같은 혹은 그 보다 더 큰 사랑으로 맺어진 관계라는 뜻이다. 이런 사랑의 관계가 말로만이 아니라 실제로 가능케 되기 위해선, 교인들 사이에 막힘없는 커뮤니케이션은 필수적인 일이다. 이를 위해 특별히 관심을 쏟아야 할 핵심적인 사안 네 가지를 정리하였다: 활발한 자기표현, 민감한 경청, 명확한 전달, 그리고 지혜로운 갈등 관리.

커뮤니케이션은 단순히 말재주나 기술이 아니라 인간의 삶 자체이다. 따라서 어떤 커뮤니케이션을 하느냐 하는 것이 곧 그 사람의 삶의 질을 결정하게 된다. 이는 또한 그 사람이 속한 조직의 성격을 결정짓는 요소가 된다. 따라서 교인 한 사람, 한 사람이 그리고 이들 사이에 원활한 커뮤니케이션은 자신의 행복뿐만 아니라 건강한 교회의 성장을 위해 필수적인 일이다.

추천 도서

1. 박영근. 『말 통하는 세상에 살고 싶다』 1, 2. 씨앗을 뿌리는 사람, 2002.
2. 존 그레이. 김경숙 역. 『속마음을 열어야 사랑이 자랍니다』. 친구, 1995.
3. 폴 투르니에. 정동섭 역. 『서로를 이해하기 위하여』. IVP, 2000.
4. 엠 그리핀 저. 윤귀남 역. 『친구 만들기』. 선한이웃. 1994.
5. 김인자. 『사람의 마음을 여는 8가지 열쇠』 사람과사람. 1997.

제 3 부

교회와 매스커뮤니케이션

제1장 매스커뮤니케이션과 사회

강형철 (숙명여대 교수, 언론정보학)

우리는 이 땅에 주의 나라를 건설할 의무를 지니고 있는가? 아니면 "주의 나라가 임하기를" 기도하고, 깨어 있어 "하나님의 나라가 권능으로 임하는 것"(막 9:1; 마 25:1)을 지켜보는 것으로 그쳐야 할 것인가? 전자의 인본주의적 시각은 하나님의 역사하심을 간과하기 쉬우며, 후자의 종말론적 시각은 예수님께서도 측은히 여겨 친히 돌보아 주셨던 가난한 자, 병든 자 등 사회 내 약자들을 외면하고 현실 사회의 부조리에 눈을 감고 마는 결과를 낳기 쉽다. 우리는 주기도문으로 기도드릴 때마다 "뜻이 하늘에서 이루어진 것같이 이 땅에서도 이루어지이다"를 반복한다. 또한 "주님의 나라가 이 땅에 임하소서"라는 호소와 기도도 자주 드린다. 과연 이러한 기도와 호소는 구체적으로 우리의 삶 속에서 어떻게 반영되어야 할 것인가? 어떤 이들은 '우리의 손으로' '지금, 여기에서(hic et nunc)' 하나님나라를 건설하여야 한다고 주장한다. 또 다른 이들은 그것은 인본주의적 신앙이라고 비판하며 우리는 오로지 '하나님의 때'를 기다리며 "기도하고 있어야 한다"고 주장한다. 전자는 인본주의로 흐를 위험성이 있고, 후자는 역사적 방관주의 내지는 내세주의로 빠질 위험성이 있어 보인다.

양자의 오류를 극복하기 위해서는 우리는 주님나라의 건설에 일꾼으로 참여해야 하며, 이 일이 이루어지도록 항상 깨어 기도해야 한다. 마태복음 13장의 '천국 비유들'에서 보듯이 씨가 뿌려지고 자라나서 익어야 추수 때가 이른다고 할 때 씨를 뿌리는 일을 우리가 맡아야 하며, 그것에 햇빛과 비를 내려서 무르익게 하는 것은 하나님께서 해 주실 것으로 바라고 기도해야 한다는 뜻이다. 그렇지 않다면 예수께서 왜 우리를 세상의 '빛'과 '소금'이라고 지칭하셨을까?

우리가 세상의 빛과 소금의 역할, 또는 씨 뿌리는 역할을 맡기 위해서는 일단 세상이 어떠한지를 이해해야 한다. 현실 이해 없이 행하는 '당위(當爲)'의 강조는 '세상에 대한 일방적 정죄'와 그에 따른 신자의 '선민의식'으로 교회와 사회 간에 담을 쌓아 교회를 닫힌 조직으로 만들어 그의 생산성을 위협한다.

교회는 세상을 잘 알아야 하며 현 사회의 주요 특징인 매스커뮤니케이션을 알아야 한다. 매스커뮤니케이션은 세상의 주된 가치관을 반영함과 동시에 이 가치를 재생산하는 이중적 역할로 인해 현 사회를 규정짓는 핵심적 위치를 차지하고 있기 때문이다. 이러한 매스커뮤니케이션이 반영하고 재생산하는 가치는 하나님의 나라에 가까운가 아니면 하나님의 나라를 더욱 멀게 만들고 있는가? 만약 하나님의 진리와 현대 매스커뮤니케이션의 가치에 괴리가 있다면 교회는 이 문제를 어떻게 처리해야 할 것인가?

사실, 과학기술과 자본주의의 발전은 대량생산(mass production)과 대량소비(mass consumption)의 기제를 통해 우리 인간을 '빠름'과 '편리함'의 포로로 만들고 있다. 그런데 이러한 빠름과 편리함의 가치는 대량 커뮤니케이션, 즉 매스커뮤니케이션에 의해 확대 재생산된다. 매스커뮤니케이션은 '남에게 알리다(impart)' '참여하다(participate)' '공유하다(share)'의 뜻을 가진 다분히 기독교적 특성을 지닌 '커뮤니케이션(communication)'의 어원("communicare")에서 벗어나서 일방적인 가치를 대량으로 전달하는 특성을 가지게 되었다.

'빠름'과 '편리함'이 믿음, 소망, 사랑의 기독 원리에 우선하여, 아니 기독 원리에 반하여 확산되고 있는 현 시점에서 교회는 이러한 불건전한 세계관의 확산을 방지하는 데 노력을 기울여야 할 것이다. 또한 적극적으로는 매스커뮤니케이션을 이용해서 바른 가치를 확산하는 데 활용할 수도 있다. 이러한 점에서 교회는 현대사회와 매스커뮤니케이션이 맺는 관계에 대해 바르게 이해할 필요성이 대두된다. 이에 따라, 이 장은 일반 학문 세계에서 그간 매스커뮤니케이션과 사회의 관계에 대해서 분석한 바들에 대해 알아보고, 그 분석 결과들이 교회와 커뮤니케이션에 주는 함의에 대해 논의하기 위해 구성되었다.

매스커뮤니케이션 현상에 대한 학문적 연구는 매스미디어의 영향력에 대한 기대와 우려에서 비롯되었다. 많은 사람들은 우리가 매스미디어를 이용해 좋은 정보와 생각을 전파함으로써 많은 사람을 변화시키고, 나아가서는 보다 나은 사회를 이룰 수 있을 것이라고 생각한다. 그러나 다른 한편으로 동시에 많은 사람들이 매스미디어가 잘못된 정보와 가치를 전파함으로써 사람들을 변화시키고, 나아가서는 각종 사회병리 현상을 부추기고 있다는 우려를 지니고 있다. 그렇다면 정말 매스미디어를 중심으로 한 매스커뮤니케이션 현상은 선한 것인가, 아니면 악한 것인가? 아니면 매스미디어는 사용하기에 따라 선할 수도 있고, 악할 수도 있는 것일까?

이에 대한 답을 내리기 위해서는 우선 미디어의 영향력과 현실성이라는 두 가지 개념에 대한 이해에서 출발해야 한다. 매스커뮤니케이션 현상에 대한 그간의 많은 연구들은 매스미디어의 영향성, 즉 신문, 방송, 출판, 인터넷 등이 개인과 사회에 미치는 영향력과 이러한 매스미디어가 제공하는 내용의 현실성, 즉 미디어가 현실을 반영하고 있는지 여부에 대해 관심을 두어 왔다. 만약, 매스미디어가 영향력이 없는 것이라면 구태여 이에 관심을 둘 필요가 없을 테고, 매스미디어가 영향력이 있더라도 현실을 사실대로 반영하고 있다면 크게 문제될 것이 없을 것이다.

그러나 매스미디어가 영향력을 지니고 있는지 여부에 대한 경험적 근거는 일관되지 않으며, 반대로 그렇지 않다는 근거 또한 일관성을 결여하고 있다. 하지만, 최종적으로 합의할 수 있는 사실은 "매스미디어가 영향력을 지니고 있다"는 명제이다. 매스미디어의 실제적 영향력은 차치하고라도 "매스미디어가 영향력을 지니고 있다"는 일반적 인식 자체가 매스미디어를 중요한 사회 기구로 자리 매김하게 한다. 실제적으로 영향력이 있는 것도 있지만 영향력이 있다고 간주되는 것은 그 나름의 영향력을 행사할 수 있기 때문이다. 또한 매스미디어의 영향력이 "있다, 없다"의 문제가 아닌, 정도의 차이라고 할 때, 인간에게 매우 미약한 영향력을 지닌 것일지라도 쉽게 간과해 버릴 수는 없는 것이다. 약간의 위해도 그것의 범위가 넓다면 매우 위협적일 수 있으며, 인간의 정신에 관련된 것은 더욱 그러하다. 이는 마치 어떠한 약을 먹고 사망할 확률이 1천 분의 1이 될지라도 우리는 이 약의 사용을 주저해야 하는 것과 마찬가지다.

이에 따라 매스미디어가 사회 내에서 차지하는 위치와 관계에 대한 관심은 영향력에 대한 검증과는 별도로 매우 중요한 일이 된다. 아래에서는 매스미디어가 사회와 맺는 관계를 통해 매스커뮤니케이션 현상이 우리에게 의미하는 바가 무엇인지 알아보고, 이를 통해 교회가 매스커뮤니케이션 현상에 대해 어떠한 시각을 지녀야 하는지 논의해 볼 것이다.

1. 대중사회론적 관점

매스미디어의 영향력에 대한 연구는 19세기 서구 유럽에서 이른바 '대중사회론'의 관심 영역으로서 시작되었다. 귀족과 교회가 세상을 해석하고 지배하던 봉건사회가 해체되고 자본주의 사회가 도래하면서 부르주아라는 새로운 계급이 세상을 해석하고 지배하는 주체로 등장하게 된다. 경건함과, 품위, 그리고 질서로 상징되던 봉건사회의 커뮤니케이션 가치는 사라지고 매스미디어에 의한 신속하고도 대량적인 커뮤니케이션, 즉 매스커뮤니케이션이 주도하게 되었다. 이러한 현실은 많은 이들에게 기대를 주는 일이었으나, 한편으로는 우려스런 현상이기도 했다.

예를 들어, 퇴니스(F. Tönnies)는 공동사회가 해체되고 이익사회가 도래하고, 1차 집단 구성원간의 친밀한 유대가 가능했던 사회에서 대중사회로 이전하는 과정에서의 '사회의 원자화(social atomization)'에 주목했다. 문학과 철학 등 여러 분야에서 이러한 새로운 세계 현상을 '우려'하였는데, 이들의 공통점은 산업화, 도시화, 정치적 민주주의, 대중 교육, 현대적 매스커뮤니케이션 등 서로 연관된 일련의 과정에 대해 부정적이고 회의적인 반응을 보였다는 점이다. 이러한 혼란의 상황에서 구질서에 대한 향수가 깔린 보수주의적 사조는 19세의 시대적 사상이었다.

커뮤니케이션 측면에서 이들은 매스미디어의 등장에 따른 인간과 사회의 변화에 주목하였다. 이 변화는 사회의 원자화에 따른 신문이나 대중소설의 소구 대상인 천박한 대중에 대한 우려가 반영되어 있는 것이었다. 이들에게 매스커뮤니케이션이란 평균성, 천박성, 무전통성, 원시성, 야만성, 고립성 등의 속성을 지닌 계급, 인종, 성별 등의 구별이 없는 '대중(mass)'을 향한 일방적 '커뮤니케이션(communication)', 즉 대중 커뮤니케이션(mass communication)을 의미한다.

이러한 점에서 이들의 논리는 정치 경제적 엘리트들의 특권적 시각에 의한 시각으로 비판되기도 한다. 예를 들어 다니엘 벨(D. Bell)은 다음과 같이 이 시각이 이론적 체계를 결여한 것이라고 지적한다.

"대중사회론은 오늘날 서방 세계에 있어서 인간관계의 상품 가치에의 변환이라는 것과 마르크스와의 결부처럼, 혹은 인간 행동의 비합리적, 무의시적인 역할과 프로이트의 결합처럼 측정한 개인의 이름이 대중사회론에 각인되어 있는 것은 아니나, 그 이론은 현대사회의 중요한 귀족주의적, 가톨릭적 혹은 실존주의적 비평가들의 사상적 핵심을 이루고 있다."(Bell, 1972, p. 22).

미디어의 천박성에 대한 논의는 현대에서도 흔히들 거론하는 주제이며, 이들의 논의는 바로 대중사회론에 뿌리를 두고 있다. 그러나 벨의 지적처럼 대중문화론적 비평은 마르크스주의나 프로이트주의 등의 이론과는 다르게 시각이 체계화되어 있지 못한 것이 사실이다. 이들은 현 사회를 대중사회라고 규정하는 공통성만으로 논의를 하고 있으며, 귀족주의적 시각에서 과거와 현재를 단순하게 대비하고 있기 때문에 단순한 비평적 수준에 머물고 마는 것이다. 또한 대중의 저급한 취향이 천박한 대중문화를 만들어내고, 매스미디어의 속성 때문에 대중문화의 저급화가 초래된다는 주장 또한, 대중문화는 사회 구조가 원인이고, 미디어는 매개적 존재일 뿐이라는 여타 이론들에 의해 반박된다. 아울러 대중문화가 지니는 긍정적인 모습들을 애써 외면하고 있다는 지적 또한 피할 수 없다.

2. 프랑크푸르트학파의 문화산업론

제2차 세계 대전을 전후하여 독일 프랑크푸르트(Frankfurt)대학 출신의 일단의 학자들이 대중문화 현상에 주목한 연구 활동을 벌였다. 이들은 호르크하이머(M. Horkheimer), 아도르노(W. Adorno), 마르쿠제(H. Marcuse), 프롬(E. Fromm), 하버마스(J. Habermas) 등의 학자들로서 포괄적으로 '프랑크푸르트학파'라고 불리게 되었다. 제2차 세계 대전이 발발하자 이들 대부분은 나치를 피해 미국으로 망명하여 연구를 계속하였다.

마르크시즘의 배경을 지니고 있는 이들은 1930년대 유럽에서의 사회주의 운동이 파시즘에 의해 괴멸되는 것과, 망명 기간 동안 미국 사회의 풍요를 경험하면서 마르크스의 사회주의에 대한 예견이 빗나갔음을 인식하게 된다. 이들에게는 마르크스의 이론에 따라 붕괴되어야 할 자본주의가 더욱 확장되고, 사회주의가 전체주의로 흐르는 현상이 이상한 것이었고, 이에 따라 이 현상을 설명해야만 했다.

이들은 대중사회 이론과 마르크시즘이 결합하는 것으로 해답을 찾았다. 이들은 자본주의사회가 독점자본주의로 이전되면서 정치경제적 분석보다는 문화산업(mass-mediated culture)에 의해 개인의 가치 체계가 조종되는 양식을 분석하는 것이 더 타당성이 높음을 인식하게 된 것이다. 이들은 이른바 정통 마르크스주의가 사회 현상의 모든 원인을 일원적으로 물질(또는 경제)에서 찾는 것을 비판하고 정신(문화)의 중요성을 강조하였다. 프랑크푸르트학파의 학자들은 결국, 자본주의 사회를 붕괴시키는 사회주의 혁명이 나타나지 않는 이유를 문화산업에 의해 이성이 마비되고 기존 질서에 대한 복종이 이루어지고 있기 때문으로 분석하였다.

이들 프랑크푸르트학파의 대부 격인 호르크하이머는 '실천적 이성'이 '도구적 이성'으로 대체되고 있다고 주장한다. 즉 실천적 이성이란, 한 사회의 모순 구조를 타파할 수 있는 인간의 능력임에도 불구하고 현대의 자본주의 문화산업이 이를 무력화시키고 있다는 것이다. 호르크하이머는 그 대신 인간의 이성이 도구적 이성이 되어 부를 가진 자, 힘을 지닌 자들이 자신의 부와 권력을 유지시키는데 필요한 도구로 활용되고 있다고 분석한다.

아도르노는 '부정의 변증법'이라는 개념을 제시하면서 예술의 기능에 주목하고 있는데, 그는 예술이 본질적으로 부정의 기능, 즉 현실의 모순적 삶을 부정하는 역할을 한다고 보았다. 그에 의하면 예술은 사회에서 생산되고 있지만 동시에 그 사회를 부정하기 때문에 부정적 변증법적이다. 그러나 자본주의하 문화산업에 의해 전시, 공연, 판매되는 예술은 그 부정적 성격을 잃고 상업적, 비변증법적으로 전락하고 있다고 주장하였다. 아도르노의 영향을 받은 마르쿠제는 이러한 부정의 변증법이 사라진 사회를 '1차원적 사회'라고 비판하였다. 비판적 가치를 잃고 현 체계의 유지에 봉사하는 문화산업 또한 일차원적 문화인 것이다.

이러한 일차원적 문화를, 베냐민(W. Benjamin)은 '아우라(aura)'라는 개념을 통해 설명한다. 아우라란 예술이 지니는 '지금' '여기에' 밖에 없다고 하는 일회성, 독창성, 진정성(眞正性)을 가리키는 말이다. 그는 예술이 아우라를 상실하게 되는 것이 인쇄나 사진과 같은 복제 기술 발전의 필연적 결과로 보았다. 매스미디어에 의해 대량 재생산된 대중문화는 어떠한 부정적 기능도 결여한 탈인격적, 집합적, 객체적 예술이 되어 버린다. 이를테면, 영화는 인공적으로 만들어낸 개성(personality)에 의해 아우라를 대체하고 있으며, 영화 산업의 재력에 의해 키워진 영화배우의 인기도 본인만의 고유한 아우라가 아니라 퍼스낼리티의 마력, 즉 상품으로서의 독특한 마력(spell)에 의해 유지되는 것이다.

프롬은 마르크스의 이론을 프로이트 심리학과 연결시켜 사회를 분석하였다. 그는 중세 교회와 귀족에 종속되어 살던 사람들이 자본주의 사회를 맞아 스스로의 삶을 개척해 나가야 하는 것에 심리적 압박감을 느꼈다고 분석했다. 그래서 이들은 나치라는 전체주의에 복속함으로써 "자유로부터 도피"하였다는 것이다. 프롬은 인간이 본래 생산성, 즉 창조성을 지닌 존재인데, 가학성(sadism)과 피학성(masochism)이라는 불건전한 비생산적 상태에 들어간다고 보았다. 따라서 전체주의를 주창한 나치는 가학성으로, 이를 따라간 독일 국민은 바로 피학성으로 설명될 수 있다는 것이다. 또한 프롬은 현대 대중사회는 인간이 생산성을 발휘하는 활동을 통해 스스로 '존재'하는 것이 아니라, 그 대신 '소유'를 통해 "존재한다고 생각하는" 허위의식(이데올로기)에 빠져 있음을 비판하였다.

하버마스는 2004년 현재에도 살아 있는 2세대 프랑크푸르트학파라고 할 수 있는 학자이다. 하버마스는 사회 구성원 모두가 자신의 삶에 관계된 중요한 이슈에 대해 자유롭게 토론하고 의견을 표명할 수 있는 상태를 이상적인 모델로 상정하였다. 그는 이러한 이상적인 언론 형태가 중세봉건사회가 몰락한 뒤 부르주아 사회 속에서 나타나는 신문이나, 출판, 의회 등이라고 평가하였다. 그는 이러한 자유로운 의사소통의 공간을 '공공 영역(public sphere)'이라고 이름 지었다. 그러나 자본주의가 점차 독점화되면서 이러한 공공 영역은 점차 사라지고, 소수에 의한 여론의 독점현상이 나타나고 있다고 비판한다.

이상에서 보았듯이 프랑크푸르트학파 학자들은 자본주의 사회 아래서 인간의 이성을 마비시키는 예술과 문화산업, 언론의 현상에 대해 비판하였다. 그러나 이들의 이론은 대중사회론과 마찬가지로 지나치게 엘리트주의적이라는 비판을 받기도 한다. 예술에 너무 심각한 의미를 부여하고, 대중예술을 무시한다는 것이다. 또한 마르크스주의자들로부터는 마르크스주의의 윤리라고 할 수 있는 이론과 실천이 병행되지 않았다는 지적을 받는다. 즉, 비판에만 머물 뿐 현실 개혁을 위한 실제적 사회활동은 하지 않았다는 것이다.

3. 표준사회과학의 관점

대중사회론에서 시작된 매스커뮤니케이션에 대한 관심은 이른바 미국을 중심으로 한 표준사회과학 분야에서의 연구로 이어졌다. 미국에서의 대중사회와 미디어에 대한 연구는 유럽과 다르게 문학가, 또는 문화이론가들이 아니라 사회학자들에 의해서 행해졌다는 점에서 특징을 지닌다. 여기서 표준사회과학이란 사회 제도 자체에는 도전하지 않은 채 이를 주어진 것으로 치고 이 사회를 바른 방향으로 유지, 발전시키기 위한 연구를 주요 목적으로 하는 패러다임을 말한다. 마르크스주의적 전통과는 대립을 이루며 발전해 온 이 연구는 이론적으로는 어떠한 사회 내 요소도 긍정적이든 아니면 부정적이든 일정한 기능을 한다는 것을 전제하고 있다. 이러한 이유로 이를 구조기능주의적 연구라고 말하기도 한다. 구조기능주의에서는 어떠한 조직도 시스템으로 간주되고, 한 시스템은 보다 큰 사회시스템에 대하여 하나의 기능을 다하면서 동시에 그 시스템에 대하여 기능을 다하는 각 하부시스템(subsystem)으로 구성되는 것이라고 본다. 예를 들어, 기업 조직은 경제 전반에 대한 하나의 기능을 행사하고 있고, 경제는 전체 사회의 한 기능을 수행하는 하부시스템을 이루고 있다.

커뮤니케이션이라는 것도 개인적 차원에서는 개인의 욕구에, 집단적 차원에서는 집단의 필요에, 그리고 사회적 차원에서는 사회의 필요에 기능하고 있다고 분석된다. 예를 들어, 방송 제도에 대한 구조 기능주의적 설명 가운데 대표적인 것은 라이트(Wright, 1986)가 제시한 매스커뮤니케이션의 4가지 기능이다. 라이트는 해럴드 라스웰(Lasswell, 1960)이 제시한 '환경 감시(surveillance)' '상관 조정(correlation)' '사회적 유산의 전달(transmission of culture)' 등의 세 기능에 '오락(entertainment)' 기능을 더하여 매스커뮤니케이션의 기능을 4가지로 종합하여 설명하였다.

여기서 '환경 감시' 기능이란, 매스미디어가 인간을 둘러싸고 있는 자연 및 정치, 경제, 문화, 사회적 환경에 대해 감시 역할을 함으로써, 유용한 정보를 제공하고 미연의 사태를 예방하는 기능을 한다는 것이다. 정치 권력에 대한 감시도 이러한 환경 감시 기능의 하나이다. '상관 조정' 기능이란, 사회 구성원들 간의 네트워크를 형성하여 서로의 이해와 관심을 조정하고 중재하는 역할을 뜻한다. '사회적 유산의 전달' 기능은 교육 기능으로서 인간이 축전한 지식과 지혜를 세대를 넘어 전수하는 기능을 뜻하며, '오락' 기능이란 말 그대도 매스미디어가 즐거움과 유희의 수단이 되어 인간에게 휴식을 제공한다는 뜻이다.

물론, 언론은 이같이 정기능만을 하는 것이 아니라 '마취' '동조' '하위 문화 축소' '도피 의식' 등의 역기능도 한다고 하지만 본질적으로 구조기능주의자들이 제시하는 언론에 대한 시각은 언론이 사회 시스템 내에서 바른 기능을 하여 전체 사회가 안정(유지)을 이루고, 통합되도록 하는 것에 있다.

유럽과 달리 사회과학자들에 의해 매스커뮤니케이션 현상이 분석되었다는 사실은 두 가지 결과를 낳았다. 우선, 관심의 초점이 대중 사회 혹은 매스커뮤니케이션의 결과가 아니라 그 결과를 발생시키는 구조의 문제에 모아졌다. 즉, 이들은 사회의 원자화로 천박한 미디어 내용이 나타나는 것에 주목한 것이 아니라, 사회가 실제로 원자화되었는지를 알아보고자 하였다. 두 번째로, 이들은 구조기능주의의 실증주의적 성격을 반영하여 유럽의 대중사회론자들이 주장한 대중사회의 속성들을 통제된 절차를 통해 실증하고자 했다.

이러한 구조기능주의적 연구의 패러다임 아래서 행해진 연구들은 '탄환 이론(Bullet Theory)' '제한 효과 이론(Limited Effects Model)' '중효과 이론(Moderate Effects Model)' '강력 효과 이론(Powerful Effect Model)' 등 4가지 유형으로 크게 분류할 수 있다. 구조기능주의적 매스커뮤니케이션 연구는 시대에 따라 탄환이론에서, 제한 효과 이론과 중효과 이론을 거쳐 강력 효과 이론으로 동시대의 주류 연구 방식이 되어 왔다.[1]

(1) 탄환 이론

1920년대 시작된 탄환 이론은 의도적으로 사람들의 생각과 행동을 크게 바꾸는 매스커뮤니케이션의 역할에 주목한 시각을 말한다. 사실상, '탄환 이론'이란 이름은 이론적 관심에서 행해진 연구를 말하기보다는 매스커뮤니케이션의 영향력이 매우 크다는 현실적 인식에 대해 후세의 연구자들이 이름을 붙여 준 것에 불과하다. 전쟁에서 적들의 심리를 무력화하는 방식, 나치의 대중 동원, 당시에는 '뉴 미디어'인 라디오에서 펼쳐지는 신기한 세계에 대한 매료 등은 매스커뮤니케이션이 '탄환'처럼 사람들에게 쏘아져서 생사를 가를만한 효과를 낸다고 생각하게 만들었다. 탄환 이론은 다른 이름으로 '피하주사

---

1) 이러한 주류 언론학에 대한 개관을 위해서는, 박천일 · 강형철 · 안민호 역, 『매스커뮤니케이션 이론』 (서울: 나남출판사, 2004)를 참조하기 바란다.

이론' 또는 '자극-반응(Stimulus-Response) 이론'으로 불리기도 한다. 고열에 피하주사를 맞으면 열이 바로 식듯이, 매스커뮤니케이션은 외부의 자극이 있으면 바로 반응이 나오는 생체 조직과도 같이 즉각적이면서도 강한 효과를 낸다고 생각되었다. 이는 바로 대중사회론이 상정한 매스커뮤니케이션에 대한 시각과 다를 바 없었다.

(2) 제한 효과 이론

그러나 1940년대에 들어서 정치학, 사회학, 심리학 분야의 연구자들은 탄환 이론이 상정하는 매스커뮤니케이션의 효과에 대한 과학적 검증을 시도하였다. 이들 학자들은 호블랜드(Carl Hovland), 라자스펠트(Paul Lazarsfeld), 라스웰(Harold Lasswell), 클래퍼(Joseph Clapper) 등이었다. 그러나 이들의 연구 결과 매스커뮤니케이션은 특정한 조건 속에서 제한적인 효과를 내고 있다는 것을 발견하였다. 예를 들어, 심리학자인 호블랜드는 전쟁 당시 미 육군을 대상으로 많은 실험 연구를 실시하였는데, 매스커뮤니케이션은 정보를 제공하는 데는 효과적이지만 사람들이 태도를 바꾸는 데는 그렇지 못하다는 것을 발견하였다. 라자스펠트 등은 선거에서 매스미디어의 역할에 관심을 두었는데, 사람들은 자신들이 지지하는 후보자를 결정하는데 매스미디어보다는 가족, 절친한 친구, 종교 등의 영향을 받고 있음을 알게 되었다.

또한 일군의 서구 학자들이 제3 세계의 발전 프로그램에 참여했는데 이들은 매스미디어를 통한 서구적 가치, 합리주의, 신기술의 확산을 꾀하였다. 그러나 결론적으로, 주어진 사회 구조에 이미 특정한 커뮤니케이션 방식과 미디어 조직이 내재되어 있기 때문에, 미디어의 내용만으로는 기대했던 효과를 기대할 수 없다는 것을 경험하게 된다. 결국 사회 조직과 문화 수준으로 연구를 이행하지 않으면 전체적인 이해가 불가능하다는 것을 깨닫게 되는 것이다.

이러한 연구 결과들을 일반적으로 '제한 효과 이론'이라고 한다. 제한 효과 이론은 매스커뮤니케이션의 직접적 영향력보다는 편견, 고정관념 등 개인이 지닌 복잡한 심리적 기제와 대인적 관계가 더욱 중요하다는 연구 결과를 내놓았다. 결국 "대중사회 이론이 주장하는 현상은 없다"는 것이다. 이렇게 매스커뮤니케이션이 그다지 중요한 역할을 하지 못하고 있다는 것을 알게 된 다수의 학자들은 자신들의 원래 학문 분야로 돌아가게 된다. 매스커뮤니케이션의 효과가 없다면 연구할 가치가 없다는 것이다.

그 대신, 매스미디어가 만들어내는 대중문화는 더욱 많은 소비자들로부터 선택되려는 수많은 문화 창조자들의 경쟁을 통하여 발전해 나간다는 다원주의적 시각이 힘을 얻게 되었다. 정치적인 측면에서도 매스미디어는 현실의 거울이어서, 수용자들의 지지를 얻기 위한 다양한 정치적 입장들이 경합하는 하나의 경기장일 뿐이다. 매스미디어에 가해지는 외부적 통제는 있을 수 없고, 오히려 분할된 권력을 지닌 사회 기구로서 매스미디어는 권력에 대한 '감시견(watch dog)' 역할을 하게 된다는 것이다.

(3) 중효과 이론

그러나 1970년대 중반부터 매스커뮤니케이션의 영향력에 대한 새로운 발견과 해석이 나오기 시작한다. '중효과 이론'이라고 불리는 일단의 연구들은 과거 연구들과 달리, "매스미디어가 수용자를 어떻게 바꾸고 있는가가?"에 주목하는 것보다는 "수용자가 매스미디어를 이용해 무엇을 얻고 있는가?"에 대해 관심을 두거나 "매스미디어가 수용자를 대상으로 어떠한 사안에 대해 어떻게 생각하라"고 영향력을 행사하는 것보다는 "매스미디어가 수용자들 대상으로 어떠한 사안에 대해 생각하라"고 영향력을 행사하는 방식에 관심을 둔다. 예를 들어, '이용과 충족(Uses and Gratification)' 연구들은 수용자 조사를 통해, 사람들은 "시간을 보내기 위해서" "오락을 위해서" "정보를 얻기 위해서" "다른 사람과 대화거리를 찾기 위해서" "외로움을 달래기 위해서" 등의 이유로 매스미디어를 사용한다고 주장한다. 이러한 이용과 충족 연구들은 각 매체별로, 즉 신문, 방송, 인터넷 등등에 대해 개별적으로 이용 동기를 조사하였는데, 사람들은 각 매체의 이용을 통해 자신들의 동기가 충족된다고 전제한다.

중효과 이론의 하나인 '의제 설정(Agenda Setting)' 연구들은 매스미디어가 사람들에게 "현재 중요한 사회적 의제가 무엇인지"를 알려 줌으로써 간접적인 방식으로 영향력을 행사한다고 파악한다. 즉, 사람들의 의견을 바꾸거나 유지시키는 것은 직접적인 주장을 통해서가 아니라 특정 이슈에 대해 강조하면 저절로 사람들의 태도나 의견에 영향을 미칠 수 있다는 것이다. 예를 들어, 이러저러한 이유로 노무현 대통령을 지지하자고 말하는 것이 아니라, '정치 개혁' 이슈를 강조하고 그에 대한 논란을 소개하다 보면 노무현 대통령에게 유리한 태도가 형성된다는 것이다.

비록 1980년대 이후에 주류를 이루고 있기는 하지만, '제3자 효과 이론(Third Person's Effect)'도 중효과 이론의 한 줄기라고 볼 수 있다. 제3자 효과 이론이란 매스커뮤니케이션의 영향은 수용자 자신에게 직접 발휘되는 것이 아니라, 수용자가 매스커뮤니케이션 내용이 본인이 아니라 다른 사람에게 영향을 미칠 것이라는 생각을 하게 되는 과정을 통해 수용자 자신에게 영향을 미치게 된다는 다소 복잡한 심리적 기제를 통해 발휘된다는 것을 주요 내용으로 한다. 예를 들어,

사람들은 자신이 음란비디오를 본다고 하더라도 그것은 자신에게 아무런 해를 미치지 않을 것이라고 생각하지만, 다른 사람들에게는 해로울 것이라고 생각하는 심리를 지니고 있다. 이러한 비합리적 기제에 따라 사람들의 행동이 달라진다는 것이다.

중효과 이론의 대표적인 다른 이론으로는 '배양 효과 이론(Cultivation Theory)'이 있다. 펜실베이니아대학교의 거브너(George Gerbner) 교수와 그 동료들은 매스미디어가 다른 정보의 가능성을 차단한 채 독점적인 해석과 정보를 제공함으로써 사람들의 세계관을 특정한 방향으로 '배양'한다고 보았다. 이들은 주로 매스미디어 소비가 많은 사람(예를 들어, TV 시청량이 많은 사람)과 그렇지 않은 사람을 구별하여 보았는데, 역시 매스미디어 소비가 많은 사람은 매스미디어가 제시하는 바와 같은 세계관을 지니고 있음을 알게 되었다. 여기서 매스미디어가 제시하는 세계관은 '남성과 여성의 성 역할' '범죄에 노출될 가능성에 대한 인식' 등 문화적인 태도들을 말하는데, 주로 매스미디어 내용을 분석하는 것으로 조사되었다. 결국, 매스미디어는 매우 간접적이고 장기적인 방법으로 현실과 동떨어진 세계관을 주입한다는 것이다.

(4) 강력 효과 이론

1980년대에 들어서면서 매스커뮤니케이션 연구는 그간의 축적된 지식을 활용, 특정한 조건을 선행시킨다면 매스커뮤니케이션은 강력한 효과를 발휘한다는 '강력 효과 이론'으로 발전한다. 그간의 연구는 매스커뮤니케이션의 영향력이 발휘될 수 있는 여러 가지 복잡한 요인들을 고려하지 않은 채, "매스커뮤니케이션이 수용자에게 영향력을 준다"는 단선적인 사고로 문제에 접근했기 때문에 진정한 효과를 측정할 수 없었다는 것이다. 예를 들어, 노엘레 노이만은 매스커뮤니케이션이 편재성(ubiquitousness), 공조성(consonance), 누적성(cumulativeness)의 조건을 지닐 때 강력한 효과를 발휘한다고 하였다. 여기서 편재성, 공조성, 누적성이란 각각 같은 메시지를 어디에서나 접할 수 있고, 여러 매체를 통해 일관된 내용의 메시지를 전달받으며, 그것이 반복적으로 전달될 때 매스커뮤니케이션은 강력한 영향력을 행사하게 된다는 뜻이다. 예를 들어, 대자본을 지닌 유명 브랜드는 막대한 자금을 들여 자신의 이미지를 강조하는 전략 커뮤니케이션 행위(예를 들어 광고 등)를 실시, 수용자들이 국내는 물론 세계 어느 곳에 가더라도 그 메시지를 만날 수밖에 없는 편재성을 확보하고 있다. 또한 이들은 각종 신문, 방송, 인터넷 매체를 활용해 같은 메시지를 일관되게 공급한다. 아울러 이들은 끊임없는 전략 커뮤니케이션 행위를 통해 수용자에게 같은 내용을 반복적으로 주입하고 있다. 이같이 세 가지 조건을 활용할 때 수용자는 이 메시지의 포로가 될 수밖에 없다는 것이다. 우리가 어려서부터, 어디에 가든 만날 수 있는 맥도날드, 코카콜라, 나이키 등 세계적인 브랜드 로고들과 그들의 광고를 생각해 보면 이 같은 강력 효과 이론의 설명을 이해할 수 있을 것이다.

4. 비판 이론

그러나 구조기능주의적 시각은 자신들 연구의 시각을 더 넓혀야 한다는 연구 결과를 스스로 도출해 놓고도 구조적 요인들 속에서 매스커뮤니케이션의 역할과 영향력을 파악하려는 시도에 나서지 않았다. 결국, 기존 연구 체제 자체에 대한 의문 제기와 구조적 및 문화적 요인에 대한 중요성의 인식 증대는 새로운 이론틀을 요구하게 되었다.

이때 패러다임 변화에 결정적 영향을 미친 것이 유럽의 신마르크스주의(Neo-Marxism)였고, 이 영향을 받은 일단의 매스커뮤니케이션 연구를 비판적 커뮤니케이션 연구라고 부르게 되었다. 특히 비판적 연구는 신마르크스주의 중에서도 위에서 잠시 논의한 프랑크푸르트학파의 영향을 강하게 받았다. 비판적 커뮤니케이션 연구(또는 비판 이론)는 그간 구조기능주의적 연구 결과 매스커뮤니케이션의 영향력이 미약한 것으로 나타난 것이 즉각적 결과만을 보았기 때문이라고 분석했다. 미디어는 기존의 가치 체계 혹은 이데올로기를 재생산하는 것이기 때문에 실증주의적 연구로는 그 측정이 불가능하던 것이다. 비판적 연구는 이러한 미디어를 통한 이데올로기의 재생산 방식 자체에 눈을 돌렸다.

　비판 이론은 구조기능주의적 시각이 방법론적 한계를 지닐 뿐만 아니라, 연구 자체가 현재의 왜곡된 구조를 지속하도록 도와주고, 나아가 현 구조를 확대 재생산하는 것으로 파악한다. 다시 말해, 이른바 주류 언론학자들의 연구는 정치 권력과 자본이 자신들의 목적에 부합하도록 시민을 동원하는 데 쓰이고 있다는 것이다. 비판이론 연구자들은 특히 이러한 연구들의 문제점을 네 가지로 지적하고 있다. 첫째, 기존 연구는 현 사회 시스템을 주어진 조건으로 단정한 채 매스커뮤니케이션의 영향력을 논하고 있는데, 매스커뮤니케이션의 영향력은 현 자본주의 시스템의 정치경제적 특성과 분리해서 생각할 수 없다. 둘째, 기존 연구 결과는 매스커뮤니케이션의 영향력을 단선적인 것으로 생각하고, 계량적으로 측정 가능한 것만을 영향력으로 인정하는데, 매스커뮤니케이션의 영향력이 발휘되는 방식은 보다 장기적이고, 겉으로 드러나지 않는 형태로 이루어진다. 셋째, 구조기능주의자들이 말하는 "다양한 정보와 문화의 경합을 통한 가장 바른 정보, 가장 질 높은 문화"라는 다원주의적 경쟁을 통한 최선의 추구의 방식이 현실과는 동떨어진 인식이라는 것이다. 점차 집중되고 있는 미디어 구조와 높은 진입 장벽으로 인해 다양성의 확보는 불가능하며 이러한 주장이 하나의 이데올로기로서 현실 인식을 왜곡하고 있다. 넷째, 기존 연구 결과들은 체제 문제에는 눈감는 것은 물론, 나아가 이 연구 결과들이 정치권력과 자본에 의해 사용되어, 사람들의 의식을 조작하고, 그들의 이해에 부합하는 방식으로 활용된다는 것이다. 정치인들이 대중 이미지를 획득하는 방법, 자본가들이 광고를 통해 자신들의 물건 판매를 확대하는 방법 등에 이들 연구는 동원된다. 광고에 지속적으로 노출된 수용자는 상점에 가서 '자신도 모르게' 그 상품을 고르게 되는 것이 이러한 예이다.

물론, 비판이론이라고 해서 모두가 같은 시각을 지니는 것은 아니다. 이들 이론의 공통점은 구조주의적 시각들이 지니고 있는 문제점에 대해 지적하고, 그 한계를 넘어선 설명을 하고자 한다는 것이지만 매스커뮤니케이션의 영향력이 발휘되는 방식에 대해 여러 이견이 있는 것이 사실이다. 그 가운데서도 경제적 토대가 정신적 구조를 결정한다는 마르크스의 언급에 대한 해석에 따라 매스커뮤니케이션과 사회의 관계에 대한 여러 유형의 시각으로 갈리게 된다.

"어떤 시기에 있어서도 지배계급의 사상은 지배적인 사상이다. …… 물질적 생산 수단을 소유하는 계급은 동시에 정신적 생산 수단도 장악하게 되며 따라서 정신적 생산 수단을 갖지 못한 자들의 사상은 그것을 통제하는 계급의 사상에 종속된다. …… 그러므로 그들이 하나의 계급으로서 지배하고 당시대의 범위와 한계를 결정해 버리는 한, 그들이 특히 당대 사상의 생산과 분배를 규제하게 된다는 것은 자명하다"(K. Marx and F. Engels, 1947, p. 39.)

"인간 존재의 사회적 생산에 있어서 인간은 불가피하게 자신의 의지와는 무관하게 일정한 관계, 즉 생산 관계에 들어간다. …… 이와 같은 생산 관계의 총체는 사회의 경제 구조, 즉 현실적 토대를 구성하는데 이러한 토대 위에 정치적 상부 구조가 생기고 또한 그것에 사회의식의 일정한 형식이 상응하게 된다. 물질적 생활의 생산 양식이 사회적, 정치적, 지적 생활의 전반적 과정을 조건 지운다." (K. Marx, 1970)

여기서는 이들 비판 이론을 정치경제학적 접근, 사회조직적 접근, 문화적 접근 등 세 가지로 분류해서 알아보고자 한다. 그러나 반드시 알아야 할 것은 이러한 분류가 이해의 편의를 위한 것일 뿐이지, 실제로 많은 개별 연구들은 서로 시각이 겹치고 이러한 유형들로 확실하게 분리되는 것은 아니라는 사실이다.

(1) 정치경제학(Political Economy)적 입장

우선, 비판 이론의 가장 대표적인 시각은 정치경제학으로서 하부 구조가 상부 구조를 결정한다는 마르크스의 언급에 가장 충실한 분석이다. 간단히 설명하자면, 마르크스는 유물론적 시각에 따라 물질적 조건이 정신적 특성을 결정짓는다고 보았다. 이러한 논리에 따라 자본주의 경제 체제 아래서 매스미디어는 자본가의 소유에 의한 것이고(경제적 조건), 이에 따라 매스미디어의 내용(정신적 결과)도 자본가들의 시각이 불가피하게 되는 것이다. 물론, 신마르크스주의자 (Neo-Marxist)들은 이러한 편협한 해석을 거부하고, 거꾸로 이데올로기(정신)가 사람들의 존재 양식을 규정할 수 있다는 주장을 하기도 한다. 그러나 일반적으로 이들은 미디어의 이데올로기적 내용보다는 경제적 구조에 더욱 초점을 둔다는 공통점이 있다.

이 입장에서는 매스커뮤니케이션에서 나타나는 세상에 대한 시각은 미디어의 정치경제적 구조에서 비롯된다고 파악한다. 이에 따라 이 연구는 자본의 집적화와 집중화에 의한 소수에 의한 미디어 통제 현상을 주 분석 대상으로 삼는다. 마르크스에 의하면 자본은 스스로 증식해야 한다. 돈을 지닌 사람들은 이자든 아니면 투자잉여금이든 자신의 돈을 가장 많이 '불릴 수 있는' 방법을 찾아 신경증적으로 집착한다. 마르크스주의적 해석에 따르면 이러한 증식을 위한 집착은 자신이 아니라 자본이 그렇게 만드는 것이다. 이것이 바로 자본의 집적화 현상이다. 또 다른 자본의 특성은 집중화인데, 흔히들 "돈은 돈을 가진 사람이 번다."고 말한다. 돈을 가진 사람만이 돈을 벌 수 있다면 결국 돈은 소수의 사람들에게 집중된다는 말이다. 자본은 이렇게 집중되는 성격을 지니고 있다.

결국, 미디어 또한 돈을 벌기 위해 점점 그 규모가 커져 가야 하며 (집적화), 소수에 의해 소유(집중화)되어야 한다. 유명한 언론 재벌 머독 등은 바로 정치경제학자들이 대표적으로 지목하는 자본의 언론 지배 현상의 예이다. 이들은 소수의 자본가에 의해 소유되고 자본가의 광고를 재원으로 운영되는 매체는 자본가의 사상(이데올로기)울 전파하고, 현 사회 구조를 재생산하는 역할을 하고 있는 것으로 파악한다.

(2) 구성주의(Social Constructivism)적 접근

구성주의적 접근은 정치경제학보다는 매스커뮤니케이션 내용이 결정되는 원인을 사회적 상호작용의 산물로 보고 있다. 이들은 때로는 다소 미시적으로 미디어 조직의 내부 구조와 제작 방식 등의 특성에 대한 연구하기도 하며 거시적으로 사회 내 사건과 사고의 의미가 구성되어져 가는 방식에 대해 관삼을 둔다.

여기서 구성주의라는 것은, 실재(reality) 중에서 인간이 의미를 부여하고 구성한 사회적 현실에 관심을 두는 철학적 관심을 뜻한다. 다시 말해, 하루에 이루 셀 수 없는 천문학적인 사건, 사고, 사안들 중에서 우리는 매수 소수의 것만을 뉴스라고 하며 제공되는 것들을 시청하거나 읽게 된다. 때로 이 뉴스들은 자체가 거짓일 수도 있지만, 대부분의 경우 그렇지 않은 '사실'이다. 그러나 이 사실은 많은 실재 가운데 취재원의 시각, 기자의 시각, 사회적 기대, 관행 등에 의해 선별되고, 의미가 부여된 '구성된 현실'인 것이다. 특히, 터크만(G. Tuckman)은 언론이 마감시간과 제한된 지면과 시간이라는 제약을 지니고 있는 점을 지적하면서 이러한 제약들이 매스커뮤니케이션 내용에 결정적인 영향을 준다고 주장한다. 아무리 중요한 뉴스라고 하더라도 마감시간이 지나면 더 이상 뉴스가 아니며, 오늘 매우 중요한 뉴스가 여러 건 발생하면 다른 날에 톱뉴스 거리가 될 것도 뉴스가 될 수 없다. 또한 제약된 지면과 방송 시간은, 뉴스거리가 많은 날에는 취급되지 않는 뉴스가 뉴스거리가 별로 없는 날에는 톱뉴스로 자리 잡게 하기도 한다.

또한 국가 기관의 관료 구조와 그 구조를 중심으로 출입처 제도를 유지하고 있는 언론은 매우 안정된 정보원을 보유하여 끊임없는 뉴스 공급원을 지니게 된다. 그러나 국가 기관의 관료 구조에 의지하는 취재 방식에 의한 뉴스에는 국가 기관과 관료의 시각이 불가피하게 된다. 또한 기자들은 자신이 속한 언론사 간부들과 상호작용을 통해 회사와 간부가 원하는 기사가 어떤 것인지를 체득하게 된다. 이에 따라 기자들은 이른바 '알아서 기기'를 통해 조직에 순응된 기사를 작성하게 되는 것이고, 언론사도 마찬가지 과정을 통해 국가나 자본에 순응된 내용을 전달하게 된다.

(3) 문화적 접근

문화적 접근은 매스커뮤니케이션의 문화적 측면에 관심을 두는 시각을 말한다. 이 접근은 문화를 모든 사회적 실천들과 함께 얽혀져 있는 것으로 파악한다. 이 시각은 '통속적 마르크스주의자(Vulgar Marxist)'들이 주장하는 하부 구조(경제적, 물질적 토대)가 상부 구조(정신적, 문화적 행위)를 결정한다는 식의 단순 논리에 반대한다. 그 대신 이들은 문화라는 것을 사회적 존재와 사회적 의식 간의 변증법적 관계로 파악한다. 다시 말해 문화를 주어진 역사적 조건과 관계들의 기초 위에 각각의 사회 집단들과 계급들 사이에 발생하는 가치로 정의한다는 것이다. 인간의 문화는 인간이 전개하는 자연 정복이나 자연을 그의 용도에 따라 변형시키는 인간 능력의 결과이며, 그 기록이다.

레이몬드 윌리엄스(Raymond Williams), 스튜어트 홀(Stuart Hall) 등의 학자가 대표적인 '문화주의자'들인데 이들은 여러 계급과 계층들에 의해 만들어지는 일상생활의 다양한 문화적 형식과 관행들에 관심을 둔다. 이들은 특히 노동자 계급이 만들어내는 문화에 관심을 두며, 반면에 매스커뮤니케이션을 통해 노동자 계급의 문화가 지배 계급의 문화에 병합되어 버리는 현상에 주목한다.

이러한 문화, 즉 상부 구조의 자율성을 정치적 측면에서 파악한 인물이 그람시(Antonio Gramsci)이다. 그람시는 정통적인 마르크스주의자들이 물었던 전형적인 질문, 즉 "자본주의 체제의 약점이 무엇인가?"보다는 "무엇이 자본주의 체제의 장점인가?"를 물었는데, 이는 프랑크푸르트학파의 질문과도 같은 것이었다. 이 질문을 통해 그람시는 결정론적 마르크스주의를 비판하면서 상부 구조가 물질적 토대로부터 자율성을 가지고 있으며, 이를 통해 부르주아 자본주의 지배를 가능케 한다고 보았다. 이 또한 프랑크푸르트학파의 답과 같은 것이다. 그람시는 이러한 상부 구조의 자율적 측면을 '헤게모니(hegemony)'라는 개념으로 설명하고 있는데, 이것은 어떠한 계급이 자신의 세계관을 형성, 그것을 확산하고 대중화함으로써, 그들의 동의를 얻는 데 필요한 정치적, 지적, 도덕적 지도력을 장악하는 것을 의미한다. 이 헤게모니는 강제력과 동의, 지배와 도덕적 지도의 배합을 통하여 행사된다.

그런데 그람시는 선진 자본주의 사회가 자본가와 노동자, 두 계급만으로 형성된 관계가 아니고 다양한 사회 세력을 포함하는 복잡한 관계로 얽혀 있다고 보았다. 따라서 한 계급이 헤게모니를 장악하기 위해서는 자기 계급의 경제적 이해를 초월한 전체 사회 세력을 대표할 수 있어야 한다고 보았다.

이러한 그람시의 논리에 따르면 매스커뮤니케이션은 바로 헤게모니를 장악하기 위한 매우 중요한 수단이 된다. 이러한 점에서 자본주의 사회에서의 매스커뮤니케이션 현상은 정치경제학자들이 말하듯이 경제 구조를 반영한 단순한 이데올로기가 아니라, 자본주의 계급의 이데올로기를 매우 폭넓고도 장기적으로 확산하는 헤게모니적 도구이다.

그렇다고 해서 매스커뮤니케이션이 무조건 자본가를 위한 도구인 것은 아니다. 매스커뮤니케이션은 반대로 노동자 계급이 자신의 헤게모니를 확산하는 수단이 될 수도 있는 것이다. 이러한 점에서 그람시의 논리를 받아들이는 사회운동가들은 노동 계급이 헤게모니를 장악하기 위해서는 지배 계급의 이데올로기를 변형시키고 자신들의 이데올로기를 보편화시켜야 한다고 주장하기도 한다. 노동자 계급이 정치적으로 지배권을 형성하기 이전에 문화적으로 헤게모니를 획득할 수 있다는 점에서 매스커뮤니케이션은 더욱 중요한 수단이 된다. 이들의 '문화운동'은 헤게모니를 확대하기 위한 전략이 된다.

5. 결론: 기독교와 매스커뮤니케이션 사회학

이상의 분석 결과들은 일반적으로 현 사회에서 매스커뮤니케이션 현상은 다분히 비기독교적임을 보여 주고 있다. 인간 사이의 원활한 커뮤니케이션의 장으로 활용되어야 할 미디어가 상업적 이해에 매몰되어 세속주의와 물질적 가치관을 확산하고 있다는 것이다. 특히, 비판이론적 관점은 비록 그 철학적 기초인 유물론이 기독교 세계관에 배치되는 것이기는 하지만, 자본주의 사회의 최고 숭배 대상인 물신(物神)이 매스커뮤니케이션 현상에도 그대로 나타나고, 나아가 증폭되고 있음을 파악한다는 점에서는 기독 신앙에서도 수용할 만한 측면이 있는 것이 사실이다.

한편, 비판 이론과 대비되는 구조기능주의적 관점은 매스미디어가 우리의 가치관을 조작하는 점을 일부 비판하기도 하나, 다른 한편에서는 연구 자체가 권력과 자본의 편에 서서 우리의 가치관을 조작하는 데 동원되고 있기도 하다.

성경은 "누구든지 세상을 사랑하면 아버지의 사랑이 그 속에 있지 아니"(요일 2:15)하다고 경고하고 있다. 그런데 바로 현대 상업주의 매스미디어가 제공하는 바가 이러한 세상에 속한 것들로서 바로 "육신의 정욕과 안목의 정욕과 이생의 자랑"(요일 2:16) 거리들이다. 선정적인 화면과 이야기, 화려한 물질에 대한 강한 숭배, 권력에 대한 찬양과 존경 등이 바로 매스미디어가 가장 선호하는 소재임과 동시에

추구하는 가치이다. 심지어 이러한 매스커뮤니케이션의 영향력 아래
있는 신도 개개인은 물론, 교회에조차도 매스미디어가 제시하는 물
질주의적 가치관이 배어들고 있는 것을 우리는 목도하고 있다. 하나
님께 영광을 돌린다는 구실로 동원한 각종 설비, 예배 방식, 프로그
램 등이 하나님의 자리를 꿰차고 앉아, 포이에르 바하가 한탄한 바와
같이 '신' 이 '물신' 에 의해 대체되고 있는 것이다.

　매스커뮤니케이션은 현 세계 인간의 의식이 표현되는 가장 중요한
현상임에 틀림없다. 기독인은 소극적으로는 이러한 매스커뮤니케이
션 현상의 포로가 되지 않기 위해 이를 바로 읽고 이해하는 한편, 적
극적으로는 매스미디어를 활용하여 기독 세계관을 전파하는 데 이용
할 수 있을 것이다. 이러한 작업은 미디어의 이해와 활용에 그치는
것이 아니라, 제도적인 측면에서 기독 세계관에 배치되는 상업 미디
어의 지나친 확장을 방어하고 공적 미디어 시스템을 보호하는 일도
포함하는 포괄적인 것이 될 것이다.

참고 문헌

Wright, C. *Mass communication-A sociological perspective* (3rd. ed.). New York.: Random House, 1986.

Lasswell. H. "The structure and function of communication in society," in W. Schramm (Ed.), *Mass communication* (pp. 117-130). Urbana: University of Illinois Press, 1960.

Bell, D. *The end of ideology.* 기우식 (역), 『이데올로기의 종언』 서울: 삼성문화재단, 1972.

Held, D. *Introduction to critical theory: Horkheimer to Harbermas.* Berkeley & Los Angels: University of California Press, 1980.

K. Marx and F. Engels. The German Ideology. N.Y.: International Publishers, 1947.

Marx, K. *A Contribution to the Critique of Political Economy.* New York: International Publishers: preface, 1970.

박천일, 강형철, 안민호 역. 『매스커뮤니케이션 이론: 연구 방법과 이론의 활용』. 서울: 나남출판사, 2004.

제2장 교회와 신문

김보현 (기독공보)

1. 들어가는 말

한국 기독교를 특징짓는 말 가운데 종종 언급되는 것 가운데 하나
는 '20세기 선교의 기적'이라는 교세의 급신장을 들 수 있다. 여기에
커뮤니케이션의 관점에서 또 한 가지 빼놓을 수 없는 자랑이 있다면,
그것은 한국 교회가 '말씀'을 중시하는 전통 위에 서 있다는 점이라
할 수 있다. 이는 개혁 교회의 전통과 흐름을 같이하는 것일 뿐 아니
라 예전과 상징을 통한 신앙의 전수보다 명확하게 기독교의 메시지
를 전수할 수 있어 한국 교회의 신앙적 기초를 보다 든든히 할 수 있
었던 요인으로 평가할 수 있는 것이다. 이러한 전통은 서양 선교사의
공식 입국 이전에 성경 번역이 번역되고, 또한 이미 19세기 말, 당시
로서는 첨단 매체라 할 수 있는 '신문'을 선교의 매체로 활용했다는
점 등에서 확인할 수 있다.

비록 오늘날 매체로서 활자의 의미가 상대적으로 퇴색되었다고는 할 수 있으나 한국 교회 역사의 첫 장에서부터 함께했던 활자 매체는 오늘날도 여전히 개 교회 단위에서나 기독교계의 커뮤니케이션의 수단으로 중요한 역할을 감당하고 있다.

기독교와 신앙의 정수라 할 수 있는 성경의 경우, 활자의 발명 당시부터 첫번째 활용 대상이 되었을 만큼 활자 매체와 깊은 연관성을 갖고 오랜 세월을 같이해 왔다. 한국 교회뿐 아니라 전 세계 기독교회에 있어 성경과 활자 매체의 연관성은 여전히 높은 비중을 차지하고 있으나, 오늘날 활자 매체를 대신하려는 다양한 매체들의 접근으로 오디오와 인터넷 성경 등이 활자 매체로서 성경이 제공할 수 없는 다양한 기능들로 무장한 채 활자 성경의 자리를 넘보고 있다고 할 수 있다.

뿐만 아니라 도시와 농어촌의 구별 없이, 교회의 규모와 역사를 막론하고 교회마다 공통적으로 발행하고 있는 것이 바로 '주보'이다. 이러한 주간 매체는 오늘날 비록 예배 순서와 교회 내의 소식을 교환하고 안내하는 내부적 매체로 역할이 축소되기는 하였어도 가장 기본적이고 영향력 있는 매체로서의 자리를 지키고 있다 하겠다. 이 또한 활자 매체를 여전히 교회 내의 의사소통의 도구로 꾸준히 활용하고 있는 예 가운데 하나이다.

오늘날 한국 교회는 매체의 전시장이라 할 만큼 다양한 매체들을 직접 운영하며 활용하고 있다. 공중파 텔레비전 매체를 제외한 거의 모든 형태의 매체들이 다양하게 '기독교'라는 정체성을 갖고 활동하고 있을 뿐 아니라 역사적으로도 교회는 매체 설립에도 선도적 역할을 감당해 왔다고 할 수 있다. 1887년 선교사들에 의해 창간된 신문이 그러했으며, 해방 후 출범한 라디오 방송 역시 교회 연합사업의 중요한 결과물일 뿐 아니라 민간 방송으로서 효시적 위치에 서 있는 것이다.

오늘날 기독교[1] 매체 가운데 가장 활발한 분야를 꼽으라고 한다면 80여 종[2] 이상이 발행되고 있는 '신문' 분야를 꼽을 수 있을 것이다. 초창기 선교사들에 의해 주도되었던 기독교 신문 매체들은 초기, 기독교의 중요한 선교 매체였을 뿐 아니라 한국 사회의 커뮤니케이션 발달에도 기여하며 계몽적 성격을 강하게 띠고 있었다. 이후 일제 치하에서는 교회와 같이 여러 가지 제약과 핍박을 겪으며 고난의 여정 속에 한국 교회사를 선도하고 기록해 왔다. 해방 후 한국 교회는 선교 초기부터 동반자였던 신문 매체의 재건을 주요 과제로 추진했다. 이후 한국의 기독교 신문 매체들은 공교회의 회보적 성격으로 발행되어 강한 교파적 색채를 갖게 되는가 하면, 초교파적 형태의 언론이 거듭 등장하며 부침을 겪게 되었다.

오늘날 한국의 기독교 신문 매체는 1990년 한국 교회가 정체기로 접어들기 시작하면서 오히려 그 수효가 폭발적으로 증가하고 있을 뿐 아니라 몇몇 교단들은 공식 교단지와 함께 산하 기관들도 앞다투어 신문을 발행하고 있으며, 선교 단체와 기독교 관련 기관들에서 신문 매체 발간에 열을 올리게 되었다는 것이다. 한 걸음 더 나아가 한국 교회 분열의 그늘이 이단 사이비의 온상이 되어 있듯이 그 명확한 실태 파악조차 어려운 기독교 신문들 역시 이단 사이비 집단의 주요한 활동 거점으로 활용되고 있음을 유의해야 할 것이다.

이렇듯 기독교 신문이 그 수효 면에 있어 급신장하게 된 데에는 신

---

1) 여기서 사용되는 '기독교'라는 용어는 개혁교회(Reformed Church)를 뜻하는 용어로 한정한다.

2) 기독교 신문의 현황에 대해서는 특성상 전문인 신문협회 기독교 분야 회원사를 대상으로 한 파악이나, 기독교 언론사들의 협의체 등을 통한 파악도 가능하나 여기에서는 문화관광부에 기독교 신문으로 등록된 신문을 대상으로 하였으며, 계간이나 월간 형태의 신문, 개 교회 교인 등 극히 제한된 독자층을 대상으로 한 신문은 제외했다.

문 발행과 관련한 법적 제도의 변화라는 외부적 환경 요인도 있겠으나, 20세기 말 '교세 성장의 정체 현상을 보이기 시작한 교회'와 '이상적 팽창 양상을 보이는 기독교 신문' 간에도 우려할 만한 상관성을 점쳐 볼 수 있다.

이와 더불어 기독교 신문이 무분별하게 쏟아져 나오면서 과거 초창기에 비해 지면의 구성이나 외형은 확장되고 다양화되었으나, 편집의 방향이나 보도와 기획의 논지와 주제 등 내용적인 면을 살펴볼 때, 오히려 과거에 비해 일정 부분 선도적 자세에서 퇴보하고, 관심의 영역 또한 기독교 내부적 사안들로 축소된 면들이 있다는 점도 부인할 수 없는 사실 가운데 하나이다.

기독교의 선교적 매체로서뿐 아니라 공적인 기능을 갖는 언론 매체로서 기독교 신문이 다시 한 번 우리 사회와 교회 앞에 서기 위해서는 무엇보다 기독교 신문에 대한 보다 객관적인 검증과 함께 지난 역사와 현실에 대한 정확한 이해와 분석이 필요한 시점이라 할 수 있다.

이 글에서는 기독교 신문에 대해 선행적 연구를 살펴보고 한국 기독교 신문의 역사와 현황을 살펴볼 예정이다.

여기에서는 현재 주간으로 발행되고 있는 기독교 전문 신문만을 연구의 대상으로 삼고 있음을 밝혀 둔다. 또한 연구 대상 가운데에는 이른바 정통성 시비의 대상이 되고 있는 교단과 개인이 발행하고 있는 신문도 일부 포함되어 있음을 부인할 수 없다. 다만 현재 한국 기독교 언론으로 분류될 수 있는 신문 매체 가운데에는 일간지로 발행되거나, 또한 해외에서 한글로 발행되고 있는 주간 신문 매체도 다수 있으나 이 또한 다음의 연구 과제로 남겨 두고자 한다.

2. 기독교 신문에 대한 이론적 고찰

(1) 기독교와 신문

기독교 신문이란 무엇인가? 그 정체성에 대한 논의는 아직 충분한 결론에 도달하지 못한 상태라 할 수 있다. 현재로서는 단순히 문서 선교 매체로 보는 시각과 '신문'이라는 점에 보다 강조점을 두고 이해하고자 하는 시각으로 나뉘어 있다 할 수 있다.

한국 기독교의 대표적 지도자라 할 수 있는 한경직 목사는 이런 점에서 '기독교'에 대한 정의를 통해 기독교 신문이 지향해야 할 명제를 제시하고 있다. 한 목사는 '기독교란 무엇인가' 제하의 저서를 통해 "처음에 기독교를 '기독교'라고 부르기 전에 '복음'이라 불렀는데 한문 글자 뜻대로 '복된 소리' 현대적 표현으로는 '좋은 뉴스'"라고 설명한 바 있다.

이러한 견해는 기독교가 이미 그 속에 신문과 같이 '뉴스' 혹은 '소식'이라는 공통의 분모를 갖고 있음을 확인할 수 있다. 즉 기독교라 하면 단순히 신앙이나 교리 교권적 체제를 지칭하는 말이 아니라 전파되어야 할 '내용'이요, 그 전파의 과정이다. 이와 마찬가지로 기독교 신문 역시 기독교인이나 교회가 운영 주체가 되거나 보도를 통해 교회와 기독교의 소식만을 다루는 신문 매체를 의미하는 것으로만 제약할 수 없다. 이 지구상에서 가장 크고 놀라운 뉴스인 복음을 다루는 언론 매체를 의미하는 말이라 하겠다.

한국 교회는 선교 120년의 역사를 맞고 있다. 또한 기독교 신문의 역사도 벌써 한 세기를 넘어선 지 여러 해가 되었다. 이러한 한국의 기독교와 신문의 오랜 동반자적 역사는 일반적으로 신문 매체가 끼치게 되는 사회적 변화 [3)]에 기독교적 영향력이 더해 상호 깊은 관련성으로 이어졌다 할 수 있을 것이다.

(2) 이론적 배경

한국 기독교 신문은 그 역사에 있어 일반 신문들과 어깨를 나란히 하고 있음에도 학문적 연구에 있어서는 단편적 연구에 머물러 있는 실정이다. 이미 세계 교회 차원에서는 커뮤니케이션의 문제를 주요한 관심사로 상정하고 세계교회협의회 차원에서 논의해 오고 있음에도 이러한 노력과 결과들이 국내에 소개되거나 기독교 신문의 발전에 직접적인 양분으로 제공되기에는 상당한 거리를 갖고 있다. 다만 최근 들어 커뮤니케이션을 전공한 기독교 학자들을 중심으로 기독교 커뮤니케이션에 대한 다각적인 연구가 시도되고 있으며, 언론사에 몸담고 있는 이들을 중심으로 단편적인 연구가 이뤄지고 있는 실정이다.

그간 제출된 학위 논문으로는 박에스더의 "기독교 신문의 사적 고찰과 발전 방향에 관한 연구 – 기독교 주간 신문을 중심으로", 최진봉의 "한국 기독교 언론에 관한 조사 연구 – 인쇄 매체를 중심으로", 최효석의 "한국 기독교 언론지의 선교적 기능과 역할에 관한 연구", 안호천의 "한국 기독교 신자의 기독교 미디어 이용에 관한 연구", 김환배의 "종교 매체의 사회 변동에 대한 반응 연구", 김경일의 "한말 기독교 신문에 관한 연구 – 계몽사적 의미를 중심으로", 임성은의

---

3) 미국의 사회학자 쿨리는 인쇄 매체의 네 가지 특징을 통해 사회적 성격을 바꿔 놓을 수 있다고 지적했다. 그가 지적한 언론 매체의 특징은 다음과 같다.
   ① 매우 다양한 생각과 정서를 광범위하게 전파할 수 있는 표현의 확대
   ② 시간의 제약을 극복한 기록의 영구성(permanence of record)
   ③ 공간의 제약을 극복한 신속성(swiftness)
   ④ 모든 계층의 사람들을 접촉할 수 있는 전파성(diffusion)

"기독교 신문의 비판 기능에 관한 연구" 등을 꼽을 수 있다.

기독교의 사역은 일차적으로 커뮤니케이션의 과정과 깊은 관련성을 맺고 있다. 목회자는 세상에 복음을 증거하는 메신저이다. 또한 세상을 기독교적으로 재해석해 교회를 이끌어야 할 해석자이자 세상과 교회 사이의 매체라고도 할 수 있다. 이러한 역할은 기독교인들 하나하나에게도 결코 유보될 수 없는 공동의 사역이라 할 수 있다.

여기서는 커뮤니케이션의 과정에 대한 기본적인 내용을 다음과 같이 간략히 살펴보고자 한다.

1) 통제

커뮤니케이션의 과정에 대한 이해에 있어 '누구'와 '경로'의 문제는 다섯 가지 과정 가운데에서도 가장 깊은 연관성을 갖고 있다고 하겠다.

신문 역시 하나의 조직으로서 내부적인 통제의 요인이 있을 뿐 아니라 보다 큰 조직의 통제의 직간접적인 영향권에 놓여 있을 수밖에 없다. 일반적으로 신문사의 외적 통제 요인으로는 정치적 경제적 사회문화적 통제 요인이 있을 수 있다. 내부적 통제의 요인은 개인적, 내부 조직적 통제의 요인을 꼽을 수 있다. 그러나 기독교 신문의 경우는 이러한 요인들과 함께 신앙(종교)적 요인이 양자 모두에게 일정 부분 요인으로 작용할 수 있음을 간과해서는 안 될 것이다.

일반적으로 기독교 신문은 일반 언론에 비해 정치적 요인에 의한 제약이 상대적으로 적을 것으로 인식되기 쉽다. 그러나 현재 교단의 공식 기관지로 발행되는 신문들의 경우 그 조직 체계가 교단의 조직 체계 산하에 편입돼 있거나, 교단 지도자들의 직간접적으로 간여 하에 놓이기 쉬운 환경이라 할 수 있다. 상대적으로 초교파적 성격으로 발행되는 신문의 경우는 이러한 외적 통제 요인이 적은 반면 자본의 취약성으로 인한 경제적 요인에 의한 제약에 노출되기 쉽다. 그러나 기본적으로는 기독교 신문의 난립으로 인한 과도한 경쟁과 영세성으로 인한 문제점을 공통적으로 안고 있다고 할 수 있다.

커뮤니케이션의 통제와 경로에 대한 이해에 있어서 중요한 '게이트 키퍼(Gate Keeper)' 개념은 커트 레윈(Kurt Lewin)에 의해 제시된 것[4]이다. 즉 뉴스는 특정한 경로를 통해 전달되는데 그 주요한 관문마다 특정 항목이 통과 혹은 차단되는데 이때 그 관문을 지키는 이들이 항목의 선택, 형태, 변형 여부를 결정하게 된다는 것이 이 개념의 골자이다.

기독교 신문에 있어서는 적은 취재 인원으로 10여 개 이상의 주요 교단과 그 이상의 연합 기관, 선교 단체 그리고 다양하고 전문화된 NGO 형태의 단체들을 취재해 뉴스를 수집하게 되는데 시간적 제약과 전문성의 부족으로 인해 이들 게이트 키퍼들에 의한 통제보다는 오히려 교단의 신학적 성향과 신문사의 전통, 편집국 내 책임자의 취향에 따른 취사선택에 보다 큰 영향을 받게 된다고 할 수 있다.

지난 1990년대 기독교 신문을 비롯한 다양한 매체가 폭발적으로 증가하면서도 처우의 열악성 때문에 전문성을 가진 고급 인력의 확보는 결코 쉬운 과제가 아니었다. 이러한 사실이 신문사 경영자나 편집인 기자들에 대한 언론학과 신학에 대한 재교육이 강하게 요청되는 이유라 할 수 있다.

2) 내용

신문의 내용이라 함은 신문에 실려 있는 기사에서부터 편집상 보이

---

4) Kurt Lewin, "Channel of the Group Life," *Human Relation*, 1 : pp. 143-153(1947).

는 여백까지 모든 부분을 포함하는 것이다. 그러나 좁은 의미에서 신문의 내용이라 함은 기사와 제목 그리고 사진을 일컫는 말이다. 뉴스에 관한 전통적인 설명 가운데 사방위(四方位, North-East-West-South)를 뜻하는 영문의 이니셜이라는 견해와 새로움(NEW)의 복수 형태라는 견해도 있다. 이 둘은 모두 뉴스가 지닌 공간적 시간적 성격의 단면을 묘사한 말이라 할 수 있다. 동시에 시간적으로나 공간적으로 모두가 공감하는 '보편적 뉴스의 내용'이란 있을 수 없음을 암시하는 것이기도 하다.

그러나 기독교 신문은 전 인류에게 미칠 보편적이고도 절대적인 복음을 전하는 매체로서, 동시에 이와 같이 시간과 공간, 견해에 따라 가변적일 수 있는 뉴스를 전해야 하는 이중적 성격으로 인한 긴장 속에 놓여 있다고 하겠다.

일반적으로 뉴스의 가치 결정은 '시의성'과 '저명성' '근접성' '영향력' '흥미' 등의 요인이 복합적으로 작용한 데 따른 것으로 인식되고 있다. 기독교 신문의 경우도 뉴스를 보도함에 있어서 이에 크게 다르지 않다.

다만 기독교 신문이 뉴스를 취급하는 범주에 있어 관심으로 기울이는 대상이나, 상정하고 있는 독자가 지나치게 편협하다는 점을 지적하지 않을 수 없다. 지난 수년간에 걸친 자연재해에 있어 물론 일반 언론에서 신속하게 다루고 있는 피해 규모나 상황을 되풀이할 필요는 없겠으나, 지나치게 교회나 교인들의 피해 상황에만 초점을 맞춘 보도는 기독교 신문의 토대를 스스로 좁혀 버리는 일이 아닐 수 없을 것이다.

이와는 달리 기독교 신문은 상업적 토대 위에서 설정된 뉴스의 가치를 반영함과 동시에 기독교적 가치에 따른 뉴스의 중요성을 판단해야 한다. 2,000년 전 예수 그리스도의 사건은 시의성이 떨어지는 것이 분명하고, 작은 소자에 대한 관심은 저명성과 상반되는 자세라 할 수 있다. 이러한 요소들로 인해 기독교 신문은 그 내용에 있어 일반 커뮤니케이션의 관점과 견주어 택할 것과 피할 것에 대한 나름대로의 기준을 설정해야 할 긴장 관계에 놓이게 되는 것이다.

3) 독자 연구

신문 독자에 대한 연구는 학문적 입장에서뿐 아니라 신문 경영의 개선과 보급의 확대를 위해서도 반드시 이뤄져야 할 연구 분야가 아닐 수 없다. 초기 언론학 연구가 매체나 내용 통제 등에 대해 초점이 맞춰져 있었던 반면 일반 언론이 무한 경쟁 체제에 들어감에 따라 경영상의 이유 때문에라도 독자들을 연구 분석하려는 시도들이 이어지고 있다.

그러나 기독교 신문에 있어서는 신문의 현황은 물론, 신문 독자들에 대한 명확한 실태 파악조차 이뤄지고 있지 못한 형편이다. 일반적으로 기독교 신문들이 겪고 있는 가장 일반적인 현상 가운데 하나는 의도되지는 않았다 할지라도 일반 매체에 비해 상대적으로 독자층이 극도로 제한되어 있다는 점이다. 이는 신문의 입장에서 이야기하면, 얀 블록(John Bluck)의 지적대로 "끊임없이 우리들을 이해하고 인정하려 드는 사람들에게만 말하고 싶어하는" 기독교인들의 특성[5]으로 인해 '내부인을 위한 매체'로 전락하는 결과를 낳게 되었다고 말할 수 있을 것이다.

기독교 신문의 독자는 일차적으로는 기독교인으로 상정할 수 있다. 이는 여타 전문 신문들이 직업이나 신분과 깊은 관련을 갖고 특화된 집단으로 약간의 폐쇄성을 갖고 있는데 반해 기독교 신문의 독자층

5) 얀 블록(John Bluck), 김진경 역, 『언론과 기독교』(나눔사, 서울 1990), p. 25.

인 기독교인들은 직업이나 연령뿐 아니라 사회 경제적 상황과 정치적 입장을 획일화하기 힘든 실정이다. 오히려 최근 한국 사회를 양분하다시피 했던 이라크 파병과 '반미' '친민' 논란이나, 새만금 개발이나 위도 핵폐기물 시설 건설과 관련해 가장 적극적으로 양 극단의 입장을 밝히고 나선 현상은 기독교 신문의 의제 설정 기능이 더욱 중요함을 보여 주는 것이다.

이러한 상황에서 독자들이 신문을 구독하는 현실에 대해 정확한 실태를 묘사하고 설명하고 예측할 수 있을 때 독자들이 원하는 신문 제작이 가능해질 것이다. 회보적 성격의 신문으로서는 이러한 분야에 대해 다소 소홀할 수 있다. 현재 주요한 기독교 신문들의 경우 대부분 5만 부 이하의 보급에 머물러 있고, 심지어 1만 부 이하의 보급 수준에 불과한 경우가 대부분이다. 타블로이드판을 제외하고도 80여 종 이상의 기독교 신문이 발행되고 있다는 사실은 독자층의 분산은 물론, 소수 집단의 대변지로 전락한 기독교 언론의 현실적 단면으로 나아가 건전한 여론 형성에 역기능을 발휘할 수 있다는 점에서 기독교 신문 발전에는 물론이고, 기독교계에까지 부정적 영향을 미칠 수 있는 요인이 될 수도 있을 것이다.

주간지로서의 신속성의 한계는 차치하고라도 적절한 의제 설정과 해설 등을 통해 독자의 욕구에 부응하기 위해서라도 기독교 신문들의 독자 연구는 실로 시급한 과제가 아닐 수 없다.

4) 효과

커뮤니케이션의 사회적 기능에 대하여 라스웰은 환경의 감시, 상관 조정 그리고 사회 유산의 전수 등 세 가지를 제시했다. 여기에 라이트(Charles R. Wright)는 오락의 기능을, 맥퀘일은 동원적 역할을 추가한 바 있다.

   기독교 커뮤니케이션 학자들 가운데 기독교 신문들에 대한 비판은
주로 기독교 신문이 갖고 있는 매체로서의 효과와 기능에 집중되어
있다. 심지어는 오늘날 기독교가 사회적 지탄의 대상, 전근대적 구조
를 고집하는 집단으로 폄하되는 데에는 '감시견(watch dog)'으로서의
사명을 망각하고 '대변자(mouth piece)'로서의 역할에 만족하는 기독
교 신문들의 행태를 주요한 요인으로 지목하기도 한다. 뿐만 아니라
의사소통을 통해 건강한 의제를 설정해야 할 기본적인 사명을 망각
함으로써 건강한 공동체 건설에 이끌어 내는 데에도 사명을 다하지
못하고 있다는 지적이다.

   선교지로서의 기본적 성향과 함께 출범 초기 일반 대중을 위한 계
몽지적 성격이 강했던 기독교 신문은 이후 교파의 형성과 분열, 나아
가 교회의 대형화를 통해 상대적으로 '교회의 매체'로 협소화되었고,
나아가 '교파, 혹은 교단의 매체'로 더욱 자신들의 입지를 좁히는 형
태로 나아갔다. 최근에는 심지어 일부 언론에 대해 소수 교권자들의
대변자로 그 관심 영역이 더욱 축소되었다는 비판과 함께 공공연한
이단 사이비 신앙운동의 자기변호나, 교계의 침투를 위한 위장된 목
적으로 활용되고 있다는 우려마저 제기되고 있다. 기독교 신문들이
기독교의 소통의 매체로서 어떤 기능과 효과를 발휘해야 할 것인가
라는 기본적인 문제 제기와 함께 교단 분열이 이단의 온상으로 악용
되었던 사례가 언론의 난립 속에서 재현되지 않도록 자기 감시와 자
정 노력, 그리고 언론 종사자와 기독교 언론학자들의 공동 연구 등을
통한 재정립이 시급한 분야라 할 것이다.

3. 한국 기독교 신문의 역사

(1) 첫 기독교 신문들

한국 교회로 파송된 첫 공식 선교사라 할 수 있는 언더우드[6]와 아펜젤러[7]는 한국 교회의 뿌리를 장로교회와 감리교회라는 교파형 교회로 놓기는 하였으나 교회 개척과 전도, 교육 등 다방면에 걸쳐 실로 눈부신 사역을 전개했다. 이 가운데에서 당시로서는 뉴미디어라 할 수 있는 신문을 창간, 이 사회와 교회 앞에 내놓은 것은 결코 간과해서는 안 될 공헌이라 할 수 있을 것이다.

한국의 기독교 신문의 효시는 1897년 2월 2일 선교사 아펜젤러가 창간한 《그리스도인회보》(*The Christian Advocate*, 朝鮮基督人會報)이다. 이 신문은 중국 선교사로 사역했던 F. 올링거(Dr. Franklin Ohlinger) 박사가 관장하던 서울 배재학당 내 삼문출판사에서 발행됐는데 순 한글로 2면 발행되었다.

같은 해 4월에는 장로교 선교사였던 언더우드에 의해 《그리스도신문》(*The Christian News*, 基督人消息)' 이 창간됐다. 이 신문 또한 순 한글로 인쇄됐으나 보다 폭넓은 내용의 기사를 게재했으며 특히 광고지면을 할애해 한국 내의 첫 상업지의 기록을 갖고 있기도 하다. 그리스도 신문도 창간사를 통해 지식을 통한 자유와 유익을 강조하고 외국에 대한 정보의 긴요함을 강조해 계몽지로서의 성격을 강하게 나타내고 있다.

---

6) A. H. Gerald, *Biographical Dictionary of Christian Missions* (Michigan: Wm B. Eerdmans Publishing Co., 1999), p. 689.

7) *Ibid.*, pp. 25-26.

이 두 신문 모두는 한국 정부의 공식 허가[8]를 통해 창간되었다. 이 둘은 비록 교단적 배경을 가진 선교사들에 의해 창간되었으나 신문의 관심은 단순히 기독교나 교회의 울타리 내에 머물고 있지 않았음은 눈여겨볼 만한 일이 아닐 수 없다. 창간사를 통해 밝힌 대로 복음 전도의 열정 못지않게 한국민 모두의 신문이 되고자 하는 열정과, 독자 모두를 커뮤니케이션의 세계로 안내하고자 하는 열정 또한 살펴볼 수 있다.

이러한 신문 매체의 출발에 대해 한반도의 침략을 획책하던 일본은 광무협회를 조직하고 이를 통해 1898년 대한신보를 창간, 대응토록 했다.

한편 이들 두 신문은 을사보호조약이 체결되던 1905년 자발적으로 신문을 통합, 최초의 연합 신문이라 할 수 있는 《그리스도신문》을 출범시켰다. 국가의 명운이 기울고, 교회적으로는 교파주의가 정착되어 가는 와중에서 이뤄낸 이 일치는 실로 소중한 열매가 아닐 수 없었다. 《그리스도신문》은 1907년 《예수교신보》로 제호를 변경, 1910년까지 발행됐다.

(2) 일제 식민 치하의 기독교 신문(1910~1945)

1) 교단지의 출현

한국 교회는 일제 식민 통치가 시작되기 이전, 한국 교회는 분파주의적 자세를 노출시키고 있었다. 1909년 평양에서 열린 대한예수교장로회 제3회 독노회에서는 독자적인 신문 발행을 결의해 《예수교회

---

8) 최준, "성서 번역이 한국 신문에 미친 영향", 『성서와 한국 근대 문화』(서울: 대한성서공회, 1960), p. 63.

보)를 발간하게 되었으며, 이에 자극받은 감리교회 역시 《그리스도인
회보》를 발행하게 됨으로써 다시 한국의 기독교 신문은 이원화되었
으나 초창기 신문이 단순히 발행자였던 선교사들의 소속만 달랐을
뿐 교파적 성격을 내세우지 않았다면 《그리스도인회보》의 경우, 기존
의 신학 잡지 기능을 통합함으로써 특정 교단의 교파적 성향이 강화
되기에 시작했다고 할 수 있다.

2) 연합지 《기독신보》의 창간

일제의 암울한 식민 통치 아래 한국 기독교는 다시 한 번 의미 있는
통합을 이뤄내고 그 구체적 결실로 나타난 것이 《기독신보(基督申報)》
(the Christian Messenger)였다. 장로교회와 감리교회의 지도자들은
1915년 연합 신문 발행의 결의하고 기금을 조성하는 한편, 한국 교회
지도자들과 선교사들이 협력해 문서 선교 기관으로 사역해 온 대한
기독교서회로 하여금 그 책임을 맡도록 했다.

《기독신보》는 이후 18년 동안 비록 선교사들에게 운영권이 전유되
었으나 대표적인 교회 언론으로서의 역할을 감당했다. 이러한 《기독
신보》가 위기를 맞게 된 것은 1933년 전필순 목사가 《기독신보》의 한
인으로서는 처음으로 사장 겸 편집인을 맡게 되면서부터였다. 이로
인해 선교사들로부터 반발이 제기되었을 뿐 아니라 보수적인 그룹에
서도 전 목사의 자유주의적 성향을 문제 삼았다. 이후 기독신보는 전
필순 목사가 경영권을 넘겨받아 독립지로 발행되다 1937년 폐간되고
말았다.

3) 다시 고개든 교파주의 언론

한국 기독교 신문사에 있어 교회적으로나 사회적으로 가장 큰 영향
을 미쳤던 신문으로 평가받고 있는 《기독신보》의 폐간 과정에는 다양

한 문제들이 원인으로 지적될 수 있다. 신학적 노선 간의 차이를 비롯해 한국 교회 지도자들과 선교사들 간의 알력과 지역 간의 갈등 등이 그것이다. 그러나 이보다 더욱 심각하게 지적될 수 있는 것은 바로 선교 50년의 역사 속에 어느새 뿌리 깊게 자리 잡은 교파주의의 지속적인 영향이라 할 것이다.

장로교회는 이미 1932년 12월 《종교시보》를 창간했고, 감리교회 역시 이듬해인 1933년 1월 《감리회보》를 발간함으로써 연합지의 종말을 예고했을 뿐더러 한층 강화된 교단적 색채를 그 제호에서부터 여실히 드러내었다.

그러나 이 두 교단 신문은 그리 오래 발행되지 못했다. 《종교시보》의 경우 1936년 제호를 《기독신보》로 바꾸었다가 1938년에는 《기독신문》으로 바꾼 뒤 1942년 감리교신문인 《감리회보》와 통합해 《기독교신문》으로 통합되었다.

이로써 일제 치하에서의 기독교 신문의 역사는 한 마디로 《기독신보》(1915~1933)의 역사를 제외하고 '자발적인 분립'으로 시작돼 일제의 '강압적 연합'으로 막을 내리게 된 것이다. 이렇게 안타까운 역사 속에 통합된 일제 치하의 마지막 연합 신문이자 세 번째 《연합신문》은 1944년 여름, 사라지고 말았다.

4) 해방 후의 기독교 신문
① 해방 전후의 기독교 신문의 상황

일제 말기 한국 교회가 신사참배 강요로 인해 고통을 겪고, 선교사들이 국외로 추방당하며 수많은 기독교 학교들이 폐교 조치당하고 심지어는 교단마저 일본의 교회 산하로 통합되어 편입되는 고통을 겪는 동안 기독교 신문 역시 결코 쉽지 않은 시간들을 보내야만 했다.

일반 신문들과 함께 기독교 신문들도 친일적인 논조와 일본어로 신문을 발행하며 명목을 유지하고자 했으나 다수가 폐간될 수밖에 없었다. 갑작스럽게 해방이 찾아오자 과거 청산과 재건 노력으로 사회적 혼돈이 가중되는 가운데 해방 후 첫번째 기독교 신문이 출간되었다. 제호는 《국민신문》. 1945년 11월 16일 발간되었다. 사회의 일반적인 정보 전달에 중점 둔 보도를 하였으나 기독교적 시각을 분명히 하였고, 교회와 신앙인을 위한 기사도 게재했다. 그러나 이 신문은 단 4호만을 제작하고 폐간되었다.

해방 후 한국 교회는 신앙의 자유와 함께 교파주의로부터 벗어날 수 있는 호기를 동시에 맞이하였다. 남북이 38선으로 나뉘어 있었기 때문에 일단 남쪽의 교회들은 '조선기독교남부대회'라는 이름으로 교회를 재건하고, 명실상부한 한국연합교회의 기관지를 발행키로 함에 따라 1946년 1월 17일 《기독교공보(基督敎公報)》를 창간하게 된다. 이후 조선남부대회가 일부 교단의 이탈로 와해되면서 《기독교공보》역시 재정난을 겪게 되었고 1949년 《기독공보》로 제호를 변경하게 된다.

이러한 과정에서 신문의 경영권은 당초 조선남부대회에서 한국교회협의회에서 토마스선교회와 대한예수교장로회 경기노회를 거쳐 1954년에는 대한예수교장로회 총회의 공식 기관지로 정착, 오늘날까지 이어져 오며 분야를 막론하고 현존하는 최고(最古)의 주간지가 되었다.

② 기독교 신문의 재건기

해방 후에 일었던 교회와 기독교 신문의 재건 여정은 앞선 의욕과 달리 35년간에 걸친 일제의 수탈과 압제, 남겨진 상처들로 인해 그리 쉬운 일이 아니었다. 연합의 꿈은 교파주의의 재건을 노리는 일부 지도자들에 의해 좌절됐으며, 기존의 교단들 역시 장로교회를 필두로 분열에서 분열로 이어졌다. 어렵사리 시작된 기독교 신문의 재건 역시 교회의 불안정한 상황과 해방 후 계속되던 이념 갈등과 1950년 발발한 한국전쟁으로 인해 다시 한 번 좌절을 맛보아야 했다.

《기독교공보》의 뒤를 이어 1949년 《구세공보》가 속간됐으나 전쟁의 참혹함은 모든 언론을 또한 일시에 이 땅에서 사라지게 만든 것이다. 전쟁의 와중인 1951년 7월 《한국기독신문》이 속간 형태로 발행되기 시작했고, 《기독공보》 또한 같은 해 12월 26일 피난지 부산에서 다시 발행되기 시작했다. 이어 1955년에는 보수주의의 대변지라 할 수 있는 《국제기독교뉴스》가 발행되기 시작했다.

1960년은 사회적으로 혼란과 혁명의 시절로 기억되지만 한국 기독교 신문 역사에 있어서는 전무후무한 부흥의 계절로 기록될 수 있을 것이다. 그것은 1960년 후반부에만 무려 일곱 개의 신문이 새로이 창간, 발행을 시작했기 때문이다.[9] 그러나 군사혁명을 통해 세워진 혁명 정부는 포고령을 통해 모든 신문사들로 하여금 인쇄 시설을 갖추게 함에 따라 또다시 냉각기를 맞게 되어 1965년까지 한 건의 기독교 신문의 창간이 이뤄지지를 못했다.

③ 기독교 신문의 정착기

1965년에 등장한 두 신문은 각기 나름대로 특성을 갖고 있었다. 이때 등장한 신문은 예장 합동 측 총회에서 발행한 《기독신문》과 《연합기독신보》인데 이 둘은 극명한 차이를 나타낸 언론이라 할 수 있다.

우선 《기독신문》은 예장 통합 측과의 분열의 이유가 되었던 '에큐메니컬 운동'에 대한 문제 제기와 함께 개혁신학의 보수자를 자임하고 나섰으며, 이에 반해 《연합기독신보》는 에큐메니컬 운동에 대한

---

9) 명단은 다음과 같다. 괄호 안은 창간일. 《기독교뉴스》(7월 7일), 《크리스챤》(7월 9일), 《종교신문》(8월 27일), 《기독통신》(9월 1일), 《루터란 아워》(9월 25일), 《복음일보》(10월 1일), 《기독신문》(11월 1일). 이 가운데 현재까지 발행되고 있는 신문은 《크리스챤》 후신인 《크리스챤신문》과 《한국복음일보》의 후신인 《기독교신문》뿐이다.

강한 지지 입장을 부각하고 나섰다.

교회사가 이덕주 목사는 1960년대 기독교 신문을 두 개의 범주로 나누어 설명하고 있다.[10] 첫번째 범주는 에큐메니컬 운동에 대한 입장을 중심으로, 두 번째 범주는 경영 주체를 중심으로 구분해 볼 수 있다. 《기독공보》와 《연합기독신보》 친 에큐메니컬적 성향의 신문을 표방한 데 반해 《기독신문》과 《크리스챤》은 반 에큐메니컬 입장을 견지하고 있으며, 《기독공보》와 《기독신문》은 교단의 공식 기관지라면, 《연합기독신보》와 《크리스챤》은 반 교파주의적 성격을 가진 신문이라 할 수 있다.

④ 기독교 신문의 수난기

박정희 대통령의 장기 집권 체제가 무너지고 1980년 12월 전두환 군사정권이 들어서면서 한국 언론은 일대 혁명[11]이라 할 만큼 신군부에 의한 탄압이 자행됐다. 1980년 12월 「언론기본법」이 제정되고, 대규모 언론 통폐합이 단행됐다. 이로써 신문과 방송 통신사 중 2종 이상을 경영할 수 없도록 조치됐을 뿐 아니라 지방에서도 1개 도 1개 신문 원칙에 따라 대규모 통폐합이 이뤄졌던 것이다.

이러한 일반 언론계에 몰아닥친 태풍의 와중에서도 정작 기존의 기독교 신문들은 그 직접적 영향을 별로 받지 않았다. 워낙 영세한 것도 이유가 될 수 있겠으나 그만큼 사회적 영향력이 미미했기 때문이라고 할 수 있다. 단지 신군부 통치 기간 동안 기독교 신문 창간 기록을 찾아볼 수 없다는 사실만이 기독교 언론계 역시 이전에 비해서는 그 입지가 대폭 좁아져 있었음을 반증하고 있다. 이 시기에 교계 신문은 1960년대에 이어 교단지로서는 《기독공보》와 《기독신보》, 연합

---

10) 이덕주, 『한국 교회 문서 선교 운동 100년』, 서울: 교문사, 1987, p. 53.
11) 이상철, 『문화와 커뮤니케이션』, p. 506.

지로는 《크리스챤신문》과 《교회연합신보》 등이 주류의 위치를 차지하고 있었는데 특히 교단지들의 약진이 눈에 띄었다. 이러한 변화에는 1970년대부터 장로교회를 중심으로 교세가 급신장하면서 교단 신학의 확산과 정보화사회로의 이행 과정에서 교단의 홍보와 산하 교회들 간의 커뮤니케이션의 필요성이 강화되었을 뿐더러 상대적으로 기존 교단들이 새로운 신문의 창간을 추진하기 여의치 않은 사정 등이 복합적으로 작용했다고 볼 수 있을 것이다.

4. 한국 기독교 신문의 현황과 과제

(1) 한국 기독교 신문의 현황

21세기를 앞두고 일기 시작한 기독교 신문의 변화는 낙관적으로만 보기 힘든 요인들을 다수 포함하고 있다. 지난 1990년부터 시작된 기독교 신문 환경적 변화는 가히 폭발적이라고 할 만한 외적 팽창으로 대변된다. 따라서 오늘날 한국 기독교 신문의 현황에 대해서는 그 명확한 실태를 파악하기란 결코 쉬운 일이 아니다. 전통 있는 교계 신문들은 현재 대부분 한국전문인신문협회에 회원사로 등록이 되어 있는데 현재 이곳에 등록된 기독교 신문은 총 18개 사로 나타나 있으나[12], 이 가운데에는 한국 교회에서 신앙적 문제로 이단시되는 개인과 집단들도 '기독교'라는 이름 아래 등록이 되어 있는 실정이다.

또한 초교파적으로 발행되는 주소록[13]도 기독교언론사에 대한 현

---

12) http://www.kosna.or.kr/member/profile.asp (2003-12-05)
13) 2002년 교회연합신문사에서 발행한 『교회연합주소록』에는 총 41개의 언론사가 기독교 신문란에 게재돼 있다. 개혁공보, 개혁신문, 경찰미션신문, 교회연합신문, 기독교보, 기

황이 수록돼 있어 참고해 볼 수 있다. 일반 언론과 달리 중복되는 제
호와 제호의 잦은 변경으로 인해 정확한 실체 파악이 쉽지 않은 실정
이다. 더구나 최근 들어서도 여전히 새롭게 창간돼 배포되고 있는 신
문들 또한 적지 않음을 감안할 때 한국 교회의 기독교 신문 현황 파
악은 쉽지 않을 뿐더러 의미를 부여하기 어려운 지경에 도달하고 말
았다.

현재까지 가장 명확한 기독교 신문의 통계는 모든 문화관광부 문화
사업국에 기독교 정기간행물로 등록한 매체들의 목록을 확인하는 방
법이다. 이곳에도 기독교 신문과 잡지는 타종교에 비해 월등히 많은
수효를 차지하고 있었는데 타블로이드 배판 이상의 사이즈로 등록되
어 발행하고 있는 기독교 신문은 대략 80개 사로 확인되었다.[14]

(2) 교단지와 초교파지 그리고 대안 언론

1) 교단지

현재 교계 신문들 가운데 주도적 위치를 차지하고 있는 신문들 가
운데에는 한국 교회의 주요 교단들에서 발행하고 있는 교단지들이
대부분이라 할 수 있다. 교단 내 폭넓은 독자층과 안정된 경영을 바
탕으로 지면 수나 발행 부수 면에 있어 수위를 차지하고 있다. 대표

독교신문, 기독교연합신문, 기독신문, 기독신보, 기독교종합뉴스, 기독교타임즈, 들소리
신문, 목양신문, 목회자신문, 복음신문, 새누리신문, 순복음가족신문, 장로신문, 재림신
문, 주간기독교, 주일신문, 침례신문, 크리스챤스워크, 크리스챤신문, 한국교회공보, 한
국교회신문, 한국기독공보, 한국기독신보, 한국기독교선교신문, 한국선교신문, 한국성결
신문, 구세공보, 기독교개혁신보, 기독교문화신문, 순복음신문, 연합공보, 크리스챤공보,
크리스챤연합신문. 그러나 2001년 크리스챤저널사에서 펴낸 『전국교회 종합주소록』에는
총 119개의 교계 언론사가 수록되어 있으며 이 가운데 방송사 잡지를 제외하고 기독교 신
문으로 분류될 수 있는 언론사가 무려 65개에 달한다.

14) http://www.mct.go.kr/uw3/dispatcher/korea/sub5a.html?item=CAB(2003-12-05)

적인 교단지로는 대한예수교장로회 통합 측 교단지인 《한국기독공보》를 비롯해 예장 합동 측 총회 기관지 《기독신문》이 있으며, 예장 합동정통 측의 교단지인 《기독교연합신문》은 짧은 역사에도 불구하고 건실하게 성장한 교단지라 할 수 있으며, 1955년 창간된 예장 고신 측의 《기독교보》나 예장 대신 측의 교단지 《한국교회신보》 등 장로교회의 교단지들은 대부분 나름대로 교단 내의 언론 매체로서 역할을 감당해 오고 있다. 반면에 오랫동안 잡지 형태의 회보를 발간해 온 기독교대한감리회는 한국 교회 초창기부터 독자적인 신문 매체를 발행해 왔었음에도 불구하고 해방 이후 이렇다 할 신문 매체를 갖지 못하고 잡지를 교단 내 중요한 언론 매체로 활용해 오다가 뒤늦게 신문을 창간, 현재까지 회보와 함께 병행 발간하고 있다. 한국 교회의 주요한 교단 중 하나인 한국기독교장로회 총회는 독자적인 신문 매체를 갖고 있지 않는 교단이라 할 수 있다.

2) 초교파지

한국 교회가 발행한 신문은 처음부터 비록 선교를 목적으로 하고 있었지만 사회적 계몽과 커뮤니케이션에 보다 큰 비중을 두고 출범한 역사적 배경을 갖고 있다. 이러한 전통은 교회의 교파주의적 성향이 강화되고, 해방 이후 교단 내 신학적인 이유보다 교회 정치와 교권 간의 갈등과 반목으로 분열이 거듭되면서 그 성격이 차츰 교단 중심적인 시각으로 왜소화돼 갔다고 할 수 있다. 이런 점에서 특정 교파에 속해 있지 않으면서 한국 교회를 향해 감시자요, 대변자 역할을 감당했던 초교파지의 역할은 상당히 중요한 것이라 할 수 있다. 상대적으로 열악한 상황 속에서 교단 간의 가교 역할을 감당해 온 초교파 신문들은 앞서 살펴본 대로 평신도 중심의 전통과 목회자 중심의 전통, 에큐메니컬 옹호 입장과 반 에큐메니컬 입장이 분명한 가운데 출범하게 됐다. 오늘날에 이르러서 보도나 특집에 있어 특정 교파와 밀접한 관련성을 가지면서 교단지의 역할을 병행하는 신문들도 있으나 여전히 초교파지는 교단지들 대부분이 기사의 비중과 관계없이 소속 교단의 기사를 머릿기사를 다루는 관행과 달리 범 교단적으로나 연합 기관의 소식들을 그 비중에 따라 고르게 취급함으로써 균형적인 시각을 보여 주고 있다. 그러나 최근에 이르러서는 일부 교단지 가운데에도 교단의 범부를 벗어나 초교파지와 같이 전체 교계의 시각에서 뉴스를 다루려고 시도하는 신문들이 생겨나고 있다.

초교파지 가운데 현재 가장 대표적인 신문으로는 《기독교신문》과 《크리스챤신문》을 꼽을 수 있다.

3) 대안 언론

1990년대 한국 교회 안에 기독교 신문이 급팽창하는 중에 몇 가지 유사점과 상이점을 가진 대안 언론들이 기존 교단지 등에 대안적 형태로 출범한 것을 하나의 특징적 성향으로 꼽을 수 있다. 기존 주류 언론에 대항하는 비판적이고 규모가 작은 새로운 개념의 언론[15]이라는 개념에서 볼 수 있듯이 교계의 대안 언론은 주로 주요 교단의 신문들이 갖고 있는 한계들을 지적하면서 인터넷 매체 등과 같은 뉴미디어를 기반을 활용하기도 하고 신속한 보도와 기존 기독교 신문들의 보도 관행을 과감히 탈피하는 보도 행태로 가히 폭발적인 반응과 함께 특히 기독교 신문들의 소외 계층으로 취급돼 오던 젊은 층의 기독교인들이나 심지어 안티 기독교 그룹들에 주요한 뉴스 제공자로서의 역할을 감당하고 있다.

현재 한국 교회의 대표적인 대안 언론으로는 《뉴스앤조이》를 꼽을

---

15) http://100.empas.com/entry.html/?i=770955&v=43&Ad=Encyber

수 있다. 본래는 인터넷을 기반으로 한 온라인 뉴스 매체로 출발했으나 최근에는 오프라인에서도 신문을 발행, 기존 신문들이 오프라인 신문을 기반으로 온라인 서비스를 실시, 젊은 세대들에게 접근하고 있는 것과는 대조적으로 온라인상의 지명도를 확보한 이후 전통적인 기독교 신문의 독자층들에게 접근하고 있다고 할 수 있다. 《뉴스앤조이》역시 일반적인 대안 언론이 갖는 문제점과 한계들을 함께 지니고 있다고 할 수 있다. 우선 일반적으로 대안 언론들이 권력과 자본으로부터 독립되어 있는 것과 마찬가지로 이들 언론 또한 특정 교단이나 기관에 속해 있지 않으면서 소수자에 편에 서고 수직적 지배 구조를 반대하며 개방과 공유를 지향한다는 점에서는 기존 기독교 신문들이 가장 큰 한계를 극복해 낸 매체로 높이 평가받고 있다. 그러나 참다운 대안 언론이 기존의 것을 무조건 부인하지 않으며 대안을 제시할 수 있어야 한다는 점에서 아직도 초기 단계라 할 수 있는 《뉴스앤조이》는 대안 제시보다는 문제 제기와 비판 쪽에 무게를 싣고 있다고 할 수 있다. 그럼에도 불구하고 독재 정권의 탄압과 교회의 성장의 함수 속에서 비판적 기능을 상실해 온 기독교 신문의 현실 속에 《뉴스앤조이》의 등장은 기독교 신문에 대한 사회적 시각까지 바꾸어 내는 계기를 제공함으로서 한국 기독교 신문이 풀어 가야 할 과제에 대해 큰 틀에서 하나의 대안을 제시하고 있다고 볼 수 있을 것이다.

이밖에도 예장 통합 측 총회 산하에는 《한국기독공보》라는 교단지가 있음에도 불구하고 산하 단체와 기관들에서 독자적으로 신문을 발행함으로써 또 다른 형태의 대안 언론의 전형을 만들어 왔다고 할 수 있다. 남선교회전국연합회가 발행하는 《평신도신문》과 여전도회 전국연합회가 발행하는 《장로교여성신문》 그리고 전국장로회연합회가 발행하는 《한국장로신문》 등이 그것이다. 이들은 특정 집단의 입장을 대변한다는 점에서는 대안 언론적 성격을 갖고 있으나 오히려 주류 언론에 비해 보수적인 성향을 띠고 있으며 비판적 기능보다는 회보적 성격에 치중하고 있는 것 또한 현실이다. 이와 함께 '교파를 초월하는 공정한 신문, 보고 두었다 다시 읽는 신문, 독자가 만드는 우리들의 신문' 등을 모토로 출범한 《목회자신문》 역시 또 다른 대안 언론이라 할 수 있다.

(3) 기독교 신문의 과제

지난 세기 말 교세의 정체를 염려하는 한국 기독교는 오늘날 그 존립을 위협하는 위기적 상황에 대해 심각하게 염려할 때가 되었다. 교회 지도자들의 타락과 부패는 기독교의 높은 윤리적 수준은 차치하고라도 일반 사회법의 기준에도 저촉되는 사례가 연이어 터져 나오고 있다. 또한 교회 안에 관행처럼 머물러 있던 여러 현상들-선거, 세습, 교회 분열 등-의 문제가 사회 일반 언론의 단편적으로 소개되면서 교회의 위상의 실추는 물론 선교를 저해하는 요인이 되고 있는 것이다.

과거 기독교 신문이 사회를 선도하는 기독교의 전위로서 역할을 감당했다면, 오늘날 기독교 신문의 과제는 한국 기독교의 자정 노력과 한국 기독교 내의 적절한 정보 전달과 시대에 부응하는 의제 설정을 통한 기독교 공동체의 회복 등 다양한 과제를 요청 받고 있다.

기독교 언론은 선교적 도구이자 정보 전달의 매체이다. 교회의 비판자이며 감시자이자, 교회의 대변자요 선교의 직접적인 도구가 아닐 수 없다. 한국 기독교 신문 100년의 짧은 역사를 겅중거리는 걸음으로 살펴본 대로, 기독교 신문은 때로 한국 교회의 통합된 언론으로서 면모를 보였는가 하면 특정 교단의 언론으로서, 복음주의적 관점을 제시하는가 하면 사회복음적인 성격을 지닌 언론이 등장하기도 했다. 교회 지도자들과 목회자들의 입장이 강하게 반영된 신문이 있었는가 하면, 강단에서 선포되는 메시지와의 차별성을 강조하며 평신도의 입장에서 기독교 언론의 자세를 천명했던 신문들도 있었다.

한국 기독교의 다양한 음성을 대변하고 다양한 입장을 이끌어 가야 한다는 점에서 기독교 신문의 다양성은 매우 바람직한 일이고 또 필연적인 요청이라 할 수 있다. 그러나 교파의 난립과 맥을 같이 하며 생존을 염려해야 할 정도로 영세함 속에서 난맥상을 보이며 명멸하는 기독교 신문의 현 주소는 하루 바삐 해소되어야 할 문제가 아닐 수 없다.

이와 같은 기독교 신문의 외형적 과제와 함께 주요한 기독교 신문사들 역시 많은 과제를 안고 있다.

첫째는 과감한 체제의 개편이다.

현재 한국 기독교 신문들이 당면하고 있는 가장 시급한 과제는 교회와의 거리 조정 문제이다. 교단지 대부분의 경우는 교단과 조직상으로나 경제적으로 그 영향권 아래 놓여 있어 신문의 기본적 기능인 비판자, 감시자로서의 역할을 감당하는 데 한계를 갖고 있다. 이것은 기독교 신문 자체만의 위기가 아니라 결국은 한국 교회의 위기를 초래할 수 있는 요인으로 교단지라 할지라도 교단과 일정 거리를 유지할 수 있는 체제의 개편이 시급한 실정이라 할 수 있다.

그러나 이보다 심각한 것은 교단지와 연합지를 막론하고 개인 사주의 영향 아래 놓여 있는 언론이라 할 수 있다. 특히 근자에 출범한 언론 가운데에는 이러한 현상이 두드러지고 있는데 비록 외형적으로는 특정한 단체나 기관을 내세우고는 있으나 소수의 인사들에 경영권, 편집권이 독점된 형태의 언론 또한 한국 교회의 공기로서 신문의 사명 감당에 적지 않은 걸림돌이 되고 있다.

《기독교방송》이 교단 연합 기관의 형태로 출범해 운영되면서 그 외형과 사회적 영향력을 확보하고 있는 현실이 개인과 교단 위주의 운영으로 자리 잡아 온 기독교 신문과 대별되는 한 예라 할 수 있을 것이다.

둘째는 독백의 위기를 극복하는 일이다.

예장 통합 총회 한 교단의 경우만 하더라도 지난 2002년 말을 기준으로 교단 내에 목사 1만 여 명을 비롯해 전도사, 장로와 안수집사, 권사의 수효를 합치면 14만 명 가량에 달한다. 또 기독교의 신자로 훈련을 받고 정식 입교한 세례 교인의 수는 그 열 배에 가까운 130만 명을 넘어섰다. 그러나 동 교단이 발행하는 《한국기독공보》의 경우 현재 그 보급 실태는 항존 직분자들의 3분의 1 정도의 숫자에 불과한 현실이다. 교단지로서 진정 교단의 정보 전달과 여론 형성의 도구가 되기 위해서는 신문의 중심적인 중앙 위주에서 탈피해야 할 것이다. 지방 주재 기자가 전무하거나 보급 위주의 지사 운영은 이러한 보도와 편집의 중앙 집중 현상을 심화 시키는 요인이다. 따라서 일차적으로는 전국 교회의 소식이 골고루 전달될 수 있도록 그 내용면에 있어서 과감한 개편이 따라야 할 것이다.

뿐만 아니라 한국 기독교 신문으로서 또 한 가지 중요한 역할은 한국의 기독교를 세계 교회 앞에 소개하는 것이라 할 수 있다. 현재 세계교회협의회나 세계적인 교회 연합 기구들이 발행하는 뉴스레터를 살펴볼 때 아시아 지역에서도 유독 한국 교회의 소식이 소홀히 취급되고 있음을 알 수 있다. 이는 한국 교회의 내적 교세 성장이나 외적으로 선교사 파송 현황 등을 감안할 때 매우 기이한 현상이라 할 수 있다. 이러한 현상의 첫번째 요인은 한국에 수많은 언론 기관이 움직이고 있으나 그 대부분이 한글 전용으로 발행되고 있기 때문이다. 초창기 한국 기독교 신문이 한글 전용으로 발행된 것은 식자층에 의해 소외됐던 서민층을 위한 배려였으며 이로 인해 한국 사회의 커뮤니케이션에 미친 영향을 높이 평가할 수 있는 것이다. 그렇다면 이제 한국 기독교 신문은 '한글'에 더 이상 '안주'하기보다는 오히려 세계 교회와의 커뮤니케이션 확대를 위해 과감히 영자 신문 발행 혹은 일부 영문 편집을 고려해야 할 것이다.

여기에 또 한 가지 극복해야 할 독백의 위기가 있다. 대부분의 기독교 신문들은 제호에 '기독' '크리스찬' '교회'와 같은 기독교적 정체성이나, 교단명을 포함시키고 있다. 또한 이밖에도 공보, 연합 등 매체의 성향을 나타내는 표현이나 '목회자' '여성' '신앙' 등 특정 이슈나 관심 영역을 표시하기도 한다. 그러나 기독교 신문이 진정 문서 선교의 매체가 되기 위해서는 비 기독교인들과의 접촉을 통해 스스로를 강하게 만들어 갈 필요도 있을 것이다. 현 기독교 신문의 편집 내용 가운데 '불신자' 혹은 기독교의 초심자들을 위한 배려를 확대해야 한다. 문서 선교를 감당해야 하는 것이 기독교 신문의 역할이라면 내부적 의사소통을 위한 노력 못지않게 '경계' 지점에 서서 매체로서 감당해야 할 역할을 재고해야 할 것이다.

셋째는 과감한 투자와 전문 인력의 양성이다.

한국 기독교 신문이 80여 종 이상 발행되고 있다는 화려함의 이면은 열악한 근무환경과 비전문가 위주의 인력 구성이라는 초라함이 자리하고 있다. 전문 신문으로서 기독교 신문은 그 어느 분야 못지않게 신학, 언론학, 문학 등의 전문적 소양을 갖춘 인력의 확보가 절실하다고 할 수 있다. 좋은 취재 기자의 자질에 대해 한 신문학 교재는 적절한 기본 교육, 흥미와 호기심, 명쾌한 사고 능력, 끈기 있는 노력, 건강, 사교성, 신뢰성, 책임성, 정직성, 표현력 등의 열 가지 항목을 제시하고 있다. 이러한 자질들은 실무적 훈련을 통해서도 배양될 수 있는 것들이지만, 일반 기독교 대학들과 신학교들이 발 벗고 나서 훌륭한 기독 지성인이나 교회 지도자의 양성의 일환으로 관심을 갖고 나서야 할 필요가 있다.

이를 위해서는 기독교 신문의 자정 노력과 한국 교회의 과감한 투자가 병행되어야 한다. 또한 현실적으로 기존의 기독교 신문 내의 발행인과 편집인 취재 기자와 편집 기자들에 대한 재교육의 기회도 확대되어야 할 것이다.

참고 문헌

한국언론학회 편. 『언론학원론』.

얀 블록(John Bluck). 김진경 역. 『언론과 기독교』. 서울:나눔사, 1990.

최준. "성서 번역이 한국 신문에 미친 영향", 『성서와 한국 근대 문화』. 서울:대한성서공회, 1960.

이덕주. 『한국 교회 문서 선교 운동 100년』. 서울:교문사, 1987.

제3장

교회와 방송
한국 기독교와 방송 선교를 중심으로
권혁률 (기독교방송)

1. 들어가는 말

한국에는 현재 기독교와 불교, 천주교, 원불교 등 4대 종파가 운영하는 공중파 라디오 방송국 5개와 3대 종파가 설립한 5개의 종교 전문 편성 텔레비전이 운영되고 있다. 한국전쟁 종전 직후인 1954년에 오직 국영방송만 존재하던 시절에 개국된 기독교방송을 비롯해 공산권 선교를 목적으로 설립된 극동방송/아세아방송이 기독교 재단에 의해 운영되고 있으며, 불교와 천주교 재단에 의해 설립된 불교방송과 평화방송이 1990년부터, 원불교가 설립한 원음방송이 1998년부터 라디오 전파를 송출하고 있다. 여기에 1995년 케이블텔레비전의 등장 이후 설립된 텔레비전 방송으로 기독교계의 기독교텔레비전(CTS)과 기독교방송텔레비전(CBS-TV), C3텔레비전을 비롯해 평화방송TV와 불교텔레비전이 각기 방송을 실시하고 있는 실정이다.

이같이 다양한 종교가 각기 공중파 라디오 방송국을 운영하고 텔레비전 방송을 실시하고 있는 것은 한국적인 특성이라 할 수 있다. 유럽처럼 오랜 종교적 전통을 가진 나라에서도 이 같은 사례는 드물며, 주로 기존 방송국의 특정 시간에 종교 프로그램을 방송하는 형태를 취하고 있다. 특별히 우리나라의 선교 방송은 기독교방송의 사례에서 보듯, 세계적으로 그 유례를 찾기 어려울 정도로 제도적 위상의 변화를 겪어 왔다. 음악과 선교, 뉴스를 중심으로 한 일반 방송에서 언론 통폐합 이후 선교만을 목적으로 한 특수 방송으로 규정되었으며 기능정상화 운동에 따라 다시 종합 편성으로 운영되고 있어 선교 방송과 일반 방송의 경계가 외국처럼 분명하지 않은 현실인 것이다.

이 글에서는 먼저 선교 방송에 대한 기독교 커뮤니케이션 학자들의 이론적 논의를 살펴본 뒤에 우리나라 기독교 계통 방송 선교의 역사와 현황을 정리하도록 한다. 선교 방송을 논할 때 빼놓을 수 없는 미국과 유럽 등 외국 선교 방송의 자세한 실태에 대해서는 지면 관계상 훗날을 기약하고자 한다.[1]

2. 선교 방송에 대한 이론적 고찰

(1) 선교와 방송의 만남

커뮤니케이션의 어원은 '공동, 또는 공유한다. 나누어 갖는다' 는

---

1) 미국과 유럽에서는 기독교적 가치관에 의해 설립, 운영되는 방송사를 보통 종교 방송(Religious Broadcasting)이라고 통칭하고 있다. 그러나 우리나라의 경우 종교 방송이라고 하면 기독교 외에 불교 등 다른 종교에서 운영하는 방송국도 포괄하는 개념으로 받아들여지고 있어 좀 더 분명한 구분이 필요할 때가 있다. 따라서 이 글에서는 기독교가 운영하는 종교 방송에 한정할 경우에는 선교 방송이라고 따로 구별해 표기하고자 한다.

의미를 가지는 라틴어 'communicare'에서 유래된 것이다. 즉 커뮤니케이션이란 '공통의 정신을 통한 함께 나눔'의 과정을 의미한다. 여기서 나눔이란 개인의 내부 세계에서 출발하여 타인과의 나눔, 공동체 세계에서 이뤄지는 체험의 나눔으로 연결된다. 이러 말뜻을 통해서 볼 때 커뮤니케이션은 결국 '관계'와 '만남'을 바탕으로 하는 것이다.

그런데 기독교 역시 절대자인 하나님과 유한한 존재로서 피조물인 인간과의 '관계'와 '만남'을 그 내용으로 한다. 키에르크가드(S. Kierkgaard)는 기독교 커뮤니케이션은 상대자가 알려고 하는 것을 알려 주는 데 목적이 있는 것이 아니라 피전달자로 하여금 자기 자신과 만나고 또 신과 만나게 하여 진리를 발견하게 하는 데 목적이 있다고 하였다.[2]

이렇게 볼 때 선교 혹은 포교, 전도의 문제는 항상 세속적인 문화와의 '만남'을 전제로 하며 그것을 내용으로 삼는다. 선교의 궁극적인 목표를 달성하기 위하여 그 시대, 그 사회의 구체적인 문화와 접속할 필요성이 강조되는 것이다. 결국 선교와 커뮤니케이션의 문제는 별개의 것일 수 없으니, 기독교적인 진리와 그것이 전달되는 대상과의 관계뿐 아니라 기독교 그 자체가 커뮤니케이션이기 때문이다.[3]

현대의 전기 전자 매체인 라디오와 텔레비전은 복음의 내용을 더 충실히 전달해 줄 수 있는 좋은 수단임에 틀림없다.[4]

---

2) 강대인, "종교방송론", 한국방송학회 편 『특수방송론』(서울: 나남, 1992), pp. 75-76.
3) 이와 관련, 기독교커뮤니케이션 학자들이 가장 즐겨 인용하는 성경 말씀은 요한복음 1장 1절 "태초에 말씀이 계시니라 말씀이 하나님과 함께 계셨으니 이 말씀은 곧 하나님이시라"라는 내용이다. 이를 근거로 기독교는 곧 커뮤니케이션의 종교라는 주장도 흔히 제기된다.
4) 최창섭 편, 『교회와 커뮤니케이션 총론』(서울: 성바오로출판사, 1978), p. 229.

(2) 선교 방송에 대한 이론적 논의

선교 방송은 라디오나 텔레비전을 통해 기독교적 메시지를 전달하는 방송이라고 정의할 수 있다. 이 같은 선교 방송은 기독교를 명시적으로 표방할 수도 있고 혹은 기독교 신앙의 내용을 그 내면적 기초로만 삼을 수도 있다. 선교 방송은 선교 매체이면서 동시에 언론 매체라는 이중적 특성을 갖는다. 이러한 특성은 일견 상호모순되는 것으로 보일 수도 있다. 그러나 이는 선교 방송의 일반성과 특수성을 반영하는 것으로 전혀 모순되지 않으며 오히려 동전의 앞뒷면과 같다고 할 것이다. 즉 선교 방송은 한편으로는 종교 매체로서 종교적 목적을 수행하면서 다른 한편으로는 방송법상의 언론 매체이자 사회문화적 대중매체로서 일반성을 지니는 것이다.[5]

여기서 방송의 일반적 기능에 대해 잠시 살펴보자.

라스웰(Lasswell)은 첫째, 환경 감시 기능으로 사회에서 무슨 일이 일어나고 있는가를 알려 주어 위험 상황에 대처할 수 있도록 하는 경고 기능과 일상적인 제도적 운영에 기여하는 도구적 기능을 들고 있으며 둘째, 상호 조정 기능으로 사건에 대한 선별 평가 및 해석을 포함하여 환경 감시 활동에 질서를 잡아 주고 보도되는 사건들의 상대적 중요성을 알려 주는 기능을 지적하고 있다. 그리고 세 번째로는 한 세대에서 다음 세대로의 문화적 유산의 전달이라는 기능을 제시하고 있다. 라이트(Wright)는 라스웰이 제시한 세 가지 범주에 네 번째인 오락 기능을 추가하였고 맥콰일(McQuail)은 여기에 동원적 역할

---

5) 오동선, "한국 종교 방송의 정체성 확립 방안에 관한 일 연구"(석사학위 논문, 서강대학교 언론대학원, 1994), p. 23.

을 추가하여 모두 다섯 가지의 사회적 기능을 제시하고 있다.[6]

한편 손용의 경우는 방송의 기능으로 첫째 보도 기능, 둘째 사회를 바람직한 방향으로 이끄는 계도 기능, 셋째 대중문화를 확산시키며 이끌어가는 문화적 기능, 넷째 광고를 행함으로써 자유주의 경제 체제의 필수적인 요소로서의 경제적 기능, 다섯째 교양과 교육을 통한 사회적 기능과 여론을 형성하고 국민의 정치 교육과 정치 사회화를 감당하는 정치적 기능을 갖는다고 지적하였다.[7]

방송에 대한 이 같은 일반론적 논의는 앞으로 살펴볼 선교 방송의 종교적 역할과 상호보완적 관계에 있는데, 이는 선교 방송의 일반성과 특수성이 복합된 당연한 결과라 할 수 있다.

이제 좀 더 구체적으로 선교 방송의 기능을 살펴보도록 하자.

강대인은 일반적으로 선교 방송의 목적은 교회와 동일시하는 경향이 강하다면서 선교 방송의 선교적 사명에 대해 베리 쉬델(Barry Shiedell)을 인용해 다섯 가지를 제시하고 있다.[8]

첫째, 방송은 기독교 메시지를 전혀 모르는 사람에게 접근해 복음의 씨를 뿌릴 수 있다.

둘째, 방송은 수용자가 그리스도의 요구를 철저히 익힐 때까지 생명을 주는 메시지를 반복할 수 있다.

셋째, 방송은 수용자에게 결단을 요구할 수 있다.

넷째, 방송은 새롭게 회개한 사람들을 가르치며 그들을 확고한 교리 속으로 뿌리내리게 한다. 성숙하지 못한 교인들을 강화하여 교회

---

6) 이강수, "언론 매체의 기능", 한국언론학회 편, 『언론학 원론』(서울: 범우사, 1994), pp. 378-379.
7) 손용, 『현대 방송 이론』(서울:나남, 1989), pp. 38-44.
8) 강대인, 앞의 책, p.82.

의 효과적인 증거를 확장시킨다.

　다섯째, 방송은 지리적, 정치적 장애에 구애받지 않는다. 그러므로 선교사의 파송이 불가능한 지역에도 방송을 통한 선교가 가능하다.

　이에 대해 코피(Korpi)는 종교 라디오와 종교 텔레비전을 포함한 종교 매체 일반으로부터 이용자들이 제공받는 일곱 가지 기능을 다음과 같이 말하고 있다.[9] 이용자들은 종교 매체로부터, ① 자기중심적인 종교적 유익(self-centered religious benefit)을 얻으며, ② 사회활동을 촉진(social facilitation)받게 되고, ③ 거부감(avoidance)를 느끼기도 하며, ④ 하나님과 종교에 대한 배움(learning about God and religion)을 얻게 하고, ⑤ 세속적 가정교회(nothing special about televangelism)가 되며, ⑥ 오락(entertainment)을 얻게 되며, ⑦ 교회보다 나은 매체(better than church)가 된다는 것이다.

　이 같은 논의들을 종합해 보면 선교 방송은 선교적 기능, 신앙 강화와 교육의 기능, 정보 제공과 교류의 기능, 대체 교회적 기능, 종교적 가치에 입각한 사회적 발언 기능 등을 감당하는 것으로 정리할 수 있을 것이다. 아울러 선교 방송의 효과에 대한 맹신이나 무조건적인 불신에서 벗어나 긍정적 효과를 극대화하고 역기능을 최소화하는 노력이 필요하다 할 것이다. 여기서 우리는 정부의 올바른 종교 방송 정책과 선교 방송 스스로의 올바른 편성 전략, 방송 수용자의 올바른 수용 태세가 함께 어우러져야 할 필요성을 인식하게 된다.

---

9) 김경용, "TV 복음주의의 현상 분석", 《기독교사상》 1987년 4월호, p. 23에서 인용.

3. 한국 선교 방송의 역사

우리나라 선교 방송의 역사를 살펴볼 때 우선 제기되는 과제는 어떻게 시기 구분을 할 것인가 하는 문제이다. 우리나라 종교 방송의 시기 구분에 작용하는 요소는 첫째로, 새로운 종교 방송국의 출현 여부, 둘째로는 한국 방송계 전반의 변화, 셋째로는 정부의 방송 정책과 방송법에 따른 종교 방송의 위상 변화, 그리고 종합 유선 방송과 같은 새로운 매체의 출현을 종교 방송 시기 구분의 주요 요인으로 고려할 수 있을 것이다.

선교 방송의 시기 구분은 국영 방송 독점 시대를 종식시킨 선교 방송의 등장을 제1기로 하고, 기독교방송과 극동방송이 종합 방송과 대외 방송으로 역할을 분담하여 사역하던 제2기, 기독교방송이 복음 방송적 기능을 강화하고 이에 대해 극동방송도 국내 방송적 성격을 강화하면서 상호 보완 관계에서 부분적이나마 위상이 중복되기 시작한 제3기, 그리고 선교 텔레비전의 등장에 따른 다매체 시대의 개막을 제4기라고 볼 수 있을 것이다. 이상과 같은 시기 구분에 따라 한국 선교 방송의 역사를 간략히 살펴보도록 하자.

(1) 제1기: 선교 방송의 등장(1950년대)

우리나라에 방송이 최초로 도입된 것은 일제 시대인 1927년 2월 16일로 거슬러 올라간다. 당시 일본총독부는 1919년 3·1 독립운동이 일어난 후 한국 국민에 대한 효과적인 식민 통치 수단으로 삼고자 경성방송국(JODK)을 설립한 것이다. 경성방송국은 개국 초기에는 일본어 방송뿐이었으나 1930년대 들어 경성제2방송을 편성해 한·일 양국어를 혼용하여 방송하였다.[10] 그 후 해방이 되자 경성방송국은 중앙방송국(KBS)으로 개편되었으나, 국내 유일의 이 KBS 역시 정부 산하 기관으로서 방송은 정부 독점 체제, 즉 국영 방송 체제로 운영되었다.

이러한 KBS의 방송 독점 체제가 무너진 계기가 바로 1954년 12월 15일 한국 최초의 민간 방송인 기독교방송(CBS)의 창립이다. 기독교 방송의 개국으로 한국 방송에도 국·민영 공존 시대가 열렸다고 할 것이다.

기독교방송은 당시 기독교가 한국에서 복음 선교라는 교회의 기능 수행과 함께 대사회적 선언을 보다 효과적으로 수행하기 위해 당시로서는 선진적 매체였던 라디오 방송에 눈을 돌림으로써 시작되었다. 일찍이 기독교는 한국에 전래된 이래 학교, 병원, 선진 기술 및 개방 사회 제도 등을 함께 가져왔으며, 기독교방송의 설립도 당시 걸음마 수준이었던 한국 방송의 발전에 획기적 전기가 될 것으로 기대되었다.

현 한국기독교교회협의회의 전신인 한국기독교연합회는 1948년 12월 17일에 교계 지도자와 주한 선교사 대표들로 연합회 산하에 음영위원회(音影委員會)[11]를 구성하여 방송국 설립을 구체적으로 추진하였고, 그 이듬해인 1949년 6월 15일에는 정부의 주무 부서인 체신부 장관과 공보실장으로부터 방송국 설립 승인을 받았다.

---

10) 이 경성방송국을 우리나라 방송으로 분류하는 데 대해서는 이견도 있으나, 넓은 의미에서 한국 방송의 기원으로 삼을 수는 있을 것이다.

11) 음영위원회(Committee of Mass Communication)는 국내 교단과 주한 선교부 대표로 구성되었으며, 그 아래 시각을 통한 전도 사업을 위한 '시청각분과위원회'와 전파 미디어에 의한 방송 전도 사업을 담당할 '라디오분과위원회'의 두 조직이 있었다. 이 가운데 라디오분과가 기독교방송의 설립과 운영을 담당하였고, 시청각분과위원회는 한국기독교시청각 (KAVCO)을 설립해 각종 시청각 자료를 제작·공급하였다. 이 기독교시청각은 1988년에 기독교방송의 텔레비전 추진을 위해 기독교방송 시각국으로 흡수 통합되었다.

당시 이 같은 설립 추진 과정에서 주도적 역할을 담당한 사람은 미국인 선교사 감의도(甘義道, Otto De Camp) 목사였고, 그는 개국 후 초대 국장이 되어 방송 운영의 책임을 맡게 된다. 그의 주도로 정부 수립 초기에 방송국 설립 허가를 받고 시설 및 기자재를 발주하였으나 1950년 6월 한국전쟁의 발발로 방송국 개국이 지연되었다. 설치하려던 방송 기자재는 전쟁 기간 중에 일본 고베(神戸)항 관세 창고에 보관할 수밖에 없었으며 정부로부터 허가를 받은 관계 서류까지 분실돼 종전 후인 1954년 2월 19일자로 다시 허가를 신청해 같은 해 4월 2일 체신부장관으로부터 호출부호 HLKY, 출력 5kW의 방송허가를 취득하게 되었다.[12]

이렇게 하여 개국된 기독교방송은 오후 6시부터 10시 30분까지 하루 4시간 30분 방송하였으며, 개국 당시 편성은 음악 프로그램이 전체의 42.3%를 차지해 최고 비율을 기록했고 그 다음이 종교 프로그램으로 25.7%, 교양 16.4%, 뉴스와 공지 사항이 9.3%, 연예와 드라마가 6.3%를 차지하였다.

이 같은 기독교방송의 편성 비율은 '그리스도의 복음 선교와 기독교적 교양 육성'이라는 설립 목적을 달성하기 위해 종교 프로그램뿐 아니라 시사 뉴스, 교양과 교육, 문화, 음악, 연예 프로그램 등으로 종합 편성하였음을 보여 주며 특히 종교 프로그램과 비 종교 프로그램의 비율이 1대 3이었던 것은 매우 흥미로운 일이다.

기독교방송의 창립은 우리나라 방송 발전에 획기적 전기를 마련한 것으로 평가되는바, 그 의미는 대략 다음과 같이 세 가지로 정리된다.[13]

12) 강대인, 앞의 책, p. 85.
13) 신현웅, 『방송 저널리즘』(서울: 범우사 1988년), pp. 249-250.

첫째, 당시 국영 방송 독점 체제였던 방송 체제를 국·민영 공존 체제로 전환시켜 방송 서비스 경쟁 시대의 문을 열었다. 국내 방송이 KBS에 의해 독점됨으로써 청취자들에게 채널의 선택권이 전혀 주어지지 않음으로써 청취자의 다양한 정보 욕구를 충족시켜 주지 못했을 뿐 아니라, 민주사회의 커뮤니케이션 기능을 수행할 수 없는 구조적 제약 요인으로 작용하였던 것이다.

둘째, 기독교방송이 창립됨으로써 1960년대를 전후하여 본격적인 민간 상업 방송의 시대가 가능하게 되었다. 1959년 부산문화방송의 개국을 시발로 문화방송, 동아방송, 동양방송 등 상업 방송이 차례로 개국하여 우리나라 상업 방송의 경쟁 시대가 개막되었다.

셋째, 기독교방송의 창립은 전통적으로 유교 및 불교 등 동양 문화권인 한국 사회에 기독교 신앙과 가치관을 널리 전파함으로써 서구의 민주주의와 자본주의, 그리고 평등사상을 바탕으로 한 사회의 근대화 개혁에 공헌을 하였다고 볼 수 있다.

한편 1956년 12월에는 극동방송의 전신인 한국복음주의방송국이 호출부호 HLKX, 출력 20kW, 주파수 1230kHz로 개국한다.[14] 극동방송은 1970년 9월 설립된 아세아방송과 함께 공산권 지역 선교 방송을 주목적으로 설립되었다.

공산권 선교 방송으로 출발한 극동방송은 미국 시카고에 본부를 둔 복음주의동맹선교회(일명 TEAM선교회; The Evangelical Alliance Mission)가 설립한 것으로, 선교 활동이 불가능한 소련, 중국, 몽고, 그리고 북한 등의 지역에 전파 매체를 통한 복음 선교 방송을 하는 것을 목적으로 하고 있다.

14) 극동방송이 당초 1954년 7월 27일에 허가받을 당시 호출부호는 HLBN, 주파수는 1030kHz였으나 개국과 동시에 호출부호 HLKX, 주파수 1230kHz로 변경되었다. 김민환, 『한국언론사』(서울:사회비평사, 1996), p. 426.

극동방송은 이 같은 목적 달성을 위해 개국 초부터 한국어와 중국어, 일어, 영어, 소련어 등으로 다국어 방송을 실시하였다.

극동방송은 국내 방송이라기보다는 한국에 발신 기지를 둔 국제 선교 방송이라는 특성이 강했다는 점에서[15] 기독교방송의 개국과는 의미를 달리한다고 하겠다. 실제로 서정우는 극동방송과 아세아방송을 해외 종교 방송으로 분류하고 있으며[16] 『극동방송 40년사』에서도 "극동방송은 개국 당시부터 대외 방송의 성격을 띠고 태어났으며 1961년 1월 19일에는 방송국 이름을 '국제복음방송국'으로 바꿔 대외 방송의 성격을 더욱 분명하게 했다"고 기술하고 있다.[17]

(2) 제2기: 라디오 방송 선교의 발전기(1960~7070년대)

1959년 4월 부산문화방송의 개국을 시작으로 1960년대에 들어와서 서울문화방송을 비롯한 동아방송, 동양방송 등 상업적 민영 방송국이 본격적으로 출현하게 된다. 이에 따라 라디오 방송은 본격적인 경쟁 시대로 접어들게 된다.

실제로 1960년대 라디오의 보급률 증가는 가히 폭발적이었다. 이 같은 라디오 수신기 보급에 힘입어 기독교방송은 많은 청취자를 확보하게 되자 방송 시간을 늘이고 기구를 확대 개편해 본격적인 민영 방송의 면모를 갖추게 된다. 1963년에는 방송 시간을 12시간으로 늘였으며, 다시 1964년에는 17시간으로 증가시킨다. 또 4개의 지방 방송국을 포함하는 네트워크를 확장, 한국 최초의 정부 소유 및 운영

15) 권효중, "한국의 방송 제도 변천 과정에 관한 연구"(석사학위 논문, 한국외국어대학교 대학원, 1994), p. 65.
16) 서정우, 『국제 커뮤니케이션론』(서울: 나남, 1987), p. 311.
17) 『극동방송 40년사』, pp. 25-26.

형태가 아닌 전국 규모의 라디오 방송망을 형성하기에 이르렀다.[18]

이 시기에 있어 기독교방송은 몇 차례의 청취자 조사를 거쳐 방송 편성 정책을 검토한 결과 더욱 종합 편성의 경향을 강화하여 종교 프로그램의 비중을 줄이고 음악과 보도 프로그램을 늘려 갔다.[19] 이 같은 민간 종합 방송적 위상은 1974년 1월 1일부로 방송 허가 사항이 종전의 '종교, 시사 뉴스, 교양, 문화 프로그램 및 유료 광고 프로그램(30% 이내)'에서 '방송 사항 전반 및 기독교 전도, 상업 방송 30%'로 바뀜으로써 더욱 확고해졌다.

한편 극동방송은 방송을 시작하자 소련을 비롯한 공산권에서 청취자들의 상당한 반응을 얻으면서 방송을 통한 공산권 선교의 효과를 확인하였고 1960년대 들어서는 한국어와 영어, 중국어, 소련어, 우크라이나어 등 5개 언어로 하루 13시간을 방송하는 등 정착기에 접어들게 되었다.

인천 학익동 바닷가에 연주소와 송신소, 선교사 숙소를 함께 마련해 팀선교회 선교사를 중심으로 운영하던 한국복음주의방송은 1961년에 국제복음주의방송국으로 명칭을 개명한 후 다시 1967년에 현재의 명칭인 극동방송으로 개칭하면서 인천 학익동에서 서울 마포로 사옥을 이전하였다.

그러나 만성적인 적자에서 벗어나지 못하던 극동방송은 1970년대 중반에 큰 시련을 겪게 되니, 바로 '구원파 소동'이다. 1972년에 재정 문제를 해결하기 위해 구원파 권신찬 목사가 이끄는 '한국평신도복음전도단'에 한국어 방송 업무를 위탁하는 계약을 체결하였다가

18) 김규, "종교 매체 사례 연구-기독교방송을 중심으로", 《서강커뮤니케이션연구학보 2》 (1983), p. 21.
19) 문화공보부, 《한국의 언론》 제1집(1968), p. 521.

기성 교회로부터 강력한 항의에 봉착하게 되었고, 권 씨에 대한 입장을 쉽게 정리하지 못한 팀선교회 내부의 논란과 이어 계약 파기 결정에 따른 권 씨와의 갈등 등으로 큰 시련을 겪다가 개국 20주년을 맞은 1976년에야 비로소 문제를 해결하게 되었던 것이다.

이어 공산권 방송 선교를 전문적으로 실시해 온 FEBC의 제주도송신소(아세아방송)와 공동 운영 협약을 체결하면서 극동방송은 새로운 단계를 맞이하게 되었다.[20] 당시 재정난에 허덕이던 팀선교회는 공동 운영이라는 이름으로 극동방송의 운영권을 FEBC에 넘겼고, 이렇게 해서 1977년 1월에 오늘의 극동방송-아세아방송이 탄생하게 된다. 이때 아세아방송 사장이던 김장환 목사가 극동방송의 7대 국장이자 최초의 한국인 책임자로 취임하였다. 즉 팀선교회가 1956년에 설립, 운영하던 극동방송(FBS)이 뒤늦게 1970년대에 오키나와에서 제주도로 옮겨온 극동방송(FEBC, 한국에서의 방송국 이름은 아세아방송)에 통합된 것이다.

(3) 제3기: 라디오 방송 선교의 전환기(1980년~1990년대 전반)

신문과 방송 전반에 걸쳐 대지각 변동을 일으킨 언론 통폐합 조치에 따라 일간 종합지는 서울에 조간 3개와 석간 3개만 남고 신아일보는 폐간됐으며 경제지도 두 신문이 폐간되었다. 또 지방지는 각 도에 한 개씩만 남겨 두는 '1도 1사 원칙'에 따라 정리되고, 중앙 일간지의

---

20) 아세아방송은 오키나와에서 대 중국 선교 방송을 실시하고 있던 FEBC가 중국과의 관계 정상화 문제 때문에 일본 정부로부터 이전 압력을 받자 중국 상해와 가까운 제주도 지역으로 시설을 이전해 1973년에 개국한 것으로, 이미 극동방송(FBS)이라는 이름을 사용하고 있던 팀선교회 측에 명칭 양도를 요구하였다가 아세아방송이라는 이름을 사용하게 되었다고 한다.

지방 주재 기자는 금지되었다. 이와 함께 통신사도 연합통신 하나로 단일화되었다.

방송의 경우 TBC와 DBS 등 민간 상업 방송을 KBS로 합병하는 동시에 MBC의 주식 70%를 KBS가 소유토록 하였다. 결국 민간 방송으로는 기독교방송과 극동방송(아세아방송 포함)만이 남게 되며, 흡수합병을 면한 기독교방송은 사사 뉴스와 논평, 중계 방송을 금지당하고 광고 방송 역시 중단되었다.[21] 이로 인해 보도국 직원이 전원 KBS로 이관되는 등 170명의 직원을 감축하는 아픔을 겪게 되었다.

그 결과 기독교방송은 순수 종교 방송이라는 '특수 방송'의 영역으로 전락하게 되었다. 언론 통폐합 당시 기독교방송의 편성 비율은 종교 프로그램이 12.5%, 교양 프로그램 22.0%, 뉴스 19.5%, 음악 프로그램이 46.0%였으나 당시 언론 통폐합 조치로 인하여 방송 허가 사항이 '기독교 전도 및 음악 방송'으로 국한됨으로써 방송의 범위가 대폭 축소돼 통폐합 직후 선교 프로그램이 50%를 넘어서는 대변화를 맞게 되었다.

언론 통폐합 조치 이후 기독교방송은 광고 방송의 중지로 인해 재정난이 심각해지자 그 타개 방안으로 교회로부터의 헌금 모금 증대와 각종 문화 사업을 실시하게 되었다. 또 각양각색의 유사 보도 프로그램을 통해 나름대로 언론의 사명을 계속 감당하려는 노력을 계속 기울이게 되었다. 1986년 가을에 실시된 프로그램 개편에 따르면 선교 프로그램 53.6%, 교양 프로그램 32.8%, 교육 프로그램 4.7% 등으로 1970년대 종합 편성 시의 내용과 상당히 큰 변화를 초래하였음이 확인되었다.

이 당시 우리나라 방송은 사실상 정부 독점 체제로 유지되면서 공

21) 한국방송공사 편, 『한국방송공사 60년사』(1987), p. 657.

영 방송의 정치 뉴스 보도와 논평에 대한 불공정성 및 편파성 시비가 끊이지 않았다. 결국 이런 상황이 장기간 지속되며 개선될 기미를 보이지 않자 시청자들의 '시청료 납부 거부 운동'이 종교계를 중심으로 벌어지고, 그와 동시에 기독교방송의 기능 정상화(뉴스, 시사 논평 및 중계 방송, 광고 기능 회복)를 위한 운동이 시작되었다. 제5공화국 정부가 힘을 바탕으로 만들었던 공영 방송 제도는 시청자들의 저항에 의해 서서히 무너지기 시작한 것이다.[22]

결국 6 · 29선언 이후 1987년 10월 19일부터 뉴스와 협찬 광고 방송을 일부 재개하게 되고, 1988년 1월부터 보도국이 부활돼 종합 뉴스를 재개하게 됨으로써 기독교방송의 기능은 다시 언론 통폐합 이전으로 되돌아가게 되었다. 정부의 이 같은 조치는 공영 방송의 뉴스 독점 체제가 붕괴되어 순수한 민간 방송 뉴스가 부활된 것을 의미한다.

기독교방송의 뉴스와 광고가 재개된 보름 뒤인 1987년 11월에 정부와 여당은 순수 복음 방송으로 일관해 온 극동방송에도 보도 기능과 협찬 광고 방송을 허용하는 조치를 취하였다.[23] 이어 1989년 3월에는 역시 대전에 지역국 신설을 요청한 기독교방송 대신 극동방송에 대전 지역국의 설립을 허가함으로써 그 동안 '해외 선교 방송'이던 극동방송의 성격이 '국내 선교 방송'으로 전환되었다.

이 같은 정부의 조치에 대해서는 그 배경에 대한 평가가 엇갈린다. 즉 기독교방송의 기능 정상화 조치 이후 선교 방송에 대한 방송 영역 제한 정책의 철폐를 시사하는 중요한 계기로 긍정적으로 평가되기도 했지만[24] 또 다른 시각에서는 민주화 추세에 밀려 기독교방송 기능 정상화를 허용한 노태우 정권이 기독교방송에 대한 견제 조치로 취

---

22) 박봉현, "CBS뉴스 부활과 방송 민주화", 《월간 조선》, 1987년 11월호, p. 406.
23) 이호, 앞의 논문, p. 28.
24) 우건식, "한국 종교 방송의 변천에 관한 연구"(석사학위 논문, 중앙대학교신문방송대학

한 처사라는 해석도 낳았다.

한편 1987년 6월항쟁 이후 사회 전반의 민주화 분위기가 가열되면서 1980년에 제정된 「언론기본법」이 폐지되고 1987년 11월 10일에 「정기간행물의등록등에관한법률」과 「방송법」을 통과시켰다. 이에 따라 민간 방송의 신규 설립이 가능하게 되었으며, 1990년에 각기 평화방송과 불교방송, 교통방송이 개국하였다.[25] 이어 원불교가 운영하는 원음방송이 뒤늦게 허가를 받음에 따라 국내 주요 종교인 기독교와 불교, 천주교, 원불교가 각기 선교(포교) 목적의 라디오 방송국을 운영하는 다종교 방송 시대가 개막된 것이다.[26] 이들 신생 방송들이 모두 FM채널로 방송 허가를 받아 운영하기 시작하고 그 후 오랫동안 AM으로 송출해 오던 기독교방송과 극동방송도 각기 표준FM 채널을 허가받아 송출하기 시작하면서 AM라디오 방송 시대가 FM라디오 시대로 넘어가게 되었다.

(4) 제4기: 텔레비전 선교 방송 시대의 개막(1990년대 후반~　)

1995년 3월 1일 불교와 천주교의 케이블 텔레비전이 첫 방송을 시작하고 이어 허가 문제로 다른 두 종단에 비해 출범이 늦어진 기독교 텔레비전이 그 해 12월 1일 본방송을 시작함으로써 선교 방송은 새로운 국면을 맞이하였다.[27] 즉 이제까지 AM과 FM라디오라는 음성 매체에 국한됐던 선교 방송이 비록 케이블텔레비전이기는 하지만 영상

원, 1990), p. 61.

25) 최창섭 · 변동현(공저), 『한국 방송의 이해』(서울: 나남, 1989), p. 427.

26) 통계청에서 1994년 5월 23일부터 6월 1일까지 실시한 사회통계조사(표본조사) 결과에 따르면 국민 가운데 불교 신자 비율이 24.4%, 기독교 가운데 개신교 신자가 18.2%, 천주교 신자가 5.9%로 나타났으며, 기타 종교는 유교 0.4%, 원불교 0.3%, 천도교 0.1%, 기타 0.7%에 불과했다.

27) 기독교 측 사업자의 선정이 늦어진 것은 정부가 개신교 채널 신청자인 횃불선교재단과

매체를 확보하게 된 것이다.

기존 공중파 방송들은 전파라는 공공 재산을 사용하는 점에서 공공성과 공익성이 강조돼 국가로부터 그만큼 통제를 받아 왔으나, 케이블텔레비전은 전용 회선을 사용하기 때문에 정부 및 공공성 등에서 보다 자유스럽다.[28] 따라서 수용자의 다양한 욕구를 충족시키는 채널의 다양성 구현에 가장 적합한 매체라 할 수 있으며, 정부도 이런 견지에서 케이블텔레비전 도입기에 각 종교의 채널을 허용한 것이다. 특히 종교 케이블텔레비전 도입에는 당시 기독교방송 등에서 공중파TV 설립을 추진해 온 데 대한 응답의 성격도 있었다.

이와 관련해 정부에서는 공중파TV 방송의 가용 주파수가 없고 종교 간 형평성에도 문제가 있어 케이블TV 참여를 유도하면서 종교 채널을 기독교, 천주교, 불교 등 종교별로 허가하되 종파나 종단별로는 허가하지 않을 방침임을 밝히고, 또한 편성은 케이블TV의 특성상 복음 방송만 허용할 것이라고 하였다.[29] 이러한 정부 방침대로, 또 케이블텔레비전의 고유한 특성을 반영해 케이블텔레비전의 각 종교 채널은 공중파 선교 방송과 달리 종교 전문 채널로서의 특성에 보다 충실한 편성을 하고 있다.

종교 분야 케이블텔레비전의 경우 라디오 및 주간신문과 함께 운영되고 있는 평화방송텔레비전을 제외한 기독교와 불교계 사업자 모두 심각한 경영난에 봉착해 어려움을 겪었다. 특히 기독교텔레비전

기독교방송 사이에서 선뜻 결정을 못하고 있었기 때문이다. 사업자 선정 문제가 교계 내부의 분열과 갈등으로 비화될 조짐을 보이자 기독교방송은 "한국 교회 공 교단이 직접 운영할 것"을 제안하며 양보 의사를 밝혔고, 이를 정부가 받아들여 주식회사 기독교텔레비전이 뒤늦게 사업자로 선정되었다.

28) 김우룡, 『케이블TV 원론』(서울: 나남, 1991), pp. 32-33.
29) 박영환, "종교 CATV 도입에 관한 연구"(석사학위 논문, 경희대학교 신문방송대학원 1993년 8월), p. 34.

(CTS)의 경우 한국 교회 공 교단들이 출자한 자본금이 모두 잠식된 상태에서 부도를 내게 됐고 감리교에 속한 모 대형교회 장로 개인에게 위탁 경영을 맡겨 고비를 넘긴 가운데 정상화를 모색하고 있는 상황이다.[30]

한편 방송 통신 기술의 급격한 발전에 따라 우리나라에서도 2002년부터 디지털위성방송이 시작되었고 여기에 종교 채널이 포함되면서 기독교방송이 기독교 채널 사업자로 선정되었다. 2002년 3월 개국한 CBS-TV는 기독교 전문 채널에 충실한 편성을 하면서도 50년간의 라디오방송을 통해 축적된 경험을 살려 선교 시사, 보도 프로그램과 음악에 상대적으로 역점을 둔 편성을 실시하고 있다. 또 2003년부터는 지역 케이블방송에도 진출해 시청자를 넓혀 나가고 있다.

여기에 소망교회와 명성교회가 주축이 된 c3-TV가 종교 분야 프로그램 제작사로 등록해 방송 선교 사역을 펼치고 있어 케이블텔레비전 분야에서는 기독교텔레비전(CTS)과 기독교방송(CBS-TV), 그리고 기독교위성방송(c3-TV) 이렇게 3자가 경쟁을 벌이고 있는 상황이다. 이런 상황이 조성된 것은 프로그램 공급업(PP; Program Provider)이 허가제에서 등록제로 전환되었기 때문이다.

케이블텔레비전의 출범과 함께 새롭게 탄생한 프로그램 공급업자(PP; 방송법 용어로는 방송채널사용사업자)가 초기에는 허가제여서 아무나 진출할 수 없는 상황이었다. 이로 인해 기독교에 할당된 단 하나의 PP허가를 둘러싸고 치열한 경쟁이 벌어졌던 것이다. 그러나 2001년부터는 일정 조건을 갖출 경우 종합 편성과 보도 분야를 제외한 분야에는 누구나 진출할 수 있도록 PP등록제로 전환이 되었다.

---

30) 《기독신문》 1292호 기사 "기감, 기독교TV '접수'" (2000년 4월 3일), 《국민일보》 2000년 4월 9일자 기사 "기독교TV 경영권, 감리교단서 인수" 참조.

이에 따라 기독교 분야의 사업자는 기독교텔레비전(CTS)과 기독교방송(CBS-TV), 그리고 기독교위성방송(c3-TV) 외에 몇몇 대형 교회와 개인들이 PP등록증을 갖고 있는 상황이다. 물론 이들 PP가 실제로 시청자와 만나기 위해서는 방송을 송출하고 있는 각 지역의 케이블방송국(SO; System Operator)이나 위성 방송 사업자인 한국디지털위성방송(스카이라이프)과 송출 계약을 체결해야만 한다. 이 같은 관문을 통과해 실질적인 방송을 실시하고 있는 방송사가 기독교 분야에서는 앞에 언급한 세 곳인 것이다.

4. 선교 방송의 현황과 과제

현재 우리나라의 선교 방송은 라디오에서 기독교방송과 극동방송(아세아방송 포함)이 공중파 전국 방송을 실시하고 있으며 기독교방송과 기독교텔레비전이 케이블텔레비전을 양분하고 있는 가운데 C3텔레비전이 소수 지역에서 방송되고 있는 실정이다. 또 기독교방송이 케이블과 함께 위성텔레비전을 통해서도 프로그램을 송출하고 있으며 비록 정식 방송은 아니지만 최근 관심을 모으고 있는 인터넷 방송 분야에서는 기존 방송사인 기독교방송과 C3텔레비전, 기독교텔레비전 외에도 온누리교회와 사랑의교회, 여의도순복음교회 등의 대형 교회들이 독자적인 컨텐츠를 개발, 제작하며 나름대로 입지를 굳히고 있다. 이를 알기 쉽게 정리해 보면 [표1]과 같다.

[표1] 한국 선교 방송 사업 주체 현황

구분	기독교방송	극동방송	기독교텔레비전	C3TV
라디오	O	O		
케이블텔레비전	O		O	O
위성텔레비전	O			
인터넷	O			O

* 인터넷의 경우는 기존 방송을 단순히 재가공해 운영하는 경우는 제외하였다.

이같이 여러 개의 선교 방송사가 각기 활동을 하고 있는 현실에 대해서는 우려와 긍정의 목소리가 교차되고 있다. 특히 많은 투자와 노력이 필요한 텔레비전 분야에서 두세 개의 방송사가 경쟁하고 있는 현실에 대해서는 여러 가지 논란이 벌어지고 있는 실정이다. 긍정적인 입장에서는 한국 사회에서 다른 종교에 비해 기독교의 교세와 재정 능력이 뛰어나기 때문에 복수의 텔레비전 방송사를 운영하는 것이 가능하다고 주장한다. 또 다른 시각에서는, 기독교계의 신학적 다양성이 상당히 넓은 폭의 스펙트럼을 갖고 있기 때문에 선교 방송 역시 이 같은 다양성을 반영하는 것이 획일적 단일화보다는 바람직하다는 지적도 나오고 있다.

반면 부정적인 입장에서는 상당한 재정과 인적 자원이 투여되는 방송을 여러 회사로 나눠 실시하는 것은 한정된 인적, 물적 자원을 낭비하면서 방송의 품질을 저하시킬 우려가 있다는 것이다. 또 자칫하면 각 방송사 간의 경쟁이 한국 교회의 분열과 갈등을 촉발할 우려가 있다는 지적도 나오고 있는 실정이다. 이 같은 논란을 정리하기 위해서는 한국 교회가 보다 책임 있고 밀도 있는 토론을 조직할 필요가 있다고 본다.

여기서는 여러 선교 방송 가운데 나름대로 입지를 굳히고 있는 기독교방송과 극동방송, 기독교텔레비전을 중심으로 각사의 현황과 과제를 살펴보고자 한다.

(1) 기독교방송

기독교방송(CBS)은 우리나라 최초의 민간 방송이자 선교 방송의 맏형으로서 라디오와 텔레비전, 인터넷을 망라한 종합 방송망을 갖추고 있다. 기독교방송이 우리나라 최초의 민간 방송이라는 데 대해서 이의를 제기하는 학자도 있다.[31] 비영리법인인 재단법인 기독교방송이 운영하는 사업체 형태인 기독교방송에는 현재 대한예수교장로회 통합과 합동, 고신을 비롯해 기독교대한감리회와 한국기독교장로회, 기독교대한성결교회, 기독교한국침례회, 구세군, 성공회, 루터교 등 한국 교회를 대표하는 11개 주요 교단이 이사를 파송하고 있으며 설립자인 한국기독교교회협의회 총무도 당연직 이사로 참여하고 있다. 한국언론재단에 기록된 직원 숫자는 2003년 4월 현재 서울에 있는 중앙국만 정직원 232명에 계약직 33명으로 총 265명에 달하는 것으로 나와 있으며, 지역국과 신생국을 합치면 총 500여 명 규모인 것으로 파악된다.

CBS라디오의 경우 서울에 AM과 표준FM[32], 음악FM의 3개 주파

---

31) 기독교방송은 엄밀하게 말해 종교 방송이기 때문이라는 것이다[박기성, "한국방송사", 방송문화진흥회(편), 『한국방송총람』, p. 313]. 그러나 국영 방송에 대비되는 개념으로 민간 방송이라는 용어를 사용한다고 할 때, 종교 방송과 일반 상업 방송 등 국영 방송과 달리 민간이 경영하는 모든 방송을 민간 방송 또는 민영 방송이라고 통칭할 수 있다고 본다.

32) 표준FM이란 별도의 독자적인 내용으로 방송을 실시하는 것이 아니라 기존 AM중파로 송출되는 방송 내용을 FM주파수로 동일하게 재송신하는 것을 말한다. 이는 반 국가 세력에 의해 AM송신소가 파괴될 경우에 대비한 안보상의 이유에서 시작됐지만 실제로는 도시화로 인한 AM방송의 난청을 해소하기 위한 기술적인 대안으로 활용되고 있다.

수를 확보하고 있으며 대구와 부산, 광주, 전주, 대전, 청주, 춘천, 강릉, 여수, 마산, 포항, 울산 등에 지역국을 운영하고 있다. AM과 표준FM의 경우에는 선교와 시사, 교양을 아우르는 종합 편성을 실시하고 있으며 음악FM의 경우에는 청소년 위주의 기존FM 방송에서 상대적으로 소외되고 있는 청, 장년층 위주의 음악 전문 편성을 실시하고 있다.

한편 기독교방송 텔레비전(CBS-TV)의 경우는 라디오와 달리 기독교 전문 편성 채널에 충실한 편성으로 꾸며져 있다. 하루 22시간 방송 내내 기독교 시사와 보도, 기독교 교양, 선교 프로그램 등이 다양하게 편성, 송출되고 있는 것이다.

CBS-TV의 편성 내용을 살펴보면, 20여 년간 라디오에서 간판 프로그램 역할을 하던 간증프로그램 '새롭게 하소서'를 텔레비전과 라디오로 동시에 방송함으로써 국내 방송사 가운데 유일하게 '원 소스 멀티 유즈(One Source Multi Use)' 전략을 실천에 옮기고 있음을 확인할 수 있다. 또 라디오에서 명성을 떨친 시사-보도 분야의 강점을 살려 교계 시사와 뉴스 프로그램이 다른 방송에 비해 높은 비중을 차지하고 있음을 알 수 있다.

기독교방송의 경우 전통적으로 기독교인과 비기독교인 청취자를 모두 아우른다는 편성 전략을 구사해 왔고 상당 부분 성공해 온 것이 사실이지만, 방송사 숫자가 손으로 꼽을 정도이던 초창기와 달리 수많은 매체가 난립하고 있는 현 상황에서 어떻게 위상을 유지할 것인지 심각한 도전에 직면해 있다. 이에 따라 AM라디오와 FM라디오, 그리고 TV라는 다양한 매체의 성격을 구분해 매체 간 역할 분담을 이뤄야 한다는 지적도 나오고 있어 기독교방송이 장기 발전 전략을 어떻게 수립할 것인지 주목된다.

(2) 극동방송

극동방송 역시 기독교방송과 마찬가지로 재단법인 형태를 취하고 있으며 국내 방송이 아닌 국제방송으로 출발한 특성으로 인해 하루 22시간 방송 가운데 한국어로 16시간 방송하는 것 외에 중국어로 4시간 30분, 그리고 영어로 1시간 30분을 방송하는 다중 언어 편성을 실시하고 있다. 또 방송 가청 구역 역시 우리나라뿐 아니라 일본과 중국, 러시아, 저 멀리 몽골까지 포괄하는 초고출력 방송을 실시하고 있어 해외 청취자도 상당수에 달하는 것으로 알려져 있다.

극동방송은 서울 중앙국에 AM과 표준FM 하나씩 두 개의 주파수를 확보하고 있으며 이 밖에 대전과 창원, 목포, 속초, 포항, 울산에 지역국을 두고 있고 제주에 있는 아세아방송을 최근 제주극동방송으로 개편해 운영하고 있다.[33] 한국언론재단에 등록된 직원 숫자는 2003년 3월 기준으로 서울의 중앙국에 정직원 77명, 계약직 46명, 합계 123명이 근무하고 있는 것으로 나타났으며 지방국까지 포함해 2백여 명이 전파 선교사라는 사명감으로 일하고 있다.[34]

극동방송은 당초 서해안 개펄에 송신소를 마련한 것에서 나타나듯이 해외 청취자를 주대상으로 출발하였으나 꾸준히 한국어 방송 비중을 높여 왔다. 특히 2000년 말 표준FM을 개국한 뒤로는 AM방송의 외국어 방송 시간에 표준FM을 통해서는 한국어 방송을 실시함으로써 사실상 모든 방송 시간대에 걸쳐 국내 청취자를 대상으로 한 방

---

33) 2001년 10월에 재단법인 극동방송이 재단법인 아세아방송을 흡수 합병함으로써 두 방송의 통합은 법적으로 완결되었다. 한국언론재단 발행 『한국신문방송연감 2003-2004』 p. 183.

34) 공익 기관인 한국언론재단에서 운영하는 인터넷사이트인 KINDS(www.kinds.or.kr)에 접속하면 모든 방송사의 개괄적 정보가 담겨 있는 '언론 기관 정보' 라는 코너가 있다.

송을 시행하고 있는 상황이다. 이는 AM방송을 그대로 송출한다는 본래의 표준FM 취지에 어긋나는 것이어서 즉각 방송법 위반 논란을 야기했지만 극동방송의 특수성을 내세워 정부의 사후 허락을 받아내었다.

극동방송의 경우 철저한 복음주의 방송을 표방하면서 프로그램의 100%가 직접 선교 프로그램으로 구성되어 있으며 이는 창사 이래 일관된 편성 원칙이기도 하다. 극동방송과 아세아방송이 통합된 이후에는 김장환 목사의 지도력 아래 한국 교회의 급속한 성장과 그 궤를 함께하면서 급격히 사세를 확장시켜 왔다. 하지만 김 목사 개인의 지도력에 거의 전적으로 의존하고 있는 상황이어서 그의 은퇴 이후 극동방송의 향방에 대한 우려가 지금부터 조심스레 제기되고 있는 실정이다. 극동방송이 장기적 발전 전망을 확보하기 위해서는 이 같은 한계를 어떻게 극복하고 공적인 자산으로서의 방송이라는 위상에 걸맞은 운영 체제를 확보할 것인지가 해결해야 할 과제로 남겨져 있다 할 것이다.

(3)기독교텔레비전

1995년 12월에 개국한 기독교텔레비전(CTS)은 한국 교회의 교단들이 출자한 주식회사 형태의 연합 기관으로 출범하였다. 예장 통합과 합동, 감리교 등 한국 교회의 대부분을 망라한 43개 교단과 신한캐피탈이 주주로 참여하고 있으며[35] 교회 연합 기관이라는 성격과 상법상 주식회사라는 형태가 서로 어울리지 않는 이질적 결합이라는 지적이

---

35) 기독교텔레비전은 한국 교회 공교단들의 연합체라는 설립 정신에 따라 당초 교단들로만 주주를 구성했으나, 예외적으로 신한캐피탈은 기독교텔레비전의 부도 이후 채권의 일부를 주식으로 전환해 주주가 되었다.

319 제3부 교회와 매스커뮤니케이션

제기되기도 했다. 초기 경영난으로 인한 부도 이후에는 주식의 과반수를 차지하는 최대 주주인 기독교대한감리회를 통해 광림교회의 감경철 장로가 위탁 운영권을 행사하고 있다.

기독교텔레비전은 출범 당시 케이블텔레비전 시장에서 독점적 지위를 누렸으나 프로그램 공급업(P.P.)의 등록제 전환으로 인해 후발 주자인 C3텔레비전과 시장을 분점하기 시작하였고, 지금은 위성 방송에 이어 케이블에도 진출한 기독교방송텔레비전(CBS-TV)과 강력한 경쟁 관계를 유지하고 있다. 2003년 5월 현재 자본금 238억 원에 51명의 정규 직원과 25명의 계약직 직원을 고용하고 있는 것으로 한국 언론재단에 등재되어 있다. 이같이 최소의 인력으로 방송을 운영하는 관계로 상당수 프로그램은 직원으로 일하다 구조 조정에 의해 프로덕션으로 독립해 나간 이들에 의해 제작, 납품되고 있는 실정이다.

기독교텔레비전의 편성을 살펴보면 미국의 복음주의자들이 운영하는 전형적인 케이블텔레비전과 매우 유사한 모습을 갖추고 있음을 느낄 수 있다. 이는 한국 교회의 다수를 차지하는 복음주의 진영의 요구를 반영한 결과이기도 하며, 다른 한편으로는 출범 당시 국내 공중파 방송사 출신의 기독교 신자들을 중심으로 구성된 제작진이 미국의 기존 케이블텔레비전을 주로 참조해 편성 전략을 수립한 결과이기도 한 것으로 풀이된다.

기독교텔레비전은 우리나라 선교 텔레비전 분야의 선발 주자로서 한국 교회에 영상 문화를 보편화시키는 데 상당한 촉매제 역할을 감당하였으며 TV라는 매체 성격을 활용한 대형 찬양 집회의 정착에도 많은 기여를 하였다. 하지만 공교회 연합 기관으로서의 성격을 제대로 살려내지 못하고 한 개인에게 장기간 위탁 경영이 맡겨진 불안정한 상황에서 어떻게 벗어날 것인지가 풀어야 할 숙제라 할 것이다.

5. 나오는 말

세계적으로 살펴볼 때 선교 방송의 시작은 방송국 설립이 자유로웠던 미국에서 1920년에 시작된 라디오에서의 예배 중계가 그 기원으로 꼽히며, 프로그램이 아닌 독립된 선교 방송의 시작은 로마교황청이 1931년에 시작한 '라디오 바티칸'이 그 기원이라고 할 수 있다. 이처럼 방송은 그 시작 초기부터 선교의 도구로 각광을 받게 되었고 특히 기독교 측에서 복음을 전하는 가장 효과적인 매체로 인식이 되었다.

특히 텔레비전이 등장한 뒤로는 이 새롭고 강력한 매체를 통해 선교를 실시하려는 움직임이 활발해져 이른바 '텔레반젤리즘 (Televagelism)'의 시대로 접어들게 된다. 미국의 주류 교회가 일반 방송사의 특정 시간대를 할애 받아 자체 제작한 선교 프로그램을 방송하고 있는데 반해 비주류 교단이나 사설 선교 단체 또는 개인들은 독립적인 선교 방송을 설립해 소규모 지역 라디오나 케이블텔레비전, 위성텔레비전 방송을 실시하고 있다.[36]

독립적인 선교 방송의 경우 설교 등 직접적인 선교 위주의 방송과 기독교 음악 전문 편성 방송, 종합 편성 방송, 가족을 위한 방송 등 다양한 모습이 존재하고 있지만 특별히 텔레비전의 경우 유명 부흥 강사를 중심으로 한 직접적인 선교 위주의 방식이 주류를 이루고 있는 실정이다.

그런데 이 같은 텔레비전 부흥사들은 텔레비전의 막대한 힘을 이용하기 위하여 더 많은 청중이 필요하였고 이를 위해서는 더욱더 많은

---

36) 권혁률, "한국 종교 방송의 특성에 관한 연구"(석사학위 논문, 연세대학교언론홍보대학원, 1996), pp. 63-64.

돈이 필요해졌으며 다시 이를 위해 더 많은 청중을 확보하고 그들을 만족시켜야 하는 악순환에 빠지게 되면서 마침내 타락하는 모습을 보여 주게 되었다는 비판에 직면하게 되었다.[37] 이로 인해 미국의 선교TV는 기독교의 소명에 부응하는 매체로서 발전해 왔다기보다는 수많은 쟁점들을 내놓음으로써 문제 해결의 수단이라기보다는 새로운 문제들을 일으키고 있다는 혹독한 평가를 받기에 이르렀다.[38]

이처럼 미국의 경우 선교 방송의 상징이 부흥사들이 출연하는 설교와 예배 프로그램이 되면서 여러 가지 심각한 부작용을 낳고 있는 실정인 것에 비추어 보면, 한국에서는 선교 방송으로 인한 부작용이 그렇게까지 심각하게 나타나고 있지는 않은 편이라고 할 수 있다. 이는 1990년대 이전에 우리나라의 선교 방송의 중심을 차지해 온 기독교 방송이 대체로 미국 주류 교단의 선교 방송이 취하고 있는 사회참여적 선교 방송 프로그램과 복음주의 선교 단체나 개인들이 운영하는 독립 선교 방송국의 순수 종교 프로그램을 하나의 방송 채널에 모두 수렴한 종합적 형태의 편성을 취해 온 것과 무관하지 않다고 보인다. 그러나 최근 들어 일각에서 미국의 독립 종교 방송을 모델로 상정하는 듯하면서 대형 교회 목회자 위주의 설교 방송을 중점 편성하는 경향이 나타나기 시작한 것은 미국 사회 내에서 지난 20년간 진행된 '텔레반젤리즘'의 폐해에 대한 논의를 간과한 측면이 있어 우려되는 바가 있다 할 것이다.

이와 관련해 우리는 미국의 실천신학자인 로버트 웨버 예일대 교수의 지적을 경청할 필요가 있다. 미국 교회 연합 기관에서 오랫동안 방송과 영화의 제작, 자문 업무를 맡았고 세계기독교커뮤니케이션협

---

37) 윌리엄 포어 저, 신경혜·홍경원 옮김, 『매스미디어 시대의 복음과 문화』(서울, 대한기독교서회, 1998), p. 147.
38) 김경용, 앞의 논문, p. 31.

의회(WACC) 회장을 역임한 웨버는 창세기에 나오는 선악과 사건의 의미를 인간과 하나님 사이의 커뮤니케이션의 붕괴, 나아가 자신과의 커뮤니케이션과 동료와의 커뮤니케이션, 더 나아가 자연과의 커뮤니케이션이 무너진 것으로 해석하고 있다. 커뮤니케이션 관점에서 볼 때 죄의 의미는 하나님과 창조 질서 사이의 교제 또는 커뮤니케이션의 파괴라고 서술할 수 있다는 것이다.[39]

이는 역으로 말하자면, 기독교 커뮤니케이션의 과제는 하나님과 인간, 인간과 인간, 인간과 자연 사이의 관계를 회복하는 것이라 할 수 있다. 이렇게 볼 때 방송 선교의 역할도 개인적 축복의 보조 도구로서가 아니라 이 같은 선교적 관점에서 평가되어야만 할 것이다. 한국의 방송 선교 사역자들과 교계 지도자들은 한국 교회가 운영하는 라디오와 텔레비전을 통해 무엇을 해야 할지 고민할 때, 바로 이 점을 명심해야 할 것이다.

이런 관점에서 한국의 선교 방송을 살펴보면 방송 사역의 외형적 규모는 급속히 확대되고 있는 반면, 초기의 건강성과 한국 사회에 대한 영향력은 오히려 위축되어 가고 있지 않나 하는 우려를 하지 않을 수 없다. 기독교방송과 극동방송이 국내 선교와 해외 선교로 역할 분담이 이뤄졌던 시절과 달리 라디오와 텔레비전에 걸쳐 여러 방송이 경합하는 양상을 보이면서 선교 방송 간의 과열 경쟁 상황이 초래되고 있는 것이다. 이로 인해 교계 일각에서는 선교 방송사들이 양질의 방송 서비스보다는 당장의 시청취자 확보와 재정 후원 확보에 최우선 과제를 두는 것 아니냐는 우려를 제기하고 있는 실정이다.

또 상당수 방송 매체가 지도자 개인에 의해 좌우되는 양상 역시 극

---

39) 로버트 웨버 지음, 정장복 옮김, 『그리스도교 커뮤니케이션』(서울, 대한기독교출판사, 1985), pp. 112-119.

복 과제로 대두되고 있다. 어려움에 처한 방송사를 지도력과 경영 능력이 뛰어난 교계 인사가 책임지고 경영하는 것은 해당 방송사로서는 일단 반가운 일이겠지만 한국 교회 연합 정신을 저하시키고 자칫 가장 영향력 있는 선교 기관을 사유화시킨다는 비판에서 벗어날 수 없기 때문이다.

마지막으로 지적할 우리나라 선교 방송의 과제는 천만 기독인들을 만족시키는 충실한 방송을 실시함과 동시에 한국 사회의 복음화를 위해 우리 사회 전반, 4,800만 전 국민에게 신뢰받으며 선한 영향력을 미칠 수 있는 매체 위상을 어떻게 확보할 것인가 하는 것이다. 교회 밖에는 아무런 영향력을 미치지 못하고 교회 안에서 자족적인 방송을 실시한다면 엄밀한 의미에서 방송 선교의 사명을 온전히 감당하고 있다고는 평가할 수 없을 것이다.

참고 문헌

1) 단행본

극동방송 40년사 편찬위원회. 『극동방송 40년사』.

기독교방송 편. 『기독교와 커뮤니케이션』(서울: 대한기독교서회, 1993).

김우룡. 『케이블TV 원론』(서울: 나남, 1991).

로버트 웨버 지음, 정장복 옮김. 『그리스도교 커뮤니케이션』(서울, 대한기독교
   출판사, 1985).

손용. 『현대방송이론』(서울: 나남, 1989).

신현웅. 『방송저널리즘』(서울: 범우사, 1988년).

윌리엄 포어 저, 신경혜·홍경원 옮김. 『매스미디어 시대의 복음과 문화』(서울,
   대한기독교서회, 1998).

최창섭 편. 『교회와 커뮤니케이션 총론』(서울: 성바오로출판사, 1978).

최창섭·변동현(공저). 『한국 방송의 이해』(서울: 나남, 1989).

한국사회언론연구회 편. 『현대사회와 매스커뮤니케이션(개정판)』(서울: 한울아
   카데미, 1996).

한국방송공사 편. 『한국 방송 60년사』(서울, 1987).

한국방송학회 편. 『특수 방송론』(서울: 나남, 1992).

한국언론재단 편. 『한국신문방송연감-2003/2004』(서울: 2003).

한국언론학회 편. 『언론학 원론』(서울: 범우사, 1994).

2) 논문

권혁률. "한국 종교 방송의 특성에 관한 연구"(석사학위 논문, 연세대학교언론
   홍보대학원, 1996).

김경용. "TV복음주의의 현상 분석", 《기독교사상》1987년 4월호.

김규. "종교 매체 사례 연구-기독교방송을 중심으로", 『서강커뮤니케이션연구학
   보 2』, (1983).

김진규. "선교 매체로서의 방송에 관한 연구"(석사학위 논문, 한신대학교신학대
   학원, 1987).

박영환. "종교CATV 도입에 관한 연구"(석사학위논문, 경희대학교신문방송대학원 1993년 8월).

박진규. "방송을 통한 종교적 회심(回心) 과정에 관한 연구"(석사학위 논문, 연세대학교대학원, 1995).

오동선. "한국 종교 방송의 정체성 확립 방안에 관한 일 연구"(석사학위 논문, 서강대학교언론대학원, 1994).

우건식. "한국 종교 방송의 변천에 관한 연구"(석사학위 논문, 중앙대학교신문방송대학원, 1990).

3) 외국 저서

J. Harold Elleus. *Models of Religious Broadcasting.* William B. Eerdmans Publishing Company, 1974.

M. Muggeridge. *Christ and the Media.* Grand Rapid, Mich.: Eerdmans, 1978.

Susan Tyler Eastman. *Broadcast/Cable Programming,* 4th ed. Belmont: Wadsworth Publishing Company, 1993.

Q. Schultze. "The Mythos of Electronic Church," *Critical Studies in Mass Communications* 4.

제4장 교회와 인터넷

천영철 (한국생명학연구원)

1. 들어가는 말

현재 한국 사회는 급속하게 산업사회에서 정보사회로 편입되고 있다. 정보사회란 정보 기술의 혁신에 의해 정치, 경제, 문화 등 사회 구조 전반에 걸쳐 정보와 지식의 가치가 높아지는 사회라고 할 수 있다.[1] 이러한 변화를 주도하는 것은 바로 인터넷이다. 인터넷을 통해 유통되는 정보와 지식들이 사회의 중심축을 이루는 시대가 되었다.

인터넷의 확산은 사회 구조, 경제, 정치, 문화, 교육, 미디어 산업 등 사회 전반에 걸쳐 급속한 변화를 불러오고 있다. 인터넷을 통한 '전자 민주주의(Electronic Democracy)' 의 가능성에 대한 논의가 심화되고 있으며, 특히 지난해 대통령 선거를 통해 인터넷을 통한 풀뿌리

---

1) 오택섭, 강현두, 최정호, 『미디어와 정보사회』(나남출판사, 2003), p. 221.

민주주의의 가능성이 확인되기도 했다. '사이버 문화(Cyber Culture)'
는 이미 우리 사회의 주류 문화로 등장하고 있으며, 인터넷을 통한
금융 거래, 쇼핑 등의 경제 활동도 급속히 늘어나고 있다. 인터넷을
통한 경제 활동은 대규모의 정보를 시공간, 비용의 제약 없이 주고받
을 수 있으며, 기업과 기업, 기업과 소비자 간의 새로운 경제 활동을
가능하게 해 주고 있다.

  인터넷을 통한 교육도 활성화되어 인터넷을 통해 학사, 전문학사
학위를 수여하는 '사이버 대학'들이 16개 이상 개교했고 일반 대학들
도 사이버 강좌를 갈수록 늘려 가고 있다.

  이러한 인터넷이 가져오는 근본적인 변화의 바람 앞에 교회도 예외
일 수는 없다. 이제 교회는 인터넷이 가져오는 사회의 근본적 변화가
신학과 선교, 목회에 어떤 영향을 미치는지 진지하게 연구하고 대응
해야 할 시점에 놓여 있다.

  이 글에서는 커뮤니케이션의 관점에서 인터넷이 가져오는 변화의
쟁점들을 살펴보고 한국 교회의 인터넷 미디어와 교회의 웹 사이트
운영 지침과 평가 방법, 그리고 정보사회에서의 한국 교회의 신학적,
윤리적 과제 등을 다루고자 한다.

2. 인터넷과 커뮤니케이션

  인간의 커뮤니케이션은 미디어(매체)를 통해 이루어져 왔다. 미디어
의 발전은 단순히 커뮤니케이션 수단의 발전을 의미하는 것이 아니라
인간의 커뮤니케이션 형태에 커다란 영향을 미친다. 구텐베르크의 활
자 발명은 책, 신문, 잡지 등의 인쇄 매체를 만들어내었고 이는 당시
의 종교개혁에도 커다란 영향을 미쳤다. 성경책이 인쇄되어 보급됨으

로써 종교개혁이 가능하게 되는 중요한 요인이 되었던 것이다.

20세기에 들어 라디오, 텔레비전과 같은 전자 미디어의 등장은 인간의 커뮤니케이션 구조를 근본적으로 변화시켰다.

맥루한(Marshal McLuhan)은 미디어와 사회, 문화와의 관계를 설명하면서 커뮤니케이션 기술의 발달이 인간의 감각 비율을 변화시킴으로써 인간 커뮤니케이션의 본질을 바꾸면서 인류의 역사를 통해 다음과 같은 특성을 갖는 새로운 커뮤니케이션 양식들을 형성했다고 주장했다.[2]

[표1] 시대별 커뮤니케이션 양식의 특성

시대 구분	커뮤니케이션 테크놀로지 문법	커뮤니케이션 특징	커뮤니케이션 감각 비율	집단의 특성
문자 이전 시대	구어 형식	복수감각형	균형적	부족화
문자 사용 시대		시각단일형	다소 균형적	
활자 시대	인쇄 형식	시각단일형	불균형적	탈부족화
전자미디어 시대	전자 형식	복수감각형	다소 균형적	재부족화

20세기 후반에는 전자미디어의 총아라 할 수 있는 컴퓨터의 보급 이후 컴퓨터를 매개로 하는 커뮤니케이션(CMC, Computer-Mediated Communication)이 발달하기 시작했다. CMC라는 용어는 1978년 힐츠와 트로프(Hiltz & Truff)가 "CMC는 컴퓨터를 매개로 하여 문자화된 메시지를 통해 일 대 일, 일 대 다수, 혹은 다수 대 다수 간의 의사 교류가 행해지도록 하는 커뮤니케이션 과정"이라고 언급[3]하면서 사용

---

2) 김정탁, 『미디어와 인간』 (커뮤니케이션북스, 1998), p. 165.

되기 시작했다.

컴퓨터를 매개로 하는 커뮤니케이션은 인터넷의 등장으로 급속한 전환을 가져와 완전히 새로운 커뮤니케이션 패러다임을 형성했다. 인터넷을 통한 커뮤니케이션은 이른바 사이버 공간(Cyberspace)에서 일어난다.

사이버(cyber)라는 단어는 원래 수학자였던 노버트 위너(Nobert Wiener)가 자신이 창안해 낸 메시지의 소통과 통제 이론을 지칭하기 위하여 '사이버네틱스'라는 용어를 만들어내면서 처음 등장한 개념으로, 원래의 어원은 그리스어로 배의 조타 장치를 뜻하는 'kuber'로부터 유래한 말이다.[4] 그러나 이 단어는 이후 윌리엄 깁슨이 1984년에 발표한 소설 『뉴로맨서』에서 가상 현실이 구현된 컴퓨터 네트워크의 세계를 '사이버스페이스'라는 용어로 지칭하면서 대중들에게 널리 알려지게 되었다.

이러한 사이버 공간에서 행해지는 인터넷을 통한 커뮤니케이션의 특징은 다음과 같이 정리할 수 있다.[5]

첫번째로는, 인터넷은 기존의 신문과 방송, 라디오, 영화 등 다양한 미디어들을 하나로 통합하는 미디어로서 기능하고 있다. 그 결과 인터넷 신문, 인터넷 방송, 웹 진 등의 사이버 미디어들이 새롭게 등장했다. 사이버 미디어들은 쌍방향, 동시성 등의 특성을 통해 기존의 미디어들과 경쟁하고 있다.

두 번째로, 인터넷을 통한 커뮤니케이션은 인간을 시간과 공간을 초월해 커뮤니케이션하도록 한다. 시간과 공간의 제약에 얽매이는

---

3) 성동규, 라도삼, 『인터넷과 커뮤니케이션』 (한울아카데미, 2000), p. 67.
4) 수잔 B. 반즈, 이동후·김은미 옮김, 『온라인 커넥션』 (도서출판 한나래, 2002), p. 26.
5) 성동규, 『사이버 커뮤니케이션』 (세계사, 2002), pp. 79-82 참조.

기존의 미디어와 달리 인터넷을 통한 커뮤니케이션은 사이버 공간에서 자유롭게 커뮤니케이션하며 인간관계를 형성하고 새로운 문화를 만들어 간다. 이러한 인터넷의 특징을 두고 들뢰즈(G. Deleuze)나 가타리(F. Guattari)는 인간이 시공간에서 고착된 정착민에서 점차 시공간을 떠도는 유목민적 존재로 변하고 있다고 보고 정보사회를 '유목사회'라고 규정했다.[6]

인터넷이라는 가상 공간을 들뢰즈와 가타리식으로 말하면, "규율화하지 않은 욕망의 흐름으로 가득 찬 분열증의 세계이자, '뿌리 없는 식물'처럼 떠돌아다니는 자유로운 항해자(Navigator)의 공간으로 유목민(Nomad)의 세계"라고 규정할 수 있다.

세 번째는, 인터넷은 상호작용(Interactivity)적이라는 것이다. 즉 기존의 일방향적인 커뮤니케이션과 달리 인터넷 사용자에 의해 정보가 선택되고 피드백되는 상호작용 커뮤니케이션은 인터넷의 가장 큰 특징 중의 하나이다. 지금까지 인류가 가졌던 어떠한 커뮤니케이션 미디어도 비동시적이고, 쌍방향적인 방식으로, 시공간을 초월하여, 익명성이 유지되는, 다수 대 다수의 커뮤니케이션을 가능하게 해 주지는 못했다. 그러나 인터넷은 최초로 이러한 모든 조건들을 동시에 충족시켜 줄 수 있는 커뮤니케이션 미디어이다. 이러한 상호 작용 커뮤니케이션은 위에서 아래로 전달되는 일방적인 커뮤니케이션 형태가 강하게 남아 있는 우리 사회에서 새로운 사회적 관계를 구성해 가고 있다.

상호 작용 커뮤니케이션은 정보 수용자를 수동적 존재가 아니라 공공의 문제와 사회적 쟁점에 대해 적극적으로 참여하여 의견을 교환하고 토론하는 능동적 주체로 변모시키고 있다.

---

6) 이진경, 『노마디즘』(휴머니스트, 2002) 참조.

네 번째로, 인터넷의 하이퍼텍스트성이다. 인터넷은 하이퍼텍스트 구조를 지닌다. 하이퍼텍스트란 텍스트를 넘어선 것을 뜻하는 컴퓨터 전문 용어로서 문서 사이에 특정 키워드를 두고 문자나 그림을 상호 유기적으로 결합하여 동적으로 연결시킴으로써, 서로 다른 문서라고 할지라도 하나의 문서인 것처럼 보이면서 쉽게 살펴보도록 한 것을 말한다.[7]

이처럼 하이퍼텍스트는 정해진 시작과 끝이 없이, 마치 미로처럼 얽혀 있어서 인터넷 사용자(네티즌)의 입장에서 어떤 길을 선택하느냐에 따라 다양한 텍스트의 가능성이 열려 있다. 네티즌은 주어진 텍스트를 자신에게 맞게 새롭게 변형시킬 수 있으며, 스스로 정보 가치를 판단하여 정보를 이해하게 된다. 인터넷에서 정보의 선택과 정보의 중요성에 대한 평가, 그리고 정보에 대한 해석이 모두 네티즌 개인의 선택에 의해 이루어지게 된다. 따라서 하이퍼텍스트성은 정보 수신자로서의 네티즌의 역할이 강화되는 것을 의미한다.

한편 하이퍼텍스트성은 인터넷의 공론장(Public Sphere)으로서의 가능성을 제시한다. 인터넷은 관련 정보들을 상호 링크시킴으로써 한 주제에 대한 다각적 접근이 가능하며, 다양한 정보원들을 연결시켜 특정 주제를 둘러싼 다양한 담론을 형성할 수 있다. 즉 다양한 형태의 상호 작용을 가능하게 만듦으로써 자유로운 의견 개진과 토론이 가능한 공론장을 마련할 수 있다.

공론장으로서의 인터넷은 우리 사회의 민주주의적 발전과 관련하여 중요한 역할이 기대된다. 왜냐 하면 기존 매체들의 상업화와 공영 방송 제도의 약화로, 이제 기존 매체들에 의한 시민 참여적 공론장 구실을 기대할 수 없기 때문이다.[8] 인터넷이 만들어내는 공론장은 하

7) 유일상, 『매스미디어 입문』(청년사, 2002), p. 344.

버마스(Habermas, 1962)가 말하는 이상적인 공론장 구도와 일치하는
것은 아니지만 새로운 공론장으로서의 가능성을 지니고 있다고 할
수 있다.[9]

마지막으로, 인터넷은 인간을 단순한 정보의 소비자에 머무르게 하
지 않고 스스로 정보의 생산과 흐름, 그리고 소비의 과정에 참여하는
정보 생산자가 되게 한다. 기존 언론은 기본적으로 독자를 단지 뉴스
와 의견의 소비자로 다루는 소외의 저널리즘이다. 이에 반해, 인터넷
미디어는 독자를 뉴스의 수용자이자 소비자라는 수동적 위치에서 벗
어나 정보 제공자이자 뉴스 생산자라는 주체적인 위치로 전환시킨
다. 다시 말해, 네티즌들은 인터넷을 통해 쉽고 저렴한 비용으로 자
신만의 미디어를 만들어 정보를 제공할 수도 있기 때문에 정보 생산
자이며 동시에 정보 소비자가 된다. 이처럼 인터넷을 통한 커뮤니케
이션은 인간을 커뮤니케이션 과정에 있어 보다 적극적인 참여자가
되게 한다. 참여적 커뮤니케이션(Participatory Communication)의 가능
성이 이전의 미디어에 비해 확대되어 있는 것이다.

3. 인터넷과 매스미디어

인터넷의 등장은 커뮤니케이션 양식의 변화뿐만 아니라, 사회의 여
론 형성 과정에도 많은 변화를 불러일으키고 있다. 인터넷은 전통적
인 매스미디어(대중매체)의 의제 설정(Agenda Setting)과 게이트키핑
(Gate Keeping)의 과정에 많은 영향력을 행사하고 있다. 즉, 뉴스를 취

---

8) 김지운 · 방정배 · 정재철 지음, 『비판 커뮤니케이션』(커뮤니케이션북스, 2000), p. 295.
9) 앞의 책, pp. 208-217, "하버마스의 공개장과 커뮤니케이션론" 참조.

사선택하고 해석하는 언론과 언론인의 매개적 역할이 점차 약해지고, 의제 설정의 중요성이나 기사의 중요성이 언론 기관이나 뉴스의 편집자에 의해서가 아니라 인터넷 이용자에 의해 결정되는 경향이 더욱 커져 간다는 것이다.

먼저 인터넷이 매스미디어인가 하는 점을 살펴보자.

매스미디어란 대량으로 메시지를 전달하는 매개체(Vehicle)를 말한다. 매스미디어를 정의할 때 대체로 수용자(다수성, 동질성, 익명성), 메시지(공공성, 일시성, 전달의 동시성), 발신자(복합적 조직성) 등 매스커뮤니케이션을 위한 각 요소의 특징을 포함시킨다.[10] 매스미디어가 갖는 가장 큰 특징은 대다수의 사람들에게 전달하는 매체라는 점이다. 신문과 TV 등이 대표적인 매스미디어들이다.

인터넷은 이러한 매스미디어의 특징과 대화나 전화, 편지 등과 같은 미디어를 통해 일어나는 대인 커뮤니케이션의 특징을 동시에 가지고 있다. 인터넷은 매스미디어와 개인미디어의 구분의 영역을 허물어 가고 있는 것이다.

또한, 인터넷은 기존의 신문, 방송, 라디오, 영화 등의 여러 미디어들을 하나로 통합한 통합적 성격을 가진 새로운 미디어이다. 기존의 미디어가 개별적으로 제공하는 정보를 인터넷이라는 하나의 미디어를 통해 이러한 일들이 가능하게 되었다. 이런 의미에서 인터넷은 기존의 매스커뮤니케이션 미디어의 기능을 통합하고 융합한 매스미디어이다. 이러한 인터넷의 미디어 융합(Media Convergence)과 상호작용성, 상호연결성 등의 특징은 서로 분리되어 있기보다는 디지털이라는 상위의 개념 속에서 각기 서로 다른 관점에서 고찰되는 총체적인 사회현상으로[11] 볼 수 있다.

---

10) 유일상, 앞의 책, pp. 15, 23.

예를 들어 인터넷 신문의 경우 기존의 신문이 제공하는 텍스트와 사진을 통한 정보의 전달뿐만 아니라 영상, 오디오 등을 통한 정보도 함께 제공함으로써 신문과 방송 등을 구분하는 기존의 매스미디어 구분을 허물고 새로운 통합 매체로서 자리 매김하고 있는 것이다.

이처럼 인터넷이 새로운 통합 미디어로서 자리 매김하기 위해서는 전달되는 정보의 신뢰성이 담보되어야 한다. 인터넷에는 무수한 루머와 익명의 글들이 떠돌아다니고 있어 정보의 신뢰성을 어떻게 확보하는가 하는 것이 큰 쟁점 중의 하나이다. 인터넷에서의 익명성은 개개인의 표현의 자유를 신장하고 인터넷을 공론의 장으로 만드는 데 긍정적인 역할을 하는 반면 인터넷을 통해 전달되는 정보에 대한 신뢰성에 관한 문제가 있다. 이러한 문제들은 특히 인터넷 신문 등의 사이버 저널에서 주요한 이슈로 대두되고 있다.

신문, 방송, 라디오 등을 통합하는 매스미디어로서 인터넷은 '인터넷 저널리즘' 혹은 '사이버 저널리즘(Cyber Journalism)'이라는 새로운 저널리즘을 만들어내고 있다.

저널리즘이란 기자가 시사적으로 관심사에 관한 뉴스 정보를 취재하고 편집자가 이를 평가하여 각종 미디어를 통해 전파하는 것을 말한다. 원래의 저널리즘은 신문과 잡지 같은 인쇄 매체에만 사용되었지만 이제는 라디오, 텔레비전, 다큐멘터리 영화나 뉴스 영화와 같이 뉴스를 전파하는 데 사용되는 다른 미디어의 활동도 모두 포함하는 용어가 되었다.[12] 이러한 정의에 따른다면 사이버 저널리즘은 인터넷 미디어를 통해 사이버 세계라는 새로운 공간에서 이루어지는 저널리

---

11) 이정춘, 『미디어와 사회』(세계사, 2003), pp. 183-184 참조.
12) 유일상, 앞의 책, p. 405.

즘 활동을 말하는 것이다.

사이버 저널리즘은 저널리즘의 새로운 패러다임을 만들어 가고 있다. 뉴스가 인쇄 신문이나 방송 매체를 통해 보도될 뿐만 아니라 인터넷을 통하여 보도되고 있으며, 기자의 글과 말을 통해서만이 아니라 일반인의 글과 말을 통해서 보도되고 있다. 뉴스의 생산 과정과 공급 과정이 바뀌는 저널리즘의 패러다임 전환기를 맞아 기존의 신문과 방송이 인터넷을 통해 뉴스를 제공하고 있고, 인터넷만을 통해 뉴스를 제공하는 신문과 방송이 수없이 출현하고 있다.

사이버 저널은 크게 기존 언론에 속해 있으면서 기존 언론의 전자적 확장으로서의 인터넷 신문과 인터넷을 통해서만 정기적으로 발간하는 인터넷 신문으로 대별될 수 있다. 이 글에서 인터넷 신문은 이러한 독립적인 형태로 운영되는 인터넷 신문을 말한다. 전자가 기존 언론의 전자적 확장으로서 종이 신문을 온라인으로 연장한 것에 불과하다면, 기존 언론의 대안으로서 등장한 인터넷 신문은 이전과 다른 보도 방식의 새로운 언론 매체로 자리 매김하고 있다.

인터넷 신문은 뉴스 형식에서 기존의 신문과 구별된다. 기존의 뉴스가 텍스트를 중심으로 몇몇 그림과 사진을 이용해 뉴스를 보도하는 반면 인터넷 신문에서는 텍스트, 그래픽, 사진, 동영상 등이 통합되어 제공된다. 기존 신문들이 지면의 한계 때문에 보도 내용을 줄이고 편집하는 반면 인터넷 신문에서는 하이퍼텍스트 등을 이용해 심층적인 기사를 제공할 수 있다.

인터넷 신문은 또한, 특별하게 훈련받은 전문가만이 저널리스트가 될 수 있다는 기존의 통념을 무너뜨리고 있다. 기존의 신문 독자들은 자신의 의견을 독자투고란에 기고하거나 해당 기자에게 자신의 의견을 전화 혹은 편지 등을 통해 의견을 제시하였지만 인터넷 신문에서는 누구나 자신의 의견이나 기사를 인터넷을 통해 보도할 수 있다.

사이버 저널리즘에서 전통적인 저널리스트의 역할이 변화하고 있는 것이다.

이러한 사이버 저널리즘은 기존의 독점적 미디어가 채워 주지 못하는 정보를 다루는 대안 미디어(Alternative Media)로서의 역할을 한다. 대안 미디어로서 인터넷 신문의 가능성은 탈중심적이고 개방적인 커뮤니케이션 구조, 시간 공간의 제약으로부터의 자유, 익명성과 탈매개성, 그리고 탈대중적이어서 누구나 동등한 입장에서 참여하여 자신의 목소리를 내고 새로운 정체성을 형성할 수 있는 수평적이고 민주적인 커뮤니케이션 공간, 즉 대안적 공론장의 가능성을 제공하고 있다는 것을 의미한다.[13]

2002년 월드컵 대회에서의 거리 응원, 미군 장갑차에 희생당한 여중생을 추모하는 촛불시위, 대통령 선거 등 일련의 사회 현상들은 우리 사회에서 인터넷이 대안 미디어로서 자리 잡았음을 보여 주는 사례들이다.

인터넷 신문은 많은 가능성과 동시에 과제 역시 함께 가지고 있다.

먼저 일부 인터넷 신문을 제외하고 인터넷 신문을 운영하고 발전시켜 나갈 수 있는 재정적 자립과 수익 모델의 창출에 어려움을 겪고 있는 것이 현실이다. 대부분 광고와 콘텐츠 판매 등으로 수입을 얻고 있지만 이러한 수입은 인터넷 신문의 유지와 발전을 위한 추가 투자에 미치지 못하고 있다. 인터넷 신문의 장점을 살리면서 독자적인 수익 모델을 창출하는 것이 당면한 과제이다.

그 밖에 뉴스 선택 및 뉴스 형식의 차별화, 뉴스의 세계화, 국제 공용어인 영어를 비롯한 다양한 언어를 통한 뉴스 제공 등의 과제가 있다.[14]

---

13) 박성호, 『인터넷 미디어의 이해와 활용』(커뮤니케이션북스, 2002), p. 114.

4. 한국 교회와 인터넷

인터넷의 확산이 사회 구조 전반에 급속한 변화를 가져오고 있다고 보면 교회도 예외는 아니다. 인터넷은 교회 안에서의 인간관계와 신앙에 대한 사고 체계, 기독교 문화, 선교와 목회 등 기독교 전반에 걸쳐 영향을 미치고 있다.

인터넷은 단순한 정보 기술의 혁신이 아니라 사람들이 세상을 이해하는 방법을 근본적으로 변화시키고 있으며 교회의 개념과 하나님을 믿는 신앙의 의미를 바꾸어 가고 있다. 농경사회에서 산업사회로 넘어오면서 교회의 의미와 역할, 선교 활동, 하나님에 대한 이해 방법들이 바뀌었듯이 산업사회에서 정보사회로 전환되는 현대사회에서도 이러한 내용들이 재해석되고 체계화되어야 하는 것이다.

성경은 우리에게 "오직 성령이 너희에게 임하시면 너희가 권능을 받고 예루살렘과 온 유대와 사마리아와 땅 끝까지 이르러 내 증인이 되리라"(행 1:8)고 가르친다. 여기서 '땅 끝'이란 21세기를 살아가는 우리들에게 있어서 현실 공간에서의 '땅' 뿐만 아니라 새롭게 펼쳐지는 사이버 공간(Cyberspace)이 될 것이다. 또한 주기도문에서 "뜻이 하늘에서 이루어진 것같이 땅에서도 이루어지이다"(마 6:10)라고 할 때 이 '땅' 역시 정보사회에서 현실 공간과 더불어 사이버 공간을 포함하는 것이며, 사이버 공간은 21세기를 살아가는 우리에게 하나님이 주신 새로운 세계이며, 이곳에 우리는 하나님의 나라가 이루어져 가도록 노력해야 하는 새로운 선교적 사명을 가지고 있다.

---

14) 인터넷 신문의 과제에 대해서는 『한국의 인터넷 신문, 실태와 과제』(한국언론재단, 2001) 참조.

(1) 한국 교회의 인터넷 미디어

앞에서 인터넷은 기존의 매스커뮤니케이션 미디어의 기능을 통합하고 융합한 매스미디어라고 정의한 바 있다. 여기에서는 매스미디어로서의 인터넷을 한국 교회가 어떻게 수용하고 있는가를 중심으로 살펴보자.

기독교의 인터넷을 통한 매스미디어는 다음 네 가지 유형으로 구분할 수 있다.

제1 유형인 독립적인 온라인 전문 뉴스 서비스 기관은 '뉴스앤조이'와 같이 기존 언론의 대안으로서 등장했고 기존 언론과 뉴스 보도와 편집 방식에서 구별되는 인터넷 미디어이다. 온라인 전문 뉴스 서비스 기관으로 출발한 '뉴스앤조이'는 도서 출판, 오프라인 신문 발행 등 온라인이 주축이면서도 필요에 따라 온라인과 오프라인을 병행하는 형태를 보이고 있다.

제2 유형의 인터넷 미디어는 'CBSi'와 같이 기존 언론사가 출자한 자회사 형태로서 주로 대부분의 콘텐츠를 모회사로부터 제공받는다. 최근 기독교방송은 인터넷 뉴스를 강화해 기자들이 현장에서 취재한 내용을 편집하지 않고 홈페이지에서 보도한다는 개념의 '무삭제 No Cut 뉴스' 등을 제공하고 있다.

제3 유형의 경우 매스미디어라기보다는 복음 전파를 위한 미디어라고 볼 수 있다. 'C3TV' '온누리 인터넷 방송국' '사랑의교회 인터넷 방송국' '순복음 인터넷 방송' 등 선교 단체나 개 교회가 직접 운영하는 인터넷 미디어들이 여기에 해당한다. 이들은 주로 설교와 교회 소식, 성경 공부 등의 내용을 주로 다루고 있다.

제4 유형의 인터넷 미디어는 '기독공보' '기독신문' '크리스천 투데이'와 같이 기존 언론의 전자적 확장으로서 기존 언론사 내에 하나의 부서 형태로 속해 있으면서 대부분 주간으로 발행되는 신문의 기사를 온라인으로 내보내고 있다.

인터넷 미디어의 특성인 상호작용성에 있어서 기독교의 인터넷 미디어들은 대체로 기존 언론에서의 독자관을 답습해 뉴스의 수용자이자 소비자라는 수동적 위치에서 벗어나 정보 제공자이자 뉴스 생산자로서의 독자라는 특성이 잘 드러나 있지 못하다. 대부분의 기독교 인터넷 신문, 방송에서는 뉴스 제공자와 독자간의 상호작용 커뮤니케이션이 잘 나타나지 않는다. 더욱이 뉴스 제작에 독자들이 참여하는 경우도 극히 드물다.

따라서 기독교 인터넷 미디어가 사이버 공간에 많은 사람들이 참여하는 공론장을 만드는 데는 미비하다고 볼 수 있다. 독자들이 단순히 뉴스를 제공받는 수동적인 입장에서 벗어나 기독교의 문제와 이슈에 관해 적극적으로 참여하여 의견을 교환하고 토론하는 능동적인 주체가 될 수 있도록 토론 공간을 제공하는 것이 필요하다.

전체적으로 기독교의 인터넷 미디어는 속보성, 상호작용성, 하이퍼텍스트성, 멀티미디어성과 주체적인 위치의 독자성 등 사이버 미디어 고유의 특징이 부족하다고 볼 수 있다.

(2) 교회 웹 사이트

국내 기독교 인터넷 포털 사이트 중 하나인 '기독정보탐정'에는 2,400여 개의 교회 홈페이지가 등록되어 있다.

지역별로는 서울(568개)이 가장 많고 경기도(457개), 부산(131개) 등의 순이다. 해외에 있는 한인 교회도 북아메리카 지역(265개)을 중심으로 아시아, 유럽 등 365개의 한인 교회 홈페이지들이 등록되어 있다.

이렇게 교회가 사이버 공간에 웹 사이트를 구축하고 운영하는 것이 일반화되어 감에도 불구하고, 현재 각 교회에서 홈페이지를 어떻게 구축하고 운영할 것인가에 대한 공인된 지침서나 홈페이지가 효율적으로 운영되고 있는가에 대한 평가지표가 부재한 실정이다.

교회의 웹 사이트들이 일반적으로 교회 홈페이지가 가지는 특성을 고려한 제작과 운영에 관한 지침 없이 각 교회의 선호나 취향에 따라 운영되고 있는 반면 공공 기관의 홈페이지는 비교적 구체적인 운영 지침에 의해 관리되는 편이다.

1) 교회 웹 사이트 제작 및 운영 지침

한국전산원은 지난 1997년부터 '공공 기관 홈페이지의 구축 및 운영 지침'을 연구, 발표하고 있다.[15] 1998년 개정판에서도 웹 사이트 담당자들이 참고해야 하는 정부 웹 사이트의 기획, 구축, 디자인, 운영 및 홍보 등을 위한 세부 실행방안을 구체적으로 언급하고 있다.

한국전산원은 웹 사이트 '구축 단계'와 '운영 단계', 그리고 '홍보 단계'에서 고려할 사항과 기본적으로 갖추어야 할 요구 사항을 체계적으로 제시하고 있다. 이를 간략하게 살펴보면 첫째, 구축 단계에서는 홈페이지를 구축하고자 하는 목적과 필요성이 구체적이고 명확하게 설정되어 있어야 하고, 목적이 설정되면 그에 따라 계획 수립을 해야 하며, 서비스 범위, 구축 기간, 인력 규모, 예산 확보, 현황 자료 수집, 자료 정리, 시스템 환경 현황 등을 고려한 기획이 이루어져야 한다. 홈페이지 개발 방법으로는 자체 개발과 외주 위탁 개발 방법을 나누어 설명하고 있다. 둘째, 운영 단계에서는 홈페이지 구축 후에도 지속적으로 자료 업데이트와 보안 등의 운영을 해야 하는데, 운영 방

---

15) 한국전산원, "공공 기관 홈페이지 구축 운영 지침서 1998년 개정판", 1998. 12.

법으로 자체 운영과 외주 위탁 운영으로 나누어 제시하고 있다. 마지막으로 구축된 홈페이지를 홍보하는 방법으로 검색 시스템 서비스를 이용하는 방법, 신문에 보도하는 방법, 그리고 PC 통신을 통한 홍보 방법 등을 설명한다.

이러한 일반적인 웹 사이트 구축 단계를 참고하여 교회 웹 사이트의 구축 단계는 다음과 같이 제시될 수 있다.

[표2] 교회 웹 사이트 구축 단계

단계	내 용	비 고
1단계	구축 계획 수립	사이트 성격 설정, 의견 수집, 인원 및 예산 확보
2단계	자료 수집 및 분석	원시 자료 수집, 내용 구성, 스토리보드 구성
3단계	홈페이지 설계	화면 기본안 설계, 원시 자료 가공, 하위 화면 설계
4단계	홈페이지 구현	화면 구성 테스트, 연결 상태 확인, 홈페이지 오픈

교회 웹 사이트의 제작과 운영에 있어서 각 교회의 규모와 특성을 고려해 교회에서 홈페이지를 구축해 운영하고자 할 때 참고할 수 있는 구체적 지침이 연구되고 보급되어야 할 필요가 있다.

2) 교회 웹 사이트 평가 모델

교회 웹 사이트가 원래의 운영 목적에 맞게 제대로 운영되고 있는가를 평가할 수 있는 '교회 웹 사이트 평가 모델' 역시 필요하다.

웹 사이트를 평가하는 방법에는 공공 기관, 시민 단체, 기업체, 교육 기관 등 웹 사이트 운영 주체의 특성에 따라 평가 지표가 조금씩 다르다. 이런 의미에서 교회 웹 사이트 역시 신앙 공동체로서의 교회의 특성을 반영한 평가 모델이 연구 개발되어야 한다. 여기에서는 일반적인 웹 사이트 평가 방법을 살펴보고, 이를 참고로 교회 웹 사이트 평가 방법을 모색해 보려 한다.

공공 기관 웹 사이트 평가의 경우, 중앙 행정 기관의 웹 사이트는 관련 기관과의 링크 기능과 각종 자료실의 설치 여부, 의견 수렴 기능, 정보 소외 계층에 대한 배려 등 사이트 이용자들의 편의와 의견 수렴 기능에 주력해 평가되는 반면 지방 행정 기관에 관한 연구에서는 행정 기관과 주민들 간의 커뮤니케이션 기능에 초점을 두고 평가가 이뤄졌다. 공공 기관 웹 사이트 평가와는 달리 민간 기관의 평가는 매우 다양하게 실시되었는데 우선 시민 단체를 대상으로 한 웹 사이트 평가에 관한 연구들은 연구자의 견해에 따라 각기 다른 지표로 평가를 시도한 것이 특징이라 할 수 있다.[16]

일반적으로 웹 사이트를 평가하는 핵심적인 요소는 콘텐츠(Contents), 디자인(Design), 내비게이션(Navigation), 커뮤니티(Community)로 구분할 수 있다.[17] 여기에 교회 웹 사이트의 특성을 반영하여 선교 기능의 지원(Mission Function)과 기타(Others)를 추가하여 6개 영역으로 구분할 수 있다.

이러한 6개 평가 영역을 최상위 평가 영역(Top-level Criteria Dimension)과 하위 평가 영역(Sub-level Criteria Dimension)으로 구성해 보면 다음과 같다.

---

16) 박종구 · 최윤정, "웹 사이트 평가 동향과 지표의 강조점", 《사이버커뮤니케이션학보》 통권 제10호(2002) 참조.
17) 현경보 · 이미영, "인터넷 신문 평가 요인에 관한 탐색적 연구", 《사이버커뮤니케이션학보》 통권 제7호(2001) 참조.

[표3] 웹 사이트 평가 모델의 평가 영역(Criteria Dimension)

최상위 평가 영역 (Top-level Criteria Dimension)	하위 평가 영역 (Sub-level Criteria Dimension)
콘텐츠(Contents)	신속성
	양질
	이해성
	멀티미디어 정보 활용
	정보의 양
디자인(Design)	몰입성
	신선도
	일관성
	명쾌성
내비게이션(Navigation)	구조
	사용성
	최적화
	자동화
	속도
커뮤니티(Community)	활성화
	다양성
	매개체
	접촉성
	참여도
선교 기능의 지원 (Mission Function)	설교
	성경 공부
	신앙 강좌
	신앙 상담
기타(Others)	종합적인 만족도
	웹 사이트 재방문율
	방문자 수
	회원 수

① 콘텐츠(Contents)

콘텐츠는 웹 사이트를 구성하는 정보의 내용들을 통칭하는 용어이
다. 교회 웹 사이트들이 성공적으로 운영되기 위해서는 먼저 충실한

양질의 콘텐츠가 제공되는 것이 가장 중요하다. 콘텐츠의 형태도 단순한 텍스트나 그림에서부터 오디오, 비디오 등으로 다양해야 한다. 또한 이러한 콘텐츠가 제공되는 정보의 체계와 일관성, 연계성 등이 필요하다.

② 디자인(Design)

디자인은 웹 사이트가 제공하는 콘텐츠를 어떻게 표현하여 제시할 것인가의 문제이다. 웹 사이트의 전반적인 색상, 콘텐츠의 배치, 그래픽, 기타 멀티미디어 효과 등을 어떻게 제시할 것인가를 종합적으로 고려해 웹 사이트를 디자인해야 한다.

③ 내비게이션(Navigation)

네비게이션은 웹 사이트 방문자가 웹 사이트 내에 있는 다양한 페이지로 이동할 수 있도록 지원하는 체계라고 할 수 있다. 이러한 내비게이션체계는 웹 사이트에서 제공되는 정보를 쉽게 찾을 수 있도록 하고, 방문자가 얻고자 하는 정보를 체계적으로 얻어 갈 수 있도록 도와주는 기능을 한다. 메뉴, 검색, 링크 등이 여기에 속한다.

④ 커뮤니티(Community)

교회 웹 사이트의 커뮤니티 기능은 공동체를 강조하는 교회의 정신에 비춰볼 때 가장 중요한 기능 중의 하나이다. 이는 웹 사이트를 통해 교인 혹은 방문자들이 사이버 공간에서 하나의 공동체를 만들어 가는 것을 말한다. 웹 사이트의 게시판, 대화방 등의 방문자들의 참여도, 상호작용성 등이 여기에 속한다.

⑤ 선교 기능의 지원(Mission Function)

교회 웹 사이트는 일반 웹 사이트와 달리 선교적 성격이 강하므로 웹 사이트를 통해 얼마나 체계적이고 효과적으로 신앙 내용이 다루어지고 여기에 대한 피드백이 이루어지는가 하는 점이 여기에 속한다.

⑥ 기타(Others)

전체적인 웹 사이트 방문자들의 만족도, 웹 사이트 분석 도구를 통한 방문자 수, 접속 빈도 분석 등이 여기에 속한다. 회원제로 운영되는 웹 사이트의 경우 회원 가입 정도도 고려된다.

(3) 정보사회에서의 교회의 새로운 과제

정보사회는 기독교인인 우리가 부정을 하든, 긍정을 하든 거부할 수 없는 문명사적 전환을 가져오고 있다. 이러한 문명의 새로운 패러다임을 분별하고 대처할 줄 아는 능력이 현대를 살아가는 기독교인에게 요구된다.

'교회 현장에서 어떻게 신학을 실천할 것인가' 하는 점에 있어서, 21세기의 현대 교회가 속해 있는 정보사회에서의 목회에 대해 연구하고 교육할 필요가 있다. 그러나 그것은 멀티미디어의 기술적 활용에만 그쳐서는 안 된다. 정보사회는 비트(bit)의 세계라고도 표현된다. 비트의 세계에서 지리적 위치는 더 이상 문제되지 않는다. 비트는 시간과 공간의 제약을 넘어서는 세계이며 복음은 그러한 세계를 자유롭게 넘나든다.[18] 이렇게 새롭게 펼쳐지는 세계에서 어떻게 목회할 것인가라는 실천적인 도전이 우리 앞에 놓여 있다. 교회라는 제한된 공간에서 주어진 시간 안에 교인들을 만나는 목회 활동을 넘어 시간과 공간을 넘나들며 지역을 기반으로 하면서도 세계를 상대로 하는 인터넷 목회(Internet Ministry)가 필요한 시대가 되었다. 목회에 있어서도 "생각은 지역적으로, 행동은 세계적으로"(Think Locally, Act Globally)[19] 해야 할 시대가 된 것이다.

---

18) Walter P. Wilson, *The Internet Church* (Nashville: Word Publishing, 2000), p. 28.

정보사회는 신학 전반에 있어서 새로운 과제를 제시한다. 과연 사이버네틱스, 사이버스페이스, 비트의 세상을 신학이 어떻게 다룰 것인가 하는 문제가 제기되는 것이다. 사이버 세상과 현실 세계를 넘나들며 살아가는 인간을 어떻게 새롭게 이해해야 하는 것인가라는 질문 역시 제기된다.

이러한 질문에 대해 미국의 여신학자 제니퍼 콥(Jennifer Cobb)은 '사이버 공간의 신학'을 제시하면서 과정신학(Process Theology)의 하나님 이해와 샤르뎅(Telhard de Chardin)의 진화론적 세계관에 기초해 사이버 공간의 신학을 전개할 수 있다는 가능성을 제시하기도 했다.[20] 콥에 따르면 사이버 공간은 과학적 · 물질적 세계관의 지배에 도전하며 과학과 종교 간의 화해를 돌출해 낸다. 여기에서부터 비로소 사이버신학이 시작된다. 즉 사이버신학은 영성이 기술을 껴안을 때 가능하다는 것이다.[21]

이 밖에 정보사회의 특징인 하이퍼텍스트에 대해서도 록히드(David Lochhead) 교수는 성서 자체가 하이퍼텍스트적인 성격을 가지고 있다고 말한다.[22] 예를 들어 산상수훈에서 예수님은 반복해서 유대 경전의 구절들을 인용하셨다(마태복음 5장). 예수님이 "너희가 이미 들은 대로"라고 하실 때 우리는 이미 하이퍼텍스트에 연결되어 다른 웹 페이지로 넘어가는 것처럼 십계명이나 구약의 말씀을 떠올리게 된다. 이렇듯 정보사회에서 성경은 순서대로 엮여 있는 한 권의 책이 아니라 하이퍼텍스트처럼 서로 연결되어 있는 것으로 우리에게 다가오고

19) John Naisbitt, *Global Paradox* (London: Nicholas Brealey Publishing, 1995) 참조.

20) 최인식, 『예수, 그리고 사이버 세계』(대한기독교서회, 2001), p. 174.

21) Jennifer J. Cobb, *Cybergrace: The search for God in the digital world* (New York: Crown Publishers, 1998), p. 35.

22) David Lochhead, *Shifting Realities: Information Technology and the Church* (Geneva: WCC Publications, 1997), p. 71.

있다. 하이퍼텍스트 시대에 성경이 우리에게 어떻게 새롭게 이해되고 읽히는가에 대해 새로운 과제가 주어진다.

정보사회는 새로운 윤리적 과제도 안겨 준다. 정보 혁명은 새로운 정보사회를 만들고 이 사회는 이전 사회와 근본적으로 다른 사회이다. 그것은 산업사회 이후의 사회이고 우리가 생활하고 일하고 휴식을 취하는 방법이나 우리 사회를 조직하고 우리 자신을 정의하는 내용들이 변화할 것을 의미한다.[23) 따라서 새로운 사회가 가지는 새로운 윤리적 문제가 발생하고 여기에 기독교인이 새로운 윤리적 관점에서 이를 해석하고 대응해야 하는 과제가 주어진다.

사이버스페이스를 둘러싼 새로운 주요 윤리적 문제는 인터넷 거버넌스(Internet Governance), 정보 격차와 보편적 접근(Digital Divide & Public Access), 내용 규제와 표현의 자유(Content Regulation & Free Speech), 감시와 프라이버시(Surveillance & Privacy,) 지적재산권(Intellectual Property), 정보사회에서의 커뮤니케이션 권리(Communication Rights in Information Society) 등이 있다.

① 인터넷 거버넌스(Internet Governance)

인터넷을 통해 다른 컴퓨터와 통신을 하기 위해서는 네트워크에 접속된 각각의 컴퓨터에 대한 주소가 필요한데, 이 인터넷 주소는 숫자로 표현된 주소(IP)와 문자로 표현된 주소(도메인네임)로 구성되어 있다. 즉 사람으로 치면 IP주소는 주민등록번호이고, 도메인 네임은 이름에 해당하는 것이다. 여기서 도메인 네임이 중요하고 위력적인 이유는, 그것이 단순한 글자나 이미지가 아니라 사이버스페이스로 진입하기 위한 유일한 입구이기 때문이다.

ICANN(Internet Corporation for Assigned Names and Numbers)은 이러

---

23) Cees J. Hamelink, *The Ethics of Cyberspace* (SAGE Publication, 2000), p. 23.

한 도메인 네임을 관리하는 국제 기구이다. 인터넷 거버넌스(Governance)와 관련하여 ICANN에 대한 일반 이용자들의 참여를 보장하고, 이를 통해 민주주의적인 운영을 모색하려는 움직임들이 있다.[24]

② 정보 격차와 보편적 접근(Digital Divide & Public Access)

국가 간의 정보 격차와 한 국가 내에서도 소득과 학력 수준, 성별, 세대 간에 발생하는 정보 격차는 정보사회의 핵심적인 윤리 문제이다. 정보 사회의 '정보 격차(Digital Divide)'는 곧 기회의 불평등을 만들고 이는 다시 빈부 격차의 확대로 이어진다. 이러한 악순환을 차단하고 정보 격차를 없애기 위해서 요구되는 것이 바로 '보편적 접근권(Public Access)'이다. '보편적 접근권'이란 국민 모두가 나이, 성별, 지역, 계층에 상관없이 정보 통신 기기에 접근해서 정보를 얻을 수 있는 동등한 기회와 권리를 갖는 것을 의미한다. 이러한 '보편적 접근권'은 특정 계층만이 아니라 대한민국 국민 누구나 보편적으로 누릴 수 있는 정보 기본권의 하나로 보장되어야 하는 것이다.[25]

교회 안에서도 세대 차이나 경제적 수준, 학력 정도에 따라 정보 격차가 엄연히 존재하는 것이 사실이다. 교회와 우리 사회 안에서 그리고 국가간의 정보 격차 해소가 우리 모두의 윤리적 과제이다.

③ 내용 규제와 표현의 자유(Content Regulation & Free Speech)

인터넷은 등장 초기서부터 기존의 매스미디어의 폐해와 선명하게 대비되면서 개인의 표현의 자유가 이전의 미디어보다 보다 원활할 것이라는 기대를 모았다. 이러한 기대는 '사이버스페이스 독립선언문'[26]으로 대표되는 초기 네티즌 집단이 사이버 공간을 현실과 분리

---

24) ICANN의 웹 사이트 http://www.icann.org/ 참조.
25) 보편적 접근권에 대한 자세한 내용은 Media Access Project (http://www.mediaaccess.org) 참조.

하여 자유의 무한한 확대를 주장하게 하기도 하였다.

그러나 이러한 사이버 공간에서의 표현의 자유는 각국 정부에 의해 규제당하기 시작했다. 더구나 최근에는, 인터넷 홈페이지에 픽스(PICS: Platform for Internet Content Selection)라는 전자적인 부호를 표시하도록 하고, PC방, 학교, 도서관 등 국민의 주요 인터넷 접속점(Access Point)에 이를 인식할 수 있는 차단 소프트웨어를 설치하여 인터넷 접속을 선별, 차단하도록 한 제도인 '인터넷 내용 등급제'를 둘러싸고 사이버 공간에서의 표현의 자유 문제가 쟁점화되고 있다.[27] 교회에서도 내용 규제와 표현의 자유 문제가 존재한다. 설교나 기타 교회의 민감한 사안에 있어 내용 규제는 존재하며 일부 교회에서는 인터넷의 특징인 상호작용이 일어나지 못하도록 게시판 등을 폐지하거나 극도로 사용을 제한하기도 한다. 개개인의 참여와 상호작용 등의 특징을 가진 정보사회는 교회의 가부장적 커뮤니케이션 구조와 과정에 새로운 과제를 제시하고 있다.

④ 감시와 프라이버시(Surveillance & Privacy)

인격권으로 알려진 프라이버시는 인터넷이 몰고 온 정보사회에서 정보 데이터라는 개념으로 정의되며 개인적 가치 외에 사회적, 경제적 가치로 그 의미와 중요성이 확대되고 있는 실정이다. 개인의 정보는 어떤 고가의 정보와도 견줄 수 없는 물질적 가치 이상의 무형적 가치를 지니며 개인의 가장 고귀한 자산으로 인정받아 마땅하다.[28]

⑤ 지적재산권(Intellectual Property)

정보사회에서 저작권법이 특히 문제가 되는 이유는 다음 두 가지로 요약된다. 첫째는 문화의 산업화와 정보산업의 발전이다. 물론 저작

26) http://www.eff.org/~barlow/Declaration-Final.html 참조.
27) http://www.nocensor.org/ 참조.
28) http://www.privacy.or.kr/ 참조.

권은 17~18세기부터 존재하였으나, 영화, 만화, 음반 등 문화 산업이 전체 산업에서 차지하는 비중이 커지고, 소프트웨어, 데이터베이스 등 정보 산업이 발생함에 따라, 한 사회에서 저작권이 차지하는 비중이 커지게 되었다. 둘째는 정보 통신 기술이 발전함에 따라, 디지털화와 네트워크화가 확산되는 환경의 변화이다. 복사기, VTR 등 복제 기술의 발전은 끊임없이 저작권자의 반발을 불러일으켰으며, 디지털 기술과 인터넷의 등장은 저작권과 근본적인 모순을 일으키고 있다.[29] 교회 웹 사이트에 제공되는 설교의 도용 문제, 복음성가 등의 음악 파일 공유 등이 교회와 관련된 지적재산권 문제이다.

　⑤ 정보사회에서의 커뮤니케이션 권리(Communication Rights in Information Society)

　커뮤니케이션 권리는 UN이 주최하는 '정보사회에 관한 세계 정상회의(World Summit for Information Society, WSIS)'를 계기로 정보사회에서 커뮤니케이션 권리를 인간의 기본적인 인권의 하나로 보고 이러한 개개인의 커뮤니케이션 권리가 보장되는 정보사회가 되어야 한다는 시민사회의 주장을 말한다.[277]

　이러한 정보사회의 새로운 윤리적 과제들은 하나님의 평화, 정의, 생명 등으로 대변되는 하나님의 나라의 특성에 비추어 재해석해야 하는 새로운 시대적 과제로 우리에게 다가온다.

---

29) http://ipleft.or.kr/ 참조.
30) http://www.wsis.or.kr와 http://www.crisinfo.org 참조.

5. 나가는 말

현재 한국 사회는 인터넷의 확산에 의해 정치, 경제, 문화 등 사회 구조 전반에 걸쳐 급속한 변화가 진행되고 재편되어 가는 과정에 있다. 여기에 교회 역시 신학과 목회 및 선교 전반에 걸쳐 정보사회라는 문명사적 전환에 맞춰 기존의 이론을 재검토하고 재편해야 하는 과제를 안고 있다. 이러한 작업이 늦어질수록 교회는 사회로부터 멀어져 가고 자기 목소리를 잃어 갈 것이다.

그러나 교회의 이러한 새로운 시대적 과제는 그 중요성과 시급성에도 불구하고 교회 내부에서 활발하게 논의되고 있지 못하고 있다. 이 글에서는 이러한 과제들을 점검하고 앞으로 무엇을 더 연구하고 재편해 나가야 할지를 살펴보고자 했다.

21세기 정보사회를 맞아 한국 기독교의 새로운 과제를 점검하고 이에 응답하기 위한 연구와 노력이 계속되기를 바라며 글을 맺는다.

참고 문헌

1) 국내 문헌

기독교방송 편. 『기독교와 커뮤니케이션』. 대한기독교서회, 1993.

김성기 옮김. 『뉴미디어의 철학』. 민음사, 1994.

김정탁. 『미디어와 인간』. 커뮤니케이션북스, 1998.

김지운 · 방정배 · 정재철 지음. 『비판 커뮤니케이션』. 커뮤니케이션북스, 2000.

박금자. 『인터넷 미디어 읽기』. 커뮤니케이션북스, 2001.

박성호. 『인터넷 미디어의 이해와 활용』. 커뮤니케이션북스, 2002.

박종구 · 최윤정. "웹 사이트 평가 동향과 지표의 강조점". 《사이버커뮤니케이션
　　학보》 통권 제10호, 2002.

성동규 · 라도삼. 『인터넷과 커뮤니케이션』. 한울아카데미, 2000.

성동규. 『사이버 커뮤니케이션』. 세계사, 2002.

수잔 B. 반즈, 이동후 · 김은미 옮김. 『온라인 커넥션』. 도서출판 한나래, 2002.

오택섭 · 강현두 · 최정호. 『미디어와 정보사회』. 나남출판사, 2003.

윌리엄 포어. 『매스미디어 시대의 복음과 문화』. 대한기독교서회, 1998.

유일상. 『매스미디어 입문』. 청년사, 2002.

이진경. 『노마디즘』. 휴머니스트, 2002.

이정춘. 『미디어와 사회』. 세계사, 2003.

전석호. 『정보사회론』. 나남, 1993.

최인식. 『미래 교회와 미래 신학』. 대한기독교서회, 1996.

_____. 『예수, 그리고 사이버 세계』. 대한기독교서회, 2001.

『한국의 인터넷 신문, 실태와 과제』. 한국언론재단, 2001.

한국전산원. 『공공 기관 홈페이지 구축 운영 지침서 ' 98 개정판』, 1998. 12.

현경보 · 이미영. "인터넷 신문 평가 요인에 관한 탐색적 연구", 《사이버커뮤니
　　케이션학보》 통권 제7호, 2001.

2) 외국 문헌

Cees J. Hamelink. *The Ethics of Cyberspace. London*: SAGE Publication, 2000.

David Lochhead. *Shifting Realities: Information Technology and the Church*. Geneva: WCC Publications, 1997.

Graham Houston. *Virtual Morality: Christian ethics in the computer age*. Leicester: Apollos, 1998.

Jennifer J. Cobb. *Cybergrace: The search for God in the digital world*. New York: Crown Publishers, 1998.

M. Nadarajah. *Pathways to Critical Media Education and Beyond*. Kuala Lumpur: Cahayasuara Communication Center, 2003.

Steven G. Jones. *Cybersociety: Computer-Mediated Communication and Community*. California: SAGE Publication, 1995.

Tal Brooke. *Virtual Gods*. Oregon: Harvest House, 1997.

Walter P. Wilson. *The Internet Church*. Nashville: Word Publishing, 2000.

제5장 교회와 미디어 교육

김기태 (호남대학교 신문방송학과 교수)

1. 서론 : 각종 미디어의 도전에 직면한 교회

오늘날 기독교인들은 교회에서의 가르침 못지않게 각종 미디어로부터 많은 내용을 학습받고 있다. 청소년들의 경우 과거 부모와 선생님이 차지했던 자리를 인터넷이나 텔레비전을 비롯한 각종 미디어가 대신하고 앉아서 세상을 살아가는 데 필요한 가치와 규범을 가르쳐 주고 있기 때문이다.

다양한 미디어의 막강한 영향력으로부터 교회가 심각한 도전을 받고 있는 셈이다. 기독교 신자들의 개인 및 가정생활 공간 모두에서 경건한 삶을 유지하는 데 각종 미디어는 크고 작은 영향력을 지속적으로 행사하고 있기 때문이다. 때로는 친구로, 경우에 따라서는 교사나 부모보다도 더 강력한 힘을 가지고 현대인의 정신 세계를 지배하는 미디어를 극복하지 않고는 바람직한 신앙생활을 유지할 수 없다는 말이 나올 정도로 오늘날 교회의 미디어 대책은 절실한 과제이다.

물론 미디어가 부정적인 역기능만을 노출하는 것은 아니다. 제대로만 활용한다면 매우 다양한 유용성을 지니고 있는 존재이다. 교회의 복음적 가치관을 각종 미디어를 통해 적극적으로 전파할 수 있다면 매우 유용한 선교 도구가 될 것이기 때문이다.

그런데도 미디어를 올바로 활용하기 위한 교회에서의 대책은 미미한 편이다. 아직 문제를 심각하게 인식하지도 않고 있으며 부분적으로 시도해 보고 있는 대안들도 일회적이거나 부분적인 걸음마 단계에 지나지 않는다.

현대사회에서 교회를 위협하고 있는 다양한 도전 세력 가운데 이제 미디어는 더 이상 외면할 수 없는 대상이 된 셈이다.

2. 복음적 가치관과 미디어 가치관

말초적 감각을 자극하고 일시적인 흥미유발이라는 상업적 목적 달성에만 치중하는 미디어의 내용은 전반적으로 교회가 지향하는 복음적 가치관들과는 차이가 난다. 우선 흥미와 쾌락을 지향하는 갈등, 싸움, 반목 중심의 미디어 가치관에 비해 복음적 가치관은 참 평화를 지향한다.

또한 개인 차원이건 사회 구조적 차원이건 미디어는 잘못된 일에 대한 책임 소재를 남의 문제로 보고 이를 따지려는 데 비해 복음적 가치관은 자신의 잘못을 먼저 생각하고 깨우치려는 '내 탓'으로부터 출발한다는 데 차별성이 있다.

교회가 가르치는 사랑은 인내하고 겸손하며, 진리에 기초한 즉 '주는 사랑'인데 비해 미디어를 통해 피상적으로 그려지는 사랑의 모습은 대부분 **빼앗고** 쟁취하는 투쟁의 대상이고 결국 이별과 아픔을 가져다주는 왜곡된 모습으로 표현되는 경우가 많다.

교회는 기본적으로 인간의 평등을 전제로 한 인간 존중의 가치관을 중시하는 반면 미디어 가치관은 매체의 속성상 갖가지 인간적, 사회적 차별을 기초로 꾸며진다.

아름다움에 관한 가치관에 있어서도 서로 다르다. 미디어를 통해 강조되는 아름다움은 겉으로 보이는 미(美)의 치장에 치중하지만 복음적 가치관은 내면의 아름다움을 보다 중요시한다는 데서 차이가 난다.

휴식과 여가활용에 있어서도 미디어는 주로 순간적 쾌락과 향락에 가까운 자극적인 내용을 제공하는 데 반해 교회에서 강조하는 진정한 휴식은 건전과 절제를 기초로 하여 결국 내일의 일을 보다 즐겁게 준비하도록 해 준다는 점에서 다르다.

따라서 우리의 주변 환경이 되어 버린 미디어 환경은 교회가 지향하는 복음적 가치관과는 거리가 먼 비뚤어진 가치관을 확산시키는 도구라고 볼 수도 있을 것이다. 그러나 미디어는 본래 인간의 삶을 풍요롭고 편리하게 하는 데 탁월한 능력을 가지고 태어난 문명의 이기(利器)다. 부작용과 문제점이 있다고 해서 미디어 또는 대중문화 자체가 부정되거나 본래의 다양한 기능을 포기할 수는 없다. 제대로만 사용한다면 여전히 풍부한 가능성을 지닌 유용한 존재이기 때문이다.

미디어 시대에 올바른 신앙생활을 위한 교육과 그 실천을 위한 대안들이 체계적으로 마련되고 실천 가능한 내용부터 실생활에 적용해 보려는 노력이 당장 필요하다. 어떤 매체와 내용을 얼마나 누구와 함께 어떤 방식으로 택하고 수용하는 것이 좋은지를 스스로 찾아내려고 진지하게 생각하는 일부터 먼저 시작해야 할 것이다.

3. 미디어 교육의 개념과 전개 과정

미디어는 막강한 영향력을 어떤 방향으로 활용하느냐에 따라 두 얼굴의 모습을 나타내는 양면적 존재이다. 문명의 이기로서 다양한 긍정적 기능을 수행하기도 하지만 반대로 여러 가지 면에서 역기능적 폐해를 야기하기도 하기 때문이다.

따라서 미디어 교육도 긍정적 기능을 보다 적극적으로 발휘하기 위한 미디어 창조 교육과 역기능적 폐해를 최소화하기 위한 예방 교육의 두 가지 형태로 진행될 수 있을 것이다.

결국 미디어 교육이란, 올바른 매체 이해 및 수용 교육인 동시에 주체적인 창조 및 활용 교육이다. 따라서 대중매체를 비롯, 각종 뉴미디어에 이르기까지 인간의 필요에 의해 만들어진 매체를 주인인 인간이 적극적으로 활용할 수 있는 능력을 기르는 교육인 셈이다. 현대 사회의 지배적 환경이 되어 버린 매체 환경이 오히려 인간을 지배하고 심지어는 파괴에 이르게 하는 경우까지 생겨나는 데 대한 적극적인 대안 마련이라고 볼 수도 있겠다.

이런 점에서 미디어 교육은 매체 본질(언어 및 구조) 이해 교육, 매체 비판 및 비평 교육, 매체 감상 교육, 매체 수용 교육, 매체의 창조적 활용 교육, 매체 적응 교육, 매체 제작 교육 등의 개념을 모두 포괄한 개념이라고 종합할 수 있을 것이다.

간혹 미디어를 이용한 교육(Education Media) 즉, 교육공학적 개념을 미디어 교육(Media Education)으로 혼동하는 경우가 있다. 그러나 본래 미디어 교육의 기본 이념은 올바른 수용자 교육으로 수용자에게 미디어의 본질을 이해시키는 교육(Media Education)으로서 매체의 교육적 활용과는 개념적으로 다소 차이가 있다는 점을 분명히 할 필요가 있으나 다만 근자에는 이 양자간의 결합이 이루어지고 있다고 보는 편이 옳을 듯하다. 즉 개념적 정의보다는 다양한 형태의 미디어 교육 방법 개발과 실천이 중요하기 때문이다.

우리나라 미디어 교육의 역사는 미디어의 역기능적 폐해를 강조하고 이를 일회적인 강의나 강좌의 과목으로 다루던 것까지를 포함하면 1970년대까지 거슬러 올라갈 수 있겠으나, 학교 미디어 교육 교과 과정 시안을 제시한 논문이 발표된 1980년부터로 보는 게 타당할 듯하다.

우리나라 미디어 교육은 그 동안 이론적 연구를 바탕으로 한 전문 교육이기보다는 언론 수용자 운동의 한 실천 방법으로 전개되어 온 경향이 있다. 따라서 교육 내용면에서도 교육 이론에 입각한 미디어 교육이기보다는 언론 현상에 대한 비판적 인식을 기르거나 언론으로 인해 입을 수 있는 수용자들의 피해를 최소화하고 나아가서는 잘못된 언론 구조나 내용을 개선하기 위한 의식화 관련 내용이 주류를 이루어 왔다.

주관 단체로는 주로 가톨릭교회 관련 단체와 사회운동 단체가 중심을 이루었으며 일부 학교에서 교사나 학부모를 대상으로 한 교양 교육 수준에서 기초 교육이 이루어진 바 있다. 1990년대에 들어서면서 몇몇 학교에서 학교 특별활동 시간을 이용한 미디어 교육이 실시되는 사례도 늘고 있으며, 최근에는 많은 단체나 기관에서 미디어 교육에 대한 관심을 나타내고 있는 실정이다. 교단 차원에서도 총회 교육부가 어린이용 미디어 교육 교재를 개발, 발간하는 등 점차 본격적인 실천을 시작하고 있는 실정이다.

그 동안 실제 미디어 교육 프로그램을 실행해 본 사례를 중심으로 우리나라 미디어 교육 유형을 나누어 보면, 먼저 사회운동 단체에서 모니터 운동 요원을 양성하기 위한 강좌의 일환으로 미디어 교육을 실시한 유형을 들 수 있다. 둘째로는 비록 적은 수이긴 하지만 학교

교사를 대상으로 한 미디어 교육이 실시된 바 있고, 셋째로는 직접 학생을 대상으로 학교에서 특별활동 시간을 이용하여 미디어 교육을 실시한 사례도 꼽을 수 있다. 다음으로 일반인을 대상으로 한 미디어 교육은 각종 사회단체들이 교양 교육 차원에서 미디어 교육을 포함시킨 사례가 있으며 끝으로 성직자, 교사, 교인들을 대상으로 한 교회에서의 미디어 교육 유형을 들 수 있겠다.

이상에서 알 수 있듯이 미디어 교육이라는 용어가 담고 있는 의미는 다양하다. 관련 용어만 해도 미디어 교육(Media Education), 미디어 리터러시(Media Literacy), 비판적 시청 기술(Critical Viewing Skill), 커뮤니케이션 기술(Communication Skill), 미디어 언어(Media Langage), 미디어 문법(Media Grammar), 미디어 지식(Media Knowledge), 교육 커뮤니케이션(Educommunication), 정보 교육(Information Education), 미디어 연구(Media Studies) 등 다양하다. 이 중 대표적인 용어를 중심으로 담고 있는 의미를 정리해 보면 다음과 같다.

(1) 비판적 수용(Critical Viewing Skill) 교육

일반적으로 대부분의 미디어 수용자들은 맹목적이고 수동적이며 소극적인 수용 행태를 보이고 있다는 문제 인식을 바탕으로 미디어 교육이란 미디어를 비판적으로 수용할 수 있는 능력을 기르기 위한 교육으로 보는 입장이다. 따라서 이 정의에 의하면 미디어 교육이란 미디어에 대한 주체적이고 능동적이며 적극적인 수용자로서의 자질을 함양시키기 위한 교육으로 보는 견해라고 할 수 있다.

(2) 미디어 리터러시(Media Literacy) 교육

주로 미국에서 사용되고 있는 용어로, 미디어를 이해하고 파악하는 능력으로서의 미디어 문법 또는 미디어 언어를 가르치는 교육이라는 입장이다. 인간이 사용하는 모든 일상 언어에 일정한 법칙이나 규칙이 있듯이 모든 미디어도 그 나름대로의 사용 법칙 즉 독특한 질서가 있다는 것이다. 따라서 미디어를 올바르게 이해하고 파악하기 위해서는 바로 이러한 미디어 언어 또는 문법이라는 각종 미디어마다 지니고 있는 독특한 구조적 특성을 이해해야 한다는 것이다.

(3) 시민 교육으로서의 미디어 교육

현대사회는 곧 시민사회라고 부를 만큼 시민의 주체적이고 적극적인 참여를 바탕으로 형성되고 이끌어지는 시민 참여형 사회이다. 그런데 오늘날 시민사회는 미디어가 제 역할을 다할 때라야 비로소 성립이 가능한 사회 형태이다. 특정 사회의 각종 아젠다를 설정하는 과정에서부터 이를 여론을 통해 공론화하는 단계에 이르기까지 미디어의 역할은 지대하다. 따라서 미디어 교육은 곧 능동적이고 적극적인 시민의식 함양을 통한 참여 유도 방안이라는 점에서 시민 교육이라는 입장이다.

(4) 소비자 교육으로서의 미디어 교육

오늘날 미디어를 통해 생산되고 유통되는 모든 메시지 즉 콘텐츠는 상품이다. 따라서 이를 선택하고 향유하는 모든 수용자들은 곧 소비자인 셈이다. 즉, TV프로그램을 시청하고 신문과 잡지를 읽으며 인터넷을 통해 정보를 얻는 모든 행위는 곧 소비 행위라는 것이다. 그런만큼 미디어 교육은 곧 능동적이고 적극적인 소비생활을 할 수 있는 능력을 기르는 소비자 교육과 다를 게 없다는 시각이다.

(5) 수용자 운동과 미디어 교육

적극적인 미디어 수용 능력 배양은 곧 수용자 운동이라는 집단적 행동을 통한 미디어 감시 또는 실천 행동 양식과 직간접적인 관계를 가진다. 따라서 미디어 교육은 곧 수용자 운동을 위한 의식화 교육인 동시에 실천 프로그램의 하나라는 입장이다. 우리나라의 초기 미디어 교육은 곧 수용자 운동이라고 할 정도로 미디어 교육과 수용자 운동은 서로 밀접한 관련을 맺으며 진행되어 왔다.

(6) 인성 교육으로서의 미디어 교육

오늘날 미디어는 청소년을 비롯한 수용자들의 가치와 규범에 결정적인 영향을 미치는 막강한 존재로 자리 잡고 있다. 따라서 미디어를 통해 유포되고 강조되는 각종 가치관과 규범들은 자연스럽게 현대인들의 인성을 좌우하는 강력한 메시지로 작용하고 있다. 그런만큼 미디어 교육은 곧 오늘날 미디어 수용자들의 인성 교육과 다름 아니라는 입장이다.

4. 교회 미디어 교육의 내용

그렇다면 교회에서는 미디어 교육을 위해 구체적으로 무엇을 가르칠 것인가? 즉, 교회 미디어 교육의 교과 과정에 대한 논의가 필요한 셈인데 이는 교육 여건에 따라 다양하게 이루어질 수 있다. 따라서 이 글에서는 먼저 일반 미디어 교육의 교과 과정 즉 미디어 교육의 기본 내용을 토대로 교회에서 다루어야 할 미디어 교육 내용들을 추출해 보기로 한다.

일반적으로 미디어 교육은 개념 중심의 교과 과정, 주제 중심의 교과 과정, 매체별 교과 과정, 교육 대상별 교과 과정, 교육 기간별 교과 과정 등 교육 여건에 따라 다양하게 이루어질 수 있겠는데 여기에서는 이를 종합하여 다음과 같은 기본적인 교육 내용을 제시해 보았다.

(1) '교회와 미디어'에 대한 기본 이해

즉, 현대사회에서 교회가 각종 대중 매체와 어떤 관련성을 맺고 있으며 서로 어떤 영향을 주고받고 있는지를 이해함으로써 교회의 미디어 대책에 대한 중요성을 일깨우는 과정이 될 것이다. 따라서 이 과정에서는 미디어 숲 속에 깊숙이 빠져 있는 교회의 모습을 깨닫게 하는 데 초점을 맞추고 이를 극복하는 것이 미디어를 제대로 활용하는 첫 발걸음이라는 사실을 알도록 돕는 과정인 셈이다. 여기에서의 교회란 곧 기독교인 개인은 물론 기독교 가정, 교회학교, 교회, 교단 등 한국 기독 교회 전체를 의미하고 있다.

(2) '복음적 가치관과 미디어 가치관'의 비판적 이해

교회 미디어 교육의 핵심은 곧 교회의 가르침인 복음적 가치관을 제대로 가르치기 위함이다. 따라서 복음적 가치관과 갈등하는 미디어 가치관의 문제점을 파악하고 이에 대한 분별력을 기르는 교육인 셈인데 궁극적으로는 다양한 미디어를 활용하여 효율적으로 그리스도의 복음을 전달하는 지혜를 습득하는 기본 단계라고 할 수 있겠다.

(3) '미디어 자체'에 대한 이해

미디어 교육이란 본시 미디어에 대한 본질을 제대로 이해하고 이를 올바르게 활용할 수 있는 능력을 향상시키기 위한 교육이다. 따라서 교회 미디어 교육도 이러한 기본적인 미디어 이해 과정을 기본으로 구체적인 교육이 전개되어야 한다. 미디어 속에 담긴 메시지의 이해와 그 생산 과정을 종합적으로 이해하여 결국은 미디어를 올바르게 '읽는' 능력을 기르는 과정이다. 이른바 '미디어 문법' '미디어 언어'를 교육하는 과정인 셈이다.

(4) '미디어 접촉 습관 관찰, 개선 활동' 실천 유도

미디어 접촉의 양적, 질적 행태를 스스로 파악하게 함으로써 궁극적으로는 올바른 매체 접촉 습관을 기르도록 돕는 과정이다. 미디어는 결국 인간이 유용하게 쓰기 위해서 만든 '도구'에 불과한 존재인데 오늘날 오히려 인간을 조종하고 지배하며 심지어는 파괴까지 하는 '흉기'로 돌변한 존재라는 사실을 일깨우는 과정이라 할 수 있겠다. 따라서 스스로 잘못된 미디어 접촉 습관들을 발견하고 이를 주체적으로 해결해 나갈 수 있는 다양한 실천에 이르도록 안내하는 과정이다.

(5) '주체적이고 능동적인 미디어 수용 및 활용 능력'을 배양

현재 주류 매체로 분류되고 있는 TV, 신문 등을 비판적인 안목으로 '읽을 수 있는 능력'을 배양하고 컴퓨터 통신을 중심으로 하는 각종 뉴미디어를 주체적으로 '이용할 수' 있도록 하는 교육이다. 즉, 주체적 소비자이자 생산자로서의 역할을 제대로 할 수 있도록 돕는 과 정이라 할 수 있겠는데 각종 미디어를 다루는 제작 교육까지를 포함 하는 교육 단계이다.

(6) '건강하고 좋은 미디어를 위한 사회적 활동' 참여 유도

올바른 수용 즉 분별력을 기르는 교육과 동시에 잘못된 불건전 정 보나 미디어를 대상으로 이를 사회에서 격리시키는 '운동'도 지속적 으로 필요하다는 차원에서의 의식화 교육이자 실천 운동 교육인 셈 이다. 각종 모니터 운동에의 참여나 스스로 문제가 있다고 판단되는 미디어 내용에 대해서는 적극적으로 문제를 제기하고 항의하는 행동 하는 실천적 수용자가 되도록 이끄는 과정이라 할 수 있겠다.

5. 교회 미디어 교육 실천 프로그램

(1) 기독교 가정에서의 미디어 교육

가정은 미디어 교육의 일차적인 실천을 위한 장(場)인 셈이다. 대중 매체와의 접촉이 가장 직접적으로 빈번하게 이루어지는 곳이 바로 가정이기 때문이다. 더욱이 현대사회에서 '聖 가정'을 이루려는 많은 신자들의 의지와 노력을 방해하는 세력 중 대중매체가 차지하는 비 중이 갈수록 커지고 있는 상황에서는 가정에서의 미디어 교육의 필 요성이 보다 절실해지고 있다. 특히 어린이들의 경우에는 부모가 그 들의 매체 접촉 습관을 가장 가까이서 관찰할 수 있는 곳이기도 하 다. 따라서 가정에서의 미디어 교육은 모든 수용자들이 직접 실천할 수 있는 구체적인 방법을 중심으로 올바른 매체 수용 수칙을 만들어 활용하는 게 좋다. 물론 가정에서 실시할 수 있는 미디어 교육을 위한 실천 수칙은 가족 구성원의 특성에 따라 다르게 만들어져야 할 것이기 때문에 어느 가정에나 동일하게 적용할 수 있는 원칙은 없다. 다만 일반적으로 각 가정에서 미디어 교육을 실시할 경우 기본적인 원칙과 그 외에 고려해야 할 사항을 중심으로 실천 과제들을 정리해 보면 다음과 같다.

우선 가정에서의 미디어 교육은 가족들의 매체 접촉 습관 관찰로부터 시작해 볼 수 있다. 부모와 자녀를 막론하고 스스로의 매체 접촉 습관을 관찰하는 일 자체가 이미 미디어 교육의 실천이 이루어지고 있는 것과 마찬가지이기 때문이다. 대부분의 수용자들은 자신들이 '미디어의 숲 속'에 깊숙이 빠져 있다는 사실 자체를 모르고 있기 때문에 대중매체가 그려 주는 세상이 무엇인지, 그 속에서 자신들이 어떤 삶의 모형을 배우고 있는지 등을 모르는 경우가 많다. 즉, 실제 삶보다는 매체적 삶에 의지해 살아가고 있다는 사실을 스스로 깨닫는 계기를 마련하는 과정이라고 볼 수도 있을 것이다.

매체 접촉 습관 관찰에 이어 매체 접촉 습관 개선을 위한 노력이 필요한데, 어린이들의 경우에는 기본적으로 실제 경험의 세계를 넓혀 주는 게 좋다. TV 등 매체 속의 현실은 실제 세계가 아니고 가상현실이거나 만들어진 현실이기 때문에 어린이들이 올바른 세계관과 가치관을 갖기 위해서는 직접 경험을 통한 현실 인식의 기회를 확대시키는 게 바람직하기 때문이다. 물론 올바른 매체 활용 즉, 창조적 활용을 위해서도 매체 세계에 대한 올바른 이해 과정은 필요하다.

아울러 집안에서는 우선 모든 일에 규칙적인 생활이 이루어지도록 노력함으로써 절제 있는 매체 접촉이 가능하도록 해야 한다. 정해진 TV 시청 시간을 준수해야 하는 집안의 약속을 지키기 위해서는 특히 아버지의 협조가 중요하다. 일주일 중 하루쯤 TV를 끄고 가족과 함께 대화를 하거나 외식, 산책을 하는 날을 정해 놓고 이를 실천에 옮기는 것도 시도해 볼 만한 방법이다.

아무튼 가정은 미디어 교육 실천의 기본이 되는 장소이다. 따라서 올바른 매체 활용을 위한 미디어 교육의 실천을 통해 가정이 평안하고 화목하게 유지되도록 노력할 필요가 있다.

(2) 기독교계 학교에서의 미디어 교육

우리나라의 경우 아직 모든 학교에서 미디어 교육을 정규 교과목으로 실시하기에는 시기상조이다. 사회 전반적인 인식 면에서도 그러하고 교육 정책의 보수성과 제도화에 따른 준비 면에서도 그러하다. 따라서 기독교 학교를 중심으로 다양한 미디어 교육 프로그램을 시범적으로 실시함으로써 우리나라 학교 미디어 교육 제도화를 위한 디딤돌 역할을 할 수 있을 것이다. 미디어 교육 선진국으로 알려져 있는 호주의 경우도 1970년대 초 가톨릭 교회에서 운영하는 학교를 중심으로 미디어 교육을 실시하여 점차 호주 전역으로 확대한 경험을 가지고 있다.

학교에서는 각기 처해진 형편에 따라 다음과 같은 미디어 교육 프로그램들을 실시해 볼 수 있을 것이다. 담임을 맡고 있거나 특별활동을 지도하고 있는 교사들의 경우에는 실제로 직접 활용 가능한 구체적인 프로그램들이 필요하기 때문이다.

첫째, 매체의 내용(기사나 프로그램)에 대해 서로 의견을 나누는 등 프로그램 또는 기사 비평을 해 보는 것도 좋은 미디어 교육 프로그램 중 하나이다.

순수 프로그램 비평뿐 아니라 대중매체 감시를 위한 모니터 활동도 미디어 교육의 활성화를 위해서는 채택해 볼 만한 프로그램이다. 미디어 교육은 각 국가나 지역 또는 학교마다의 현실적 상황과 특성에 맞게 실시되어야 한다는 점에서 현재 한국의 대중매체 환경 하에서는 이러한 매체 비평을 통한 미디어 교육 실시가 여전히 유용성을 지니고 있다고 볼 수 있기 때문이다.

실제 몇몇 학교에서 특별활동을 통한 미디어 교육을 이러한 매체 비평 프로그램 중심으로 실시하고 있는 것도 바로 그러한 이유 때문이다. 미디어 비평을 통한 미디어 교육은 한국의 경우 그 동안 학교보다는 일반 사회 교육 기관에서 주로 실시해 온 바 있는데 학교 미디어 교육에서도 상황에 따라 채택, 활용할 경우 유용성이 높은 프로그램이라고 할 수 있겠다. 다만 비평 프로그램을 미디어 교육에 활용할 경우에는 비평 방법에 대한 보다 체계적이면서도 과학적인 검토를 통해 신뢰성 있는 비평이 이루어지도록 다각적인 준비가 선행되어야 한다.

둘째, 매체 감상문 쓰기 활동이다.

이는 매체 또는 미디어 교육에 대한 관심을 유도하기 위한 초기 단계에서 활용 가능한 프로그램이다. 미디어 또는 미디어 교육에 대한 아무런 사전 지식이나 이해가 없는 학생들을 대상으로 자신의 대중매체 접촉 경험을 자유로운 감상문 쓰기를 통해 정리해 보도록 함으로써 관심을 유도하고자 하는 프로그램이다. 경우에 따라서는 전교생 대상의 공모전으로 확대할 수도 있을 것이며 제한된 대상을 중심으로 한 문제 제기 프로그램으로 활용할 수도 있을 것이다.

셋째, 영상 및 신문 제작 과정으로 직접 매체 생산 과정에 참여함으로써 미디어의 본질을 이해하고 올바른 활용 능력을 향상시키기 위한 미디어 교육 프로그램이다.

특히 영상 제작 과정 중 카메라 조작과 간단한 편집 기술을 습득, 실제 제작 과정에 참여함으로써 미디어 문법에 대한 이해도를 높인

다. 직접 제작한 프로그램을 놓고 그룹별로 토론의 자료로 삼음으로
써 실제적인 미디어 교육 효과를 높이게 될 것이다. 영상 제작 프로
그램은 학생들에게 미디어 자체에 대한 흥미를 갖게 하는 데도 좋다.

끝으로 신문, 방송, 영화, 출판잡지, 광고 등 제반 미디어 제작사를
직접 방문하여 매체 생산의 구조와 현실을 관찰하는 것도 좋은 미디
어 교육 프로그램이 될 수 있다. 교실에서의 설명이나 토론만 가지고
는 현실감 있는 미디어 교육이 어렵다는 점과 현재 한국 학교의 미디
어 시설 실태를 감안할 때 제작사 방문은 매우 현실적인 프로그램이
아닐 수 없다. 이때 거대 방송사나 신문사뿐 아니라 소규모의 지역
신문사나 지역 방송사 또는 케이블 방송사를 방문하여 보다 피부에
닿는 문제를 이해하는 계기로 삼을 수도 있다.

위의 프로그램들은 학교마다의 형편을 고려하여 응용하는 등 적절
하게 활용할 경우 학생들이 흥미를 가지고 미디어 교육에 참여하게
만드는 계기를 마련해 줄 수 있을 것이다.

(3) 미디어 일기 쓰기

올바른 매체 수용 능력을 갖추기 위해서는 먼저 자신의 매체 수용
습관 중 무엇이 문제인지를 알아야 한다. 오랫동안 몸에 배인 매체
접촉 습관은 특별한 관찰을 하지 않을 경우 그 특성이나 문제점을 발
견할 수 없다. 실제로는 미디어 숲 속에서 살아가고 있으면서도 미디
어 숲의 존재나 영향력을 인식하지 못하는 무감각한 상태가 되기 때
문이다. 일상화된 매체 환경에 사는 현대인의 대부분이 겪고 있는 매
체 접촉 실태라고 할 수 있을 것이다.

해야 할 일들이 산적해 있는데도 번번이 신문을 읽는다거나 TV를
시청하는 일에 시간을 빼앗겨 계획을 그르치는 경우를 반복하는 이

유는 스스로의 매체 접촉 습관이 잘못되었다는 사실 자체를 깨닫지 못하고 있기 때문이다. 우리가 얻고 있는 수많은 종류의 정보와 지식을 제공해 주는 대중매체는 우리의 생각과 가치 그리고 세상을 살아가는 갖가지 요령을 가르쳐 주는 교사의 역할을 하고 있다. 그런 만큼 대중매체식 가치관은 우리의 내면세계를 지배하는 매우 중요한 지침으로 작용하고 있는 게 오늘의 현실이다. 그런데도 우리는 그런 막강한 힘을 가진 대중매체를 새롭게 이해하거나 경계하려는 주의를 기울이는 데는 소홀한 편이다.

미디어 일기 쓰기는 바로 이런 자신과 가족 또는 특정 공동체 구성원들의 매체 접촉 습관을 관찰하여 문제점이 발견될 경우 이를 개선하기 위한 실천 과제를 추출하기 위해 시도해 보는 미디어 교육 실천 프로그램의 하나이다.

우선 미디어 일기 속에는 각종 대중매체 접촉량을 관찰하는 내용이 포함된다. 예를 들면 하루 중 몇 시간 텔레비전(케이블TV 포함)이나 비디오 등 영상 매체를 시청했는가를 비롯하여 신문, 잡지, 도서를 읽은 시간(또는 권수) 그리고 인터넷을 사용한 시간 등을 기록하게 되어있다. 구조화된 일기장을 사용할 경우에는 접촉한 시간대를 자세히 기입하게 되어 있기 때문에 총 접촉 시간뿐 아니라 매체별 접촉 시간대까지도 관찰할 수 있다. 매체 일기를 기록하는 순간에도 반성할 점이나 문제점을 발견할 수 있겠지만 일주일 내외의 일기쓰기 기간을 정해 놓을 경우 일기쓰기를 모두 마친 후 일주일 동안 기록한 내용을 정리하면서 개인 또는 가족별 매체 접촉 습관을 찾아내야 한다. 먼저, 과다한 TV 시청이나 인터넷 이용 그리고 만화 등 인쇄 매체 구독 습관에 빠지지는 않았는가를 살펴볼 필요가 있다. 예컨대 일상생활에서 해야 할 많은 계획된 일 들 즉, 학습 시간, 식사 시간, 취침 시간, 묵상 시간, 기도 시간, 집안일을 해야 할 시간, 성경공부 시간, 교인에게 전화해야 할 시간, 가족간 대화 시간, 친구에게 편지 쓸 시간, 독서 시간 등을 계획에도 없는 TV 시청 행위로 빼앗기는 경우가 얼마나 많은가를 확인해 보아야 한다. 특히 가족이 함께 미디어 일기를 작성했을 경우에는 가족 내 식구별로 잘못된 매체 접촉 습관을 알아내어야 개선이 용이하다. 어린 자녀를 둔 경우를 비롯해서 주부의 경우도 때로는 스스로 제어하지 못하는 매체 과다 접촉 사례가 적지 않기 때문이다.

어떤 종류의 메시지에 주로 노출되고 있는가도 미디어 일기를 통해 관찰해야 할 중요한 내용이다. TV의 경우 즐겨 보는 프로그램 종류가 무엇이고 신문이나 잡지의 경우 어떤 주제의 기사에 주로 시간을 보내는지 등을 살펴야 한다. 흔히 가볍고 편한 내용 즉 시청자들의 말초적 감각을 자극하는 내용의 프로그램에 집중적으로 노출되는 경향에 대한 반성의 기회를 가지기 위해서이다. 음식도 고루 섭취하는 것이 건강에 좋듯이 TV프로그램도 오락, 보도, 교양 등을 고루 시청하는 게 정신 건강에 좋은 것이 당연하다.

어린이들이 성인 대상 TV 프로그램이나 성인용 도서, 잡지를 탐닉하고 있는지 등도 관찰되어야 잘못된 매체 접촉 습관을 고칠 수 있다.

평소 TV 시청 자세나 신문 구독 행태가 어떤지도 미디어 일기 쓰기 기간 동안 자세히 관찰해 보면 여러 가지 고쳐야 할 점들이 나타날 수 있다. 예컨대 TV 시청의 경우 한번 TV 시청을 시작하면 눈을 떼지 않고 정신없이 화면 속으로 빠져드는 '몰입시청', 아무 생각 없이 시도 때도 없이 TV 스위치를 켜는 '무계획 또는 즉흥 시청', 한번 시청을 시작하면 중단을 하지 못하고 긴 시간을 소비하는 '과다 또는 장기 시청', 특히 어린이들에게 문제가 되는 '단독 시청', 턱을 괴고 엎드리거나 누워서 시청하는 등 잘못된 자세로 TV를 시청하는지 등의 잘못된 자세를 스스로 발견해야 고칠 수 있는 여지가 생긴다. 구조화된 미디어 일기 쓰기 양식에는 이런 TV 시청 자세를 기록할 수 있는 공간이 마련되어 있기 때문에 특히 부모가 어린 자녀의 시청 태도를 살피는 데 유용하게 활용할 수 있다. 신문 구독의 경우에도 스스로 유사한 신문 기사를 매번 반복적으로 읽는 데는 어느 정도 습관적인 경우도 있다. 이른바 신문 구독 중독 현상인 셈인데 이럴 경우 능동적인 정보 선택 능력이 없어지고 수동적인 신문 수용자가 될 수밖에 없다.

미디어 일기를 기록하는 당사자뿐 아니라 특히 관찰 대상이 어린 자녀일 경우에는 미디어 접촉으로 인한 후유증이나 여파에 대해 관찰한 내용도 기록할 필요가 있다. 예를 들면, TV 프로그램을 통해 잘못된 언어 습관을 배운다거나 어린이답지 않은 행동 또는 언어를 사용하는 경우가 있는지를 살펴보아야 한다.

심한 경우에는 어린이나 어른을 막론하고 TV와 신문을 통해 보거나 들은 내용 때문에 신앙생활에 지장을 받는 경우까지도 생겨날 수 있다. 미사 중 강론을 듣거나 교리 공부를 하는 동안에도 대중매체를 통해 얻은 정보나 지식들이 뒤엉켜서 경건한 삶을 유지하는 데 지장을 주는 경우도 있기 때문이다.

물론 미디어 일기는 반드시 구조화된 양식으로만 써야 하는 것은 아니다. 평소 자신의 미디어 접촉 습관을 관찰하는 버릇을 들이기 위한 하나의 방법일 뿐이기 때문에 상황에 맞도록 얼마든지 응용이 가능하다.

6. 교회 미디어 교육 교재 개발 및 활용법 안내

(1) 미디어 교육 교재 개발 개요

여기에 소개하고자 하는 교재는 대한예수교장로회총회 교육부와 기독교아시아연구원이 공동 개발한 미디어 교육 교재이다.[1] 워크북 형태의 어린이용 교재와 지도자용 지침서 및 이론 참고서 등 모두 3권으로 이루어진 이 교재는 우리나라 미디어 교육 역사에 기록될 만한 의미를 지닌 거의 최초에 가까운 본격적인 교재라고 할 수 있다. 그 동안 여러 가지 형태의 미디어 교육 교재가 발간되긴 했으나 주로 미디어 교육의 필요성과 중요성을 강조하는 책이나 교과서 또는 개별 세미나의 교재용으로 만들어진 캠프북 형식이 대부분이었기 때문이다. 특히 이 교재는 교회학교 교사들이 실제 교육 현장에서 교육 대상 어린이들의 연령과 수준에 맞게 다양한 방식으로 응용해서 사용할 수 있도록 만들어졌기 때문에 미디어 교육에 대해 관심 있는 교회학교 지도자들에게는 매우 유용한 교육 자료가 될 것이다.

이 교재는 1997년 12월 교재 개발을 위한 첫 모임을 가진 이후 약 1년 동안 지속적인 연구 모임과 집필 과정을 거쳐 1999년 2월 4일 완성되었는데 교재 개발팀과 집필진은 다음과 같다.

〈교재 개발 및 집필 팀〉

---

1) 제1권 이론서 : 대한예수교장로회총회 교육부, 기독교아시아연구원,『바로 보는 미디어 새로 쓰는 미디어』(한국장로교출판사, 1999).
제2권 미디어 교육 교재 어린이용 :『믿음이의 미디어 바로보기』(한국장로교출판사, 1999).
제3권 미디어 교육 교재 교사용 :『믿음이의 미디어 바로보기』(한국장로교출판사, 1999).

김기태 교수(커뮤니케이션학), 김명찬 목사, 천영철 목사, 김현선 전도사, 박경미 전도사, 임영희 전도사, 임희영 전도사, 장순이 전도사
〈이론 참고서 집필진〉
김용복 교수(한일장신대 총장), 사미자 교수(기독교교육학), 임성빈 교수(기독교윤리학)

한편, 완성된 교재가 실제 교육 현장에서 유용하게 활용되도록 돕기 위해 1999년 2월 5일 기독교 미디어 교육 세미나를 개최하여 워크숍을 실시한데 이어 총회 교육부에서는 지속적으로 교육 프로그램을 마련, 실시하고 있다.

(2) 교재의 구성 및 특성

본 교재는 모두 3권으로 구성되어 있다.
제1권은 『미디어 교육의 이론과 실제』를 다루고 있는데, 전반부 이론편은 다시 4개 부분으로 나뉘어 있다. 첫째, "교회와 미디어 교육"에서는 영상 매체의 두 얼굴과 대중매체의 도전에 직면한 교회의 교육적 사명과 역할에 대해서, 둘째, "기독교 커뮤니케이션과 미디어 교육"에서는 커뮤니케이션 공동체로서 기독교 공동체의 성서 및 신학적 이해에 대하여, 셋째, "멀티미디어 시대의 기독교 교육"에서는 교육을 위한 커뮤니케이션과 미디어의 역할 그리고 정보 시대의 교육 환경과 기독교 교육의 과제에 대하여, 넷째, "21세기 대중문화와 미디어 교육"에서는 21세기 대중문화 형성 요인과 그 양태, 차별성과 문제점 그리고 변혁의 핵심으로서의 미디어 교육 방향과 내용에 대해 다루고 있다. 후반부 실제편은 교회학교의 영유아, 유치부, 아동부, 중고등부로 나누어 대상별로 교회와 가정에서의 미디어 교육 실제를 사례와 모델 중심으로 정리해 놓았다.

제2권은 『어린이용 미디어 교육 교재에 대한 교사 지침서』이고 제3권은 『어린이용 미디어 교육 교재』이다.

이 중 어린이용 교재는 모두 11과로 구성되어 있는데 과별 제목 및 주요 내용은 다음과 같다.

① 제1과 미디어 숲 속의 사람들

미디어의 기본 이해와 각종 미디어의 숲에 둘러싸여 살고 있는 어린이들의 현실을 되돌아보게 만드는 내용(문제의 제기 단원)

② 제2과 미디어 일기

각종 미디어 중 어린이들이 스스로 어떤 종류의 미디어에 접촉하고 있는지를 주체적으로 관찰하고 나름대로 문제의식을 할 수 있도록 유도하는 내용(문제의 인식 유도)

③ 제3과 바보상자? 요술상자?

텔레비전에 대한 기본 이해를 바탕으로 올바른 TV 수용에 관한 지혜를 얻을 수 있도록 계기를 마련하는 내용

④ 제4과 소문난 잔치, 먹을 것 없다.

광고의 본질과 문제점 이해를 통해 어린이 자신의 광고에 대한 인식을 새롭게 하고 현명한 광고 수용 능력을 길러 줄 수 있는 내용

⑤ 제5과 눈앞에 펼쳐진 상상의 나라

어린이들이 좋아하는 만화의 기본 이해를 바탕으로 주체적인 만화 읽기를 위한 지혜를 함께 나눌 수 있도록 안내하는 내용

⑥ 제6과 컴맹? 옛 말이에요

최근 가장 급속하게 어린이들 마음속으로 자리 잡아 가고 있는 컴퓨터의 허와 실을 어린이들이 스스로 인식하고 주체적인 컴퓨터 활용 습관을 기를 수 있도록 도와주는 내용

⑦ 제7과 극장에서 안방까지

영화에 대한 기본 이해를 바탕으로 좋은 영화를 선별하여 감상할

수 있는 안목을 길러 주는 내용

⑧ 제8과 나? 하나님의 스타?

여기서는 특정 장르에 대한 이해보다는 미디어 전반에서 나타나는 스타중심주의에 대한 올바른 이해와 안목을 길러 주기 위한 내용을 다루고 있다.

⑨ 제9과 언제나 푸른 신호등

각종 미디어를 통해 자신도 모르는 사이에 어린이들이 배우게 되는 폭력성, 오락성 등 각종 미디어 가치관에 대한 문제점을 일깨우도록 도와주는 내용

⑩ 제10과 우리? 하나님의 사람들

미디어 전반에 깃들어져 있는 황금만능주의, 물질만능주의에 대한 비판적 이해를 바탕으로 세상에서 진정으로 필요한 것, 중요한 것이 무엇인지를 일깨워 주기 위한 내용

⑪ 제11과 우리는 미디어 바로잡이

미디어에 대한 주체적이고 능동적인 이해와 인식을 바탕으로 신문, 광고, 슬라이드, 방송 등 실제 매체 제작 과정에 참여해 볼 수 있도록 안내하는 내용

이외에 부록으로 TV 바로보기를 위한 지침서를 어린이용과 학부모용으로 나누어 싣고 있으며 매일매일 미디어 접촉 상황을 기록할 수 있는 미디어 일기 양식과 각 단원을 공부하는 데 필요한 참고 자료와 스티커가 첨부되어 있다.

(3) 효율적인 교재 활용법

이 교재는 보다 효율적인 활용을 위해 다음과 같은 사항을 참고해서 사용할 필요가 있다.

1) 교사용 지침서

교사용 지침서는 분반(조별) 학습 시 학습 자료로 사용하는데 이론 참고서 『바로 보는 미디어, 새로 쓰는 미디어』를 참고한다. 특히 부분적으로 1~6학년을 위한 가정학습지의 기능을 겸하고 있다는 점에 유의할 필요가 있다.

2) 어린이용 교재

어린이들은 이 교재를 보면서 교사의 진행을 따라 하는데 집으로 가지고 가서 미디어 일기, 미디어 도표 등을 일정 기간 동안 완성하게 하거나 각 과별 부분 제작이나 제11과의 제작물로 전시회를 할 수도 있다.

3) 교회에서의 활용 방법

오후예배 시 조별(반별) 활동 자료나 동아리 활동 자료로 활용할 수도 있고 정기적으로 공부하거나 특정 기간 동안 미디어 캠프를 열어 학습할 수도 있다. 또한 교회의 주요 절기를 제외한 기간을 이용한 특별활동이나 테마를 가진 수련회에서도 사용할 수 있으며, 어린이 자치회를 지도하기 위한 학습 자료로 활용할 수도 있다.

7. 결언 : 교회 미디어 교육의 발전 과제

교회 미디어 교육은 교육 대상에 따라 다양한 교육 방법이 채택될 수 있는데 교회 지도자 즉, 성직자나 교사를 대상으로 하는 교육이 있을 수 있겠고 직접 어린이를 대상으로 하는 교육 그리고 남선교회, 여전도회 차원의 부모 교육 등으로 구분, 실시할 수 있다.

교육 방법에 있어서도 강의식 교육을 사용할 때도 있고 토론이나 시청각 매체를 활용하는 입체적 방법을 사용할 수도 있을 것이다.

교육 기간에 있어서도 일회적 또는 단기 교육이 필요할 때가 있는 반면 장기적인 교육이 효과를 얻을 수 있는 경우도 있을 것이다.

교육 내용도 교육 대상이나 교육 목적에 따라 다양하게 채택될 수 있으며 교재나 전문 교사가 없으면 교육이 불가능한 수준의 교육도 있을 것이다.

물론 이러한 다양한 교육 대상 중에서 가장 먼저 교육받아야 할 대상은 일선 목회자임은 당연하다. 미디어 교육이 왜 교회에서 이루어져야 하는가를 목회자가 먼저 이해하고 이를 교인들에게 지속적으로 강조하는 일이 필요하기 때문이다.

기독교 미디어 교육은 상황과 환경에 맞게 적절한 교육 내용, 방법 등 수준이 결정되어야 하는데, 기독교 미디어 교육이 활성화되기 위해서는 다음과 같은 실천 과제들이 제시될 수 있을 것이다.

(1) 교회 미디어 교육의 방향 및 성격 규정 작업이 필요하다

물론 교회 미디어 교육은 궁극적으로 복음 전파를 위해 대중매체를 효율적으로 활용할 수 있는 능력과 여건을 만들기 위한 교육이어야 할 것이지만 보다 구체적인 교육 방향 정립을 위해서는 다음과 같은 논의가 필요하다.

즉, 복음적 가치관을 위협하는 미디어의 역기능적 폐해를 경계하고 이의 접촉을 막기 위한 예방 접종식 교육을 중심으로 설정할 것인가? 아니면 미디어 리터러시 즉, 올바른 매체 활용 능력 향상에 초점을 맞출 것인가? 물론 두 가지 성격 모두를 조화롭게 채택해야 할 것이지만 어떤 쪽에 보다 중점을 두느냐에 따라 기본적인 교육 방향이 좌우되기 때문에 전문적인 연구, 검토 과정을 거쳐 합리적인 설정이 이루어져야 할 것이다.

기본적인 교육 방향을 설정하기 위해서는 오늘날 교회를 둘러싸고 있는 다양한 매체 환경에 대한 질적, 양적인 분석과 검토가 선행되어야 한다. 급변하는 미디어 환경 이른바 다매체, 다채널 시대에 대한 이해를 비롯하여 구체적으로 각종 미디어에 노출되어 있는 기독교인들에게 미치는 영향의 범위와 크기 등에 대한 보다 심도 있는 연구가 필요하다는 의미이다.

(2) 교회 미디어 교육을 담당할 주체 선정이 필요하다

교회 미디어 교육은 총회 교육부와 같은 교단 차원에서 주도적으로 실시할 수도 있고 신학대학의 관련 연구소나 특별 기구에서 맡을 수도 있다. 기독교계 초, 중등학교에서 실시할 수도 있으며 개 교회 차원에서 개별적으로 실시할 수도 있다. 또한 기독교 관련 사회단체가 미디어 교육을 주도하는 경우도 생각해 볼 수 있으며 기독교 가정에서의 실천을 목표로 부모들의 모임체나 협의체 등에서 이를 주도할 수도 있다.

한편 교회 미디어 교육에 한정하지 않고 우리나라 전체 미디어 교육 실시라는 차원으로 논의를 확대하면 다음과 같은 문제들이 검토되어야 할 과제들이다.

만약 정규 교육 기관에서 맡을 경우에는 부처간 어떤 협조가 이루어져야 할 것이며 어떤 형태로 교육을 실시해야 할 것인가? 그렇지 않고 일반 시민 사회단체에서 실시할 경우에는 여건이 허락되는 어떤 단체라도 개의치 않고 자유롭고 다양하게 미디어 교육을 실시하는 게 바람직한지 아니면 몇몇 요건을 갖춘 단체들이 중심이 되는 게 효율적인지 등이 결정되어야 한다. 일반 사회단체가 교육을 맡을 경우 관련 정부 부처로서는 어떤 형태의 지원을 할 수 있을 것인가도 미디어 교육의 활성화를 위해 매우 중요한 논제가 아닐 수 없다.

최근에는 언론사가 직접 미디어 교육을 실시해야 한다는 주장이 제기되기도 한다. 일반 기업이 소비자 교육을 위해 여러 가지 프로그램을 마련하듯 방송을 비롯한 언론사들도 수용자 교육을 지원해야 한다는 의미이다.

(3) 체계적인 교과 과정이나 효율성 있는 교재 개발이 이루어져야 한다

효과적인 교육을 위해서는 과학적이고 체계적인 교과 과정과 교재가 지속적으로 개발, 보급되어야 한다. 그 동안 산발적으로 전개되어 온 미디어 교육이 더 이상 발전을 하지 못하는 데는 좋은 교과 과정과 교재가 개발되지 못했기 때문이라고 해도 과언이 아니다. 따라서 전문 연구자 개인은 물론 관련 학회나 연구 공동체가 이러한 문제의식에 입각해서 전문적인 교과 과정 및 교재 개발 프로젝트를 수행해야 할 필요가 있다.

이때 공적인 목적을 위해 사용하도록 되어 있는 예산의 지원이 이루어질 수 있도록 하는 노력이 필요하다. 전문성 확보를 위해 언론학자와 교육학자를 비롯하여 미디어 교육 관련 실무자나 전문가들이 함께 공동 프로젝트를 수행하는 방안도 적극적으로 검토해 볼 만한 일이라 하겠다. 교재는 인쇄 출판물뿐 아니라 각종 시청각 매체를 이용하여 다양하게 개발할 필요가 있다.

이런 점에서 교회 미디어 교육 연구 활성화와 실제 현장에서 활용이 가능한 교재 개발 및 지도자 양성을 위한 연구 모임체나 협의체

결성도 고려해 볼 만한 과제가 아닐 수 없다.

(4) 흥미를 끌면서도 교육 효과를 높일 수 있는 교육 방법이 개발되어야 한다

교회 미디어 교육은 그 동안 사회단체의 실시 경험을 종합해 볼 때 다양한 방법을 최대한 동원하여 보다 효과적인 교육이 이루어지도록 노력하지 않으면 실효를 거두기가 어렵다. 평면적인 강의식 교육은 될수록 피하는 것이 좋다는 것은 재론의 여지가 없는 사실이다. 물론 효율적인 교육 방법이란 교육 여건에 따라 달라질 수밖에 없기 때문에 교육 대상, 기간 등을 고려하여 현실성 있게 개발, 활용해야 한다.

오늘날 교회는 다양한 교회 교육을 위한 방법 개발을 통한 기자재, 설비 등이 사용되고 있기 때문에 이를 미디어 교육에 어떻게 활용할 것인지가 보다 구체적으로 논의되어야 할 과제이다.

(5) 체계적인 교육을 위해서는 전문성을 갖춘 지도자가 양성되어야 한다

교회 미디어 교육의 가장 큰 과제 중의 하나는 전문성을 갖춘 지도력을 어떻게 양성하고 이를 활용하느냐이다. 실시 대상이나 실시 단체의 기본 성격에 맞는 미디어 교육 프로그램을 기획, 실천할 지도자를 기르는 일이 무엇보다 시급한 과제이기 때문이다.

신학대학의 정규, 비정규 과정으로 포함시키는 방안을 비롯하여 총회 교육부 차원의 체계적인 연수 과정 또는 지역별, 개 교회별 지도자 양성을 위한 워크숍 등이 검토될 수 있을 것이다. 미디어 교육 전문가 양성을 위한 관련 대학원에 진학하여 지도자 수업을 받는 방안도 생각해 볼 수 있다.

(6) 우선순위를 정해 교육 대상을 차별화해야 한다

직접 어린이, 청소년을 위한 미디어 교육을 실시하기 전에 먼저 교사 및 학부모를 대상으로 실시하는 것이 필요할 수도 있다. 기독교 가정에서의 미디어 교육을 위해서는 부모 대상의 미디어 교육이 필수적인 셈인데, 이를 기독교계 학교가 맡을 수도 있지만 교회 또는 기독교 관련 시민 사회단체가 맡는 것이 보다 효율적일 수도 있다.

이외에도 교회 미디어 교육을 정착시키기 위해서는 여러 가지 면에서 논의해야 할 과제들이 많다. 특히 신자 개인이나 개 교회 단위의 실천 대안뿐 아니라 범 교단 나아가서는 한국 교회 전체가 참여할 수 있는 방안을 찾기 위해서는 다양한 탐색과 논의가 필요하다. 이들 중 보다 시급하게 해결해야 할 분야가 무엇인지 즉, 우선순위에 따른 단계별 추진 계획을 수립하는 일이 중요하다.

참고 문헌 및 자료

기독교방송. 『교회와 커뮤니케이션』. 1987.

김기태. "미디어 교육에 관한 연구", 서강대 언론문화연구소 《언론문화연구》 제
  6집. 1988.

_____. "좋은 가정을 위한 시청자교육", 한국방송개발원 《방송 개발》 제3호
  (1994).

_____. "신정부 출범과 미디어 교육의 제도적 실시 방안", 미디어교육학회 주
  최 쟁점 토론회 주제 발표문, 1998.

_____. "교회에서의 미디어 교육 필요성과 과제", 1998년 기독교 교육대회 '21
  세기와 기독교 교육' 심포지엄 발제 원고, 1998.

_____. 『텔레비전, 어떻게 볼 것인가?』. 한나래, 1999.

_____. 『인터넷 바르게 즐기기-인터넷 미디어 교육』. 한국통신문화재단, 2003.

퀸틴 슐츠 지음, 김성녀 옮김. 『영상 시대의 부모를 위한 자녀 양육 가이드-미디
  어 시대, 당신의 자녀는 안전한가?』. IVP, 1997.

김성동 옮김, 윌리암 포어 지음. 『기독교적인 시각에서 본 텔레비전』. 도서출판
  두란노, 1993.

김성웅 옮김, 퀸틴 슐츠 지음. 『영상 시대를 사는 그리스도인의 책임은 무엇인
  가?-거듭난 텔레비전』. IVP, 1995.

김용찬 옮김, 마틴 필드 지음. 『미디어 다스리기』. 선한이웃, 1995.

낮은울타리. 『TV는 내친구』, 낮은울타리가 만든 미디어노트 A단계. 1998.

문화선교연구원 엮음. 『문화 선교의 이론과 실제』. 예영커뮤니케이션, 2003.

송준섭. 『현대문화와 텔레비전이라는 굴레』. 선한이웃, 1992.

서유석. 『교회학교 미디어 교육 교과 과정 개발 연구』, 서강대학교 언론대학원
  석사학위 논문, 1997.

신상언. 『사탄은 마침내 대중문화를 선택했습니다』. 낮은울타리, 1992.

_____. 『대중문화 최후의 유혹』. 낮은울타리, 1993.

오현미 옮김, 켄 마이어스 지음, 『대중문화는 기독교의 적인가 동지인가』. 나침
  반, 1993.

유영난 옮김, 피에르 바벵 지음, 『종교 커뮤니케이션의 새 시대』. 분도출판사, 1993.

윤춘병. 『한국 기독교 신문 잡지 백년사(1885~1945)』, 대한기독교출판사, 1984.

임춘갑 옮김, 헨드릭 크레머 지음. 『그리스도교 신앙의 커뮤니케이션』. 종로서적, 1981.

임성빈. 『현대문화의 한계를 넘어서』. 장신대 교회와사회연구원 기독교문화교실 총서1, 예영커뮤니케이션, 1997.

정장복 옮김, 로버트 E. 웨버 지음. 『그리스도교 커뮤니케이션』. 대한기독교출판사, 1985.

차호원 옮김, M.R. 차티어 지음. 『설교에 있어서의 커뮤니케이션』. 도서출판 소망사, 1985.

최창섭 편저. 『교회 커뮤니케이션』. 성바오로출판사, 1993.

최창섭 외 공저. 『세상에서 가장 쉬운 매스미디어 101문 101답』. 커뮤니케이션북스, 2001.

최한구. 『기독교 커뮤니케이션론』. 태학사, 1985.

최한구 옮김, 제임스 F 엥겔 지음. 『매스컴 시대의 선교 전략』. 신망애출판사, 1987.

한국기독학사회. 『매스미디어와 더불어 사는 삶』. 미간행, 1990.

한국미디어교육학회, 『미디어 교육 전국대회 발제집』, 1997-2003.

Neil Postman. *Amusing ourselves to Death*. Penguin Books, 1985.

부 록

1. 기독교 커뮤니케이션 원칙 *

정보와 커뮤니케이션은 우리가 살고 있는 세계를 급격하게 변화시키고 있다. 대중 커뮤니케이션은 현재 공통성과 연대를 확립시키기보다는 분열을 조장하고, 부자와 가난한 사람들의 격차를 확대하고, 억압을 강화시키며, 지배 체제를 유지하기 위해 사실을 왜곡하고, 침묵하는 대중을 미디어 조작에 복종시키려 하고 있다. 하지만 커뮤니케이션은 하나님이 인류에게 주신 위대한 선물로서 이것이 없다면 우리는 "하나님의 형상"을 닮은 진정한 인간이 될 수 없다. 또한 커뮤니케이션이 없다면 우리는 서로 다른 문화와 서로 다른 삶의 방식을 가지고 있는 집단이나 공동체와 사회 속에서 함께 살아갈 수도 없다.

현대의 커뮤니케이션은 연대의 가능성과 인류의 위협이 될 수도 있는 가능성을 동시에 가지고 있으므로 우리는 '세계기독교커뮤니케이션협의회' 회원들에게 그들의 커뮤니케이션 활동과 정책들을 하나님나라의 복음이라는 토대 위에서 검토해 보도록 촉구했다. 다음의 지침들은 예수 그리스도와 그리스도 자신이 당신의 커뮤니케이션의 변

---

* 이 글은 세계기독교커뮤니케이션협의회(World Association for Christian Communication, WACC)가 1986년 채택한 문서인 Christian Principles of Communication을 번역한 것이다.

화시키는 힘을 통해 우리에게 주신 희망에 대한 우리의 공통된 증언
의 표현이다.

(1) 기독교적 관점에서 본 커뮤니케이션

예수께서는 하나님나라의 도래를 알려 주시고 우리에게 세상 끝날
까지 모든 사람들에게 복음을 선포하라는 사명을 주셨다. 복음을 듣
고 그에 따라 살아가며 복음을 증거하는 것은 모든 그리스도인들의
기본적 소명이다.

그리스도인들이 이 과제를 수행할 수 있도록 하기 위해 그들은 성
령의 능력을 약속 받았다. 혼돈의 바벨탑을 진정한 이해의 성령강림
절로 변화시킬 수 있는 것은 바로 이 성령이다. 그러나 이 성령은 "임
의로 불러오는 것"(요 2:8)이어서 어느 누구도, 어떤 교회나 종교 집
단도 성령을 통제할 수 있다고 주장할 수는 없다.

복음은 그 자체로 모든 사람들에게 전달된다. 우리는 일용할 양식
만이 아니라 하나님의 통치가 지금 이 자리에 임할 수 있도록 하나님
나라의 도래를 위해 기도한다. 그러므로 기독교 커뮤니케이터
(christian communicator)들은 물질적인 것과 영적인 것이 서로 각자의
일부임을 알아야 한다. 예수님의 커뮤니케이션은 자신을 내어 주는
행위였다. 그분은 "자신을 비워 종의 형체를 취하셨다"(빌 2:7). 예수
님은 모든 사람들을 위해 사역하셨지만, 물질적으로 가난한 자, 정신
적으로 병든 자, 사회의 소외된 자, 약하고 억눌린 자들을 높이 들어
올리셨다. 이와 같이 기독교 커뮤니케이션(christian communication)은
커뮤니케이션에 참여하는 모든 사람들을 해방시키는 사랑의 행위여
야 한다.

가난한 사람들에게 기쁜 소식이 되는 복음은 가난하고 억눌린 이들

의 관점에서 계속해서 재해석되어야 한다. 이는 교회 권력으로 하여금 가난한 사람들을 굴종의 자리에 머무르게 하는 권력 구조들과 거리감을 두도록 도전한다. 이러한 의미에서 가난한 사람들을 위한 기쁜 소식은 모든 사람들의 존엄성을 재확인하는 것에 의해 진정한 화해를 구현한다.

그리스도의 주권을 받아들이는 기독교 커뮤니케이터들은 분열된 교회보다는 하나님의 나라를 선포한다. 교회는 그들 자신을 위해서가 아니라 하나님의 나라를 위해 존재한다. 따라서 기독교 커뮤니케이터는 에큐메니컬 커뮤니케이션을 선호함으로써 서로 다른 교단에 속한 그리스도인들이 한 목소리로 말할 수 있게 해, 한몸이신 그리스도를 증거하게 되는 것이다.

하나님나라의 증인인 기독교 커뮤니케이터들은 교회의 통합된 증언을 일깨우고 반영해야 한다. 그리스도인들의 삶이나 커뮤니케이터들의 사역은 일부 문화와 전통의 특색을 이루는 개인주의로부터 자유로워야 할 필요가 있다. 우리는 초대 교회의 "증거(witnessing)하며 커뮤니케이팅(communicating)하는 교회로서의 모습"을 재발견해야 할 필요가 있다. 믿는 자들의 공동체인 교회는 하나님나라를 알리기 위해 하나님이 선택하신 도구이다. 이는 교회가 하나 됨, 화해, 평등, 정의, 자유, 조화, 평화와 사랑으로 대변되는 하나님나라의 중심적인 가치들을 구현하고 입증하는 것을 의미하기 때문이다. 더 나아가 기독교 커뮤니케이터들은 하나님나라의 신비를 깨닫고 존중한다. 하나님의 방법들은 결코 포착되거나 설명될 수 없다. 이와 같이 하나님의 창조의 극치인 인간도 완전히 이해될 수 없다. 그러므로 기독교 커뮤니케이터들은 항상 하나님에 대해 말할 때 불충분함을 인식하고 있으며 하나님의 백성의 이야기를 말할 때도 신비함을 의식한다.

그리스도인들의 커뮤니케이션은 궁극적으로 하나님을 영화롭게 하

는 것을 의미한다. 이런 의미에서 모든 기독교 커뮤니케이션은 일종
의 예배이며, 말씀을 나누는 것을 통해 하나님을 찬양하는 것이고,
하나님의 임재를 의식하면서 살아가는 공동체적 삶이다. 기독교 커
뮤니케이션은 인간의 모든 삶의 영역에서 하나님의 변화시키시는 능
력을 증거하도록 도전을 받는다.

　바울은 자기 자신과 모든 말씀의 종들을 "하나님의 영광의 종"(엡
1:12), "기쁨의 종"(고후 1:24)이라고 부른다. 하나님의 영광과 사람들
의 기쁨이 기독교 커뮤니케이션의 특징이 되어야 한다. 이러한 기독
교 커뮤니케이션의 일반적 원칙들이 오늘의 커뮤니케이션 문제들의
상황 속에서 구체적으로 검토되어야 한다.

(2) 커뮤니케이션은 공동체를 만들어 간다

　오늘날 많은 사람들이 공동체(community)와 공동체 정신(community
spirit)을 잃어버린 것에 대해 두려워하거나 안타까워한다. 대중매체
는 사람들을 결합시키기보다는 고립시키고 분열시킨다. 하지만 대안
적인 미디어 사용을 포함한 커뮤니케이션은 공동체들에 활력을 불어
넣고 공동체 정신을 북돋울 수 있다. 왜냐 하면 진정한 커뮤니케이션
모델은 모든 종류의 공동체 모델과 같이 일방적이거나 배타적이기보
다는 개방적이고 포용적이기 때문이다.

　그러나 공동체는 지역 공동체로만 여겨져서는 안 된다. 인류가 살
아남으려면 서로 다른 교파들과 종교들의 공동체는 물론 민족들과
사람들의 공동체가 나타나지 않으면 안 된다. 그러므로 우리 활동의
한 가지 목표는 모두를 위한 권리와 정의가 실현되는 공동체의 발전
을 방해하는 모든 종류의 장애물들, 특별히 인종, 성, 계층, 민족, 권
력, 부와 같은 장애물들을 허물어 나가는 것이다.

진정한 커뮤니케이션은 분열과 소외, 고립과 사회적 상호작용을 교
란하고 방해하며 왜곡하는 장애물들이 존재하는 풍토에서는 일어날
수 없다. 참된 커뮤니케이션은 사람들이 인종이나 피부색 혹은 종교
적 신념과 관계없이 서로 협력할 때와 서로에 대한 용납과 헌신이 있
는 곳에서 촉진되는 것이다.

(3) 커뮤니케이션은 참여적이다

대중매체는 그 동안 일방적인(one-way) 방향으로 구성되어 왔다. 그
것들은 위에서 아래로, 중앙에서 주변으로, 소수에서 다수에게로, '정
보 부자(information rich)'에서 '정보 빈자(information poor)'에게로 전
달된다. 이것은 미디어의 내용만이 아니라 '대중매체 성향(mass media
mentality)'을 만들어냄으로써 많은 사람들의 마음을 조정해 왔다.

많은 사람들은 이것이 미디어가 활동하는 방식이라고 생각한다. 심
지어는 정보의 수평적 흐름을 옹호하는 사람들조차 채널 수의 증가
와 내용의 다양성과 미디어의 지역화에만 관심을 가진다. 그들은 여
전히 위에서 아래로의 정보 전달이라는 기본적인 원칙을 고수하고
있다.

반면에 개인이나 집단이 느끼는, 대중매체가 채워 주지 못하는 정
보와 커뮤니케이션에 대한 요구가 있다는 각성이 점차 증가하고 있
다. 현대 커뮤니케이션 기술들은 미디어 체계를 통제하고 있는 사람
들이 발전시키려 하는 것보다 훨씬 더 많은 참여의 정도를 가능하게
한다. 커뮤니케이션은 정의를 내리자면 참여적(participatory)이다.

커뮤니케이션은 쌍방향(two-way)의 과정이다. 그것은 의미를 함께
나누고 사회적 관계를 확립하고 유지하기 때문에 상호작용적
(interactive)이다. 미디어가 더욱 널리 퍼지고 강화될수록 사람들이 자

신들의 지역 혹은 집단 간의 커뮤니케이션 활동에 참여하려는 요구
는 더 커지게 된다. 이를 통해, 사람들은 커뮤니케이션의 전통적 형
태들을 재발견하고 개발하게 될 것이다.

사람들이 커뮤니케이션의 대상(object)이 아니라 주체(subject)가 될
때에만 개인이나 집단으로서 자기들의 풍부한 가능성을 개발할 수
있다. 이제 커뮤니케이션은 보편적인 인권으로 여겨질 만큼 개인적
으로나 사회적으로 필수적인 것으로 중요하게 여겨진다. 인권으로서
의 커뮤니케이션은 전통적인 자유들, 즉 표현의 자유, 정보의 추구,
수용, 전달의 권리 등을 포함한다. 그러나 개인과 사회를 위해 이러
한 자유들 외에 정보 접근, 참여, 쌍방향 유통이라는 새로운 개념을
추가한다.

참여적 커뮤니케이션은 사회와 교회와 미디어 안에 있는 권위주의
적 구조들에 대해서 도전이 되는 한편 삶의 새로운 영역들을 민주화
시킨다. 또한 그것은 평범한 사람들과 여성, 어린이들을 배제한 채
중앙 무대를 독차지하는 이른바 미디어 '전문가 지배(professional
rules)'에 대해서도 도전한다. 결론적으로 참여적 커뮤니케이션은 사
람들에게 인간의 존엄성에 대한 새로운 인식, 공동체의 새로운 경험
과 충만한 삶의 기쁨을 줄 수 있다.

(4) 커뮤니케이션은 해방시킨다

대중매체는 그 자체로서 권력의 한 형태이며, 종종 권력 체제의 한
부분이 되기도 한다. 대중매체는 보통 경제적으로나 정치적으로 힘
있는 사람들에게 유리한 상태로 구조화된다. 대중매체의 힘은 진정
한 커뮤니케이션에 반대되는 효과를 가지고 있다.

우리는 우리가 "열등하다"고 여기는 사람들과 커뮤니케이션을 하

지 못한다. 우리는 그들을 인간으로서의 기본적 가치를 가진 존재로 존중하지 않는 것이다. 우리는 단순히 그들에게 정보를 전달하거나 '미디어 상품들(media products)'을 판매할 수 있을 뿐이다.

진정한 커뮤니케이션은 모든 인간은 동등한 가치를 지니고 있다는 인식을 전제로 하고 있다. 인간의 상호작용에서 평등함이 분명해질수록 커뮤니케이션은 더욱 쉽게 이루어진다.

사람들을 침묵시키는 데에는 노골적이고 치밀한 방법들이 있다. 현대 민족주의의 독재와 지배 이데올로기의 강요 등은 어떻게 자유가 박탈되어 왔고 반대하는 의견들이 억압되어 왔는지를 보여 주는 사례들이다. 미디어가 언론의 자유나 방송의 자유를 자랑하거나 시끄럽게 요구할 때 '누구의 자유이며 누구의 해방인지' 검토되어야 한다. 커뮤니케이션의 자유는 공동체의 요구와 소수가 아니라 모든 사람들의 개인적이고 사회적인 요구들의 실현과 밀접한 관련이 있다.

해방시키는(liberate) 커뮤니케이션은 사람들로 하여금 자신들의 요구를 분명하게 표현할 수 있게 해 주며 그들의 요구를 충족시키기 위해 함께 행동할 수 있도록 도와준다. 해방시키는 커뮤니케이션은 인간의 존엄성에 대한 인식을 강화시키고 사회생활에 충분히 참여할 권리를 강조한다. 그것은 보다 정의롭고, 보다 평등하고, 인권의 실현에 보다 이바지하는 사회를 구현하는 것을 목표로 한다.

(5) 커뮤니케이션은 문화를 지원하고 발전시킨다

한 민족의 기본적인 문화와 문화적 정체성에 대한 욕구는 인간의 존엄성의 일부이다. 많은 국가들과 민족들이 이제 그들의 기본적인 문화적 정체성을 재발견하고 새롭게 정의하고 있다. 이것은 특히 문화, 언어, 종교, 성별, 수명, 민족성과 인종이 다른 문화 집단의 일원에 의해 공격 받거나 멸시받는 곳에서 시급하게 제기되고 있다.

범세계적 커뮤니케이션 구조들은 많은 나라들의 문화와 자주성을 위협하는 방향으로 구축되고 있다. 더욱 심각한 것은 연예 산업들, 특히 텔레비전과 가정용 비디오 프로그램들이 소외시키고 소외당하는 미디어 환경을 만들어내고 있는 것이다. 대중매체의 서구적 기준(Western criteria)이 이미 남반구 국가들의 상류층에 의해 채택되었다. 그들은 미디어 제작물에 있어서 무엇이 '전문적'이라고 평가될 수 있는가 하는 '표준'을 설정한다. 이것은 커뮤니케이션의 대안적 형태들의 출현을 방해하고 있다.

오늘의 커뮤니케이터들은 그 지역 고유의 커뮤니케이션 방식(indigenous forms of communication)들을 사용하고 개발해야 할 중대한 사명을 가지고 있다. 그들은 제3 세계 문화들의 본질인 인간의 존엄성과 종교와 문화적 가치들을 존중하는 이미지들과 의미들을 상호 공유하는 상징적 환경들을 양성해야 한다. 오늘날 세계가 가지고 있는 가장 큰 강점 중의 하나는 모든 다양성 속에서 하나님의 형상의 풍요로움을 드러내 주는 많은 수의 상이한 문화들이다.

(6) 커뮤니케이션은 예언자적이다

많은 미디어 종사자들은 시대의 징표들을 해석하려고 노력한다. 왜냐 하면 이것이 그들에게 주어져 있는 대중적 정보 활동의 일부이기 때문이다. 그리스도인들에게 그날에 일어나는 일들은 행동을 위한 하나님의 일정의 일부이다. 그 안에서 하나님의 계획들은 변화되고 있는 상황과 새로운 기회들을 통해서 나타난다. 기독교 커뮤니케이터들은 상황을 올바르게 분별하고 해석하기 위해서 하나님께 귀를 기울이고 성령의 인도를 받아야 한다. 이것이 예언의 조건이다. 하지만 말은 예언의 일부일 뿐이다. 말이 행동을 동반할 때 진정한 의미를 가지게 된다.

예언자적 커뮤니케이션(prophetic communication)은 말과 행동에서 그 자체를 표현한다. 그러한 예언자적 행동은 국가 권력이나 권력을 가진 사람들에게 도전이 될 것이며 값비싼 대가를 치를 것이다. 예언자적 커뮤니케이션은 진리를 섬기고 거짓에 도전한다. 거짓과 절반의 진실은 커뮤니케이션에 대한 커다란 위협이다.

예언자적 커뮤니케이션은 미디어에 의해 만들어진 현실에 대해 비판적 의식을 고무시키고, 사람들로 하여금 거짓으로부터 진실을 구별하도록 돕고, 언론인들의 주관적인 것들을 분별해 내도록 하고, 영원하고 가치 있는 것들로부터 순간적이고 하찮은 것들을 떼어내게 한다. 예언자적 말과 행동들이 실현되기 위해서 종종 대안적인 커뮤니케이션(alternative communication)을 개발할 필요가 있다.

(7) 결 론

이러한 원칙들은 그리스도인들의 커뮤니케이션에 관련한 활동과 선교의 지침이 되어야 한다. 이 원칙들은 또한 세계기독교커뮤니케이션협의회(WACC)의 프로젝트 지원과 연구, 정책 보급을 위한 공동의 협의 사항을 설명하는 것이다.

커뮤니케이션은 교회들의 중심적인 것으로, 또한 그 안에서 하나님의 사랑이 받아들여지고 나눠지는 과정으로서 여겨져야 한다. 이와 같이 커뮤니케이션은 성도의 교제(communion)와 공동체(community)를 확립하게 되는 것이다.

2. 기독교 신문 목록

No.	제 호	발 행 인	주 소	전화번호
1	격주간 기독교문화신문	최창일	서울 강남구 대치동 945-17	02-561-6160
2	격주간 한국 기독교선교신문	김영자/㈜총신원	서울 동대문구 용두 1동 27-4	02-962-2178
3	기도원신문	정병두	서울 중구 인현동 2가 192-30 408호	02-2268-9850
4	기도원연합신문	김종환	서울 영등포구 신길4동 4934	02-836-5648
5	기독교보	곽균성/(재) 예장 고신	서울 서초구 반포동 58-10 http://www.kidokkyobo.com/	02-592-0981
6	기도원연합신문	장성길	광주 북구 운암동 451-24	062-571-0595
7	기독교가정신문	설동욱	서울 중랑구 상봉1동 308-1	02-393-2944
8	기독교개혁신보	안만수/(예장 합신)	서울 종로구 연지동 216-1 리도빌딩 203호 http://www.rpress.or.kr/	02-747-3600
9	기독교부흥신문	고충진	서울 강서구 염창동 113-3	02-415-8551
10	기독교신문	김연준/ (기독교신문사)	서울 성동구 행당동 319-36 http://www.gidoknews.co.kr/	02-2295-8881
11	기독교여성신문	채경국	성남 중원구 금광1동 1437 금광빌딩 202호	031-731-1125
12	기독교연합신문	장종현/ ㈜기독교연합신문사	서울 서초구 방배3동 981-14 http://www.ucn.co.kr/	02-585-6681-2
13	기독교연합통신	이은구	대전 유성구 봉명동 535-5 한진오피스텔1417호	042-603-5400
14	기독교영남신문	조석근	서울 용산구 한강로2가 215-4 호서빌딩	02-3785-1255
15	기독교정보신문	김병하	서울 종로구 인의동 36	02-764-7004
16	기독교중앙신문	백기환/ (학) 중앙총신원	서울 노원구 월계4동 128-1	02-943-2947
17	기독교타임즈	김진호/(재) 기감 유지재단	서울 중구 태평로 1가 64-8 http://www.gamly.com/	02-399-4392
18	기독교여성신문	김화숙	서울 중구 을지로3가 302-1 을지빌딩별관 601호	02-2267-4270

No.	제 호	발 행 인	주 소	전화번호
19	기독예총신보	이상열	서울 강동구 명일동 333-1 연세명일빌딩 A-30	02-474-9667
20	기독침례교보	김상동	서울 영등포구 신길5동 379-5	02-831-1729
21	기독타임즈	박병길	광주 광산구 오선동 547-7 http://kidoktimes.com	062-954-4171
22	기독평론신문	이흥선	서울 영등포구 문래동 1가 온세울빌딩 1층	02-676-2297-8
23	기독한국	송기택/ ㈜치유선교문화원	서울 마포구 노고산동 12-74 http://www.kidok21.co.kr/	02-716-4970-1
24	뉴스앤조이	김종희/ ㈜뉴스앤조이	서울 종로구 효제동 227-1번지 대광빌딩 203호 http://www.newsnjoy.co.kr/	02-744-4116
25	대한교경신문	진동은	경기 부천시 소사구 송내1동 319-7	032-6689-101
26	대한기독신문	이광원	서울 송파구 문정동 83 http://www.rtimes.jc.tc/	02-402-6091
27	대한복지환경신문	문태영	대구 달서구 본리동 82-2 3층	053-52-8500
28	목회자사모신문	설동욱	서울 중랑구 면목동 472-9	02-2207-8504
29	목회자연합신문	음재용	성남 중원구 금광1동 1437 금강빌딩 201호	02-2615-8500
30	문화기독교신문	임이두	서울 중구 흥인동 112 대양빌딩 203호	02-771-9008
31	미션미디어	장필영	경기 광주시 실촌면 수양리 542	031-769-6874
32	미션미디어	정병훈	서울 서대문구 현저동 1-87	02-392-8825
33	보훈선교신문	이일남/ ㈔한국보훈선교단	서울 강동구 둔촌동 6-2	02-486-0625
34	복음신문	라운몽/ ㈜복음신문사	서울 중랑구 면목동 12번지	02-434-2224-6
35	사단법인 예장연신문	나건용/ ㈔국제개혁본부예장	서울 강서구 공항동 26-1	02-663-1335
36	새누리신문	홍순우	서울 동작구 사당동 1044-11 서진빌딩	02-3672-4231

No.	제 호	발 행 인	주 소	전화번호
37	선교문화신문	하복동	인천 남구 도화1동 359-9 http://www.missionnews.co.kr/	02-866-7787
38	선교신문	한영혜	서울 중구 필동 3가 9번지 3층	02-2268-1979
39	성결신문	김재송	서울 종로구 행촌동 1-29 http://www.sungkyulnews.com/	02-732-1288
40	세계선교신문	임정규	안산 상록구 본오동 878	031-418-9801
41	시사타임즈	김순아	서울 영등포구 여의도동 13-5 오성빌딩 904	02-782-7522
42	신앙신보	이종배/ ㈜신앙신보사	서울 성동구 용답동 227-1	02-2212-5734
43	예장기독교보	김영호	서울 중랑구 묵2동 244-115	02-979-4877
44	월드크리스찬	김철수	전남 함평군 함평읍 기각리 784-6	061-322-0203
45	장로교여성신문	이연옥	서울 종로구 연지동 1-1 여전도회관 804호 http://www.pckwnews.org/	02-708-3233
46	장로신문	임해순/ ㈜장로신문사	서울 강남구 대치3동 1007-3 총회회관 513호	02-564-7016
47	전남기독신문	조경일	전남 목포시 대안동 14-1 http://www.gidok.tv/	061-242-2373
48	정론기독신보	김만규	서울 서초구 방배1동 922-16 진일B/D 3층	02-597-7693
49	제주기독신문	김정서	제주시 연동 271-1 http://www.jejugidok.com/	
50	주간 교회복음신문	김성원	부산 부산진구 전포2동 874-3 동진B/D 6층	051-804-4360
51	주간 교회연합신문	강춘오	서울 종로구 연건동 195-19 http://www.iepn.co.kr/	02-741-1490
52	주간 기독교종합뉴스	김영자/ ㈜총신원	서울 송파구 거여동 562-12	02-960-7568
53	주간 목양신문	김청수	서울 영등포구 양평동 5가 89-1	02-675-5181
54	주간 목회자신문	윤두호	서울 종로구 연지동 136-46 http://www.mokhoeja.com/	02-766-8671

No.	제 호	발 행 인	주 소	전화번호
55	주간 민족복음화신문	최성곤	인천 서구 가정2동 284-100	032-574-6810
56	주간 주일신문	이대우/ ㈜크리스챤 언론문화사	서울 영등포구 신길5동 379-5	02-835-0051
57	주간 한국성결신문	이용규/ 기독교대한성결교회	서울 강남구 대치동 890-56 http://www.kehcnews.co.kr/	02-501-7091-2
58	주간 대한신보	최수천	서울 구로구 구로본동 505-26	02-838-4606
59	주간 찬양신문	오해근	서울 양천구 신월7동 992-4 뉴프라자빌딩 502호 http://www.ccmpraise.com/	02-2684-2528
60	주간 침례신문	이봉수/ 기독교한국침례회	서울 구로도 오류2동 1151-1	02-681-9703
61	충청기독신문	정윤성	대전 서구 도마2동 168-41	042-527-7517
62	크리스챤 뉴스위크	박원영	서울 송파구 석촌동 22 대호빌딩 3층 http://www.kcnn.co.kr/main/frame.asp	02-203-9811
63	크리스챤 문화신문	유봉남	서울 종로구 연지동 1-1 여전도회관 1001호	02-3672-7190
64	크리스챤 선교신문	장인균	서울 양천구 신정3동 1282 푸른마을(아)103-105	02-2066-9191
65	크리스챤신문	신명진/ ㈜크리스챤신문	서울 종로구 연지동136-56 연합회관 811호 http://www.cpress.net/	02-3673-0122
66	크리스챤 여성신문	송기학	서울 광진구 노유2동 74-14 한강빌딩 604호	02-499-0161
67	크리스챤 연합신문	지미숙	서울 종로구 연지동 136-46 기독교회관 903호 http://www.cupress.com/	02-765-3033
68	크리스천 영성신문	서예석/ 영성네트워크㈜	서울 노원구 상계4동 61-10	02-3391-4905
69	크리스천투데이	염동초/ ㈜크리스천투데이	서울 서초구 서초동 1604-23 http://www.christiantoday.co.kr/	02-598-4564
70	플러스타임즈	김영식	인천 남동구 만수3동 863번지 3층	032-463-7513

No.	제 호	발 행 인	주 소	전화번호
71	한국기도원신문	정진수/(사)한국 기도원총연합회	서울 용산구 한강로2가 342 조원빌딩 303호	02-795-9287
72	한국기독공보	김순권/대한예수교 장로회총회	서울 종로구 연지동 1136-56 연합회관 1210호 http://www.kidokongbo.com/	02-708-4711
73	한국신문	강진희	서울 광진구 자양1동 618-37	02-3437-0945
74	한국장로신문	김재호	서울 종로구 연지동 136-56 연합회관 1406호 http://www.jangro21.com/	02-708-4567
75	행복으로의 초대	조용기	서울 영등포구 여의도동 11	02-783-6267
76	현대기독신보	김기수	서울 노원구 월계동 523-3 광진빌딩 202호	02-909-5981

• 본 목록은 문화관광부에 정기간행물로 등록된 기독교 매체를 중심으로 정리하였으며, 타블로이드 배판 사이즈 신문을 기준으로 하였다. 신문 가운데에는 비록 '기독교 신문'으로 분류되었으나 이 가운데에는 소속 교단이나 한국의 주요 교단으로부터 신앙상의 문제가 있는 것으로 지적된 개인과 교회 단체가 발행하는 신문도 포함되어 있다.

• 발행인과 함께 병기한 명칭은 교단명을 뜻하며 다음은 각 약자의 의미이다.

㈜ - 주식회사, (사) - 사단법인, (재) - 재단법인

3. 기독교 방송 목록

	극동방송 (FEBC)	기독교방송 (CBS)	CBS TV	C3TV	CTS 기독교TV
홈페이지	www.febc.net	www.cbs.co.kr	www.cbs.co.kr	www.c3tv.com	www.cctn.tv
주소	서울시 마포구 상수동 89	서울시 양천구 목동 917-1	서울시 양천구 목동 917-1 기독교방송	서울시 양천구 목동 923-5 방송회관 11층	서울시 중구 남산동 2가 22 명지빌딩
전화	02-3200-114	02-2650-7000	02-2650-7821	02-3219-6400	02-751-4242
대표	이사장: 강민구 사장: 김장환	사장: 이정식	예종탁	인명진	감경철
개국	1956. 12. 23	1954. 12. 15	2001. 5. 4	1997. 9. 1	1995. 3. 13
일평균 방송시간	22시간(한국어 16시간, 중국어 4시간 30분, 영어 1시간 30분)	위성TV-20시 간, 음악FM-24 시간, 표준FM- 24시간, AM- 24시간			
종사자수	77명	232명	39명	36명	61명
채널 번호			위성 162		케이블-42

• 본 목록은 『2003-2004 한국신문방송연감』(한국언론재단 발행)
에서 발췌하였습니다.

4. 기독교 출판사 목록

번호	출판사명	대표	전 화	주 소	홈페이지주소
1	가이드포스트	박경실	362-4000	137-855 서울시 서초구 서초동 1306-6,7번지 파고다타워 6층	www.guideposts.co.kr
2	가치창조 (도서출판)	이정원	335-2375	121-818 서울시 마포구 동교동 165-8호 LG펠리스빌딩 1520호	shwimbook.com
3	갈릴리 (도서출판)	김영수	031)386-4004	431-843 경기도 안양시 동안구 비산3동 282-41호 G빌딩	www.g4004.com
4	개혁된 신앙사	지욱렬	033)264-1638	200-170 춘천시 퇴계동 971-3번지 4층	
5	개혁주의 신행협회	이순배	754-1786	140-821 서울시 용산구 동자동 35-14	www.gmate.net
6	겨자씨	이정범	322-9138	100-454 서울시 영등포구 도림1동 138-19 3층	
7	경향문화사	석원태	3663-7733	157-031 서울시 강서구 등촌1동 131번지	www.ghpc.or.kr
8	계몽문화사	김종호	917-0656	136-142 성북구 장위2동 68-296	
9	고려서원	송용조	736-2312	110-054 종로구 사직동 304-43	
10	광림 (도서출판)	김정석	2056-5600	135-080 서울시 강남구 신사동 571-2	www.klmc.net
11	교회성장 연구소	조용기	2109-5724	152-053 서울시 구로공단 우체국 사서함 50호	www.pastor21.com
12	국제개발원 (IDI)	정정섭	544-9544	135-955 서울시 강남구 청담동 111 기아대책회관 사랑관	WWW.kfhi.or.kr
13	국제제자 훈련원	김명호	3489-4300	137-074 서울시 서초구 서초1동 1443-26	www.discipleN.com
14	규장	여진구	578-0003	137-893 서울시 서초구 양재동 205번지 규장선교센타	
15	그리심 (도서출판)	조경혜	523-7589	156-090 서울시 동작구 사당동 196번지 인정APT B동지하	www.grisim.biz
16	글로리아	김항안	824-3004	156-830 서울시 동작구 상도 1동 685	www.kcdc.net
17	글로벌틴 (도서출판)	권지현	2205-3817	143-912 서울시 광진구 중곡1동 638-7호 1층	www.gtm.or.kr
18	기독교문사	한동인	741-5181	110-490 서울시 종로구 충신동 5-13	www.kclp.co.kr

번호	출판사명	대표	전 화	주 소	홈페이지주소
19	기독교문서 선교회(사)	최성연	586-8761	137-063 서울시 서초구 방배동 983-2	www.clckor. com
20	기독교연합 신문사출판국	장종현	585-2754	137-848 서울시 서초구 방배3동 981-14	www.ucnbook s.com
21	기독교출판 공동체	김명철	032)427-1719	403-130 인천광역시 부평구 십정동 409-27	www.ubook.co .kr
22	기독대학인회 출판	손석태	859-2926	152-800 서울시 구로구 가리봉 1동 105-21	www.press.esf 21.com
23	기독신문사	최기채	552-8794	135-283 서울시 강남구 대치3동 1007-3 총회회관1층	www.kidok.co. kr
24	기독지혜사	강도환	568-8122	135-924 서울시 강남구 역삼동 736-28 태영빌딩3층	
25	기독지혜㈜	김광식	2107-7117	153-803 서울시 금천구 가산동 493 번지 대륭테크노타운 5차 201호	
26	기독한교 (도서출판)	김봉익	741-4046	110-460 서울시 종로구 연건동 206번지 대보마로니에텔 806호	
27	나사렛 (도서출판)	김영백	2643-6488	158-053 서울시 양천구 목3동 600-7	www.naz.or.kr
28	나침반출판사	김용호	2279-6321	100-192 서울시 중구 을지로2가 101-6 한진빌딩4층	www.nabook.n et
29	낮은울타리	신상언	338-6475	120-600 서울시 서대문 우체국 사서함 65호	www.wooltari.c om
30	누가 (도서출판)	정종현	826-8802	156-052 서울시 동작구 상도2동 186-7호 3층	www.lukevisio n.co.kr
31	늘빛출판사	강정흥	2697-4043	157-866 서울시 강서구 화곡본동 46-387	www.bibleteac her.co.kr
32	대성닷컴㈜	김영훈	3700-1776	110-300 서울시 종로구 관훈동 151-8 동덕빌딩 11층	www.daesung. com
33	대한기독교 교육협회	엄문용	744-7712	110-470 서울시 종로구 연지동 136-46 기독교회관 705호	
34	대한기독교 서회	정지강	553-0870	135-090 서울시 강남구 삼성동 169-1	www.clsk.org
35	대한성서공회	한종석	3474-3061	137-072 서울시 서초구 서초2동 1365-16	www.bskorea. or.kr
36	대한예수교장로 회총회출판국	홍주현	564-0780	135-851 서울시 강남구 대치3동 1007-3	www.holyoneb ook.com
37	두돌비서원	이승호	031)964-1124	412-010 경기도 고양시 덕양구 주교동 613-13	www.pray21.com

번호	출판사명	대표	전화	주소	홈페이지주소
38	두란노 (도서출판)	송영태	790-8879	140-240 서울시 용산구 서빙고동 95번지 두란노빌딩4층	www.durano. com
39	디모데 (도서출판)	양승헌	522-0872	156-827 서울시 동작구 사당1동 1045-10	www.edimode. com
40	땅에쓰신글씨	조병호	525-7794	137-070 서울시 서초구 서초동 1588-1신성비지니스텔A동906호	www.gulshi.co. kr
41	루디아선교회 출판부	박상표	517-3927	135-120 서울시 강남구 신사동 624-24 글로리빌딩3층	www.lydia.or. kr
42	말씀과 만남	최헌근	3273-8369	121-090 서울시 마포구 염리동 173-3	
43	멘토 (도서출판)	박동주	2608-0797	157-886 서울 강서구 화곡8동 398-4호	
44	모퉁이돌 (도서출판)	김상녕	924-9696	130-062 서울시 동대문구 제기동 148-51 모퉁이돌 빌딩	www.cornersto ne.co.kr
45	목양사 (도서출판)	김 암	763-9629	110-470 서울시 종로구 연지동 136-46 한국기독교회관606호	
46	목회자료사	임석영	922-6611	136-061 서울시 성북구 돈암1동 48-11	
47	몽당연필	임형욱	2277-9217	100-273 서울시 중구 필동3가 15 번지 문화빌딩 403호	www.shortpen cil.net
48	미션월드라이 브러리	강안삼	462-5711	143-901 서울시 광진구 중곡3동 187-23	www.missionw orld.co.kr
49	바울서신사	신의범	416-9696	138-180 서울시 송파구 삼전동 29-7 202호	www.paulnet. co.kr
50	베다니출판사	오생현	448- 9884~5	138-200 서울시 송파구 문정동 78-19 베다니선교빌딩 4층	www.bethany. co.kr
51	베드로서원	한영진	334-3489	121-210 서울시 마포구 서교동 353-1 서교타워빌딩 1106호	
52	벧엘서원	유동근	043)269- 3787	363-813 충북 청원군 남이면 척북리 74-7 삼포APT 106-524	www.bethelbo ok.co.kr
53	보이스사	권명달	2697-1122	157-016 서울시 강서구 화곡6동 1120-13한소빌딩	
54	복있는사람	박종현	723-7183	110-240 서울시 종로구 안국동 163걸스카웃빌딩 501호	
55	부흥과 개혁사	백금산	332-7752	120-133 서울시 서대문구 연희3동 88-33호 4층	
56	브니엘 (도서출판)	권진선	539-7863	135-283 강남구 대치동 962-14 집현하우스 B 1층	

번호	출판사명	대표	전 화	주 소	홈페이지주소
57	비전북 출판사	이원우	966-3090	411-834 경기도 고양시 일산구 장항동 585-2호	
58	사랑의 샘 (도서출판)	기혜경	031)594-1393	472-843 경기도 남양주시 화도읍 답내리 165번지 로고스라이프센터	www.sarangsa em.com
59	상상북스 (도서출판)	박영빈	2607-2783	158-860 서울시 양천구 신정4동 978-16번지	www.blesshou se.com
60	새한기획 출판부	민병문	2274-7809	100-230 서울시 중구 수표동 47-6천수빌딩 1106호	www.seahan21 .co.kr
61	샘물같이 (도서출판)	박조준	031)709-9036	463-060 경기도 성남시 분당구 이매동 360-1 갈보리교회	www.icalvaryc hurch.org
62	생명의말씀사	김재권	738-6555	110-101 서울시 종로구 송월동 32-43	www.lifebook.c o.kr
63	생명의샘	설익환	419-1451	138-838 서울시 송파구 삼전동 65번지	
64	생명의양식 (도서출판)	임성도	533-2183	137-803 서울시 서초구 반포동 58-10 총회회관 2층 교육위원회	www.edpck. org
65	샬롬경지사	한창규	2292-3016	133-030 서울시 성동구 홍익동 299-1 대도B/D 1층	
66	서로사랑 (도서출판)	이준화	586-9211	137-061 서울시 서초구 방배1동 918-3 완원빌딩 1층	www.alphakor ea.org
67	서울말씀사	조용기	846-9222	150-073 서울시 영등포구 대림동 668-12 한세빌딩6층	
68	선교 횃불	김수곤	2203-2739	138-240 서울시 송파구 신천동 7 번지 장미APT 7동 103호	
69	성광문화사	이승하	363-1435	121-858 서울시 마포구 아현동 95-1	
70	성서원㈜	김영진	765-0011	110-521 서울시 종로구 명륜동 1가 46-1	www.biblehouse .co.kr
71	성서유니온 선교회	양정근	2202-0091	121-080 서울시 송파구 송파동 144번지	www.su.or.kr
72	성안당	이종춘	844-0511	411-834 경기도 고양시 일산구 장항동 596-15호	www.cyber.co. kr
73	성약출판사	김명순	754-8319	140-170 서울시 용산구 동자동 38-3	www.sybook. org
74	성지출판사	이옥용	706-1290	121-080 서울시 마포구 대흥동 161번지 동아빌딩 3층	
75	세복 (도서출판)	홍성철	448-5562	131-821 서울시 중랑구 면목5동 149-6 한밀빌딩 301호	www.saebok.n et

번호	출판사명	대표	전 화	주 소	홈페이지주소
76	소그룹하우스	채이석	466-0957	133-160 서울시 성동구 송정동 73-566	www.smallgroup.co.kr
77	소망사 (도서출판)	이석만	392-4232	120-707 서울시 서대문구 충정로2가 157 사조빌딩 403호	
78	솔로몬 (도서출판)	박영호	599-1482	156-093 서울시 동작구 사당3동 207-3번지 신주빌딩 1층	
79	순출판사	전효심	394-6934	110-021 서울시 종로구 부암동 46-1 C.C.C.별관3층	
80	숭실대학 출판부	이 중	820-0771	156-743 서울시 동작구 상도5동 1-1	
81	시온성 (도서출판)	오준원	2233-2126	110-550 서울시 종로구 숭인동 1423 대지빌딩 207호	
82	신망애출판사	박종구	534-7196	137-807 서울시 서초구 반포4동 547-5	www.mokhoi.com
83	신앙계	조용기	785-3814	150-600 서울시 영등포구 여의도우체국 사서함74호	www.shinangge.com
84	실로암 (도서출판)	한영득	488-0600	134-021 서울시 강동구 천호1동 31-12	
85	씨비젼 (도서출판)	한민형	757-1009	140-899 서울시 용산구 후암동 60-14호	www.c-vision.co.kr
86	(주)아가페	정형철	582-7559	137-817 서울시 서초구 방배2동 430-2	www.iagape.co.kr
87	아누거라 (도서출판)	백성영	053-587-0948	704-921 대구광역시 달서구 신당동 1723-7 삼우빌딩 4층	www.inni-mission.pe.kr/anugerah
88	아델포스성경 연구원	임택순	577-5555	137-893 서울시 서초구 양재동 223번지 양곡도매시장내 B-07호	www.adelphos.or.kr
89	아멘출판사	김민영	900-1181	142-878 서울시 강북구 수유3동 191-23호 3층	
90	양무리서원	임세일	939-0623	139-201 서울시 노원구 상계1동 1054-25 풍정빌딩B동 3층	
91	에벤에셀	김종관	2273-5930	100-015 서울시 중구 충무로5가 77-3 2층	
92	엘맨출판사	이규종	323-4060	121-887 서울시 마포구합정동 433-62	
93	엠마오	박정주	409-6941	138-120 서울시 송파구 마천동 33-1 엠마오빌딩	www.emmaus.co.kr
94	영문	김수관	357-8585	122-070 서울시 은평구 역촌동 10-82번지	

번호	출판사명	대표	전화	주 소	홈페이지주소
95	영음사	이창숙	557-0038	135-080 서울시 강남구 역삼동 683-25	www.yungeumsa.co.kr
96	예루살렘 (도서출판)	윤희구	546-8332	135-010 서울시 강남구 논현동 107-38 남광빌딩 지하1층	www.jerusalempub.com
97	예배와설교 아카데미	김현애	457-9756	143-755 서울시 광진구 광장동 353 장신대 신관4016호	www.wpa.or.kr
98	예본출판사	김동열	0502)300-0691	790-850 경북 포항시 남구 동해면 약전리 327-1	www.yebon.co.kr
99	예수전도단	이창기	3142-9811	121-220 서울시 마포구 합정동 376-34	www.ywam.co.kr
100	예영 커뮤니케이션	김승태	766-8931	136-825 서울시 성북구 성북1동 179-56	www.jeyoung.com
101	예전 (도서출판)	이유빈	032)471-8037	405-868 인천광역시 남동구 만수6동 1007-2	www.eafj.org
102	예찬사 (도서출판)	이환호	363-6756	120-010 서울시 마포구 아현2동 342-26 402호	www.yechansa.com
103	요단출판사	이상대	2643-9155	158-053 서울시 양천구 목3동 605-4 5층 기획편집팀	www.holylife.co.kr
104	우리말 성경사	정하곤	032-227-0271	406-090 인천시 연수구 선학동 340 정광 상가 2층	www.uribible.com
105	웨스트민스터 출판부	김차생	886-9800	151-836 서울시 관악구 봉천4동 863-1번지 웨신빌딩 10층	www.westminster.or.kr
106	은성	최대형	477-4404	134-030 서울시 강동구 성내동 320-9 201호	www.eunsungpub.co.kr
107	은혜출판사	장사경	744-4029	110-550 서울시 종로구 숭인2동 178-94	www.okgp.com
108	이레닷컴	한유정	396-9323	122-013 서울시 은평구 응암3동 628-23	
109	이레서원 (도서출판)	김완섭	703-3238	121-871 서울시 마포구 염리동 36-249 302호	
110	일오삼 출판사	민태근	964-6993	131-202 서울시 중랑구 면목2동 183-92	
111	장로회신학 대학교출판부	고용수	450-0759	143-756 서울시 광진구광장동 353번지	www.pcts.ac.kr
112	장안문화사	이민수	2232-1277	130-110 서울시 동대문구 신설동 103-19호	
113	제네시스21㈜	박정희	781-9277	150-010 영등포구 여의도동 여의도우체국 사서함 1130	www.genesis21.net

번호	출판사명	대표	전 화	주 소	홈페이지주소
114	제자원	한성천	871-9180	151-833 서울시 관악구 봉천8동 1563-24 보덕빌딩 2층	
115	종로서적 성서출판	장덕명	572-8605	135-260 서울시 강남구 포이동 229-8 보원빌딩 지하1층	www.jrbible.co.kr
116	좋은미래 (도서출판)	오광석	031)405-0042	425-020 경기도 안산시 고잔동 506-9	
117	좋은씨앗	신은철	521-3043	137-062 서울시 서초구 방배2동 528-13 3층	www.goodseed.biz
118	죠이선교회 출판부	이상웅	925-0451	130-062 서울시 동대문구 제기2동 274-6	www.joibooks.co.kr
119	주영출판사	임성열	384-6342	122-020 서울시 은평구 녹번동 25-6	
120	지평서원	박 은	538-9640	135-916 서울시 강남구 역삼1동 684-26호	
121	진리의깃발 (도서출판)	서창원	984-2590	142-821 서울시 강북구 미아1동 791-2143	www.kirp.org
122	진흥 (도서출판)	박경진	2230-5155	130-812 서울시 동대문구 신설동 104-8 진흥빌딩5층	www.jh1004.co.kr
123	처음 (도서출판)	박성대	935-2046	139-200 서울시 노원구 상계동 1119-49 삼호아트빌 101호	www.firstbook.or.kr
124	첨탑 (도서출판)	설규식	313-1781	121-010 서울시 마포구 아현동 95-1	
125	청림인터렉티브㈜	고영수	546-4341	135-010 서울시 강남구 논현동 63번지	www.chungrim.com
126	청우 (도서출판)	윤순식	031)906-0011	411-380 경기도 고양시 일산구 장항동 573-28	
127	총신대출판부	김의원	3479-0247	156-090 서울시 동작구 사당동 산31-3	www.csupress.com
128	치유 (도서출판)	박홍규	2606-4733	158-857 서울시 양천구 신정5동 903-26	www.healingbook.net
129	침례신학 대학교출판부	허 긴	042)828-3255	305-358 대전광역시 유성구 하기동 산14번지	www.kbtus.ac.kr
130	컨콜디아사	이홍열	412-7451, 3	138-240 서울시 송파구 신천동 7-20 루터회관 5층	
131	쿰란출판사	이형규	745-1007	110-738 서울시 종로구 연지동 1-1 여전도회관 1005	www.qumran.co.kr
132	크레도 (도서출판)	명락훈	031)908-9740	411-360 경기도 고양시 일산구 백석동 1172-6 1층	www.credo.co.kr

번호	출판사명	대표	전화	주소	홈페이지주소
133	크리스챤 다이제스트	박명곤	031)911-9864	411-829 경기도 고양시 일산구 일산4동 1193-2호	
134	크리스챤 서적	임만호	544-3468	135-092 서울시 강남구 삼성2동 38-13 창조빌딩 2층	www.holybooks.co.kr
135	크리스챤 출판사	류근상	031-978-9789	412-730 경기도 고양시 덕양구 행신동 787번지 소만마을 614동 803호	www.cpbook.com
136	크리스챤 하우스	구득용	062)264-2295	500-102 광주광역시 북구 두암2동 821-8호	
137	크리스천 리더출판사	정신일	2268-1979	100-193 서울시 중구 을지로3가 334-2번지 청우빌딩 307호	www.cju.co.kr
138	타문화권 목회연구원	조은태	735-1011	110-053 서울시 종로구 내자동 188번지	
139	태광	신조광	386-4447	122-879 서울시 은평구 신사동 1-153	
140	토기장이	임용수	3143-0400	121-840 서울시 마포구 서교동 395-199 토기장이하우스	www.t-media.co.kr
141	포도원 출판사	김경환	2616-8831	151-814 서울시 구로구 개봉2동 335-1 동인아파트 상가 202호	
142	프리셉트 (도서출판)	김경섭	596-2217	156-095 서울시 동작구 사당5동 190-220 1층	www.precept.or.kr
143	하늘기획	이재승	959-6478	130-011 서울시 동대문구 청량리1동 235-6 미주상가 B동 지하 9호	
144	한국기독교 문화원	이준직	392-2332	120-160 서울시 서대문구 대신동 139-5	
145	한국기독학생 회출판부(IVP)	신현기	337-2257	121-837 서울시 마포구 서교동 352-18 IVF회관	www.ivp.co.kr
146	한국대학생성 경읽기선교회	전요한	762-1541	110-850 서울시 종로구 효제동 54-2	www.ubf.or.kr
147	한국문서 선교회	김기찬	2253-3496	100-816 서울시 중구 신당6동 49-20	
148	한국신학 연구소	김상근	738-3265	110-030 서울시 종로구 청운동 115-1	www.ktsi.or.kr
149	한국어린이 교육선교회	김종준	929-0420	136-813 서울시 성북구 돈암동 7-10	www.kcem.or.kr
150	한국어린이 전도협회	김동엽	3401-1909	138-021 서울시 송파구 문정1동 74-2	www.cefkorea.org
151	한국장로교 출판사	박노원	741-4381	110-470 서울시 종로구 연지동 135(한국100주년기념관)별관	www.pckbook.com

번호	출판사명	대표	전 화	주 소	홈페이지주소
152	한들출판사	정덕주	741-4069	110-470 서울시 종로구 연지동 136-46 기독교회관 710호	www.ehandl. com
153	한세 (도서출판)	김애정	521-3072	137-062 서울시 서초구 방배 3동 528-13번지 3층	www.hansebo ok.co.kr
154	한영성경 협회	권혁달	2107-7117	153-803 서울시 금천구 가산동 493번지 대륭테크노타운 5차 201호	
155	합동신학 대학원출판부	박형용	031)217-0629	442-791 경기도 수원시 팔달구 원천동 산42-3 합동신학대학원	www.hapdong. ac.kr
156	햇살지기 (도서출판)	유태환	999-8365	142-884 서울시 강북구 수유5동 605-368	www.hattsalzigi .co.kr
157	홍성사	정애주	333-5161	121-885 서울시 마포구 합정동 377-9	www.hsbooks. com
158	CUP (도서출판)	정근모	745-7231	136-021 서울시 성북구 성북1동 179-56	www.dew21. org
159	KCBS (도서출판)	맹호성	534-7435	137-856 서울시 서초구 서초4동 1308-25 강남 오피스텔 104호	www.kcbs.co. kr
160	NCD (도서출판)	우수명	031)703-7003	463-827 경기도 성남시 분당구 야탑동 382-7번지 금강빌딩 6층(NCD 코리아)	www.NCDkore a.com
161	SFC 출판부	조종만	596-8493	137-040 서울시 서초구 반포4동 58-10 고신총회회관 별관 2층	www.sfc.books .com
162	한국강해설교 학교출판부	박원영	2203-9811	138-842 서울시 송파구 석촌동 22 대호빌딩 3층	www.kcnn.co. kr
163	봄동산 (도서출판)	김태원	573-1109	137-071 서울시 서초구 서초1동 1427-6번지 갑목빌딩 지하	www.c42tv. com

• 자료 출처: 한국기독교출판협회 http://www.kcpa.or.kr

5. 관련 인터넷 사이트 목록

1. 국내 홈페이지

한국언론학회 http://www.ksjcs.or.kr
한국언론정보학회 http://www.kacis.or.kr
사이버커뮤니케이션학회 http://www.cybercom.or.kr
한국언론재단 http://www.kpf.or.kr
한국방송학회 http://www.kabs.or.kr/
사이버문화연구소 http://www.cyberculture.re.kr
문화선교연구원 http://www.cricum.org
교회문화연구소 http://www.churchculture.or.kr
아담재 http://www.adamjae.com

2. 국외 홈페이지

World Association for Christian Communication (WACC)
  http://www.wacc.org.uk
Asia Region-WACC
  http://www.arwacc.org
World Catholic Association for Communication (SIGNIS)
  http://www.signis.net
World Association of Community Radio Broadcasters (AMARC)
  http://www.amarc.org
International Communication Association (ICA)
  http://www.icahdq.org
Asian Communication Network (ACN)
  http://www.acn-online.org
Media Education Foundation (MEF)
  http://www.mediaed.org
Media Awareness Network (MNet)
  http://www.media-awareness.ca